대통령과 국가경영 2 :

노무현과 이명박 리더십의 명암과 교훈

이 도서의 국립중앙도서관 출판시도서목록(CIP)은 e-CIP홈페이지(http://www.nl.go.kr/ecip)와
국가자료공동목록시스템(http://www.nl.go.kr/kolisnet)에서 이용하실 수 있습니다.
(CIP제어번호: CIP2011004808)

대통령과 국가경영 2:
노무현과 이명박 리더십의 명암과 교훈

김충남 지음

President and National Governance II

The Leadership of President Roh Moohyun and Lee Myongbak

Choong Nam Kim

ORUEM Publishinig House
Seoul, Korea
2011

책머리에

　세계는 소용돌이치고 있다. 21세기 보람찬 목표를 향해 달려가야 할 대한민국호(號)가 망망대해, 휘몰아치는 폭풍우 속에서 우왕좌왕하고 있다. 영국 속담에 "왕이 길을 잃고 방황하면 백성들이 대가를 치른다"는 말이 있지만, 우리의 현실에 와 닿는 말이다. 대한민국의 앞날이 어떻게 될지, 한 치도 보이지 않는 상황에서 대한민국호의 다음 선장이 될 지도자에 대한 기대와 관심이 높아지고 있다.

　그래서 2012년 12월 초로 예정된 대통령선거에서 훌륭한 대통령을 뽑는 것이 비상한 국민적 과제가 되고 있다. 훌륭한 대통령을 선택하느냐 못 하느냐는 우리 손에 달려 있다. 그런데 대통령을 잘 뽑으려면 대통령의 역할이 무엇인지, 어떻게 일을 하는지 알아야 한다. 국민이 대통령의 입장 또는 국가경영자의 입장에서 보고 판단할 수 있는 지혜가 있어야 한다.

　1987년 이래 국민의 손으로 선출된 다섯 명의 대통령들이 모두 조기 레임덕 현상에 빠졌다. 취임한 지 6개월도 안 되어 지지율이 20% 이하로 떨어지는 경우도 있었다. 대통령과 집권세력이 5년이라는 짧은 임기와 현실적인 제약요건들을 인식하지 못한 채 거창한 국정목표를 추구했기 때문이다. 다시 말하면, 실현가능한 국가경영 전략이 없었다는 것이다. 국민 또한 대통령의 한계를 인식하지 못하는 경향이 있다. 대통령은 무엇이든지 다 할 수 있다고 생각하는 등 기대가 너무 크고 요구하는 것도 많다. 다른 한편 대통령과 정부에 대한 불신이 높아 대통령의 정책을 성원하지 않는다. 한마디로 정치의 거품현상이 심각한 것이다.

뛰어난 최고경영자 한 사람이 쓰러져가는 회사를 살리는가 하면 무능한 경영자는 일류회사도 망하게 한다. 대통령이 국가의 명운을 좌우한다는 것은 분명한 사실이다. 그만큼 대통령의 국가경영은 수많은 기업의 경영을 합친 것보다 중요하다. 또한 국가경영은 기업경영보다 훨씬 복잡하고 어려운 일이기 때문에 아무에게나 맡길 수 없는 것이다. 문제는 국가경영 능력을 기준으로 대통령을 선출하지 않는다는 것이다. 민주국가이니까 아무나 대통령이 될 수 있는 것이다. 여기에 국가경영의 심각성이 있다 하겠다.

서점에 가보면 경영학에 관한 서적들이 많다. 그래서 우리 경제가 세계적 수준에 이르렀는지도 모른다. 그런데 국가경영에 관한 책은 별로 없다. 현대사회는 세계화, 민주화, 정보화로 '통치불능' 현상이 증대되고 있다. 정부에 대한 요구는 폭발적이지만 정부의 능력은 한계가 있기 때문이다. 따라서 국가경영은 전문가들을 중심으로 체계적으로 관리되지 않으면 안 된다. 문제는 국가경영에 대한 체계화된 지식이 부족하며, 그 결과 준비되지 않은 집권세력에 의해 국정이 이루어진다는 것이다.

특히 대통령에 관련된 책들을 보면 구조적이고 현실적인 분석이 아니라 흥미위주로 쓴 것이 대부분이다. 잠재적인 대통령후보들에 대한 희망이 담긴 내용은 있지만 전직 대통령들의 국가경영에 대한 체계적인 분석은 드물다. 리더십은 지도자와 리더십환경과의 상호작용의 결과인데 한국이라는 독특한 리더십환경에 대한 논의가 거의 없다. 그러한 책들이 집권세력의 길잡이가 될 수 없을 것이고, 국민들의 입장에서 국가경영을 이해하는 데 도움이 되지 않을 것으로 판단된다.

저자는 대통령 리더십과 정부 운영을 공부한 정치학자였다. 1980년대 초 청와대에서 근무하게 되면서 국가경영의 실제에 대해 아는 것이 없는 아마추어라는 사실을 절감했다. 그래서 도움이 될 만한 책을 찾아보았지만 별로 없었다. 나 같은 아마추어가 더 이상 청와대에 들어와서는 안 되겠다는 생각에서 대통령의 국가경영에 대한 책을 써야겠다고 마음먹었다. 1990년 여름 청와대를 떠나 미국에서 1년간 미국 대통령들의 리더십을 연구하고 돌아와 1992년 『성공한 대통령 실패한 대통령』을 쓰게 되었고 그때부터 대통령의 국가경영을 유심히 관찰하고 연구하게 되었다. 그 책을 계기로 저자는 김영삼 대통령을 모시게 되었고 그러한 경험을 바탕으로 『성공한 대통령 실패한 대통령』의 개정판을 낸 바 있다. 1997년 하와이 동서센터(East-West Center)로 가서 본격적인 한국 대통령 연구를 했으며, 5년여의 노력 끝에 두 권의 책을 냈다. 그 하나는 2006년 서울대 출판부에서 발간한 『대통령과 국가경영: 이승만에서 김대중까지』이고, 다른 하나는 2007년 미국에서 출판된 *The Korean Presidents: Leadership for Nation Building*이다. 이번 저서는 『대통령과 국가경영』과 같은 접근 방법으로 노무현 대통령과 이명박 대통령의 리더십을 조명하고자 한 것이다.

대통령에 대해 책을 쓴 사람들은 대부분 국가경영에 대한 직접적인 경험이 없다. 이에 비해 저자의 접근방법은 상당한 차이가 있다. 즉, 국가경영의 실제에 초점을 두고 있다는 것이다. 대통령이 언제 무엇을 어떻게 왜 했으며, 그 결과는 무엇인가라는 방법으로 대통령의 국가경영을 조망하는 것이다. 독자로 하여금 대통령의 위치에서 국가경영을 구조적으로 느끼고 이해하게 하려는 것이다. 이를 위해, 대통령은 어떤 인생을 살아왔으며 어떤 국가관을 가지고 있는가? 취임 전후의 국가경영 환경은 어떠했는가? 어떤 도전과 문제들이 도사리고 있었으며 시대정신과 역사적 과제는 무엇이었는가? 대통령은 무엇을 하고자 했으며 대통령의 핵심 보좌관들은 대통령의 국정목표 달성을 뒷받침할 역량이 있었는가? 대통령은 어떤 점에서 성공했으며 어떤 점에서 실패했는가? 그의 리더십은 어떤 교훈을 주고 있는가? 이 같은 접근방법은 저자가 9년여에 걸쳐 세 명의 대통령을 직접 모시면서 국정운영의 메커니즘을 터득했기 때문에 가능한 것인지도 모른다.

최근 대통령들과 그의 보좌관들 중에는 반정부 투쟁을 일삼아왔기 때문에 국가경영과는 거리가 먼 사람들이었다. 그럼에도 그들은 자신감에 넘쳤고 전임 대통령들의 경험은 일고의 가치도 없다는 태도였지만 그 결과는 실패와 좌절이 많았다. 옛말에 '알아야 면장도 한다'고 했다. 국가의 최고경영자와 그 보좌관들이 권력을 가졌다고 해서 국가경영에 성공할 수 있다는 아무런 보장이 없다. 대통령의 자리는 하나밖에 없기 때문에 이를 이해하는 것이 쉽지 않다. 유일한 방법은 간접 경험을 하는 것이다. 다시 말하면, 과거 대통령들이 어떻게 일했는가를 가능한 한 객관적으로 서술하고 평가해야 하며, 이를 바탕으로 전직 대통령과 정부의 경험에서 배워야 한다는 것이다. 그것이 바로 '준비된 대통령'이 되는 첫걸음이다.

이 책의 제1부에서는 한국 대통령제가 직면한 도전과 그동안 대통령들이 제대로 평가되지 못한 점을 살펴보고, 노무현 대통령과 이명박 대통령을 어떻게 평가할 것인지 서술했다. 제2부와 제3부는 노무현 정부와 이명박 정부의 시작부터 중요한 흐름을 살펴보고 그들의 국가경영을 종합적으로 평가했다. 제4부에서는 노무현 대통령과 이명박 대통령의 국가경영에서 얻을 수 있는 교훈을 바탕으로 차기 대통령에게 요구되는 자질은 물론 그가 당면하게 될 도전과 과제들을 제시했다. 나아가서 대통령후보로 거론되고 있는 인물들에 대한 간략한 평가를 덧붙였다.

이명박 대통령의 임기가 1년 이상 남아 있기에 그의 리더십에 대한 평가는 시기상조이지만, 4년은 그의 정부를 평가하는 데 충분하다고 보았다. 특히 두 대통령을 동시에 평가하는 것은 그 의의가 크다고 판단했다. 이명박 대통령의 등장은 노무현 대통령의 단점을 극복한다는 의미가 있었지만 결과적으로 비슷한 점이 많다는 인상을 주고 있다. 그것은 한국이라는 특수한 리더십 여건과 5년 단임 대통령의 한계 때문이라고 본다. 또한 두 대통령의 대조적인 리더십을 살펴봄으로써 대통령에 대한 이해를 높이는 데 도움이 될 수 있다고 본다.

국가 최고지도자인 대통령에 대한 책을 쓰는 것은 무척 어렵고 조심스러운 일이다. 그러나 대통령 리더십과 국가경영은 너무도 중요한 문제이기 때문에 이 책을 쓰게 된 것이다. 집필 과정에서 고민을 거듭한 부분도 많았다는 것을 솔직히 밝힌다. 대통령 본인이나 그 측근들의 입장에서 보면 못마땅하고 잘못 이해된 부분이 적지 않을 것이다. 그러나 이 책의 목적은 특정 대통령을 찬양하거나 비난하려는 것이 아니라 대통령의 국가경영을 보다 객관적인 눈으로 보자는 것이며, 나아가 정치선진화에 도움이 되려는 데 목적이 있다.

어떤 외국학자가 쓴 책의 번역본은 100만 부 정도 팔렸다고 한다. 그 외에도 번역한 책들이 인기가 높다. 그러나 대중성이 있다고 해서 반드시 한국 사회에 도움이 되는 것은 아니다. 이 책은 기본적으로 2013년부터 한국을 이끌어 나가겠다는 정치지도자들과 그 측근들에게 참고가 되기를 기대한다. 100권이 팔리더라도 21세기 한국을 개척하는 데 도움이 된다면 그야말로 가치 있는 일이다. 나아가 이번에는 대통령을 잘 뽑아야 한다고 다짐하는 사람들에게 길잡이가 되기를 기대해 본다.

선진사회란 곧 합리적인 사회이다. 합리적인 사회란 감정이나 이념이 판단을 흐리게 하는 사회가 아니라, 객관적 평가를 중시하며 그 결과를 수용하는 사회이다. 그런데 과거 우리는 지역으로, 이념으로, 세대로 갈라져 대통령을 뽑았다. '바람'에 휩쓸려 정신을 잃고 뽑았다. 그리고 나서 기대에 어긋나면 대통령을 비판만 했다. 유권자 스스로 잘못 선택했다는 반성이 없었다. 반성이 있어야 다음에 더 잘 선택할 수 있는 것이다. 대통령의 성공은 곧 국민의 성공이다. 또한 성숙한 국민 없이 위대한 대통령, 성공한 대통령이 없다는 점을 명심할 필요가 있다.

지난 8월 말일자로 세종연구소를 떠났지만, 이 책의 집필 과정에서 세종연구소의 쾌적하고 훌륭한 시설과 자료들이 크게 도움이 되었음을 밝히며, 또한 더 좋은 책을 만들려고 노력하는 도서출판 오름의 부성옥 사장과 최선숙 출판부장을 비롯한 편집진 여러분들의 노고를 기억하고자 한다.

2011년 10월
김충남

| 차례 |

4부 어떤 대통령이 요구되고 있는가

1부

대통령 리더십
무엇이 문제인가

1. 대통령의 성공은 국민의 성공

▌대통령에 대해 왜 알아야 하는가

한국은 유례없는 짧은 기간에 국가건설의 주요 과업인 건국과 안전보장, 산업화, 민주화를 성공적으로 이룩했다. 국가건설의 각 단계에서 훌륭한 지도자들이 있었기에 가능했다고 본다. 1988년 이래 민주발전이 국정의 우선 목표가 되면서 민주투쟁 지도자였던 김영삼, 김대중 두 대통령이 민주개혁에 초점을 맞추면서 국가안보와 경제발전을 경시하는 경향이 있었다.

노무현 대통령의 등장은 민주개혁 시대의 연장이기도 했지만, 지역주의로 특징되는 3김 시대를 청산하겠다는 목표를 내세웠다는 점이 달랐다. 다시 말하면, 노무현 정권은 새로운 세대 그리고 진보세력이 집권세력이 되었다는 점에서 특별한 의미가 있었지만, 그의 지나친 진보적 이상주의는 실패로 끝나고 말았다. 노무현 대통령의 국정파행에 실망이 컸던 국민들은 이명박을 대통령으로 선출했다.

이명박 대통령은 김영삼 대통령 이래의 민주적 리더십의 한계를 극복하고 능률적인 국정운영을 해야 한다는 국민적 기대를 안고 취임했다. 국민은 '경제살리기'를 공약했던 이 대통령으로부터 '제2의 박정희'를 기대했는지도 모른다. 그러나 이 대통령에 대한 국민의 실망이 큰 편이다. 임기 만료 1년 반을 남긴 시점에서 레임덕에 빠졌다는 평가가 지배적이다. 물론 그의 임기가 아직도 1년 이상 남았기 때문에 그의 리더십에 대한 평가는 시기상조인 것이 분명하다. 열성적으로 일하는 이 대통령이기 때문에 향후 더 많은 업적을 이룩할 수 있을 것이므로 그에 대한 평가는 잠정적이 될 수밖에 없다.

노무현 대통령과 이명박 대통령은 다른 점도 많지만 비슷한 점도 적지 않다. 미국에서 아메리칸 드림을 이야기하지만 한국이야말로 코리안 드림을 실현한 사람이 많았으며, 노무현과 이명박도 코리안 드림의 대표적인 사례라 할 수 있다. 두 사람은 성장환경부터 비슷하다. 어려운 가정환경에서 자라났으며 대학진학이 어려워 상업고등학교를 다녔다. 두 사람은 가난에 좌절하지 않고 꿈을 쫓아 주경야독(晝耕夜讀)으로 성공하여 마침내 최고 지도자의 자리에 올랐다. 그러나 그들은 정치경험이 짧고 행정경험도 적은 편이며 또한 카리스마도 정치적 기반도 부족한 정치적 국외자(outsider)였다.

노무현은 노동운동과 민주화운동을 지원한 인권변호사로서 진보적 이념성향을 지니고 있었으며 기득권 타파를 정치적 목표로 삼았다. 이에 비해 이명박은 성공한 경영자로서 노무현에 실망했던 국민들의 압도적인 지지로 대통령으로 선출되었고 선진화를 정치적 목표로 삼았다. 그럼에도 두 지도자는 역사성이나 연속성을 중시하지 않고 지나친 자신감으로 자기 나름의 국정목표를 일방적으로 밀고 나갔던 것이다.

과거를 모르면 현실을 타개하기 어렵고 미래를 개척하기도 어렵다. 역사의 교훈, 과거의 성공과 실패에서 교훈을 얻지 못하면 실패할 가능성이 높다. 현 시점에서 두 지도자의 대조적인 리더십을 살펴보는 것은 그들을 이해하고 평가하려는 목적도 있지만, 2012년 말에 실시될 대통령선거에서 훌륭한 대통령을 뽑는 데 바른 길잡이 역할을 기대하기 때문이다. 또한 역대 정부에서 되풀이되어 온 시행착오를 줄임으로써 대통령제를 안정시키고 정착시키는 데 기여할 수 있기 때문이다.

▍대통령은 '동네북'인가

2012년 12월 초 다음 대통령을 선출하게 된다. 대통령 선거까지 1년 정도 남았지만 벌써 예상 후보들의 움직임이 활발해지고 있고 언론이 여론조사를 통해 그들에 대한 지지도를 발표하면서 누가 다음 대통령이 될 것인가에 대한 관심이 높아지고 있다. 대통령에 대해 잘 알아야 훌륭한 대통령을 뽑을 수 있다. 새로운 대통령이 취임하면 국민은 지나치게 높은 기대를 하다가 머지않아 실망하기 일쑤다. 어떤 경우에는 1년도 못돼 대통령을 잘못 뽑았다고 후회하는 사람들도 적지 않았다. 5년 주기로 이같은 현상이 되풀이되고 있어서 이를 바로잡지 못한다면 미래는 결코 낙관할 수 없는 것이다.

1988년 민주화 이래 어느 대통령도 국민의 기대에 못 미친 대통령으로 인식되면서 대통령은 신뢰와 존경보다는 비판과 불신의 대상이 되고 있다. 정치 불신은 매우 높은 편이며 그것은 대통령에 대한 불신과 관계가 깊다. 사람들은 지역사회 문제에는 별로 관심이 없으면서도 중앙정치, 특히 대통령에 대해 지나치게 관심을 기울이고 있어 그것이 대통령제를 불안정하게 만들고 있다. 노무현 대통령은 취임 1년 만에 탄핵 대상이 되었으며, 이명박 대통령은 취임 3개월 만에 정권타도 시위사태를 맞기도 했다. 최근에는 대통령에게 권력이 집중된 제왕적 대통령제가 문제라면서 권력분산을 전제로 한 개헌론이 등장하기도 했다. 훌륭한 대통령 그리고 성공한 대통령을 바란다면 어떤 대통령이 그러한 대통령인지 먼저 알아야 한다. 국민이 올바른 판단능력과 평가능력을 가지고 있어야 홀륭한 대통령을 선출할 수 있다.

어떤 제도든 그것을 뿌리내리려는 노력 없이는 쉽사리 정착되지 않는다. 민주제도를 도입한 많은 나라들이 정치적 혼란을 거듭하고 있고, 대통령제를 채택하고 있는 나라들은 더욱 그렇다. 대통령제를 최초로 채택한 미국은 대통령제 정착을 위해 체계적인 노력을 기울여 왔다. 대통령은 국가를 대표하고 국민통합의 상징이기 때문에 존경과 신뢰의 대상이될 수 있도록 정부와 정치권은 물론 국민 모두가 노력해 왔다. 전직 대통령이나 현직 대통령이 상대방을 비난하는 것은 상상조차 하기 어렵다.

한국에는 '우리 대통령' 또는 '국민 모두의 대통령'이라는 인식이 희박하다. 정치인들은 물론 국민들까지도 전직 대통령들과 현직 대통령에대해 저속한 말로 비난하는 것을 서슴지 않는다. 우리에게 존경할 만한대통령이 없었다는 것이 일반적인 인식이다.[1] 과연 존경할 만한 대통령이 없었던 것인가 아니면 우리가 그렇게 생각하고 있는 것인가? 우리는역대 대통령들을 비난하기만 했지 그들의 업적과 공로를 기리고 계승하는 것을 소홀히 했다. 대통령제가 도입된 지 60여 년이 되었지만 그것을정착시키려는 노력은 게을리했다. 그러면서도 성공한 대통령을 기대할수 있겠는가.

미국의 정당 집회에 가서 연설을 들으면 그들은 예외 없이 전직 대통령들의 지도력을 칭송하고 그들의 노선을 계승하겠다고 다짐한다. 민주당은 프랭클린 루스벨트나 트루먼을 당의 정신적인 지도자로 거론하고, 공화당에서는 링컨, 레이건 등을 내세우는 것이 관례화되어 있다. 미국의 양대 정당은 한국처럼 요란한 당직도 없고 날마다 회의를 해서 발표하는 것도 없지만 역사적·이념적 정체성을 튼튼히 함으로써 안정된 대중정당으로 자리 잡고 있다.

---

1) 주돈식은 『우리도 좋은 대통령을 갖고 싶다』는 책을 냈다. 실증적 자료를 바탕으로 한 좋은 책이지만 우리 대통령들이 모두 문제가 있다는 보편화된 인식을 수용하고 있다는 데 문제가 있다고 본다.

우리의 경우는 어떤가? 다행히 민주당은 김구, 김대중, 노무현을 정신적 지도자로 인식하는 경향이 있지만, 호국 및 산업화 세력과 민주화세력이 손잡은 한나라당의 사정은 복잡한 것 같다. 김영삼 대통령과 그를 따르는 정치인들은 자신들의 민주투쟁 경력을 부각시키기 위해 박정희 대통령을 위시한 전직 대통령들을 비난하는 것을 당연시하는 경향이 있다. 한나라당 내 친이계와 친박계 간의 갈등은 박정희와 김영삼 간의 역사적 갈등의 연장이라 해도 과언이 아니다. 따라서 한나라당을 출범하게 한 1989년의 3당 합당은 정략적인 것에 불과했다는 인상을 주고 있다.

박정희 대통령은 '한강의 기적'을 이룩한 한국의 대표적 지도자일 뿐 아니라 한나라당의 부분적 전신인 민주공화당을 이끌었으며, 또한 한나라당의 전직 대표였으며 유망한 차기 대통령 후보인 박근혜 의원의 부친이기도 하다. 그렇다면 보수세력을 자칭하는 한나라당의 정신적 지도자는 누구인가? 이승만도 박정희도 아니라면 김영삼 대통령과 이명박 대통령이 한나라당의 정신적 지도자로 자리매김할 수 있을 것인가? 한나라당이 이승만과 박정희를 정신적 지도자로 받아들이지 못한다면 한나라당의 역사적·이념적 정체성이 불분명하기 때문에 신뢰받는 국민정당으로 정착하기 어려울 것이다. 여야 간의 화해 이전에 한나라당 내 계파 간 역사적 화해가 시급한 실정이다.

노태우 대통령은 재직 시 자신은 '동네북'과 같은 존재라면서 지나가는 사람마다 자신을 두드리지만 자신은 인내하고 또 인내하겠다고 했다. 노무현 대통령은 취임한 지 몇 달 만에 '대통령직 못 해먹겠다'고 해서 사방에서 빗발치는 비난을 받았다. 두 대통령이 말도 안 되는 소리를 했다고 생각할지 모르지만, 그들의 입장에서 보면 온통 비난과 반대뿐이고 성원하는 사람은 별로 없었으니 그런 푸념을 했던 것은 오히려 솔직한 편이다. 다른 대통령들은 그러한 고뇌를 근엄한 표정 뒤에 감추고 있었을 뿐이다. 리더십은 팔로어십(followership) 없이 성공하기 어렵다. 대통령만 비난할 것이 아니라 국민의 책임도 크다는 것을 알아야 한다.

세계은행이 2008년 세계 주요 국가들의 정치를 평가한 것을 보면, 한국은 '정치안정성'에서 낙제수준이다.[2] 대통령제를 안정시키는 것이 정치안정은 물론 정치선진화와 일류국가 건설의 지름길이다. 그것은 대통령이나 정치인들만의 노력으로 이루어질 수 없다. 일반 국민이 대통령제를 올바로 이해하고 대통령을 신뢰하고 존경하고 성원해야 한다. 대통령은 무슨 문제든지 해결할 수 있다고 지나친 기대를 해서도 안 되고 지나친 요구를 해서도 안 된다. 우리는 대통령의 한계, 정책, 그리고 고민을 이해할 수 있어야 한다.

대통령의 성공은 곧 국민의 성공이다. 대통령은 대한민국과 국민의 대표일 뿐 아니라 '우리 모두의 대통령'이기 때문이다. 그런데 한국 대통령에게 허니문이란 없다. 미국에서는 대통령으로 취임하면 6개월 내지 1년까지는 야당이나 언론까지도 대통령을 비난하는 것을 삼가하지만, 한국에서는 대통령에 당선된 날로부터 야당과 반대세력의 정치공세를 받게 된다. 선거에서 대통령을 반대했던 사람들도 새로운 대통령을 '우리의 대통령'으로 보지 않고 비판에 동조한다.

---

2) "한국, 정치안정성·법치 '낙제점'," 『한국경제』, 2009년 1월 29일.

2. 대통령 어떻게 평가해야 할까

▌역대 대통령에 대한 잘못된 평가

부정적인 정치문화는 그것을 재생산한다. 다시 말하면, 기성세대나 부모세대가 현실에 대해 부정적인 생각을 갖고 있으면 다음 세대가 그대로 배워서 부정적인 생각을 하게 된다. 부정적인 사고에 젖은 사람이 성공하고 행복한 삶을 살기 어렵듯이 부정적 사고가 팽배한 사회는 발전하기 어렵다.

조선일보가 1998년 대한민국 건국 50주년에 실시한 여론조사를 보면, 한국역사에 긍정적 영향을 끼친 인물로 세종대왕, 박정희, 이순신, 김구, 김대중, 광개토대왕, 장영실, 이승만, 이성계, 유관순 등의 순서로 나타났고, 부정적인 영향을 끼친 인물로는 이완용, 김영삼, 전두환, 노태우, 이승만, 김일성, 박정희, 김재규, 김대중의 순서로 나타났다.[3] 대한민국 정부 수립 이후 가장 위대한 업적을 남긴 박정희 대통령의 경우 긍정적인 영향을 준 인물 중에서 2위인 동시에 부정적인 영향을 끼친 인물로도 7위로 나타났다. 역대 대통령 중 재임기간이 짧았던 윤보선과 최규하를 제외한 역대 대통령 모두가 부정적인 영향을 끼친 인물 20위 내에 들었다는 것은 심각한 문제가 아닐 수 없다.

정치 불신이 높아지게 된 이유 중의 하나는 역대 대통령들의 과오나 부정적 측면에 초점을 맞추어 비난만 해왔기 때문이다. 여기에는 최근 정부와 대통령들의 책임도 크다. 김영삼 정권의 '역사바로세우기,' 김대중 정권의 '제2 건국,' 노무현 정권의 '과거사 청산'은 다분히 전임 대통령들을 격하시키는 결과를 초래하여 역대 대통령들에 대한 부정적 인식을 심화시켰다. 이는 대통령제의 정착, 국가적 전통수립 등 역사의식 없이 자기 정권의 정당성만 강화하려는 단견에서 비롯된 것이다. 전직 대통령들을 부정적으로 보게 되면 사람들은 현직 대통령에 대해서도 비슷한 생각을 하게 된다. 최고 정치지도자를 부정적으로 본다면 다른 정치인들도 불신하기 마련이다. 그 결과 정부와 정치 전반에 대한 불신이 높아지게 되는 것이다.

역대 대통령들에 대해 부정적인 인식이 높아지게 된 이유는 무엇인가? 물론 그들이 잘못한 것도 있고 비판받아야 할 것도 있다. 문제는 그들의 장점이나 업적에 대해 제대로 알고 평가했느냐는 것이다. 어떤 지도자도 완벽할 수는 없다. 마오쩌둥은 문화혁명 과정에서 수천만 인민을 희생시킬 만큼 과오가 컸지만, 그로부터 탄압을 받았던 덩샤오핑은 마오쩌둥에 대한 평가에서 공로는 7이고 과오는 3이라 했다. 그리하여 중국은 마오쩌둥을 그들의 상징적 지도자로 삼고 있다. 중국은 이민족의 지배를 받은 적이 몇 차례 있지만 중국인들은 이것을 청산하기보다는 보존하고 계승하려 한다.

한국은 분명 국가발전에 크게 성공했다. 그것도 정부주도의 기적이었

---

3) "[대한민국 50년] 역사상 베스트 20 워스트 20," 『조선일보』, 1998년 7월 15일.

다. 정부주도의 발전이란 곧 대통령이 주도적인 역할을 했다는 뜻이다. 그런데 그처럼 성공적인 국가발전을 이끌었던 대통령들이 빈번히 비판의 대상이 되고 있다. 언론 보도는 물론 각종 서적에서 나타난 전직 대통령들에 대한 내용을 보면 부정적인 것이 압도적이다. 어떤 사람들은 한국이 발전한 것은 지도자 때문이 아니라 국민이 우수했기 때문이라고 주장한다. 그렇다면 북한 주민도 같은 민족인데 북한은 왜 실패했는가? 과연 이승만 대통령과 박정희 대통령의 공과(功過)는 제대로 평가되고 있는가? 그들의 과오는 너무 잘 알려져 있고 그것도 과장되고 왜곡된 것도 많지만, 그들의 공로는 제대로 평가되지도 학교에서 제대로 가르치지도 않고 있어 그들에 대해 알지 못하고 있는 것이 일반적인 현상이다.

북한과 김일성 연구의 권위자인 하와이대학의 서대숙 교수는 저자에게 "한국에는 신통한 지도자가 없다"고 말한 바 있다. 그가 김일성에 대한 저서를 출판한 것을 고려할 때 그는 분명 김일성을 '신통한 지도자'로 여기고 그런 말을 했다고 본다. 신통한 지도자가 있다는 북한은 자유도 없고 수백만이 굶어죽는 실패한 국가가 되었지만, 신통한 지도자가 없다는 한국에는 자유와 풍요가 넘치고 있는 것을 어떻게 해석해야 할 것인가? 한국사회에 떠돌고 있는 역대 대통령들에 대한 부정적인 이미지는 객관적 평가에 근거하지 않은, 크게 왜곡된 것이다. 한국이 국가발전에 성공한 나라이고 대통령들이 선두에 서서 이끌어 왔음에도 이처럼 부정적으로만 인식되고 있는 데는 다음과 같은 몇 가지 원인이 있다고 본다.

첫째, 여론조사 방식으로는 역대 대통령들을 제대로 평가할 수 없다는 것이다. 대다수 국민은 현대사 교육을 제대로 받지 않았고 최근 대통령들 이외에는 그들에 대해 아는 바도 적어 평가하기 어렵다. 여론조사를 통해 나타나는 일반적인 현상은 박정희 대통령을 압도적으로 높게 평가하고 그 다음에는 최근 대통령인 김대중과 노무현에 대해 높게 평가하게 된다는 것이다. 여론조사 결과로 전직 대통령들에 대한 인식이 한번 고착되면 다른 여론조사를 통해 비슷한 결과가 되풀이될 수밖에 없다. 또한 박 대통령에 대한 평가는 밴드왜건(bandwagon) 효과가 있다고 본다.

그에 대한 긍정적 평가가 항상 높았기 때문에 그에 대해 잘 모르는 사람들은 그를 무조건 긍정적으로 평가할 가능성이 높다는 것이다.

둘째, 최근 대통령들보다 시간적으로 먼 대통령들이 불리하게 평가될 수밖에 없다는 것이다. 대통령에 대한 평가는 당시의 리더십 여건을 고려해야 한다. 그런데 수십 년 전의 리더십 환경은 최근의 리더십 환경과 너무나 다르기 때문에 평면적으로 비교하는 것은 무리다. 따라서 오늘의 기준에서 몇십 년 전의 지도자들을 평가하는 것은 올바른 평가라 할 수 없다. 예컨대 대다수 국민은 역사지식에 한계가 있기 때문에 이승만 대통령에 대해 제대로 평가하기 어렵지만 최근 대통령들에 대해서는 잘 알고 있어서 긍정적으로 인식할 가능성이 높다.

이승만 대통령은 건국, 6·25전쟁, 전후 복구 과정을 통해 탁월한 지도력을 발휘했지만 여론조사에서는 언제나 1퍼센트 정도의 지지밖에 못 받는다. 6·25세대가 사라지면 더 낮아질지도 모른다. 전문가들에 의한 평가에서도 비슷한 문제점이 나타나고 있다. 예를 들면, 2010년 2월 중앙일보가 실시한 역대 대통령에 대한 전문가 100인의 평가를 보면, 김대중 대통령은 역대 대통령 중에서 외교에 가장 뛰어난 대통령으로 평가되었고 '외교의 귀신'이라 불리었던 이승만 대통령은 두 번째로 높게 평가되었다.[4] '전문가'들에 의한 평가라지만 이것은 분명 잘못된 평가이다. 김대중 대통령은 햇볕정책으로 노벨평화상까지 받았지만 북한이 개혁·개방을 거부하고 핵무장을 함으로써 그의 대북정책은 실패했다는 평가가 지배적이다. 이에 비해 이승만 대통령은 건국 과정은 물론 6·25전쟁을 통해 반공포로 석방, 한미 상호방위조약 쟁취 등 탁월한 외교적 리더십을 발휘했던 것이다.

셋째, 선진국 특히 미국의 기준에 의해 한국 대통령을 평가한다면 제

---

4) "역대 대통령 부문별 리더십 평가," 『중앙일보』, 2010년 2월 19일. 전문가로 선발된 인사들을 살펴보면 대통령 평가의 전문가라기보다는 단순히 지식인이라고 보는 것이 타당하다.

대로 된 평가라 할 수 없다. 리더십은 시대적 특성과 정치사회적 여건에 부응해야 성공할 수 있다. 다시 말하면, 시대적 배경과 정치사회적 맥락에 따라 다양한 리더십 스타일이 가능한 것이다.[5] 미국은 세계 어느 나라보다 '행복한 역사'를 가지고 있다. 태평양과 대서양으로 격리되어 있어 외부의 군사적 위협이 별로 없었고 광대한 대륙에 풍부한 자원이 있었기 때문이다. 대한민국 초기의 상황은 미국과는 너무나 대조적이었다. 식민통치 후유증, 분단, 전쟁, 만성적 빈곤, 부존자원 빈곤 등으로 세계에서 가장 열악한 환경에 처해 있었다. 미국의 기준으로 한국 대통령을 평가하는 가장 핵심적인 기준은 민주적 대통령이냐 아니냐에 있었다. 최악의 국가위기가 계속되고 있었고 민주적 전통도 훈련도 없었기 때문에 민주주의가 제대로 작동하기 어려웠지만 그 책임을 모두 이승만 대통령에게 전가하며 독재자로 낙인찍어 왔던 것이다.

넷째, 평가 당시의 분위기에 따라 평가 결과가 달라진다는 것이다. 예를 들면, 노무현 대통령에 대한 평가가 몇 년 사이에 크게 달라졌다. 동아시아연구소가 실시한 여론조사에 의하면, 노무현 대통령에 대한 평가는 2005년 대통령 재임 당시에는 아주 나쁜 편이었지만 2010년에는 역대 대통령 중 박정희, 김대중에 이어 세 번째로 긍정적으로 평가되고 있다.[6]

마지막으로, 18년간 통치한 박정희 대통령과 5년 임기를 가진 대통령들을 단순 비교하는 것도 문제가 있다. 만약 박 대통령이 5년 단임으로 끝났다면 그의 업적도 한계가 있었을 것이기 때문이다. 미국 대통령의

---

5) James MacGregor Burns, *The Power to Lead: The Crisis of the American Presidency*(New York: Simon & Schuster, 1984); Richard E. Neustadt, *Presidential Power and the Modern Presidents: The Politics of Leadership from Roosevelt to Reagan*(New York: Free Press, 1990); Bert A. Rockman, *The Leadership Question: The Presidency and the American System*(New York: Praeger, 1984); and Stephen Skowronek, *The Politics Presidents Make: Leadership from John Adams to George Bush*(Cambridge, Mass. Belknap, 1993).

6) "노무현 긍정 평가 늘어 … 현직 때와 '극과 극'," 『중앙일보』, 2010년 12월 4일.

경우 단임으로 끝난 대통령보다 연임을 한 대통령은 재임기간이 두 배가 되기 때문에 업적도 많고 그래서 상대적으로 높은 평가를 받고 있다.

▌국가건설 단계의 리더십 평가

터키의 국부(國父)로 불리는 케말 파샤는 역사창조도 중요하지만 역사 해석이 더욱 중요하다고 했다. 우리는 성공한 역사를 가지고 있으면서도 실패한 역사로 해석하는 경향이 없지 않다. 그 이유는 한국이 처한 역사적·사회경제적 배경과 조건을 무시하고 서구적 관점을 맹목적으로 적용했기 때문이다. 특히 우리나라는 미국의 영향을 많이 받아 미국식 기준을 무비판적으로 수용하는 경향이 있지만, 미국은 여러 면에서 예외적인 국가라고 볼 수 있기 때문에 미국식 기준이 한국을 평가하는 절대적 기준이 되어서는 안 된다.

미국의 정치학자 헌팅턴은 미국은 경제적 풍요, 낮은 안보위협, 정치적 안정 등, "행복한 역사"를 가지고 있어서 갖가지 어려움을 겪고 있는 개발도상국들을 이해하고 지원하는 데 부적절하다고 했다. 미국은 또한 영국 정치제도를 그대로 수용하면서 새로운 정치질서를 창출한 경험이 없기 때문에 개도국들의 국가건설 문제에 대해 별로 도움이 되지 못한다. 특히 정부를 "필요악"으로 인식하여 권력의 분산과 견제를 당연시하고 있으나 그처럼 '약한 정부'는 갖가지 난관을 극복하고 국가건설을 해야 하는 신생국들에게 적합하지 않다는 것이다.

리더십 환경이 다르면 리더십 전략도 다르지 않으면 안 된다. 역대 대통령, 특히 대한민국 초기의 대통령들을 선진국 기준으로 평가해서는 안 되며, 그들 재임 당시의 한국의 여건을 고려한 평가기준을 적용해야 한다는 것이다. 이와 관련하여 필자는 대통령이 국가건설(nation-building)에 어떻게 기여했느냐를 중요한 평가기준으로 삼아야 한다고 본다. 선진국은 국가건설이 완성된 상태이지만, 신생국이나 개도국들은 대부분 국

가건설 과정에 있기 때문에 이러한 나라의 리더십은 국가건설을 위한 리더십이 되어야 하기 때문이다.[7]

국가란 동전을 집어넣으면 움직이는 자동기계와 같은 것이 아니다. 마키아벨리는 "새로운 제도와 질서의 창조보다 더 어렵고 위험한 것은 없으며 그 성공 가능성도 희박하다"고 했을 만큼 국가건설은 어려운 과업이다. 가장 좋은 조건하에서도 국가건설이란 어려운 일이며, 특히 신생국의 국가건설은 식민통치 후유증 등으로 선진국들이 경험했던 것보다 훨씬 더 어렵다. 신생국들은 외형적으로 국가 형태를 갖추었지만 국가기능을 제대로 발휘하지 못하면서 심각한 사회정치적 갈등을 겪게 되었고, 그 결과 국가건설에 성공한 나라는 별로 없고 실패했거나 실패할 가능성이 높은 나라들이 대부분이다.[8]

국가건설의 어려움을 이해하기 위해서는 신생국들이 국가건설 과정에서 일반적으로 직면하게 되는 도전과 문제들에 대해 살펴 볼 필요가 있다. 무엇보다 심각한 도전은 안보 불안이다. 신생국들이 일반적으로 안보위기에 빠지게 되는 이유는 국가건설에 관련된 요소들이 결핍되었거나 문제가 있기 때문이다. 두 번째 문제는 보편화된 빈곤이다. 빈곤은 무지, 질병, 범죄, 사회정치적 갈등과 혼란 등 온갖 사회문제의 근원이 된다. 세 번째 도전은 신생국의 국가건설은 매우 짧은 기간에 이루어져야 한다는 것이다. 서구의 국가건설은 몇백 년에 걸쳐 점진적으로 이루어졌지만, 신생국의 경우 단기간에 혁명적 변화를 이룩해야 하기 때문에 상당한 부작용과 모순이 따를 수밖에 없다.

신생국들이 당면한 도전과 제약조건, 정부의 제한된 자원과 능력 등을 고려할 때 국가안보, 경제발전, 정치발전이라는 국가건설의 3대 과업

---

7) 김충남, 『대통령과 국가경영: 이승만에서 김대중까지』(서울대출판부, 2006) 및 Choong Nam Kim, *The Koreazn Presidents: Leadership for Nation Building* (Norwalk, CT: EastBridge, 2007) 참조.

8) 오늘날 200여 개의 국가 중 대략 3분의 1 정도는 실패한 국가이거나 실패할 가능성이 높은 국가로 분류되고 있다.

을 동시에 달성하기 어렵다. 우선순위를 설정하여 단계적으로 해결하는 것이 불가피하다. 국가기능으로서 영토와 국민을 보호하는 안전보장보다 더 중요한 것은 없다. 안전이 보장되지 않고는 경제발전이나 민주발전 같은 목표를 추구하기 어렵다. 안보 여건이 개선되면 그 다음으로 국민에게 최소한의 복지를 보장할 수 있는 경제적 기반 구축이 우선적 과제가 된다. 안보문제와 경제문제가 어느 정도 해결되었을 때 비로소 본격적인 민주발전이 가능해진다.

한국은 일제강점 유산, 남북분단, 전쟁, 계속된 남북대결 등 최악의 조건하에서도 안보의 기적, 경제발전의 기적, 민주화의 기적 등 국가발전의 3대 기적을 이룩했다. 그러나 이러한 기적을 이룩하는 데 앞장섰던 대통령들에 대한 평가는 대체로 부정적이다. 이같이 된 데는 민주운동사관(史觀)이라는 좁은 시각에서 한국의 국가발전을 평가하고 있기 때문이다. 민주운동사관의 핵심적 특징은 민주주의를 어떤 상황하에서도 타협될 수 없는 최고의 가치로 간주하는 데 있다. 따라서 한국 현대사는 민주주의를 위한 투쟁사이고 민주 대 반민주 세력 간 갈등과 투쟁의 역사로 인식하고 건국세력이나 산업화세력을 '악의 세력'으로 치부하는 경향이 있다.[9] 이들의 안목에는 국가안보와 경제발전이 민주발전의 기반을 만들었을 뿐 아니라 민주주의에 못지않은 또는 그보다 더 절박하고 중요한 국가적 과제였다는 인식이 없다.

저자는 한국 현대사를 민주주의라는 단일기준이 아니라 국가건설이라는 종합적 관점에서 연구한 바 있다.[10] 국가건설 관점에서 한국 현대사를 고찰한다면 그 당시 당면했던 도전과 장애, 정부의 문제해결 역량, 국정 우선순위, 대통령 리더십 등을 종합적으로 다룰 수 있다. 대한민국

---

9) 김세중, "건국과 산업화와 민주화의 갈등과 상호의존," 『시대정신』 45(2009년 겨울호), 77쪽.
10) 김충남, 『대통령과 국가경영: 이승만에서 김대중까지』(서울대출판부, 2006) 및 Choong Nam Kim, *The Koreazn Presidents: Leadership for Nation Building* (Norwalk, CT: EastBeidge, 2007) 참조.

역사를 비판하는 세력들의 주된 공격대상은 건국 대통령 이승만과 근대화 대통령 박정희이다. 이 두 지도자의 재임 기간이 30년으로 대한민국 역사의 절반을 차지할 뿐 아니라 이 기간 중에 오늘의 자랑스러운 대한민국의 기초가 세워졌다. 그들의 위상이 흔들리면 대한민국은 뿌리부터 흔들리게 된다. 일부 정치인들과는 달리 다수 국민들은 박정희 대통령의 공로를 높이 평가하고 있다. 이것은 다행스러운 일이다. 그러나 박정희만 높이 평가한다면 제대로 된 역사해석이라고 할 수 없다. 박 대통령의 산업화는 이승만 대통령이 구축한 기초 위에서 가능했기 때문이다. 다시 말하면, 이승만 없는 박정희는 없다는 것이다. 이승만이 이룩한 한미동맹, 교육받은 인력, 현대식 군대 등에 힘입어 박 대통령은 경제발전에 곧바로 매진할 수 있었던 것이다.

이승만 대통령은 건국 당시부터 공산세력의 위협을 잘 알고 이에 적극 대처했으며 이로 인해 6·25전쟁 중에도 국민들이 그를 중심으로 일치단결하여 싸울 수 있었다. 그는 국가생존을 보장하기 위해 미국과 방위조약을 체결하고자 했지만, 미국은 아시아 대륙 국가의 하나인 한국과는 한사코 방위조약을 체결하지 않으려 했다. 그는 휴전반대, 반공포로 석방, 단독 북진 주장 등으로 미국을 압박하여 방위조약을 쟁취했다.

그로부터 20년 후인 1973년 미국이 파리 평화조약을 통해 월남전에서 미군을 철수시킨 후 2년 만에 월남이 공산화되고 말았다는 것을 고려한다면 한미동맹이 얼마나 중요한 업적인지 알 수 있다. 이승만은 국가보위를 위해 모든 것을 내걸었는데 비판자들은 그의 비민주적 측면에만 초점을 맞추고 있는 것이다. 만약 그가 한미동맹을 쟁취하지 못했다면 한국이 월남처럼 공산화되었을 가능성이 크며, 일본 등 외국의 자본이 한국에 투자하지도 않았을 것이고, 미국도 한국 수출품에 대해 시장을 개방하지 않았을 것이다. 그러한 여건에서 박 대통령의 경제개발이 성공할 수 있었겠는가?

박정희 대통령은 국가건설의 세계적인 지도자이다. 그의 국가발전 전략은 싱가포르, 말레이시아, 중국 등 여러 나라들에 의해 모방되고 있다.

그는 국가안보, 경제발전, 민주발전이라는 3대 과제를 동시에 달성하기 어렵다고 판단하고 경제성장을 우선적인 과제로 삼았다. 안보는 한미동맹에 의해 당분간 지탱할 수 있고, 민주주의는 사회경제적 조건이 미비하기 때문에 당분간 정착되기 어렵다고 판단하여 경제발전을 위해 가용한 자원과 노력을 집중시켰던 것이다. 그의 경제개발 전략은 큰 성공을 거두어 한국경제는 1965~79년 사이에 평균 9.9퍼센트 성장하여 국민 총생산은 27배, 1인당 소득은 19배나 늘어나는 놀라운 성과를 거두었다. 특히 그는 중화학공업을 일으켜 세계적인 제조업 국가로서의 튼튼한 기반을 구축했던 것이다.

1970년대 두 차례 석유위기 등으로 세계경제가 심각한 침체에 빠지면서 수출의존적인 한국경제는 70년대 말에 이르러 심각한 어려움에 직면했다. 이러한 가운데 박정희 대통령 시해사건이 일어났으며, 이에 따른 정치사회적 혼란은 한국경제를 더욱 심각한 위기로 몰아넣었다. 민주주의라는 잣대로 보면 전두환 정권의 등장은 크게 잘못된 것이다. 그러나 분단국가인 한국에서 경제위기는 정치사회적 위기와 안보위기를 초래했으며 그러한 상황에서는 민주발전도 기대할 수 없었다. 전두환 정부는 정치사회적 안정을 조기에 회복하여 제2의 경제도약을 이룩했으며, 서울올림픽을 유치함으로써 올림픽 외교를 통해 수출시장을 전 세계로 확대하여 무역국가로서의 터전을 튼튼히 다졌다. 한마디로 전두환 정부는 집권과정에서 정통성 문제가 있었지만, 경제 재도약과 올림픽 성공을 통해 박정희 정부가 미완성으로 남긴 '한강의 기적'을 완성하는 데 기여했다고 본다.

이처럼 안보와 경제 등 민주주의의 바탕이 튼튼히 마련되었기에 큰 혼란 없이 평화적 정권교체가 이루어질 수 있었다. 물론 한국의 민주화는 김영삼과 김대중을 중심으로 하는 민주화세력의 공로를 높이 평가하지 않을 수 없다. 그러나 대다수 개도국에서 경제사회적 조건이 미비하거나 안보상의 이유로 민주정치가 실패하고 있음을 고려할 때 민주발전에 대한 과거 지도자들의 기여를 인정하지 않을 수 없다. 이처럼 한국의 국가

건설은 안보우선에서 시작하여 경제발전 그리고 민주주의로 국정의 우선순위가 바뀌는 단계적 국가발전이 이루어진 것이다.

이처럼 한국은 단계적인 국가건설을 추구했기 때문에 매우 어려운 여건하에서도 가장 성공적인 국가발전을 이룩할 수 있었다고 본다. 즉, 역대 대통령들은 안전보장, 경제발전, 민주발전 등 국가건설의 3대 과제를 순차적으로 해결하는 '역사적 분업'을 했다는 것이다. 따라서 안보세력, 산업화세력, 민주화세력은 자기들만의 역사적 공적을 내세우며 상대세력을 비난하고 부정할 것이 아니라 그들의 공로를 인정함으로써 통합의 역사관을 확립해야 할 것이다.[11]

▌노무현과 이명박 어떻게 평가할 것인가

저자는 1992년『성공한 대통령 실패한 대통령』을 출판할 당시부터 대통령들의 국정운영과 리더십을 꾸준히 관찰해왔다. 2006년에 발간한『대통령과 국가경영: 이승만에서 김대중까지』는 역대 대통령들을 동일한 기준으로 평가한 바 있으며, 이 책은 그 연장선상에 있다. 이 책을 집필함에 있어서 저자는 기존 연구들을 참고했음은 물론 언론과 잡지 등을 통해 나타난 그들의 국정운영을 지속적으로 관찰하고 분석했다.

미국 대통령연구 전문가 프레드 그린스타인(Fred Greenstein)은 대통령의 효과적 국정운영을 위해 필요한 자질 여섯 가지를 제시한 바

---

11) 필자와 비슷한 견해로 김세중은 통합의 관점에서 우리 현대사를 분석하고 있다. 통합의 역사인식은 현대사의 주요 집단들이 우리나라가 건국 이후 정치적 민주화와 경제적 산업화를 통해 성숙한 근대 국민국가체제를 건설하는 과정에서 갈등관계에 있었지만, 결과적으로 상보적 그리고 상호의존적 관계에 있었다고 보고 있다. 김세중, "건국과 산업화와 민주화의 갈등과 상호의존,"『시대정신』45 (2009년 겨울호), 76-103쪽 참조.

있다.[12] 즉, ①대중 설득력(public communicator), ②조직관리 능력
(organizational capacity), ③정치력(political skills), ④정책비전(policy
vision), ⑤전략정보 인지능력, ⑥감성적 요소이다. 전략정보 인지능력이
란 국가에 관련된 중요한 정보나 쟁점을 보다 넓게 그리고 장기적 차원
에서 판단할 수 있는 능력을 말하며, 이를 위해서는 대통령에게 역사적
추세와 국제정세에 대한 깊은 이해가 요구된다. 감성적 요소란 대통령의
직무에 대한 긍정적 태도, 자신감, 성취욕구 등 긍정적 요소는 물론 성
격적 결함이나 의심, 분노, 열등의식, 공격성 등 부정적 요소를 고려해야
한다는 것이다.

또한 두 대통령을 평가함에 있어서 실패한 대통령의 일반적인 특징
도 고려했다. 첫째는 명확한 국가경영의 비전이 결여된 경우이다. 비전
이 불분명하면 국정목표의 우선순위는 물론 추구하는 가치나 원칙도 불
분명하게 된다. 둘째, 정치적 타협 능력의 결여이다. 이러한 능력이 없는
대통령은 국회, 언론, 이익집단 등을 무시하고 독선적인 국정운영을 하
게 된다. 셋째, 지지세력을 규합하는 정치기술의 부족이다. 넷째, 소통능
력의 결여이다. 반대세력에 대해 적대감을 나타내며 소통을 위한 노력
보다는 일방적 선전을 선호한다. 다섯째로, 닉슨의 워터게이트 사건처럼
부도덕성을 지적하고 있다. 마지막으로 균형 감각이 결여되어 있거나 정
서적으로 안정되지 못한 경우이다.

미국 대통령에 대한 연구는 대통령 개인의 자질과 관련된 요소들을 중
시하는 경향이 있고 한국의 일부 학자들도 그러한 추세를 따르는 경향이
있다. 그러나 미국은 삼권분립이 정착되어 있고 대통령의 책임과 역할도
정해진 패턴에서 움직인다. 뿐만 아니라 한국에 비해 지방정부의 권한과

---

12) Fred I. Greenstein, "The Qualities of Effective Presidents: An Overview from FDR
to Bill Clinton," *Presidential Studies Quarterly* 30:1(March 2000), pp. 178-185;
Fred I. Greenstein, *The Presidential Difference: Leadership Style from FDR to
Clinton*(New York: Free Press, 2000).

역할이 크기 때문에 미국 대통령의 역할은 한국에 비해 한정되어 있다. 다시 말하면, 미국 대통령의 리더십은 제도적으로 정착되고 안정된 범위 내에서 이루어지기 때문에 개성적 차이를 중시하는 것도 좋은 분석방법 이라고 본다. 그러나 한국은 국회의 역할도 제대로 정착되어 있지 않고 미국에 비해 지방정부의 역할도 제한되어 있다. 더구나 한국 정치 자체 가 불확실성과 불안정성이 너무 높다. 따라서 한국 대통령의 리더십에 대한 연구는 좀 더 포괄적인 접근이 필요하다고 본다. 이 책에서는 다음 과 같은 요소들에 유의하고자 했다.

1. 성장과정, 교육과정, 경험 등을 통해 대통령으로서의 자질을 평가한다.
오늘날 국가경영은 매우 복잡하고 어려운 일이기 때문에 대통령은 비 범한 자질이 요구된다. 성장환경이 어떠했는가는 대통령의 심성에 상 당한 영향을 미친다. 또한 그가 정상적이며 양질의 교육을 받았는가. 그리고 풍부한 정치적, 행정적, 사회적 경험을 가지고 있는가. 그는 과 연 신뢰할 수 있으며 책임감 있는 인물인가. 그는 과연 어떤 역사관과 국가관을 가지고 있으며, 나라의 미래에 대해 어떤 철학과 비전을 가 지고 있는가.

2. 대통령선거 과정에서 나타난 장단점이 무엇인가 살펴본다.
당내에서 대통령후보로 선출되는 과정, 그리고 대통령후보로서의 주 요 공약, 선거 캠페인 등에 대한 이해는 당선 후의 리더십을 이해하는 기초가 된다. 선거 승리의 요인은 무엇이었으며 공약의 한계점은 무 엇이었는가에 대해서도 살펴보고자 한다.

3. 취임준비를 어떻게 했는가를 살펴본다.
'준비된 대통령'이란 존재하기 어렵다. 또한 선거과정에서 당선만을 목표로 했기 때문에 과도한 공약을 했을 가능성이 크다. 국가의 현실 을 어떻게 진단하고 어떤 국정목표를 내세웠으며 그러한 목표를 달성하기 위해 취임준비 활동을 어떻게 했느냐를 살펴보는 것도 국정운영의 성패를 판단하는 시금석이 된다.

4. 국정의 우선순위가 적절했는가를 평가한다.

국정목표가 불분명하거나 추구하는 목표가 너무 많을 때는 성공하기 어렵다. 정부의 능력에는 한계가 있기 때문이다. 대통령의 국정 우선순위가 시대적 요구와 국민적 여망을 반영하는 것이라면 국민의 지지를 받게 되고 국정운영에 성공할 가능성도 높아진다. 따라서 대통령의 국정 우선순위를 평가하는 것은 매우 중요하다.

5. 용인술이 어떠했는가를 고찰한다.

용인술이 뛰어난 대통령은 성공한 대통령이 될 가능성이 높다. 국가경영은 대통령 단독으로 하는 것이 아니라 내각과 대통령 참모진과 함께 하는 것이기 때문이다. 인사를 보면 대통령의 국정운영 방향과 그 성과까지도 짐작할 수 있다.

6. 경제정책, 외교안보정책 등 주요 정책에 대해 평가한다.

대통령은 국가경영의 최고 책임자이기 때문에 그에 대한 평가는 그가 표방한 구호나 행위의 동기보다도 성과에 초점이 맞춰져야 한다. 왜냐 하면, 행위의 동기는 정확하게 파악하기도 힘들 뿐 아니라 정책의 결과는 국민들에게 큰 영향을 미치기 때문이다.[13] 한국이 개발도상국이었을 당시 경제정책이 무엇보다 중요했음에도 미국 대통령의 평가 방법을 따르는 연구자들은 경제정책이나 리더십의 효율성을 경시하는 경향이 있다. 더구나 세계화로 국가 간 경쟁이 치열해지면서 선진

---

13) 막스 베버는 정치인의 두 가지 윤리로 '신념의 윤리'와 '책임의 윤리'를 제시하고 있는 데 최종적 행정책임자인 대통령은 신념보다는 결과가 더 중요하다는 것이다.

국 지도자들도 경제관리를 중요시하고 있다. 또한 한국이 세계적 강대국들을 이웃나라로 하고 있을 뿐 아니라 남북 간 첨예한 대결을 하고 있기 때문에 외교안보정책에 대한 대통령의 관리능력도 중요한 평가대상이 되었다.

7. 정치적 역량을 평가한다.

최고 정치지도자의 자질로서 정치적 역량(political skills)은 매우 중요하다. 대통령은 정치력을 발휘함으로써 집권당을 이끌어 가는 등 권력기반과 지지기반을 강화해야 하고 야당이나 반대세력과도 타협할 수 있어야 한다. 또한 대통령의 설득력 또는 소통능력은 자신의 국정비전이나 주요정책을 국민에게 이해시키고 공감대를 형성하게 하는데 긴요한 요소이다.

두 대통령의 국정운영을 가능한 한 부문별로 시간대별로 정리하고자한다. 또한 두 대통령에 대한 분석의 마지막 부분에서는 시대적 배경, 국정 우선순위, 인사정책, 리더십 스타일, 업적 및 교훈을 중심으로 그들의 리더십을 요약하고자 한다. 이 책의 마지막 장에서는 대통령제 정착에 관련된 문제들을 논의하고자 한다.

2부

노무현 대통령

특권 없는 사회를 꿈꾼 이상주의자

1. 링컨에 비유되는 입지전적 인물

▌자존심으로 무장한 투사

노무현 대통령은 성장환경이나 정치역정에 있어 다른 대통령들과 크게 대조적이다. 한국 대통령제에서 대통령 권력을 견제하는 제도적 장치가 미약하기 때문에 대통령의 개성은 국정운영에 결정적인 영향을 미친다. 다시 말하면, 제왕적 대통령이라는 전통적 요소도 있고, 국회나 정당이 대통령의 권력을 효과적으로 견제하지 못하고 있기 때문에 대통령의 개성이 국정운영을 좌우하는 경향이 있어 왔으며, 그런 점에서 노 대통령의 독특한 개성은 관심의 대상이 되어 왔다. 그는 서민적 풍모와 소탈함, 뛰어난 토론 및 논쟁 능력, 남다른 열정과 기회를 포착하는 순발력, 그리고 대중의 정서를 꿰뚫는 정치 감각 등 지도자로서의 장점이 적지 않다. 그럼에도 그의 재임 기간은 논란과 시행착오의 연속이었으며, 퇴임 후 스스로 좌절감을 느꼈을 정도이다.

노무현은 1946년 8월 6일 경남 김해군 진영읍에서 4km 정도 떨어진 농촌마을에서 가난한 농부의 아들로 태어났다.[1] 그는 중학교 진학 시 입학금이 없어 어머니와 함께 학교를 찾아가 돈은 나중에 낼 테니 우선 입학시켜달라고 하소연했지만 거절당하자 자존심이 강했던 노무현은 '어머니 가요, 이 학교 아니면 학교 없나' 하며 뛰쳐나왔다고 한다. 이처럼 그는 어려서부터 성깔 있는 반항아였다.[2] 그는 중학교 1학년 당시 이승만 대통령을 주제로 한 글짓기를 거부하고 다른 학생들에게 동참하도록 권유한 사실로 미루어 볼 때 어릴 때부터 그의 현실인식은 남달랐다. 그는 1966년 부산상고를 졸업하고 가정형편으로 대학 진학을 포기한 후 소규모 어망(漁網) 제조회사와 건설공사장 등에서 일하며 가계를 도왔다.

그는 1971년부터 사법시험을 준비했고 1973년에는 권양숙과 결혼했다. 권양숙의 아버지는 과거 남로당 당원이었고 6·25전쟁 당시 인민군 점령하에 있던 창원군 진전면의 치안대장으로 주민 11명을 살해하는 등 인민군을 위해 적극 부역(附逆)했다. 이로 인해 투옥되어 18년 동안 감옥살이를 했지만 끝까지 전향(轉向)을 거부하고 감옥에서 사망한 철저한 공산주의자였다. 때문에 권양숙과의 결혼에 대해 주변의 반대가 심했지만 그는 이에 개의치 않고 결혼했다. 그는 이로 인해 국가보안법과 정부의 반공정책에 대한 반감이 커졌다고 할 수 있다.

그는 사법시험에 세 차례나 낙방한 후 1975년 고졸 출신으로서는 유일한 합격자가 되었다. 그는 1977년 대전지방법원 판사로 부임했지만 7개월 만에 그만둘 만큼 조직생활에 적응하지 못했다. 그 후 부산에서 변호사 개업을 한 후 세무 및 회계 전문 변호사로서 명성을 얻어 높은 수임료를 받게 되었으며, 지역 경제인들과 어울려 요트를 즐기기도 했다. 그는 1981년 부림사건 변호를 담당하면서 노동 및 인권 변호사의 길에 들어서게 되었고 이를 계기로 반정부 투쟁에 적극 가담하게 되었으며, 1987년

---

1) 그는 셋째 아들이며 또한 누나와 여동생이 있다.
2) 김호진,『한국의 대통령과 리더십』(청림출판, 2008), 427쪽.

8월에는 대우조선 노동쟁의와 관련하여 3자 개입 혐의로 구속되기도 했다.[3]

그는 어려웠던 성장환경으로 인해 부정적인 성격과 가치관을 형성하게 되었으며, 그것이 그의 정치역정과 대통령으로서의 리더십에 상당한 영향을 끼쳤다고 본다.[4] 그는 두뇌는 명석한 편이었지만 대학진학을 하지 못해 상당한 콤플렉스를 가지고 있었고 이로 인해 사회에 대해 비판적이며 저항적인 태도를 가졌던 것으로 보인다. 그는 어릴 때부터 가난이나 어려움에 대해 '자유당 독재' 또는 '이승만 독재' 때문이라는 주변 사람들의 현실비판에 귀를 기울였던 것으로 알려지고 있다. 그는 또한 5·16 군사혁명에 대해서도 매우 부정적인 인식을 가지고 있었다. 그가 부산상고에 재학할 당시 부일장학회 등 부산일보 사장 소유의 재산이 몰수되어 5·16장학회로 넘어가게 된 것을 목격한 바 있었다. 그는 이처럼 몰수된 재산은 법률적 용어로 "장물"이라며 되돌려주어야 한다고 주장해왔다.[5]

노무현은 1988년 김영삼 총재의 추천으로 통일민주당 후보로 부산에서 출마하여 국회의원이 되었다. 그해 말 한국 헌정사상 처음으로 퇴임한 정권의 실세들을 출석시킨 가운데 텔레비전으로 중계된 5공 청문회는 국민들의 비상한 관심의 대상이 되었으며, 여기서 노무현 의원은 뛰어난 언변으로 '청문회 스타'가 되어 처음으로 국민적인 주목을 받게 되었다. 1989년 마지막 날 저녁 국회 5공청문회에서 전두환 전 대통령이 자신의 입장을 진술하고 있었는데 이를 못 마땅히 여긴 노무현 의원은

---

3) "노무현이 걸어온 길: 가난·역경을 딛고 인권변호사로," 『한겨레신문』, 2002년 12월 19일. 부림사건은 1981년 9월 검찰이 부산지역 사회과학 독서모임을 하던 학생, 교사, 회사원 등 22명을 기소한 사건이며 노무현을 비롯하여 김광일, 문재인 등이 변호에 나섰다.

4) 역대 대통령들 중 김영삼 대통령을 제외하고는 모두 가정형편이 어려웠지만 긍정적인 자세로 훌륭히 극복하여 성공한 인생을 살아왔던 것과는 대조적이다.

5) 노무현, 『성공과 좌절』(학고재, 2009), 125쪽.

전두환을 향해 욕설을 하며 자신의 명패를 집어던짐으로써 정치투사로서의 면모를 표출했다. 그러나 신성해야 할 의사당 내에서 전직 대통령을 향해 폭력을 행사했다는 데 대해 많은 사람들은 그의 성격이나 자질에 의문을 갖게 되었다.

그는 1988년과 1989년 현대자동차와 현대중공업 파업 당시 국회의원 자격으로 노사분규를 해결한다면서 파업현장을 찾아가 "노동자가 주인이 되는 세상을 만들자"고 노동자들을 선동하기도 했다.

▌원칙과 소신의 정치인

노무현은 한국정치의 지역주의와 기회주의를 타파하는 것을 정치적 목표로 삼았다. 그는 자신의 정치적 후견인이었던 김영삼의 3당 합당을 격렬히 비난했다. 즉, "우리 사회의 도덕적 밑천은 김영삼 대통령이 3당 합당을 해서 모두 훼손시켜버렸습니다. 김영삼 대통령은 자신의 도덕적 자산만이 아니라 이 나라 민주주의 정치세력의 도덕적 자산을 절반 이상 없애버렸습니다. 그 결과로 정치인들이 존경받지 못하고 있는 것입니다……. 국민들이 정치인들을 '거짓말하고 사기치고 이익만 있으면 옮겨 다니는 사람들'이라고 생각하는 데 우리 정치의 비극이 있는 것입니다."라고 했다.[6] 그는 1987년 대통령선거에서 민주세력이 분열되었기 때문에 패배했으며, 따라서 민주세력의 통합이 절실한 과제였는데 3당 합당으로 민주세력의 통합을 불가능하게 만들었다고 보았다. 그래서 그는 분열주의와 기회주의와의 투쟁 그리고 지역주의 타파를 자신의 정치활동의 목표로 삼겠다고 주장했다.

그는 "일제 때부터 이런저런 기회주의 처신을 한 사람들이 성공한 사

---

6) 같은 책, 268-269쪽.

회"였기 때문에 사회적 불신이 생겼다고 보았다.[7] 그는 자신을 포함한 소위 '진보세력' 또는 '민주화세력'은 도덕적 정당성을 가지고 있기 때문에 도덕적 정당성이 없는 보수세력과 합당하는 것은 있을 수 없다고 보았다. 그래서 그는 3당 합당에 합류하는 것을 거부하고 야당의 길을 고수했다. 그는 이 같은 정치적 신념에 따라 부산에서 야당 후보로서 14대 총선(1992년)과 부산광역시장 선거(1995년)에 출마했으나 연달아 패했다. 당시 여당의 아성이었던 부산에서 야당 후보로서는 당선 가능성이 희박했지만 그는 당선보다는 지역주의를 타파하겠다는 명분 하나만을 위해서 출마했으며 이로 인해 '바보 노무현'이란 별명을 얻기도 했다.

그 후 그는 김대중 총재가 이끄는 새정치국민회의에 합류한 후 1996년 15대 총선 당시 서울 종로에 출마했지만 또다시 낙선했다. 이명박 의원이 선거법 위반 혐의로 의원직을 상실한 뒤인 1998년 7월에 실시된 종로 보궐선거에서 그가 출마하여 당선되었다. 2000년 4월 16대 총선 당시에는 "지역주의의 벽을 넘겠다"면서 당선 가능성이 높았던 종로를 마다하고 부산에서 출마하여 또다시 낙선하는 등 정치계에 드문 원칙과 소신과 용기의 정치인이었다.

그러나 그것은 그의 정치적 승부수였다. 그가 종로에 출마하여 당선되었더라면 평범한 국회의원으로 끝나고 말았을지도 모른다. 그는 자신을 희생하면서까지 원칙을 추구함으로써 이합집산과 변심을 다반사로 여기던 정치인들에게 환멸을 느껴온 사람들에게 깊은 감동을 주었던 것이다. 총선에서 낙선한 지 4개월 후인 2000년 8월부터 2001년 3월까지 8개월 동안 그는 김대중 정부의 해양수산부 장관을 지냈다.

---

7) 같은 책, 262쪽.

▎젊은 세대의 지지에 힘입어 당선

2002년 초 대통령 예비후보들을 대상으로 한 여론조사에서 노무현은 5퍼센트도 안 되는 낮은 지지도를 보이고 있었으며, 민주당의 분위기는 이인제 대세론이 우세했다. 더구나 이인제는 서울법대 출신에 국회의원, 경기도 지사, 노동부 장관 등 화려한 경력을 가진 데 비해 노무현은 고졸 학력에 두 번의 당선과 네 번의 낙선 등 외적인 조건으로 보면 비교조차 안 되었다. 이인제는 1997년 신한국당(한나라당의 전신) 대통령후보 경선에서 이회창에게 패한 후 탈당하여 국민신당을 창당한 후 대통령후보로 출마하여 500만 표를 획득한 바 있었고, 1998년에는 김대중 총재가 이끄는 새정치국민회의에 합류했던 것이다.

야당의 전통을 고수해온 노무현으로서는 전형적인 기회주의자인 이인제의 지지도가 자신보다 앞선다는 것을 도저히 용납할 수 없었다. 노무현은 이인제를 3당 합당에 참여하는 등 원칙을 저버리고 정치적 이해타산에 따라 당적을 바꾼 전형적인 '철새정치인'으로 여겼기 때문에 누구보다 그를 증오했다.

이러한 가운데 노무현은 최초의 정치인 팬클럽인 '노사모'의 1만여 명의 회원들이 전국을 누비며 자발적인 선거운동을 하고 있어 크게 고무되어 있었다. 민주당 내에서의 취약한 기반에도 불구하고, 그는 '네티즌이 뽑은 대통령감' 1위, '증시전문가가 뽑은 경제 대통령감' 1위, '시민운동가가 뽑은 대통령감' 1위, '현직 기자가 뽑은 대통령감' 1위, '희망을 주는 인물' 1위 등 각종 전문가 집단이 뽑는 대통령감으로는 늘 1위를 달리는 불가사의한 인물이었다. 그는 '교과서적인 상식을 가진 원칙주의자'로서 인기나 대세, 또는 정치적 이익을 계산하지 않고 자신이 옳다고 생각하는 것을 끝까지 추구한 비범한 인물이었다.

2002년 초 새천년민주당은 김대중 정권의 부패 스캔들 등으로 국민의 신망을 잃고 있었기 때문에 이를 만회하기 위한 방법으로 국민경선제라는 후보 선정방식을 채택하여 16개 시도를 순회하며 당원(50%)과 국민

(50%)이 후보를 대상으로 직접 투표하도록 했다. 노무현은 광주 경선에서 이 지역 출신인 한화갑과 당내 1위를 달리던 이인제를 물리치고 1위를 했다. 광주에서 예상외의 승리를 거둠으로써 노무현의 인기가 급상승하면서 처음으로 전국적으로 주목받는 후보가 되었고 결국 여당의 대통령 후보가 되었던 것이다.

당시 김대중 정권에 대해 민심은 극도로 이반된 상태였다. 집권층이 연루된 갖가지 부정부패 사건이 연달아 터졌고 심지어 김대중 대통령의 두 아들까지 구속되면서 집권당 후보인 노무현의 인기가 유지되기 어려웠다. 설상가상으로 그해 6월에 실시된 지방선거에서 집권당이 참패하면서 그의 지지도는 더욱 낮아졌다. 그는 반전의 계기를 만들지 않으면 안 되었다. 그래서 그는 9월 30일 민주당사에서 열린 선거대책위원회 발족식에서 "충청도에 행정수도를 건설해 청와대와 중앙부처를 옮겨가겠다"는 공약을 발표했다.

그래도 그는 여전히 열세를 면치 못했다. 대통령선거를 한 달 반 정도 앞둔 10월 27일 중앙일보가 실시한 대통령후보 지지도 조사에서, 한나라당 이회창 후보는 37.2퍼센트로 앞서 있었고 '국민통합21'의 정몽준 후보는 26.6퍼센트였지만, 노무현은 18.4퍼센트에 불과하여 가망이 없어 보였다.[8] 그는 또 다른 모험을 하지 않을 수 없었다. 정몽준 후보와 단일화 협상을 벌여 이회창 후보에 맞서는 단일후보가 되면서 승리의 결정적 계기를 만들었다. 그는 서민적인 이미지를 부각시켜 권위주의적 이미지를 가진 이회창 후보와 대결하여 57만 표 차이로 당선되었던 것이다.

노무현을 대통령으로 당선시킨 '노풍(盧風)'의 원동력은 정치인을 위한 첫 번째 팬클럽인 '노사모(노무현을 사랑하는 사람들의 모임)'로서, 그것은 '아래로부터의 바람'을 불러 일으켰다. 그는 젊고 활동적인 운동권세력을 중심으로 한 조직적인 동원력과 열성적인 선거운동, 인터넷 등을 이용한 참신한 캠페인 방식, 특권과 차별 없는 세상, 지역주의와 금권

---

8) 『중앙일보』, 2002년 10월 27일.

정치 타파 등 개혁적인 아젠다 등으로 젊은 세대의 적극적인 호응을 불러일으킬 수 있었다. 특히 그는 파격적인 언동으로 사람들의 마음을 사로잡는 언변의 달인이었으며 대중심리의 마술사로서 정책 이슈보다는 분위기에 휩쓸리는 유권자들의 정서에 잘 파고들었던 것이다. 이처럼 그는 한국 정치계에 찾아보기 힘든 뛰어난 대중적 정치인이었다.

2002년 월드컵에서 4강(强) 신화와 더불어 형성된 대규모 길거리 응원 문화가 젊은 세대의 새로운 사회참여 방식으로 자리 잡으면서, 이성적 판단보다는 감성에 이끌려 집단적으로 행동하는 풍조가 확산되었다.[9] 뒤이어 미군 장갑차에 의한 두 여중생의 죽음은 젊은 세대의 민족적 자존심을 자극하여 걷잡을 수 없는 분노로 분출되어 대대적인 촛불시위로 이어졌다.[10] 이러한 분위기는 미국에 대해 자주 노선을 표방한 노무현 후보에게 결정적으로 유리하게 작용했다. 그는 이러한 기회를 효과적으로 활용할 줄 아는 순발력이 뛰어난 정치인이었다. 그는 햇볕정책을 계승할 것이며 "반미 좀 하면 어때" 하면서 젊은이들의 반미정서에 편승했고, 미국과 대등한 관계를 구축하기 위해 "미국에 할 말은 하겠다"고 하여 많은 사람들의 호응을 받았다.

과거에는 젊은이들의 투표참가율이 비교적 낮았지만 노무현 후보는 다이내믹한 캠페인으로 젊은이들의 정서에 파고들었을 뿐 아니라, 인터넷과 휴대폰의 문자 메시지 같은 동시다발적 동원수단의 활용으로 젊은이들을 대거 투표장에 나가게 하였다. 그 결과 당선가능성이 낮을 것으로 예상되었던 노무현 후보가 당선된 것이다. 대통령선거에서 나타난 그에 대한 젊은 층의 지지를 보면, 20대에서는 59퍼센트, 30대에서는 59.3퍼센트로 이회창의 지지도 35퍼센트 및 34퍼센트에 비해 두 배에 가까웠

---

9) 거리응원에는 연인원 2,500만 명이 참가하는 세계에서 유례없는 이변이 일어났다.
10) 선거를 앞두고 벌어진 촛불시위에는 100만 명 정도가 참가한 것으로 알려지고 있다.

다. 이에 비해 이회창은 50대에서 57.9퍼센트, 60대 이상에서 63.5퍼센트로 노년층에서만 우세했던 것이다.[11]

노무현에 대한 젊은 세대의 압도적인 지지는 두 후보의 선거전략 차이에서 비롯된 점도 있지만, 젊은 세대가 기존 질서에 상당한 반감을 가지고 있다는 증거이기도 했다. 송호근 교수는 노무현에 대한 젊은 세대의 압도적인 지지성향을 분석하면서 386세대를 비롯한 젊은 세대가 기존의 질서와 가치관을 거부한 것이라고 보았다. 즉, 성장주의에 대한 반항(Revolt), 권위주의에 대한 저항(Resistance), 국가주의에 대한 거부(Rejection) 등, 3R로 풀이했다. 그는 노무현의 당선은 권력교체의 시작이라고 해석했다. 한국은 권위주의 정부하에서 국가발전과 경제성장 우선 노선이 상당한 성과를 거두었지만, 이제 젊은 세대들은 그것과는 다른 새로운 가치를 추구하고 있다는 것이다. 젊은 세대는 구질서의 해체를 원하며, 그래서 그들은 지역주의, 명망가, 수구세력, 고령자, 엘리트를 기피하며 성장주의, 권위주의, 국가주의에 상반되는 '저항 이데올로기'를 지니고 있다고 보았다.[12]

노무현은 대학교육이 보편화된 시대에 대학교육을 받지 못하고 변호사로서 경력을 쌓았지만 그것도 민주운동이나 노동운동을 도운 것이어서 국정운영에 대해 왜곡된 인식을 갖게 되었다. 그의 주요 경력은 판사 7개월, 국회의원 2년, 해양수산장관 8개월 정도에 불과하기 때문에 대통령으로서 자신감을 갖기 어려웠다고 본다. 그러나 그는 너무 똑똑했고 자신만만했다. 독학으로 사법시험에 합격했고, 정치적으로 거듭 실패했지만 포기하지 않고 자기 나름의 원칙을 추구하여 마침내 대통령까지 되었다. 그리하여 그는 '도덕적 오만'에 빠지게 되었으며 그것이 대통령으

---

11) EAI 16대 대선 패널 사후조사(2002).
12) 송호근, 『한국, 무슨 일이 일어나고 있나』(삼성경제연구소, 2003); 송호근, "진보정치의 등장과 사회발전," 한국미래학회·세계평화포럼 공동 주최 심포지엄(2004. 6. 18) 발표 논문.

로서의 리더십에 부정적으로 작용할 수밖에 없었다.

　그는 스스로도 놀랐을 만큼 갑자기 당선된 '준비 안 된 대통령'이라 할 수 있다. 대통령으로서의 국정철학과 국가경영 능력이 제대로 검증되지 않은 채 월드컵 당시 길거리 응원으로 형성된 젊은 세대의 집단 동류(同流)행태에 편승하여 당선된 것이다.[13] 더구나 그의 승리는 절대적인 것이 못 되었다. 한국정치의 아웃사이더인 그가 근소한 표차로 당선되었을 뿐 아니라 국회 또한 야당인 한나라당이 다수를 차지하고 있었다. 뿐만 아니라 자신을 대통령으로 당선시켜 준 민주당도 대부분 김대중 전 대통령의 추종세력이어서 집권당 내 그의 지지기반도 매우 취약했다.

---

13) 백승현, "노무현 정부의 무능·부패와 대한민국의 좌절," 『리뷰』 제141호(2005. 7).

2. 노무현식 정치실험

▌운동권출신 아마추어 참모진

　노무현 대통령은 분노 때문에 정치를 하게 되었다고 한다. 우리 사회가 불의와 기회주의로 가득 찼다고 보고 정의감으로 이를 바로 잡으려 했던 것이다. 그는 기회주의적이고 부패한 기득권 세력, 즉 보수정치 세력, 재벌, 언론, 관료, '가진 자' 등이 역사를 잘못된 방향으로 이끌어 왔다고 보고 이를 타도하고자 했다. 기득권 세력의 정책노선인 반공과 안보, 경제성장, 친미노선 등도 잘못된 것으로 보았다. 또한 지역주의와 분열주의에 책임이 있는 3김 정치도 타파의 대상이었다. 잘못된 세상을 보고 분노를 느끼면서 "세상을 바꾸어야 한다", "정치를 바꾸어야 한다"고 확신했다. 이 같은 목표를 달성하기 위해 정치는 민주적 과정이 아니라 '투쟁'이 되어야 한다고 보고 자신은 확고한 목표와 강력한 의지를 가진 투사(鬪士)가 되고자 했다.

사실 그의 이념성향은 매우 급진적이었다. 중앙일보가 2002년 2월 정치인들의 이념성향을 조사한 결과 그는 평균적인 민주당 의원들보다 훨씬 극단적인 좌파였다.[14] 그는 우리 사회를 "힘 있는 사람들이 힘없는 사람들을 억압하는 사회," 즉, 정의롭지 못한 사회로 보고 과거 민주화투쟁의 연장선상에서 기존질서를 근본적으로 변화시키겠다는 '혁명적 발상'을 지니고 있었다.[15]

　다시 말하면, 부분적 개혁이 아니라 국가를 개조하려 했다. 자신의 대통령 당선은 '시민혁명'이며, 대통령 임기 중에도 그의 시민혁명은 계속될 것이라고 했다. 그래서 그는 기존질서를 뒤엎은 프랑스혁명을 세계 역사상 가장 훌륭한 혁명이라 했으며, 이런 시각에서 동학농민운동도 높이 평가했다. 그동안 친일파 및 독재권력과 결탁했던 기회주의자들이 한국사회의 주류를 형성해 왔지만 이제는 "저항적 세대가 주류가 되어야 하고 그러한 신주류가 새로운 세상을 만들어야 한다"고 했다. 노무현 대통령을 중심으로 한 집권세력은 한국의 현대사는 자신들로부터 다시 시작된다면서 참여정부 출범의 의미를 다음과 같이 밝혔다.

　"1987년 민주혁명 이후 우리 국민은 군부 독재정권을 문민정권으로 대체하고, 역사상 최초의 여야 간 평화적 정권교체를 실현하여 절차적 민주주의를 최고 수준으로 끌어올렸다. 그러나 민주적 경쟁의 회복이 국민이 주인이 되는 진정한 '국민주권 시대'를 열어주지는 못하였다. … 참여정부의 탄생은 이러한 왜곡에 대항해 원칙이 승리하고 국민주권이 실질화되는 시민민주주의 시대의 도래를 의미한다. 소수세력이 국민을 분열시켜 권력과 자원을 독점하는 특권의 시대를 마감하고, 집중되었던 권력이 국민들에게 돌아가는 '실질적 민주주의' 시대를 의미한다."[16]

---

14) 0점이 극좌이고 10점이 극우인 눈금에서 민주당 평균은 3.7점이었지만 노무현은 1.5점으로 극좌를 나타내고 있어 매우 급진적인 변화를 추구할 것으로 판단되었다.

15) 노무현, 앞에서 인용한 책, 157쪽.

16) "참여정부의 국정과제와 추진 성과," 『참여정부 국정운영백서』, 국가기록원 대

노 대통령과 그의 핵심측근인 운동권 출신들은 나름대로 거창한 이상과 목표를 추구하고 있었지만 문제는 경험과 전문성이 너무도 부족했다는 것이다. 그들은 기득권 세력은 부패했으며 자기들은 깨끗하다는 도덕적 자아도취에 빠져 있었고, 대외적으로도 배타적 민족주의를 추구하고 있어서 당면한 국가적 난제들을 해결하기에는 역부족이었다. 본격적인 세계화시대일 뿐 아니라 세계 유수의 무역국가인 한국에서 국내문제는 국제정세와 밀접히 연관되어 있었지만 집권세력은 국제정세에 대한 이해가 부족했을 뿐 아니라 관심도 없었다. 그들은 오히려 세계화를 반대하고 미국과 일본을 경원시하는 배타적 민족주의에 심취해 있었다. 세계가 급변하고 있었고 세계화가 급진전되고 있었기 때문에 국제감각은 대통령의 필수적 자질이었지만, 노 대통령은 대통령이 될 때까지 미국도 한번 가보지 않았을 정도로 국제사회에 대한 경험과 이해가 결여되어 있었다.

이처럼 노무현은 '준비 안 된 대통령'이라 할 수 있었기 때문에 취임준비가 전임 대통령들보다 더욱 중요했다. 특히 오랫동안 반정부활동을 해온 그가 정부의 최고 책임자가 되기 위해서는 상당한 인식변화가 요구되었다. 권위주의와 구질서의 타도라는 투쟁정신이나 젊은 세대의 열정만으로 국가경영을 제대로 할 수 없다는 것은 분명했다. 더구나 국내외적으로 장애요소와 도전이 많았을 뿐 아니라 5년 단임제라는 한계도 국정운영에 큰 부담으로 작용하고 있었다. 따라서 얼마나 철저한 준비를 하느냐는 그의 리더십 성패를 가름할 중요한 문제였다.

노무현 당선자는 당선 직후 대통령직 인수위원회를 구성하고 위원장에는 임채정 의원, 부위원장에는 경제관료 출신인 김진표를 임명했다. 26명의 인수위원 중 절반은 진보적인 학자들로 채웠고 실무자들도 국정운영에 무외한인 운동권 출신과 시민단체 인사들이 다수였다. 인수위원회 정책자문단도 진보적 성향을 지닌 사람들이 절대 다수였다. 인수위원

통령기록관 대통령웹기록.

회에 민주당 인사가 포함되지 않아 민주당과 인수위원회 간에 보이지 않는 갈등이 있었고, 행정 관료들도 배제되어 행정부에서는 인수위원회의 활동을 우려의 눈길로 바라보게 되었다.

인수위원회는 국정에 국민의 참여를 확대하겠다는 의미에서 노무현 정부의 명칭을 '참여정부'라고 결정했다. 참여정부임을 가시적으로 보여주기 위해 장관 후보와 정책과제 등에 대해 인터넷을 통한 국민 제안을 받아들였고, 주요 국정과제에 대해 주요 도시를 순회하며 각계각층이 참여하는 토론회를 개최했다. 이 같은 국정토론회는 '토론공화국'을 만들고자 하는 노무현 당선자의 의중을 반영한 것이었다.

인수위원회는 새 정부의 국정과제로 한반도 평화체제 구축, 참여와 통합의 정치개혁, 지방분권과 국가 균형발전, 자유롭고 공정한 시장질서 확립, 동북아 경제 중심국가 건설, 참여복지와 삶의 질 향상, 사회통합적 노사관계 구축 등 12개를 설정했으며, 각 과제별로 태스크포스가 구성되었다. 이 태스크포스는 대통령 취임과 더불어 청와대 비서실 실무진으로 가게 되면서 인수위 활동이 국정운영으로 곧바로 전환될 수 있도록 했다.[17]

인수위원회는 대통령 취임 직전인 2003년 2월 21일 노무현 정부의 국정목표로 ① 국민과 함께 하는 민주주의, ② 더불어 사는 균형발전 사회, ③ 평화와 번영의 동북아시대로 결정했다.[18] '국민과 함께 하는 민주주의'는 그동안의 정치가 특권세력에 의해 독점되어 왔다고 보고, 노무현 정부에서는 국민이 국정에 적극 참여할 수 있도록 하겠다는 것이다. '더불어 사는 균형발전 사회'는 특권과 차별을 없애고 성장과 분배, 수도권과 지방, 도시와 농어촌의 균형발전을 도모하겠다는 것이다. '평화와 번영의 동북아시대'는 한반도 평화체제 구축을 통해 한국이 동북아의 평

---

17) 『제16대 대통령직인수위원회 백서』, 2003. 2.
18) 제16대 대통령 당선자 노무현 공식 홈페이지(http://knowhow.pa.go.kr/roh/briefing).

화와 번영을 주도해 나가겠다는 것이다.

또한 참여정부의 성격으로 정의롭고 효율적인 사회를 위한 '합리적인 개혁정부,' 국가적 갈등구조를 해결하는 '국민통합 정부,' 국민과 수평적 쌍방향으로 소통하는 '열린 정부,' 그리고 모두에게 꿈과 용기를 주는 '희망의 정부'가 되겠다고 했다. 너무나 이상적인 정부의 상(像)을 제시했던 것이다. 국가경영이란 이상만으로 되는 것이 아니다. 너무나 많은 현실적 제약이 있다는 것을 간과하고 있었던 것이다.

인수위원회는 또한 노무현 정부의 국정운영에서 '원칙과 신뢰', '공정과 투명', '대화와 타협', '분권과 자율'의 4대 원리를 중시할 것이라고 했다.[19] 원칙과 신뢰를 강조한 것은 우리사회에서 일상화된 반칙과 특권의 문화를 청산하고 나아가 원칙과 정의, 그리고 정도(正道)를 중시하겠다는 것이다. 공정과 투명의 원리는 사회가 불공정하고 불투명한 가운데 특권, 정실주의, 부정부패가 발생한다고 보고 이를 타파하겠다는 것이며, 대화와 타협의 원리는 대결과 투쟁의 문화를 청산하고 대화와 타협에 기반을 둔 토론민주주의를 펴나가겠다는 것이다. 마지막으로 분권과 자율의 원리는 중앙정부와 수도권에 집중된 권력과 자원을 분산시키고 재분배하며 또한 사회 각 부문의 자율성을 높이겠다는 것이다.

그러나 노무현 정부의 국정목표와 국정원리는 지나치게 추상적이어서 구체적으로 무엇을 어떻게 할 것인지, 정책 우선순위는 어떻게 할 것인지, 그리고 5년 임기가 끝났을 때 과연 무엇을 성취했다고 할 것인지 불분명했다.

노무현 대통령은 풍부한 행정경험 등 탁월한 경륜을 가진 고건(高建)을 총리로 임명했다. 노 대통령의 제한된 국정경험을 고려할 때 현명한 선택이었다. 경제부총리 겸 재정경제부 장관에는 경제관료 출신인 김진표를 임명하는 등 핵심 경제장관에는 경험과 전문성을 가진 사람들이 발탁되었다. 새로 임명된 장관 중에서 여론의 초점이 되었던 사람은 강금

---

19) 같은 자료.

실 법무부 장관, 김두관 행정자치부 장관, 이창동 문화관광부 장관이었다. 강금실은 법조계에서 소수파였던 '여성', '민변(民辯) 출신', '40대'라는 세 가지 파격적인 요소를 가지고 있었지만 검찰개혁을 주도하도록 한다는 명분하에 선택되었다.[20] 강금실 장관의 동기생들은 아직도 지방 검찰청의 부장검사에 불과했기 때문에 남성 중심, 기수(期數) 중심의 보수적인 검찰조직을 근본적으로 뒤흔드는 파격적인 인사였다.[21] 지방자치를 총괄하는 김두관 장관의 유일한 공직경험은 남해 군수였고 나이도 44세에 불과했다. 이창동 장관은 영화감독 출신이었다. 이와 함께 여성 장관을 네 명이나 임명한 것도 전례 없는 일이었다.

노 대통령은 기자회견을 통해 인선의 원칙과 배경을 직접 설명하여 신선하다는 인상을 주었다. 그는 자신은 '개혁대통령'이기 때문에 '안정총리'인 고건을 선택했다고 했고, 장관의 인선은 개혁성향을 중요한 기준으로 삼았지만, 차관의 인선은 전문성을 고려한 '안정차관'으로 할 것이라 했다. 개혁과 안정의 조화를 도모하겠다는 의도였다.[22] 장관 임명 시 대통령이 직접 설명한 것은 미국 대통령이 하고 있는 방식이다. 국민은 대통령이 어떤 사람을 장관으로 임명했는지 알아야 할 권리가 있다. 미국 대통령은 장관을 임명할 때마다 한 사람씩 소개한다는 점이 다르다. 그러나 노 대통령은 그 이후의 장관 교체 시 직접 설명하지 않았다.

노 대통령은 정치경력도 짧았고 행정경력도 해양수산부 장관 8개월에 불과하였다. 그는 평생 정부를 비난하고 정부에 저항하고 투쟁하면서 보냈으며, 국가경영의 실제나 노하우를 배우려 하지도 않았다. 뿐만 아니

---

20) 민변이란 노무현 변호사가 소속되었던 진보성향의 '민주사회를 위한 변호사 모임'을 말한다.

21) 송광수 검찰총장은 사법시험에서 강금실보다 10년 선배였다

22) 그러나 노무현 대통령은 열린우리당의 총선 승리 후인 2004년 6월 급진적 개혁을 주장하는 이해찬을 총리로 임명하여 "개혁대통령"과 "안정총리"로 조화를 모색하겠다는 약속은 깨어졌다. 이해찬 총리는 그해 10월 정기국회에서 한나라당을 향해 "차떼기당"이라고 하여 정치적 논란의 대상이 되기도 했다.

라, 자기 자신도 놀랐을 만큼 갑자기 대통령이 되었기 때문에 스스로 "준비 안 된 대통령"이라 했다. 따라서 그는 어느 대통령보다 유능한 보좌진이 필요했지만 그의 보좌진 구성은 이와는 거리가 멀었다.

그는 청와대 참모진을 구성함에 있어 우선적인 자격조건은 이념적 노선, 즉 '386 개혁 코드'였다. 그의 청와대 초대 참모진을 보면 10여 명의 간부 중에서 행정경험이 전혀 없는 대신 감옥살이 경험을 가진 사람이 10명이나 되었다. 그러다 보니 청와대가 평생의 첫 직장이 된 사람도 적지 않았다. 대다수 비서관들은 행정경험이 없는 아마추어들이었으며, 1~2급 비서관 중 관료출신은 2명에 불과했다.[23] 정부 요소요소에 임명된 전문가 그룹도 대부분 국정운영 경험이나 경륜이 없는 운동권출신이거나 진보성향의 인사 또는 지방대출신 학자가 다수를 차지했다. 그들은 오랫동안 국정운영에 대해 비판만 해왔을 뿐이며 긍정적인 대안을 갖고 있지 못했다. 뿐만 아니라 그들은 국가나 정부에 대한 책임감도 없었다.

국가경영의 아마추어였던 노 대통령과 운동권 출신 청와대 보좌진은 거창하고 추상적인 국정목표를 내세웠지만, 실효성 있는 정책개발도 하지 못했고, 관료집단을 이끌어가며 정책을 조정·통제하지도 못했다. 현실을 잘 모르니 제대로 된 원칙이 있을 수 없었고, 신속한 판단을 내리지 못하고 우왕좌왕했다. 상황이 바뀌면 정책이 바뀌어 정책의 일관성도 유지되지 못했다. 노무현 정부가 출범한지 몇 달 만에 지지도가 급락했던 것은 노무현 정권의 무능과 오만, 그리고 거듭된 시행착오 때문이었다. 이념적인 아마추어들이 집권세력이 되어 독단적으로 이루어지는 국가경영이 제대로 될 수 없다는 것은 너무도 분명했다.

---

23) 노 대통령의 386출신 측근으로 이광재 국정상황실장, 윤태영 대변인, 천호선 국민참여팀장, 서갑원 의전비서팀장 등이 있었다.

▌탈권위주의와 포퓰리즘

많은 사람들은 노무현 대통령이 살아온 인생역정과 그의 소탈한 언행을 통해서 그가 민주적이고 친화적인 정치를 펼칠 것으로 기대했다. 취임 당시 90퍼센트 이상이 '노무현 대통령이 국정운영을 잘할 것'이라고 응답했고 그에 대한 지지율도 70퍼센트대의 높은 수준을 유지했다. 그렇지만 예상과는 달리 그는 처음부터 파격적인 정치 행보를 걸었다.

그는 국정운영을 혁신하겠다는 의도에서 청와대 조직부터 바꾸었다. 즉, 청와대를 정책중심의 정책실과 정무중심의 비서실로 나누고 기존의 부처담당 수석비서관제는 폐지하고 정책실 밑에 몇 개의 태스크 포스를 두었다. 과거 정권의 폐단으로 지적되어 온 '인치(人治)'를 극복하기 위해 노 대통령은 취임 초부터 "현 정부의 1인자는 시스템"이라고 할 정도로 시스템에 의한 국정운영을 하고 있다고 자부했다. 그러나 시스템이 만들어졌다고 해서 스스로 기능을 발휘하는 것은 아니다. 문제를 제대로 다룰 수 있는 인재들을 적재적소에 앉히고 팀워크가 발휘되도록 해야 하며, 또한 대통령이나 비서실장 등에게 시스템 관리능력이 있어야 한다. 청와대에 아마추어들만 모여 있었고 팀워크도 안 되어 있었으니 시스템이 제대로 돌아가기 어려웠던 것이다.

노 대통령이 구상한 청와대 시스템은, 또한 대통령이 상당 수준의 권한을 내각에 위임하고 청와대에는 전문성과 경험을 겸비한 참모진이 있을 때 제대로 작동될 수 있는 것이다.[24] 노 대통령은 권한을 위임하여 분권시스템이 작동하도록 한 것이 아니라 모든 것을 직접 장악하고 일일이 참견해야 직성이 풀리는 스타일이었다. 장관이 나설 일에 그가 나서고 부처에서 알아서 할 일에 청와대가 개입했다. 노 대통령은 코드가 맞는 보좌진에 둘러싸여 있었기 때문에 장관들조차 대통령과 소통하기 어려

---

24) 노무현 정부의 청와대 조직 개편은 박세일 편, 『대통령의 성공조건』의 아이디어를 참고로 한 것으로 알려지고 있다.

웠으며, 그 결과 행정시스템의 무력화 현상이 나타났다. 아마추어 대통령과 아마추어 참모진이 막연한 국정목표를 추구하는 한 국정운영이 성과를 거두기 어려웠다. 노 대통령은 시스템에 의한 국정운영을 하고 있다고 자부했지만 사실은 코드에 의한 폐쇄적인 정치를 하고 있었던 것이다.[25]

노 대통령의 리더십에서 특징적인 것은 토론의 중시다. 그는 전임자들처럼 정보를 독점하고 비밀리에 독단적인 결정을 내리기보다는, 문제해결과 관련된 정책담당자들이 자유로운 의견개진을 통해 정보를 공유하면서 최선의 대안을 도출할 수 있는 방안으로 토론을 중시하게 된 것이다. 취임 후 1년 동안 노 대통령이 주재한 회의는 249회나 되었으며, 이 회의들은 대통령의 '말씀'을 전달받던 과거의 관행에서 벗어났다. 그것은 취임 2주 후에 있었던 〈전국 검사와의 대화〉라고 이름 붙여진 '토론회'에서 나타났다. 방송 3사가 중계한 가운데 진행된 토론회는 그 시시비비를 떠나 헌정사상 처음 시도된 파격적인 것이어서 국민들의 관심을 끌기에 충분했다. 방송을 시청한 국민들은 그날의 토론회를 지켜본 후 '이것이 진짜 민주주의다', '정말 참신하다'는 반응을 보이기도 했지만, '해당 장관을 제쳐 두고 모든 일을 저렇게 처리한다면 문제가 아니냐'는 우려도 있었다.

검찰 개혁은 법무장관의 지침을 받아 검찰총장이 해야 할 일이나 검사들이 강금실 법무장관의 권위를 인정하지 않았기 때문에 검찰 개혁이 난관에 빠지자 노 대통령이 직접 나선 것이다. 이 토론회에서 검사들은 노 대통령이 인사위원회도 거치지 않고 인사 개입을 한 데 대한 부당성을 지적했고, 노 대통령은 인사위원회 위원 모두가 인사 대상이라고 응수하는 등 토론회는 평행선을 달렸다. 아무튼 일반 검사들과의 토론에 대통령이 직접 나선 것은 전례없는 일이었다.

이 같은 대통령의 행보에 박수를 보내는 사람들도 적지 않았지만, 대

<hr>

25) "노무현식 국정운영 곳곳서 좌초,"『조선일보』, 2005년 5월 31일.

통령이 관심을 기울여야 할 중요한 사안이 얼마나 많은데 검사들과 토론이나 벌이고 있었는가? 그리고 대통령이 전면에 나선다면 장관이나 검찰총장의 권위는 어떻게 되겠는가? 이처럼 노 대통령이 검찰 내부문제를 해결하겠다고 나선 후 다른 부문에서 갈등이 생길 때마다 대통령이 나서서 해결해달라고 요구하는 현상이 나타났다.

노 대통령은 권위주의 정권에 대항해 온 자신의 이미지를 부각시키기 위해 대통령선거 과정에서 대권(大權, 대통령 권한)과 당권(黨權, 집권당 총재)의 분리를 선언한 바 있고, 당선된 후에는 대통령이 집권당을 좌지우지해 온 관행을 타파하기 위해 당정분리를 선언하고 집권당에 영향력을 행사하지 않겠다고 했다. 그래서 그는 여당의 총재직을 포기하고 여당의 당직 인사에 개입하지 않았으며, 2004년 총선거에서 여당 후보들에 대한 공천권도 행사하지 않았다. 또한 당정분리를 더욱 확실히 하기 위해 청와대 정무수석비서관실도 폐지하고 국회운영, 야당과의 관계 등 정치적 사안은 전적으로 집권당에게 일임했다.[26]

이러한 일련의 노력은 정치풍토를 개선하려는 신선한 바람으로 인식되기도 했다. 집권당 내 1인 보스 중심의 정치관행이 사라졌고 수십 년 지속된 대통령 중심의 권력구조도 급속히 해체되고 있었다. 그러나 그의 탈권위적 리더십은 제대로 정착되지 못하면서 국정운영의 난조를 초래했다. 즉, 당정분리는 청와대와 집권당 간의 불협화음으로 나타났을 뿐 아니라 대통령의 입법리더십마저 실종되었다. 즉, 정부가 추진했던 임대주택건설법안이 여당의 반대로 국회에서 부결되었고, 칠레와의 자유무역협정도 여당 의원들의 반대로 비준이 지연되었다. 또한 노 대통령이 이라크에 국군 파병을 결정하자 여당이 정면으로 반대했다.

이처럼 대통령의 탈권위주의는 대통령과 정부의 권위마저 약화시켰다. 권위주의를 탈피한다면서 문제해결을 위해 대통령이 직접 나서면서

---

26) 함성득, "노무현 대통령의 집권 전반기 리더십 평가," 『행정논총』 제43권 제2호(2005), 409-440쪽.

정치사회적 갈등의 최종 조정자로서의 대통령의 권위마저 약화되었다. 대통령의 권위가 약화되면 장관들의 권위, 그리고 정부의 권위까지 약화되기 마련이다. 뿐만 아니라 노 대통령의 권위주의 청산 노력은 대통령답지 않은 막말이나 파격적인 행동으로 나타났다. 워싱턴 정치를 비판하며 대통령이 되었던 카터도 권위주의 타파를 주장하며 대통령의 상징이나 의식을 배제하고 보통사람처럼 행동했지만, 대통령답지 못하다는 인상을 주어 국민의 신뢰를 상실함으로써 재선에 성공하지 못한 실패한 대통령이 되었다.

청와대의 업무 처리도 담당부서나 담당자를 중심으로 이루어진 것이 아니라 대통령과의 개인적 관계에 따라 이루어졌다. 예를 들면, 노 대통령의 전폭적인 신임을 받고 있던 문재인 민정수석이 전면에 나서 현안 문제를 해결하면서 온갖 업무가 그에게 집중되었다. 2005년 봄 행담도 개발 의혹을 포함한 서남해안개발 계획(일명 S프로젝트)은 관계 부처를 배제한 가운데 청와대 인사수석비서관이 담당했고 그가 청와대를 떠난 후에도 계속 관여하도록 했다. 또한 유전사업과는 무관한 철도공사로 하여금 러시아 유전개발 계획(일명 J프로젝트)을 추진하게 했고 여기에는 노 대통령의 측근인 이광재 청와대 국정상황실장이 관여했던 것이다.

노 대통령은 그 많은 정부 조직들과 국책연구소들을 제쳐두고 대통령 자문위원회를 무려 26개나 설치하여 천여 명에 이르는 운동권 출신 아마추어들을 국정운영에 참여시켜 행정부 위에 군림하게 함으로써 갖가지 정책적 혼선과 시행착오를 초래했다. 예를 들면, 동북아시대위원회는 서남해안개발 계획과 행담도 개발에 관여했고, 또한 국방부가 추진 중인 잠수함 통신소 공사를 중단하도록 했다. 정부혁신위원회는 법무부 등 관계부처의 반대를 무시하고 공공감사법 제정을 강행한 바 있고, 국가균형발전위원회는 행정중심도시 건설과 공공기관 지방이전을 주도하면서 건설교통부는 뒤치다꺼리만 하게 했다. 그래서 노 대통령은 '위원회 정치'를 하고 있다는 비난을 받기도 했다.

다른 한편 노 대통령은 국정원과 검찰을 정치적으로 이용하지 않겠다고 했다. 권력기관의 독립적 운영 등 권위주의 청산을 위한 그의 노력으로 권력기관의 사유(私有)화 현상이 없어졌다는 긍정적인 평가를 받기도 했다. 그러나 국가핵심기관(군대, 경찰, 검찰, 정보기관 등)의 민주화와 탈(脫)권력화는 적지 않은 부작용을 초래했다. 국가핵심기관들이 시민단체와 정치권의 위세에 눌려 본연의 임무를 제대로 수행하지 못함으로써 법과 질서가 허물어지고 있었다. 두산중공업 파업 과정에서 노동자 한 명이 분신자살하자 그 책임을 물어 경찰청장을 해임하면서 경찰력이 크게 위축되었다. 검찰의 조사결과에 대해 시민단체와 정치권이 공공연히 시비를 걸고 나서면서 법치주의는 심각하게 훼손되었다. 미군기지 이전을 위한 공사를 하던 군인들이 시민단체에 의해 폭행당하면서 군의 사기도 떨어졌다.

노 대통령의 리더십은 머지않아 독선과 독주 현상이 두드러졌다. 그는 국민을 편 가르기하는 데 앞장섰을 뿐 아니라 끊임없이 한편을 옹호하고 다른 편을 비난하면서 국민 모두의 대통령이 아니라 특정세력의 지도자처럼 행세했다. 뿐만 아니라 국정 난맥상의 모든 책임이 대통령에게 돌아오는 결과가 초래되었다. 노 대통령 스스로 "대통령직 못해 먹겠다"고 하는 등 대통령에 걸맞지 않은 발언을 쏟아냄으로써 대통령의 위상을 추락시킨 것도 국정 혼선의 중요한 원인이 되었다. 노무현 정부 출범 6개월을 맞이하여 동아일보가 국회의원들을 대상으로 노무현 정권의 국정 혼선의 원인을 묻는 질문에 '노 대통령의 불안한 리더십(44.9%)', '코드정치(17.4%)', '준비 안 된 참모진(12.3%)' 등 절대 다수가 그의 리더십과 관련된 문제를 지적하고 있었다.[27]

노무현 정부는 참여정부를 표방하며 다수 국민의 '올바른' 소리를 국정에 반영하고 국민의 적극적인 정치참여를 통해 국정을 운영하겠다고 했다. 노 대통령은 국민 참여를 확대하기 위해 청와대, 행정 각 부처, 각

---

27) 『동아일보』, 2003년 8월 21일.

종 위원회에 시민단체의 참여를 획기적으로 확대했다. 그는 민주당의 분당과 열린우리당의 창당을 거치면서 정치적 기반이 취약해지자 대중동원과 대중매체를 이용한 이미지 조작으로 국정을 이끌어가려 했기 때문에 시민단체의 적극적인 참여와 지원이 절실했다. 그는 시민단체들로 하여금 정치사회적 쟁점을 부각시키고 지지여론을 조성하게 했을 뿐 아니라 정책 입안 과정에도 참여하게 했다. 그는 또한 대중동원을 통해 국회와 맞서거나 국회를 억누르려 했다. 그가 국회와 같은 대의기구를 제쳐두고 국민을 직접 상대하거나 대중을 동원하는 방식은 민주주의의 진전은커녕 국회와 행정부를 약화시켰을 뿐 아니라 대통령의 월권과 독주를 초래했던 것이다.

이 같은 분위기에 힘입어 진보성향의 시민단체가 우후죽순처럼 생겨났으며, 노 대통령은 시민단체들의 참여를 적극 뒷받침하기 위해 2004년 청와대에 '시민사회수석실'을 신설하고 친정부적인 시민단체들에 대해 적극 지원하도록 했다. 그는 또한 20여 개의 대통령자문위원회와 각 부처에 설치된 수많은 자문위원회에 진보성향의 대학교수와 시민단체 간부 등, 천여 명을 위원 또는 실무진으로 위촉했다.[28] 그들은 과거사 진상규명 등 노무현 정부의 주요 국정과제 추진에 있어 전위대 역할을 했다. 정부 내 수많은 위원회에 포진한 시민단체 대표들은 책임은 없고 발언권만 가진 정책귀족이나 마찬가지였다. 이처럼 경험도 책임도 없는 사람들이 국정에 대대적으로 개입하면서 관료들은 뒷전으로 밀려나게 되었고 이로 인해 정책이 오락가락하면서 수많은 시행착오를 초래했다. 이 같은 참여의 폭발은 정부를 약화시킴으로써 궁극적으로 정부의 총체적인 무능으로 나타났다.[29] 이러한 시민단체의 대표적인 예는 참여연대이다.

---

28) 노무현 정부 출범 후 4년간 대통령 자문위원회 예산 증가율은 일반 예산 증가율의 7.7배로서 4년간 무려 6,300억 원의 예산을 사용했다. "대통령 자문·보좌기관 예산 크게 늘어,"『조선일보』, 2006년 11월 19일.
29) "DJ-노 정부 반면교사 10년 (5): 권력에 물든 시민단체,"『동아일보』, 2008년 1월 4일.

노무현 정부하에서 참여연대는 시민단체라기보다는 정권의 전위대였다. 유석춘 교수 교수가 작성한 「참여연대 보고서」에 의하면, 참여연대 전현직 임원 416명 가운데 청와대, 행정부, 공공기관에 진출한 인사가 158명이나 되었다.[30]

참여의 확대는 노무현 정부가 국정목표로 표방했던 사회안정과 사회통합보다는 오리려 사회적 분열과 갈등을 증폭시켰다. 정부가 공론조사라는 이름 아래 주요 국책사업에 대해 여론을 수렴하겠다고 하면서 수년간 엄청난 예산이 투입되었던 국책사업들이 시민단체들의 반대로 장기간 표류하게 되었다. 예를 들면, 도롱뇽 보존 투쟁을 벌인 한 여승으로 인해 경부고속철 건설 마지막 구간인 천성산 터널 공사를 지연시켜 2조 5천억 원의 국고손실을 초래했다. 노무현 정부는 참여를 확대하는 데 급급했을 뿐이지 이해갈등을 조정하는 데는 무능했다. 그 결과 참여가 늘어날수록 갈등도 증폭되었고, 국가적 손실도 커졌다.[31]

이 같은 '선택적 참여'로 인해 특정이념이 정부 정책에 과도하게 영향을 주게 되면서 노무현 정부의 편파적 이념과 정책에 동의하지 않는 집단과 세력의 강력한 반발과 저항을 초래했다. 그리하여 노무현 정부는 국민을 대변하는 정부라기보다는 특정 세력을 대변하는 정부라는 인상을 주면서 노무현 정권의 정당성을 근본적으로 약화시켰다.[32]

노무현 대통령은 386운동권과 더불어 반정부 민주화투쟁을 했기 때문에 과거 운동권에서 유행하던 종속이론과 포퓰리즘에 심취했다고 볼 수 있으며, 그래서 그는 역대 어떤 대통령보다 포퓰리스트 성향이 강했으며 이에 힘입어 대통령에 당선되었다 해도 과언이 아니다. 특히 그와 그의

30) 장하성, "개혁만이 안정과 성장을 달성하는 길이다," 『철학과 현실』(2003년 가을호) (서울: 철학과 현실사).
31) 김일영, "참여민주주의인가 신자유주의적 포퓰리즘인가: 김대중 및 노무현 정권과 포퓰리즘 논란," 『의정연구』 제10권 제1호(2004. 6), p.140.
32) 송호근, "노무현정권 입체 대분석: 단절·배제·이념과잉으로 몰락한 운동정치, 거리정치, 저항정치," 『신동아』 2007년 2월호, 99-101쪽.

핵심 측근들은 온라인망을 활용하여 군중을 동원하는 능력이 뛰어나 디지털 포퓰리스트라고 불리기도 했다.[33] 그는 정치적 위기에 직면했을 때마다 대중에게 직접 호소하는 방식으로 국면을 전환시키는 데 성공했다. 막말도 서슴지 않는 말솜씨, 사회정의를 강조하는 정치노선, 기득권 세력에 대한 끊임없는 공격, 경험 없는 인사들을 요직에 앉히는 파격적인 인사, 반기업 친노동 분배우선 정책, 배타적인 민족주의 등 그는 아르헨티나의 후안 페론(Juan Peron)과 유사한 점이 많았다.

2차 대전 직후 세계 10위 수준의 경제대국이었던 아르헨티나는 포퓰리즘으로 국가를 망친 대표적인 예이다. 페론은 사회정의를 내세우며 노동자와 서민을 선동하여 대통령이 되었다. 그는 기득권층을 적으로 삼고 그들에 대한 증오와 적개심으로 서민들의 지지를 이끌어냈다. 특히 그는 저속하고 직설적인 말투로 기득권층을 공격했기에 노동자와 서민들로부터 열렬한 지지와 사랑을 받았다. 예를 들면, 그는 수십만 군중이 모인 자리에서 "나는 더럽습니다. 여러분도 더럽습니다. 우리 모두 더럽습니다"라고 자신을 가난한 사람들과 일치시켰다. 서민들은 페론만이 자기들의 어려움과 서러움을 알아주는 유일한 지도자라고 생각했던 것이다.

페론에 의해 시작된 포퓰리즘은 다음과 같은 특징을 보이고 있다.[34] 첫째, '모든 것을 바꾸자'는 구호에서 보듯이 기존질서와 기득권층을 파괴하고자 한다. 그들은 대기업, 부유층, 언론 등 기득권층을 '적(敵)'으로 삼아 그들에 대한 적개심을 불러일으킨다. 둘째, 그들은 배타적 민족주의자들로서 미국에 대한 비판에 열을 올린다. 미국을 기득권세력과 연계된 '적'의 일부로 보고 있었기 때문이다. 셋째, 그들은 기업과 외국자

---

33) 김일영, 앞의 글, 115-142쪽.

34) Javier Corrales, "The Many Lefts of Latin America," *Foreign Policy*, November/December 2006, pp.44-45; Christian Parenti, "Hugo Chàvez and Petro Populism," in http://www.thenation.com/doc/20050411/parenti. 포퓰리즘에 대해서는 Paul Taggart, *Populism*(Philadelphia: Open University Press, 2000)을 참조.

제2부 노무현 대통령 · 67

본이 인민을 착취한다며 기업에 대해 노골적인 반감을 나타낸다. 넷째, 그들은 참여 민주주의를 주장하며 각종 지지단체를 동원하여 기득권세력에 대한 압력수단으로 활용한다. 다섯째, 서민을 위한 정치, 사회정의를 위한 정치를 내세우며 서민과 노동자들에게 시혜적인 복지정책을 남발한다. 마지막으로, 그들은 거창한 국책사업을 벌여 재정적자와 국가부채를 걷잡을 수 없을 정도로 늘여놓는다.

이 같은 정책으로 아르헨티나의 경제사정은 급속히 나빠졌고 자본은 해외로 탈출했으며, 외국자본은 투자를 외면했다. 침체된 경제와 치솟는 물가로 노동자들의 삶은 더욱 어려워져 그들의 파업은 그칠 날이 없었다. 한때 미국과 어깨를 겨누었던 이 나라가 이 같은 정책으로 3류 국가로 추락했던 것이다.

노 대통령은 포퓰리즘을 정치적 위기 돌파의 수단으로 유효적절하게 활용했다. 그는 잘 사는 사람으로부터 세금을 거두어 못사는 사람에게 나눠주는 분배정책이 정의로운 것이라는 계급 갈등적 인식을 갖고 있었다. 따라서 사회통합보다는 사회적 분열을 부추기고 가난한 사람이나 박탈감을 느끼는 사람들을 정치적 동원의 대상으로 삼았다. 노동자와 서민의 지지를 끌어내기 위해 '가진 자'와 '못 가진 자,' 기업인과 노동자, 부동산 소유자와 비소유자, 배운 자와 못 배운 자, 그리고 서울과 지방 혹은 서울 내에서도 강남지역과 비강남지역 등, 국민을 두 편으로 가르고, '가진 자'들에 대한 적개심을 불러일으켰던 것이다.

그의 세계관에는 피아(彼我)구분이 국가경영의 중요 원칙이 되었다. 그의 연설문이나 강연문을 보면 언제나 진보와 보수의 문제가 등장한다. 그는 진보와 보수를 철저히 선과 악, 정의와 불의, 참과 거짓, 합리와 비합리, 친구와 적 등 이분법적 차원에서 인식했다. 그의 발언들을 정리해 보면, 진보는 개혁세력, 보수는 반개혁세력, 진보는 통일세력, 보수는 반통일세력, 진보는 평화주의자, 보수는 전쟁주의자로 규정한다. 그는 진보에는 좋은 것은 몽땅 갖다 붙이고 보수에는 나쁜 것을 모두 동원하여 낙인(烙印)찍기에 분주했다.[35] 그는 대통령의 책무인 국민통합을 저버리고 국민을 두 편으로 갈라놓고 자신은 진보세력임을 자처했기 때문에 국론이 분열되고 사회갈등이 증폭되었던 것이다.

그의 돌출 행동, 솔직하고 파격적인 언행, 앞뒤 재지 않는 저돌적인 성격, 치열한 정의감 등은 장점이 되기도 했지만 단점이 되는 경우가 더 많았다. 그는 평범한 사람이 해서도 안 될 저속한 언행으로 대통령직을 희화(戱畵)한 나머지 스스로 조롱의 대상이 되고 말았다. 어떤 사회든 필요한 권위는 보존되어야 하지만, 그는 권위주의 청산이라는 이름 아래 있어야 할 권위까지 파괴해 버렸다. 권위주의를 타파하는 것과 있어야 할 권위를 보존하는 것은 근본적으로 다르다. 권위주의는 배격해야 하지만 대통령과 정부의 권위는 보존해야 할 책임이 대통령에게 있는 것이다.

모든 것을 정치적 목적 달성을 위한 수단으로 국민을 동원하는 등 노무현의 포퓰리즘은 정치과잉을 초래했다. 행정수도 이전 시도, 대통령 신임 국민투표 제안, 한나라당에 대한 연정(聯政) 제안, 대통령선거 직전의 남북정상회담 등 여러 가지 형태로 나타났다. 그리하여 진보성향의 학자들까지도 그의 국정운영을 부정적으로 평가하고 있다.

대표적 좌파 경제학자인 한신대 윤소영 교수 등의 저서 『인민주의 비판』에서 노무현 정부는 국민의 불만과 원한을 동원해 지지기반을 형성하는, 전형적인 포퓰리즘 정부라고 보았다. 그들은 노무현 정권이 IMF 위기로 불만에 찬 국민들을 노사모를 매개체로 선동하여 보수세력을 공격하는 데 성공했다고 보았으며, 노무현 대통령에 대한 탄핵을 의회 쿠데타로 규정하고 촛불시위를 통해 기존 정치세력에 대한 대중적 불신을 조장했다고 분석했다.[36] 그들은 노무현 정권이 4대 개혁 입법을 통해 과거에 대한 대중적 불만을 동원했다면서 '적(敵)'과 '우리'라는 이분법적 대립구도를 형성해 한나라당과 보수 언론으로 대표되는 반대세력을 공격하는 '원한의 정치'로 일관했다고 비판했다.

35) 서옥식, 『고 노무현 대통령의 말 말 말』, 11쪽 참조.
36) 윤소영 외 편저, 『인민주의 비판』 (서울: 공감, 2005).

2002년 대선에서 노무현은 포퓰리즘적인 선거운동으로 이회창처럼 고루하고 경직된 후보를 물리칠 수 있었지만, 국민들은 머지않아 노무현 포퓰리즘의 기만성을 깨닫게 되었다. 선진국에 가까울수록 사회를 안정되고 성숙된 분위기로 이끌어 가야 하는데, 노무현 정권은 국민생활에 가장 중요한 경제는 뒷전으로 제쳐놓고 이념적 논란으로 사회를 혼란에 빠뜨렸기 때문이다.

요컨대 포퓰리즘은 선동정치이고 동원정치일 뿐이며 참된 민주주의를 표방하지만 사실은 대의민주주의를 퇴보시킬 뿐이다. 모든 포퓰리즘이 실패했듯이 노무현의 포퓰리즘도 실패할 수밖에 없었다. 특히 노무현 정권을 통해 아마추어리즘과 포퓰리즘이 결합되면서 최악의 결과가 초래되었다고 본다.

▌탄핵위기 극복

노 대통령은 본인도 놀랐을 정도로 '바람'에 의해 당선되었기 때문에 그의 자질이나 정책공약에 대해 제대로 된 국민적 검증이 이루어지지 못했다. 그의 참신성, 서민적 언행, 파격적인 공약에 큰 기대를 걸었던 국민들은 머지않아 크게 실망하게 되었다. 그에 대한 지지도는 취임 초 70퍼센트에 이르렀지만 곧바로 추락하기 시작했다.

그의 취임 6개월을 맞아 한국갤럽이 실시한 여론조사에 의하면, 그가 직무를 잘 수행하고 있다고 생각한 사람은 30퍼센트에 불과했고 잘못하고 있다고 생각한 사람은 53퍼센트나 되었다. 응답자의 68퍼센트는 국정운영 전반에 대해 불만스럽다고 했고 만족스럽다는 반응은 13퍼센트에 불과했다.[37] 대통령 보좌진에 대한 평가에서는 "전문성과 능력이 부족

---

37) "여론조사: 노 대통령의 '국정수행'을 평가해 봅시다,"『조선일보』, 2003년 8월 24일.

하므로 개편돼야 한다"는 응답이 42퍼센트인 반면, "대통령을 잘 보좌하고 있다"는 응답은 고작 3.3퍼센트에 불과했다. 내일신문이 그해 10월 한길리서치에 의뢰해 실시한 여론조사에 의하면, 노무현 지지도는 16.5퍼센트를 기록하여 대통령선거 당시 그에게 투표했던 사람들 중 40퍼센트가 자신들의 선택에 대해 후회한다고 답변했다.[38]

　노 대통령과 그의 보좌진은 나라를 어디로 어떻게 이끌어가야 할지 분명한 구상이 없었다. 그의 당선에 크게 기여했던 노동단체들은 갖가지 요구를 내걸고 불법집회를 계속했지만, 노무현 정부는 어려운 경제여건을 고려할 때 그들의 주장을 들어줄 수도 없었고 그렇다고 법질서 확립을 위해 엄정하게 대처하지도 않았다. 이처럼 그는 자신의 정치적 타산과 현실적 필요 사이에서 주저하거나, 인기영합주의에 빠져 정당한 법집행조차 주저하면서 불법 과격시위가 끊이지 않았다. 칠레와의 자유무역협정 체결을 앞두고 농민들이 과격한 투쟁을 벌이고 있었고, 이 외에도 방사선 폐기물 처리장 설치 반대운동 등 집단이기주의로 인한 불법 집단시위가 끊이지 않았다. 그는 권위주의를 청산하겠다고 했지만 한국사회의 모든 권위가 도전받고 있었고 법과 질서의 정당성도 허물어지고 있었다.

　이처럼 노무현 정부는 출범 초부터 당면 현안인 경기침체, 노사분규와 법질서 문란, 북핵 위기 등에 대해 효과적으로 대처하지 못하여 국민의 신뢰를 잃었다. 경험도 능력도 없는 386출신 청와대 참모들은 아무런 실효성 있는 대책도 내놓지 못했고 정책을 제대로 조정 통제하지도 못했다. 노무현 정부는 국정과제의 우선순위와 원칙을 분명히 하지 않은 채 상황에 따라 결정을 번복하는 등, 변덕스러운 정책결정으로 국정혼란을 자초했다. 그래서 교수신문은 노무현 정부 첫 해를 상징하는 사자성어(四字成語)로 우왕좌왕(右往左往)을 선택했던 것이다.[39]

38) "노 대통령 지지도 10%대로 추락," 『조선일보』, 2003년 10월 9일.
39) 『교수신문』은 해마다 한 해를 상징하는 사자성어를 발표해왔다.

노 대통령은 이 같은 정치사회적 위기를 수습할 생각은 하지 않고 오히려 "이러다가 대통령직 못해먹겠다는 생각이, 위기감이 생긴다"고 하는 등 대통령답지 못한 말로 정부에 대한 신뢰를 더욱 추락시켰다. 그는 말이 너무 많았을 뿐 아니라 무책임하고 도발적이며 저속한 말도 서슴지 않았다. 그의 말은 주로 반대세력에 대한 비판이나 공격을 위한 것이었으며, 그 대상은 사회의 모든 주류층은 물론 미국 등 우방국들도 포함되어 있었다. 그는 불필요하고 도전적인 말로 사회정치적 논란을 불러일으킴으로써 대통령으로서의 권위와 신뢰를 잃게 되었을 뿐 아니라 사회적 논쟁과 갈등의 중심에 놓이는 결과를 초래했다. 그래서 노무현 정부를 가리켜 말만 많고 행동이 없는 'NATO(no action, talk only) 공화국'이라는 말까지 나왔다.

그러한 가운데 노 대통령은 2003년 7월 22일 국면전환을 위한 움직임으로 2002년 대통령선거 당시의 자신의 선거자금 공개를 선언했으며, 이에 따라 검찰은 SK비자금 사건 수사를 계기로 불법 대선자금에 대한 수사를 본격화했다. 이 과정에서 한나라당은 삼성, LG, 현대차 그룹들로부터 400억 원 규모의 불법 대선자금을 받은 사실이 드러나면서 심각한 위기에 직면했다. 동시에 검찰은 노 대통령 측근을 포함한 민주당 대선캠프 인사들이 한화, 롯데 등으로부터 불법 대선자금을 받은 사실도 밝혀냈다.

설상가상으로 취임 초부터 노 대통령의 친형 노건평과 대통령 측근들의 불법자금 수수 의혹이 논란이 되고 있었다. 즉, 2003년 10월에는 노대통령의 측근인 최도술 청와대 총무비서관이 선경그룹으로부터 10여억 원의 비자금을 받았다는 의혹이 터졌고, 이광재 청와대 국정상황실장도 썬앤문그룹으로부터 뇌물을 받았다는 혐의가 드러났으며, 뒤이어 노대통령의 다른 측근인 안희정도 11억 원을 받은 것으로 드러났던 것이다. 참여정부는 도덕성을 최고의 가치로 내세웠기 때문에 대통령 측근들이 관련된 부정과 비리 의혹은 노 대통령에게 치명적인 타격이 되었다.

노무현 정권 출범 초부터 집권 민주당은 김대중 지지세력과 노무현 지지세력으로 갈라져 주도권을 다투고 있었다. 김대중 정부의 대북 비밀 송금 문제를 조사하기 위한 특별검사법에 노 대통령이 거부권을 행사하지 않자 집권당 내 다수세력인 김대중계가 강력히 반발하면서 노무현 정부는 집권당인 민주당과의 협조조차 어려웠다. 그러한 가운데 그 해 9월 노무현 지지 의원 47명이 지역당을 탈피한다는 명분 아래 민주당을 탈당하여 열린우리당을 창당하면서 노무현 정권과 김대중 지지세력 간의 갈등은 최고조에 달했다. 그 결과 노무현 정부는 한나라당과 민주당이라는 두 거대 야당의 거센 도전에 직면하게 되었다.

그러한 가운데 최도술 총무비서관 등 노무현 대통령 측근비리 수사를 위한 특별검사법이 2003년 12월 국회에서 압도적인 지지로 통과되었다. 설상가상으로 김두관 행정자치부 장관 해임건의안 가결, 윤성식 감사원장 임명동의안 부결 등으로 정치적 곤경에 처하자 노 대통령은 국민투표를 통해 재신임을 묻겠다고 전격 선언했지만 위헌논란에 휩싸여 실시되지는 못했다.

또한 대선자금에 대한 검찰수사가 진행되고 있는 가운데 노 대통령은 12월 14일 4당 대표들과 회동한 자리에서 불법 대선자금에 대한 철저한 수사를 강조하면서 "(내가 쓴) 불법 선거자금 규모가 한나라당의 10분의 1을 넘으면 정계를 은퇴할 용의가 있다"고 말하여 한나라당을 더욱 압박했을 뿐 아니라 검찰 수사에 부담을 주었다. 2004년 5월 검찰의 수사 결과 발표에 의하면, 한나라당의 불법 대선자금은 823억 원이었고 민주당은 114억 원이었다. 검찰의 봐주기 수사에도 불구하고 노무현 선거캠프의 불법 선거자금이 한나라당의 7분의 1에 육박했던 것이다.

이처럼 노무현 정부와 정치권 간의 갈등이 높아지고 있는 가운데 노 대통령은 2004년 4월에 실시될 총선거를 앞두고 한나라당과 민주당 등 두 야당을 노골적으로 비난하는 동시에 열린우리당 지지 발언을 계속했다. 2003년 12월 19일 노사모 주최 행사에서 노 대통령은 "시민혁명은 끝나지 않았다"며 내년 총선을 위해 노사모가 나서달라고 했고, 12월 24일에는 "내년 총선에서 민주당을 찍으면 한나라당을 도와주는 것"이라 했으며, 같은 날 "열린우리당이 표를 얻을 수 있다면 합법적인 모든 것을 다 하고 싶다"고 했다.

이에 중앙선거관리위원회는 2004년 3월 초 노 대통령이 선거법을 위반했다는 결정을 내렸다. 그럼에도 그는 "법이 잘못됐다"며 "앞으로도 선거법에 관계없이 특정정당을 계속적으로 공개 지원하겠다"는 등 반(反) 법치주의적 태도로 일관했다. 한나라당과 민주당이 노 대통령에 대해 선거법 위반사실에 대한 재발방지와 사과를 요구하자, 그는 이를 거부했다.[40]

그러한 가운데 노 대통령은 친형인 노건평에게 로비를 시도했던 대우건설 남상국 사장에 대해 공개적으로 인신공격성 발언을 했으며, 이에 충격 받은 남 사장이 한강에 투신자살하는 사건이 일어났다. 이로 인해 야당 의원들 사이에 이러한 대통령은 탄핵되어야 한다는 공감대가 확산되었다. 그리하여 3월 12일 한나라당, 민주당, 자민련 3당 공조에 의해 노무현 대통령에 대해 선거법 중립의무 위반, 국정 및 경제 파탄, 측근 비리 등의 이유로 탄핵소추안이 국회에서 193대 2로 가결되어 노 대통령의 직무가 정지되었던 것이다.[41]

그러나 탄핵 역풍이 거세게 불었다. 노사모와 한총련을 비롯한 수백여 개 진보성향 단체들은 합법적 절차에 따른 국회의 탄핵 가결을 '의회 쿠데타'로 몰아붙이며 여의도, 광화문 등지에서 '노무현 대통령을 구출하자'는 구호를 앞세우고 대규모 집회를 개최했으며, 밤에는 2002년 대선 당시 활용했던 '촛불시위'를 벌였다. 친노세력에 의해 장악된 공영방송과 좌파 매체들은 탄핵을 규탄하는 이들의 목소리를 집중 보도하며 국민 여론을 '탄핵 반대'로 몰고 갔다.

---

40) 노무현 의원은 1988년 12월 26일 현대중공업 파업현장에서 "법은 정당할 때 지키고 정당하지 않을 때는 지키지 않아야 한다"고 했다.

41) 김용호, "2003년 헌정위기의 원인과 처방," 진영재 편저, 『한국 권력구조의 이해』(서울: 나남출판, 2004), 295-325쪽.

탄핵 반대 운동은 곧 열린우리당을 위한 선거운동이 되기도 했다. 탄핵 역풍을 맞은 한나라당의 지지도는 10퍼센트대로 추락했고 동정의 대상이 된 열린우리당의 지지도는 50퍼센트를 상회했다. 4월 총선거는 노 대통령에 대한 신임투표로 인식되었을 뿐 아니라 대통령이 중도에 물러나게 된다면 그에 따를 혼란을 우려하여 많은 사람들이 열린우리당 후보를 지지하게 되었다. 그 결과 열린우리당은 총선에서 과반수 의석을 차지하게 되었다.

이처럼 노무현 대통령의 정치적 승부수는 승리로 막을 내렸을 뿐 아니라, 집권당인 열린우리당이 원내 과반수 의석을 차지함으로써 입법활동을 통해 그의 국정개혁을 뒷받침할 수 있게 되었다. 이로써 과거 운동권이었던 386세대가 대규모로 국회에 진출하게 되었고 노 대통령에 대한 지지도도 50퍼센트 수준을 회복했다. 이 같은 선거 결과에 영향을 받아 헌법재판소는 5월 14일 노 대통령의 위법사실은 인정되지만 탄핵사유로는 불충분하다며 탄핵안을 기각했다. 그는 재신임 투표 선언과 뒤따른 탄핵 사태를 통해 정치적 위기를 정치적 승리로 전환시킬 수 있었으며, 자신이 추구하고자 했던 개혁 작업이 탄력을 받을 수 있게 되었다.

▌기득권 타파를 위한 '4대 개혁입법'

열린우리당의 승리는 노무현 정권에게 그들의 통치이념에 부합하는 국정개혁을 할 수 있는 정치적 자산을 제공했다. 탄핵 역풍에 힘입어 '노무현 사람'이라면 제대로 된 검증 없이 당선되면서 열린우리당 의원 151명 중 3분의 2인 102명이 초선의원이었다. 이처럼 경험이나 경륜은 부족했지만 투쟁에 능란한 초선의원들이 절대 다수가 되면서 대결의 정치가 예고되고 있었다. 2004년 총선 후 청와대에서 열린 열린우리당 당선자 만찬에서는 386출신 초선 의원 30여 명이 어깨동무를 하고 운동권 노래인 '님을 위한 행진곡'을 합창하며 승리에 도취되어 있었다는 것은 당시 집권세력의 분위기를 짐작케 한다.

　그들은 투쟁을 통해 독재정권을 무너뜨렸는데 권력까지 장악했으니 못할 일이 없다고 자신만만했으며 앞으로 20년은 계속 집권할 것이라고 호언장담하고 있었다. 그들은 한나라당 의원들은 독재의 잔재에 불과하기 때문에 타도의 대상으로 생각했고, 자기들이 탈당했던 민주당에 대해서도 구시대 세력이라고 비하하는 등 현실정치를 철저히 무시했다. 그들은 넘치는 투쟁의지로 정치를 투쟁의 장(場)으로 만들어 국민을 불안케 했다. 그들은 도덕적 우월감에 빠져 국민을 계몽대상으로 삼았을 뿐 아니라, 비판여론 수렴을 통한 '자기 교정'의 기회를 스스로 차단함으로써 위기를 자초하고 있었다.

　집권세력은 대한민국 현대사는 기회주의자들이 주도해 온 잘못된 역사이며, 따라서 그들의 사명은 기득권 세력을 타파하여 '잘못된 역사'를 바로 잡고 나아가 정치, 경제, 사회, 외교안보 등 모든 부문에 근본적인 개혁을 하고자 했다. 국가보안법 철폐, 과거사 진상규명, 수도 이전, 평등이념에 바탕을 둔 복지 및 교육 정책, 한미동맹 재조정 등으로 대한민국의 물줄기를 바꾸고자 했다. 다시 말하면, 일종의 '사회혁명' 또는 '국가개조'를 노리고 있었던 것이다.

　그러한 노력의 일환으로 17대 국회 개원 초부터 열린우리당은 국가보안법 폐지, 사학(私學) 개혁을 위한 사립학교법 개정, 과거 청산을 위한 과거사진상규명법 제정, 언론개혁을 위한 언론관계법 개정 등 '4대 개혁 입법'을 관철하고자 했다. 이에 대해 한나라당은 이를 '4대 국론 분열법'으로 규정하고 강력히 저항하면서 국회는 파행을 면치 못했고 이를 둘러싼 사회적 논란이 확산되었다.

　노무현 대통령은 4대 개혁 입법을 둘러싼 여야 간 갈등에 대해 "유신으로 갈거냐, 미래로 갈거냐"의 선택의 문제라면서 "보수는 힘센 사람이 마음대로 하자는 것"이라며 보수세력을 대변하는 한나라당의 반대를 근본적으로 잘못된 것이라고 비난했다. 열린우리당은 한나라당에 대해 친일세력, 개발독재, 냉전 반공이데올로기, 국가보안법 유지, 남북한 갈등조장, 전쟁공포와 공멸을 옹호하는 정당이라 비난했다. 물론 한나라당은 이에 대해 강력히 맞설 수밖에 없었다. 그리하여 정치는 정책경쟁이 아니라 이념을 둘러싼 투쟁으로 전락했다.

노 대통령은 변호사 시절부터 국가보안법 폐지를 주장해왔다. 그는 1984년 삼민투(三民鬪) 사건을 변론하면서 국가보안법의 위헌성을 강력히 주장했다. 국회의원 당시인 1988년 9월 울산에서 열린 한 강연회에서 그는 "국가보안법은 사상의 자유를 억압하는 악법"이라 했다. 국가보안법 문제가 논란이 되고 있을 당시인 2004년 9월 그는 국가보안법은 "박물관에 보내야 할 유물"이라며 폐지를 주장하자 여당 내 운동권 출신 의원들이 적극 동조했다.[42]

이러한 가운데 검찰이 동국대 강정구 교수를 국가보안법 위반혐의로 구속하려 하자 정부가 나서 불구속하도록 하여 사회적 논란이 되었다. 급진적인 시민단체들이 맥아더동상 철거운동을 벌이고 있는 가운데 강정구는 언론 기고문을 통해 "해방 직후 공산·사회주의를 채택해야 했다"… "6·25는 북한 지도부가 시도한 통일전쟁"이라며 "미군이 개입하지 않았으면… [공산화] 통일되었을 것"이라 했다.

당시 정부와 여당은 국가보안법 폐지를 적극 추진하고 있었기 때문에 강정구 구속을 저지하지 않으면 안 되었다. 강정구 구속 움직임에 대해 노 대통령이 나서 그를 옹호하는 발언을 했고 이에 따라 청와대는 천정배 법무장관에게 불구속 수사 의견을 전달했으며, 법무장관은 역사상 처음으로 검찰에 '불구속 수사 지휘권'을 발동했다. 그러나 이를 거부하는 의미로 김종빈 검찰총장이 사퇴하면서 국가보안법을 둘러싼 이념대립은 최고조에 달했다.

그러나 진보이념에 경도된 정권, 아마추어 정권, 도덕적 오만에 빠진 정권은 당정 간의 혼선, 집권당 내 파벌 투쟁, 야당과의 갈등, 국민여론

---

42) "노 대통령, '국보법 폐지해야: 대법·헌재 '존치론' 정면비판," 『조선일보』, 2004년 9월 5일.

무시 등으로 4대 개혁 입법을 위한 노력은 소기의 성과를 거두지 못했다. 이념지향적이며 초선의원이 다수인 열린우리당은 이러한 개혁법안을 관철시키는 데 필요한 정치력이 부족했다. 국가보안법과 과거사진상규명법은 야당과 보수세력이 강력히 반대했고, 언론관계법은 언론계와 대결해야 했으며, 사립학교법은 사학을 운영하는 종교계와 갈등을 빚을 수밖에 없었다. 그 결과 국가보안법 폐지는 한나라당과 여론의 강력한 반대로 좌절되었고, 사립학교법, 과거사진상규명법, 언론관계법은 여야 절충으로 크게 수정된 법안이 통과되었다.

노무현 정부는 언론개혁을 둘러싸고 '언론과의 전쟁'을 벌였다. 그들의 언론정책은 자유민주주의적 언론질서와 시장원칙에 따른 언론계 판도를 근본적으로 바꾸려는 것이었다.[43] 노 대통령의 언론관은 한국현대사에 대한 수정주의 역사관, 즉 대한민국은 분열세력이 세운 나라이며 기회주의자들이 판치는 나라라는 부정적인 역사인식과 밀접한 관련이 있었다. 그는 보수언론을 기득권 세력의 일부라고 단정하고 이를 개편하는 것이 필수적 과제라고 판단했다.

언론개혁의 대상은 정부에 비판적인 동아일보, 조선일보, 중앙일보 등 3대 보수신문이었다. 대통령선거 당시 노무현 후보는 "언론과의 전쟁도 선포해야 한다", "내가 당선되면 조선일보, 동아일보를 국유화시키겠다"고 하는 등 주요 신문에 노골적인 반감을 나타냈다. 그는 취임 후인 2003년 4월 2일 국회에서 행한 국정연설을 통해 "몇몇 족벌언론은 김대중 전 대통령과 국민의 정부를 끊임없이 박해했고 나 또한 부당한 공격을 받아 왔다"면서 언론에 대한 정면 공격에 나섰고, 급진적인 시민단체들이 이에 동조하고 나섰다.

이에 따라 노무현 정권은 '족벌언론'의 소유구조를 고쳐 신문사의 일(一)가족 소유를 금지시킴으로써 특정인의 언론사 지배력을 약화시키기 위해 언론관계법을 개정했다. 노 대통령이 공언했고 시민단체들이 집요

---

43) 남시욱, 『한국 진보세력 연구』(서울: 청미디어, 2009).

하게 요구했던 언론사 소유구조 개편, 즉 대주주의 주식소유 상한을 30 퍼센트로 제한하는 조항은 열린우리당에 의해 위헌소지가 있다고 하여 제외됐고, 1개 신문의 시장점유율이 30퍼센트를 넘거나 3개 신문이 60퍼 센트를 넘는 경우 이를 독과점으로 규정해 규제를 받게 하는 시장점유율 조항이 있었으나 이 조항도 헌법재판소에 의해 위헌결정이 내려졌다.

노무현 정부는 또한 교육정책에 있어 수월성이나 국제경쟁력 강화보 다는 평준화와 형평성을 우선시했다. 그들은 공교육 정상화를 표방했지 만 교육이 특정 이념이나 정치논리에 좌우되면서 혼란에 빠졌다. 윤덕 홍 초대 부총리 겸 교육부 장관은 교육정책에 대한 비전이나 철학도 없 이 설익은 정책발언을 한 후 논란이 일어나면 취소하는 일을 되풀이했다. 노 대통령은 교육개혁을 위해 교육혁신위원회를 구성하고 교육혁신위 원장으로 경남 거창 소재 샛별중학교 교장 전성은을 파격적으로 발탁했 고, 위원 구성은 대학 서열 타파, 기득권 폐지 등을 외쳐온 좌파 시민단 체 인사들을 다수 포함함으로써 교육개혁은 교육현장에 혼란만 초래하 고 말았다.

거기다가 정부는 5년 동안 5명의 교육부장관을 바꾸어 장관마다 새로 운 교육정책을 내놓는 바람에 정책의 일관성이 없어 학부모들의 신뢰를 상실하게 되었다. 노무현 정부의 교육정책에는 전교조의 영향도 컸다. 전교조 출신들이 청와대 교육비서관과 행정관에 임명되어 교육정책을 좌지우지했다.

노무현 정부는 이론바 4대 개혁입법의 하나로 사립학교법을 개정하 여 '개방형 이사' 제도를 도입하여 사학재단의 운영권을 약화시킴으로 써 전교조의 영향력을 확대할 수 있도록 했다. 학원비리로 인한 재단이 사진 해임과 관선이사 파견 학교가 크게 늘어나면서 노무현 정권과 코드 가 맞는 인사들이 대거 관선이사로 발탁되어 사학을 좌지우지하게 되었 다. 노무현 정부의 교육정책은 평등주의, 반엘리트주의, 그리고 자율과 경쟁의 억제 등 세계화에 역행하고 있었다. 그 결과 공교육 부실화가 심 화되면서 학부모와 학생들이 학교를 불신하고 학원으로 달려가면서 사교육비는 김대중 정부 당시보다 두 배나 되는 21조에 달했고 조기유학생의 숫자도 1999년 2천 명 미만에서 2006년 3만 명 정도로 크게 늘어났던 것이다.[44]

2004년 총선에서 열린우리당의 승리는 386세대의 급진이념을 현실로 바꿀 수 있는 기회를 제공했지만, 그들은 급진적인 이념을 실천 가능한 정책으로 바꿀 능력이나 추진할 수 있는 역량이 없었기 때문에 결과적으로 실패할 수밖에 없었다. 평화적으로 정권이 교체되는 민주국가에서 정부에 의한 체제개혁이란 있을 수 없는 일이지만 노무현 정권은 그 같은 시대착오적인 일을 시도했다. 민주국가에서 체제개혁에 버금가는 근본적 개혁이 필요하다면 이에 대한 국민적 합의가 선결조건이지만, 그들은 과거 민주화투쟁의 타성에서 벗어나지 못하고 일방적으로 밀어붙이려 했던 것이다.

▌과거사 청산

노무현 대통령은 대한민국의 역사를 "독선과 부패의 역사", "분열의 역사", "패배의 역사", "굴욕의 역사" 등 갖가지 부정적인 표현으로 폄하하고, 이러한 '잘못된 역사를 바로 잡겠다'면서 '과거사 청산'을 핵심적인 국정과제로 삼았다. 이것은 '기득권 세력'을 타파함으로써 한국사회의 주류세력을 교체하는 한 방편이었다. 행정수도 이전도 지배세력 교체에 필연적으로 수반되어야 할 과업으로 인식했다. 노 대통령은 2004년 1월 29일 '지방화와 균형발전 시대 선포식'에서 "역사책 등을 보면 수도 이전은 지배권력의 향배에 관한 문제였다. 구세력의 뿌리를 떠나 새 세력이 국가를 지배하기 위한 터를 잡기 위해 천도가 필요했다. 수도 이전

---

44) 남시욱, "참여정부 노무현 집권 5년 진단 '국정실패 6가지'," 『브레이크 뉴스』, 2009년 9월 16일.

은 한 시대와 지배 권력의 변화를 의미하는데, 이런 큰 변화를 국민이 선택했다"고 했다.[45] 이처럼 그는 선거에 의한 정부 교체를 새로운 왕조의 시작과 혼동하고 있었던 것이다.

노무현은 인권변호사로 활동하면서 반정부 운동권의 역사관을 공유했다.[46] 386운동권 세력은 한국 현대사를 친일 또는 친미적인 기회주의자들이 득세했고 그들의 권력욕으로 인해 역대 정권은 부정부패에 빠졌으며 또한 인권침해 등 민주주의에 역행하여 우리 현대사를 부끄럽게 만들었다고 주장해왔다. 노무현은 자신의 저서를 통해 "김구의 패배는 정의가 패배한다는 역설적 당위로 귀착되었고, 나는 그것을 도저히 인정할 수 없었다"고 했다.[47]

그는 2001년 11월 안동시민학교 특강에서 "대한민국은 미국을 등에 업은 자본주의 분열세력이 세웠습니다. …… 김구, 여운형, 김규식 등 민족의 통일과 자주독립이 중요하다고 주장하던 중도통합 세력들은 모조리 패배해 버리고 분열세력들이 득세를 했습니다"라고 주장했다. 그는 대통령후보 시절 그동안 우리 사회는 "정의가 패배하고 기회주의가 득세했다"고 주장하고 "이제 이 나라는 친일했던 사람들, 군사독재에 아부했던 사이비 엘리트들의 시대가 아니다"면서 이를 바로 잡지 않으면 미래로 나아갈 수 없다고 했다.

그리하여 그는 대통령 취임사에서 대한민국 역사에 대해 "정의가 패배하고 기회주의가 득세했던 시대"라 했고 일주일 후에 있었던 3·1절

---

45) 노무현, 『성공과 좌절』, 277쪽.

46) 노무현의 역사관은 그의 가정배경에 의해 영향받았다고 본다. 그의 아버지 노판석은 6·25전쟁 당시 전남 강진에서 인민군을 위한 부역활동을 했으며 수복된 후 주위로부터 비판을 받게 되자 부산으로 와 가(假)호적을 만들었다는 주장이 있다. 또한 그의 장인 권오석은 남로당원으로 6·25전쟁 당시 11명의 양민을 학살하는 등 인민군을 위해 부역한 죄로 무기징역을 받고 감옥살이를 하면서 끝내 전향하지 않고 옥중에서 사망했다. 노무현은 연좌제로 인해 취직을 못할까 고민했던 것으로 알려지고 있다.

47) 노무현, 『노무현이 만난 링컨』(학고재, 2001).

경축사에서도 같은 주장을 되풀이하는 등 대한민국의 정통성을 연이어 부정했던 것이다. 그는 퇴임 후인 2008년 8월 15일에도 자신의 홈페이지에 올린 글에서 "48년 정부수립의 정통성을 강조하고 싶어 하는 사람들이 있다. 그러나 그것은 그 세력들의 평가일 뿐"이라고 하며 대한민국 건국의 정통성을 계속 부정했던 것이다.

이처럼 노 대통령을 위시한 집권세력은 대한민국 건국의 정통성과 그 후의 국가발전에 대해 근본적으로 잘못된 것으로 인식하고 있었다.[48] 그는 대한민국 헌법에 의해 대통령이 되었지만 대한민국의 정통성 자체를 부정했던 것이다. 뿐만 아니라 자유민주주의와 시장경제를 선택한 대한민국의 건국, 공산침략에 결연히 맞섰던 호국, 그리고 근대화를 위해 피땀 흘린 산업화 등 소중한 역사적 성취를 도외시했다. 대통령 자신이 국가적 정통성에 의문을 제기하고 있다면 그러한 나라는 정상적인 국가라고 하기 어렵다. 노무현 정권은 체제 내에서 개혁을 하겠다는 것이 아니라 국가적 틀을 혁명적으로 바꾸려 했던 것이다.

과거사 정리가 본격적으로 거론되기 시작한 것은 2004년 봄 열린우리당이 총선에서 승리한 직후이다. 건국 이래 처음으로 진보세력이 행정부와 입법부를 동시에 장악했기 때문에 기세등등했으며, 그러한 가운데 노 대통령이 과거사 정리의 첫 신호탄을 쏘아 올렸다. 그는 그 해 광복절 경축사를 통해 과거사 진상규명의 필요성을 역설하면서 국회가 필요한 입법 조치를 해 줄 것을 요청했다.[49] 이에 따라 열린우리당은 그해 가을 정기국회를 통해 소위 '4대 개혁입법'의 하나로 '과거사 진상규명법' 제정에 나섰다.

---

48) 노무현 정부 당시 독립기념관장이었던 김삼웅은 "2차 대전 후 민족반역세력이 주류가 된 나라는 한국과 남부 베트남뿐이다. …… 분단·독재·외세·전쟁 세력은 이 나라 지배집단으로 군림해 온갖 전횡과 패덕(悖德)을 일삼아 왔고, 양심세력은 항상 패배하고 탄압받고 착취의 대상이 됐다"고 말했다. 『월간조선』, 2004년 10월호 참조.

49) "과거사 특위 제의 안팎," 『동아일보』, 2004년 8월 15일.

과거사 진상규명의 열풍이 불면서 박정희 시대가 논란의 핵심이 되었다. 한나라당 박근혜 대표가 박 대통령의 딸이라는 사실과 맞물려 크게 증폭된 것이다. 집권세력은 대한민국 역사에서 가장 폭압적인 시기를 박정희 정권으로 보았으며, 그래서 과거사 진상규명법안이 조사 대상으로 선정한 사건들이 가장 많았던 것도 이 시기였다. 그들은 박정희 정권하에서 있었던 모든 의혹사건을 파헤쳐 박정희 정권을 단죄하는 것은 물론 한나라당과 박근혜 대표에게 정치적 타격을 주려 했다.

노 대통령은 2005년 2월 취임 2주년을 맞이하여 국회에서 행한 국정연설을 통해 과거사 진상규명의 필요성을 다시 한번 강조했다. 이에 따라 KBS, MBC 등을 동원한 여론몰이가 시작되었다. '잘못된 역사를 바로잡자'는 구호만큼 대중적이고 선동적인 것은 없었다. 이에 반대하는 것은 마치 숨기고 싶은 과거가 있기 때문인 것처럼 비쳐지기 십상이다. 결국 한나라당도 한걸음 물러설 수밖에 없었으며 그래서 과거사진상규명법은 2005년 5월 국회를 통과했다.

이 법에 따라 그해 12월 1일 100년 전에 일어났던 동학란에 대한 '동학혁명 참여자 명예회복심의위원회'를 위시하여, '친일반민족행위 진상규명위원회', '친일행위자 재산조사위원회', '진실·화해를 위한 과거사정리위원회', '제주 4·3 진상규명위원회', '의문사 진상규명위원회' 등 모두 16개의 과거사 관련 위원회가 설치되었다. 이를 위해 매년 1,000억 원 내외의 예산이 배정되었고 이들 위원회에서 활동한 인원만도 600여 명이나 되었다. 또한 국방부, 국정원, 검찰, 경찰에도 각각 과거사 진상조사 위원회가 별도로 설치되어 모두 4천억 원의 예산을 사용했다. 그 규명 대상은 제주 4·3사건 등 빨치산 관련사건, 6·25전쟁 관련사건이 대부분이었고 그중 80퍼센트 이상이 국군과 미군에 의해 피해를 입었다고 하는 사건들이었다.

과거사정리위원회 위원장은 노 대통령의 정신적 스승으로 알려진 송기인 신부가 임명되었다. 송기인 신부는 "과거사 규명은 기득권과 반기득권 간의 투쟁"이라 말한 바 있어 이 위원회가 과거사 진실규명과 화해를 위한 것이 아니라 기득권세력을 제압하려는 정치적 목적에서 비롯되었다는 것을 알 수 있다. 이 위원회의 위원과 직원의 절반 이상이 과거 반정부투쟁을 했던 진보단체 출신이며 보수 성향의 인사는 10퍼센트도 안 되었다.[50] 친일 반민족행위 진상규명위원장으로 임명된 강만길은 남한에서는 친일세력이고, 분단세력이며, 냉전세력이기도 했던 사람들이 주도한 이승만 정부와 박정희 정부는 김일성 정권에 비해 정통성이 약하다고 보았다.

이들 위원회는 대한민국 역사를 좌파적 입장에서 보는 인사들이 주도권을 행사했기 때문에 과거사의 객관적 진실을 밝히는 것이 목적이 아니었다. 편향된 시각을 가진 위원이 다수였던 위원회에서 투표로 결정했으니 결과는 보나마나였다. 그래서 대법원으로부터 확정판결을 받은 남민전(南民戰) 같은 반국가단체나 이적 단체의 활동까지 민주화운동으로 인정하고 보상했다.[51] 동시에 건국과 호국, 그리고 산업화세력의 과오를 확대하여 역사적으로 단죄하고자 했다. 민족정기니 사회정의니 하면서 과거 사건들을 자기들의 이념적 잣대로 해석하여 과거의 지도자들을 친일분자, 반민족주의자, 독재자 등으로 낙인찍었다.

대한민국의 건국과 발전에 기여한 사람들에 대해 이처럼 가혹한 심판을 했던 것과는 대조적으로 그들은 과거 공산세력에 동조하여 대한민국

---

50) "과거사위 위원 49% 직원 55% 재야진보단체 활동," 『동아일보』, 2007년 1월 31일. 의문사진상규명위원회가 간첩죄 등 실형을 살았던 3명을 조사관으로 채용하여 활동하게 했다. 한 명은 간첩활동을 한 혐의로 4년간 징역을 살았고 다른 한 명은 반국가단체인 남한사회주의노동자연맹(사노맹)의 연락 총책으로 활동하다 체포돼 8년간 복역했다. 이들은 전직 국방장관과 고위 장교(예비역)들을 조사했다.

51) 남민전으로 알려진 "남조선 민족해방전선 준비위원회"는 1976년 2월 조직되었으며 재벌그룹 회장, 고위공직자 등의 집을 골라 강도 및 절도를 하고 예비군 훈련장의 총기를 탈취하는 등 충격적인 범죄를 저질렀다. 1979년 10월 남민전 관련자 84명이 검거되어 국가보안법 및 반공법 위반으로 사형, 무기징역, 징역 15년을 선고받은 바 있다. 이외에도 남한조선노동당 사건, 중부지역당 사건, 일심회간첩사건 관련자들이 민주화운동관련자로 결정되었다.

에 적대행위를 했던 사람들에 대해서는 과거 정권에 의해 억울하게 죄를 뒤집어썼다고 주장했다. 열린우리당 회의에서 "해방공간 및 6 · 25공간에서 억울하게 빨갱이 누명을 쓰고 피해를 당한 사람이 100만 명은 될 것이라며 절대로 간과할 수 없다"고 했다는 것은 그들의 의도가 무엇인가를 짐작케 한다. 이러한 좌파적 과거사 정리 논리에 따라 정부는 여운형 등 사회주의 계열 독립운동가 100여 명에게 훈장을 추서하기도 했다.

노무현 정부는 이같이 왜곡된 역사관을 친여매체를 통해 국민들에게 전파시키고 학교교육을 통해 조직적으로 다음 세대에게 주입시키고자 했다. 당시 가장 큰 논란의 대상이 되었던 것은 근 · 현대사 교과서였다. 2003~2004년 당시 전체 고등학교의 반수 이상이 채택했던 금성출판사 출판 고교용『한국 근 · 현대사』는 좌파 수정주의 역사관에 입각해서 대한민국의 정통성을 사실상 부인하고 북한 역사에 대해서는 비교적 긍정적 입장에서 기술한 교과서였다. 이 교과서는 모택동과 김일성 사진을 포함하고 있었지만 건국 대통령인 이승만 박사의 사진은 없었다. 이 교과서는 북한의『현대조선력사』내용을 그대로 옮겨 "사회주의 기초건설의 총적 과업은 …… 자립경제의 토대를 튼튼히 닦은 것이었다"면서 북한정권을 미화하고 있었다. 북한경제가 파탄에 빠진 지 오래지만 학생들에게 그 반대로 가르치고 있었던 것이다. 이러한 교재를 발행하여 가르치게 하는 정부는 정상적인 정부라 할 수 없는 것이다.

'과거사 청산'에서 가장 심각한 문제였던 것은 대한민국을 건국하고 이끌어온 과거 지도자들을 친일인사로 낙인찍었다는 것이다. 이를 주도한 단체는 '친일반민족행위 진상규명위원회'이다. 이 위원회는 2005년 여름에 발족하여 2009년 11월까지 4년 반 동안 국민세금 377억 원이나 사용하여 1,005명을 친일 반민족 행위자로 분류하여 발표했다. 여기에는 김성수 부통령, 장면 총리, 정일권 총리, 백선엽 장군 등 대한민국의 건국과 발전에 기여한 수많은 과거 지도자들이 포함되었다. 위원회는 친일 명단에 포함될 인사 한 사람씩 놓고 최종 결정하는 자리에서 위원 11명이 다수결로 판정했던 것이다. 좌파중심의 위원회가 좌파적 시각에서 친일 여부를 판정했다고 한다. 그래서 친일행적이 뚜렷한 여운형 같은 좌파인사는 명단에서 제외했던 것이다.

이와 동시에 관변단체라 할 수 있는 민족문제연구소(소장 임헌영)와 친일인명사전편찬위원회(위원장 윤경로)는 정부로부터 8억 원의 지원을 받아 건국과 나라발전에 공로가 많은 인사들을 포함하여 모두 4,389명의 인사들을 친일인사로 낙인찍기 위한 '친일인명사전'이라는 것을 발간했다.[52] 여기에는 박정희 대통령도 포함되었다. 박 대통령은 친일의 책임을 묻기 어려운 계급인 만주국 중위였음에도 명단에 올렸다. 조국근대화에 공로가 많은 전직 대통령을 친일인사로 매도한 것은 이승만 대통령에 대한 집요한 비난에 이어 대한민국의 정통성을 뿌리부터 허물어 보려는 시도였다고 볼 수 있다.

노무현 정권이 '역사바로잡기'를 중요한 국정과제로 삼았지만, 국민들의 역사관은 이와 대조적이었다. 2006년 8월 15일을 앞두고 한국갤럽이 실시한 여론조사에 의하면 응답자의 3분의 2 이상이 대한민국 역사를 자랑스러운 역사로 생각하고 있었으며, '부끄러운 역사'라고 한 응답자는 21.3퍼센트에 불과했다. 다시 말하면, 대다수 국민들은 대한민국을 저주하고 폄하해온 '노무현식 역사관'에 동의하지 않고 있었다.[53] 역사는 결코 바로 잡거나 청산의 대상이 될 수 없으며 계승과 발전의 대상일 뿐이다.

역사를 선악의 잣대만으로 판단하는 것은 대단히 위험하다. 지금까지

---

52) 친일인명사전 발간을 주도한 민족문제연구소의 임헌영 소장은 1974년 문인간첩단 사건과 1979년 남조선 민족해방전선 준비위원회(남민전) 사건으로 두 차례 감옥살이를 했던 반체제인사이다. 민족문제연구소 이사들의 면면을 보면 김희선(열린우리당 의원), 이창복(전 전국연합 상임의장), 지도위원인 리영희 한양대 교수, 강만길 전 상지대 총장 등이다. 친일인명사전편찬위원회 활동을 외곽에서 지원하고 있는「올바른 과거사 청산을 위한 범국민위원회」도 마찬가지다. 리영희, 강만길, 함세웅, 강희남, 문규현 등 이름만 대면 알 만한 반미친북운동권 인사들의 집결체라고 해도 과언이 아니다.
53) "8·15에 생각하는 대한민국 건국의 의미,"『조선일보』, 2006년 8월 15일.

국가와 사회를 위해 아무런 생산적인 일을 해보지 않은 사람들이나 반정부 투쟁만 일삼아온 사람들이 자신들만이 깨끗하고 도덕적이며 나머지는 모두 때 묻은 사람으로 규탄하는 데 문제가 있었다. 도덕정치가 성공하기 어려운 것은 바로 그 때문이다.

3. 분배와 형평을 중시한 경제정책

▌친노동 반기업적 정책노선

노무현 대통령은 "골고루 잘 사는 나라, 중산층과 서민도 당당하게 대우받는 나라를 만들어야 한다"면서 분배를 중시하는 정책을 폈다. 그는 과거 노동운동을 지원할 당시 기업에 적대적인 인식을 나타냈을 뿐이고 경제정책에 대해 별로 관심을 가진 적이 없었기 때문에 경제정책을 이끌어나갈 능력은 미지수였다. 노무현 정부는 침체에 빠진 경제를 물려받았기 때문에 경제활력 회복이 절실했지만, 오히려 평등과 균형을 금과옥조로 삼는 경제정책을 폄에 따라 한국경제는 거센 이념적 도전에 직면했다. 경제정책에 이념의 무게가 더해지면서 '경제의 정치화'가 심화되었고, 이에 따라 기득권층을 타파하기 위한 반시장적이고 인기영합주의적인 경제민주화개혁이 강도 높게 추진되었다. 개혁의 성격도 지금까지 '민주'대 반민주'의 구도로 추진되어온 경제민주화개혁이 '기득권세력대 비기득권세력'의 구도로 변모하여 경제가 이념적 갈등과 분열이라는 새로운 혼란에 빠지게 되었다.

실제로 2003년 초부터 거의 모든 경제지표에 빨간 불이 켜지고 있어 출범하는 노무현 정부에 심각한 도전이 되고 있었다. 김대중 정부가 외환위기를 극복함에 있어 지속가능한 성장을 위한 근본적 개혁보다는 성급한 경기부양에 치중했기 때문이다. 김대중 정부는 부도 직전의 회사들에게 160조 원에 이르는 천문학적 규모의 공적자금을 투입함으로써 경제에 거품현상을 만들어 냈을 뿐이며 구조적 취약성이 상당부분 은폐된 상태였다.[54] 그리하여 2001년부터 외환위기 이전에 일어났던 문제점들이 다시 고개를 들기 시작하자 김대중 정부는 또 다른 경기부양책을 동원했다. 즉, 소비 진작을 통해 경제 활성화를 도모할 목적으로 크레디트카드 회사와 크레디트카드 사용자에게 갖가지 혜택을 주어 크레디트카드를 남발하게 했다. 그 결과 2003년 말 크레디트카드 신용불량자가 400만 명을 넘어섰고 가계(家計) 부채도 260조 원에 달하는 등 '카드 대란'으로 제2의 금융위기설이 고조되고 있었다.[55]

김대중 정부는 또한 건축경기 활성화를 위해 부동산거래에 대한 규제도 대폭 완화했으며 이로 인해 부동산투기 붐과 더불어 부동산가격 폭등으로 서민생활에 심각한 위협이 되고 있었다. 국제경제 여건도 좋지 않았다. 중국, 인도 등의 급속한 경제성장으로 에너지 소비가 급증하면서 에너지 등 원자재 가격 급등으로 자원의 해외의존도가 높은 한국경제에 심각한 타격이 되고 있었다.

그래서 노무현 정부 출범 당시 경제회복을 최우선 정책으로 삼아야 한다는 여론이 높았다. 노무현 정부 출범 100일 무렵의 여론조사를 보면,

---

54) Heather Smith and Sandra Eccles, "Lessons from Korea's Crisis," in Heather Smith, ed., *Looking Forward: Korea after the Economic Crisis*(Canberra: Asia Pacific Press, 2000), pp.18-19; *BusinessWeek,* May 8, 2000.

55) "무소득자에게 카드 430만 장 발급," 『중앙일보』, 2004년 7월 16일.

국민의 54퍼센트가 경기진작 정책이 시급하다고 생각했으며, 경제사정이 계속 나빠지면서 2년 후에는 무려 91퍼센트가 그렇게 인식하고 있었다.[56] 노무현은 대선후보 시절 7퍼센트의 경제성장과 매년 50만 개의 일자리 창출을 공약했지만 취임 첫해인 2003년의 경제성장률은 외한위기 이후 최저치인 3.1퍼센트에 그쳤다.

노 대통령은 시장경제에 대해 매우 부정적인 인식을 가지고 있었다. 그는 시장경제 원리란 공정도 정의도 무시하는 '정글의 법칙'에 불과하며 "시장경제는 대기업과 기득권층의 이익을 대변하는 약육강식의 세계"로 보았다. 그는 2006년 초 청와대 홈페이지에 올린 글에서, "카지노 경제에서 도박과 투기로 돈을 번 20퍼센트와 그들에게 잡아먹히는 80퍼센트로 갈라진 대한민국은 아프리카 밀림보다도 못하다"고 했다.[57] 따라서 그의 경제정책은 대통령후보로서 그가 속했던 민주당보다는 좌파 정당인 민주노동당에 가까웠다.

그는 오래전부터 이 같은 반기업 친노동 노선을 견지해왔다. 1988년 7월 8일 대정부 질문에서 노무현 의원은 재벌 해체를 주장했고, 1990년 현대중공업 파업 당시에는 현장에 가서 "노동자가 주인이 되는 세상을 만듭시다"라며 노동자들을 선동한 바 있다. 그는 대통령선거 유세에서 "노동자, 농민은 소수 특권계급의 착취와 억압에서 해방돼야 합니다. 재벌은 해체돼야 합니다." "재벌 총수와 그 가족이 독점하고 있는 주식을 정부가 매수해 노동자에게 분배합시다. 부채 탕감과 아울러 토지도 모두 같은 방법으로 분배합시다"라고 했다. 그는 시장의 자유로운 경쟁보다는, 시장의 부정적 측면을 바로잡고 분배를 촉진시키기 위해 정부가 적극 개입해야 한다고 믿었다.

노 대통령은 첫 내각 구성에서 경제부총리 겸 재정경제부 장관에 김진표, 예산처 장관에 박봉흠, 산업자원부 장관에 윤진식, 정보통신부 장관

---

56) Hahm and Lee, 앞에서 인용한 논문, 205쪽에서 재인용.
57) 서옥식, 앞에서 인용한 책, 6-7쪽.

에는 진대제 등 관료출신 또는 전문경영인을 발탁했다. 김진표는 대체로 호의적인 평가를 받았지만 세제(稅制)분야 전문가여서 경제정책을 총괄하는 데 한계가 있을 것으로 평가되었다. 노 대통령은 동시에 경제분야에서 '노무현 코드'를 대표한다는 평을 받아온 이정우 경북대 교수를 청와대 정책실장으로, 그리고 권기홍과 한명숙 같은 진보성향의 인사들을 노동장관과 환경장관에 각각 임명했다. 이정우는 박정희 대통령의 경제정책에 대해 매우 비판적이었으며 빈부격차 해소와 균형발전을 강조해왔다. 급진적 주장을 해 온 인사가 정책실장으로 임명되자 경제계에서는 불안감이 고조되고 있었다.[58]

노무현 정부가 어려움에 빠진 경제를 물려받았음에도 오락가락하는 정책으로 2003년 전반기 성장률이 2분기 연속 마이너스를 기록하는 등 경제는 더욱 심각한 침체를 나타냈다. 따라서 정부는 성장을 등한시할 수도 없었고 평등주의 이념에 따른 경제개혁도 소홀히 할 수 없는 가운데 '성장'과 '개혁'이라는 상충되는 목표 사이에서 우왕좌왕하고 있었다. 노 대통령이 경제정책에 대한 분명한 철학과 목표가 없었기 때문에 성장을 중시한 김진표와 형평과 분배를 중시한 이정우 간의 갈등은 불가피했다. 정부와 집권당 간, 정부 부처 간에 경기를 진작시킬 것인가, 대기업에 대한 출자총액을 제한할 것인가, 아파트 분양 원가를 공개할 것인가, 수도권에 대한 투자를 제한할 것인가, 노사관계를 어떻게 할 것인가를 두고 논란이 끊이지 않았다. 그 결과 정책운용에 있어 일관성이 없었고 이로 인해 빈번한 정책 혼선과 시행착오를 초래하게 되었다.

김진표 부총리는 경제부양을 위해 금리 인하, 법인세 인하, 재벌의 계열기업 간 출자총액 제한 완화 등을 실시하려 했으나 이정우 청와대 정책실장은 물론 진보적 시민단체들이 '대기업에게 이익이 되는 시책은 참여정부의 이념에 어긋난다'며 완강히 반대하여 시행하지 못했다. 또

---

58) "[2003 경제정책 리더들] 〈1〉 노무현호 양날개, 김진표-이정우," 『동아일보』, 2003년 3월 31일.

한 3조 5,000억 원 규모의 삼성전자 화성공장 증설과 1,500억 원 규모의
쌍용차 평택공장 증설도 균형발전 논리에 밀려 승인되지 않았다.[59]

이처럼 노무현 정부의 경제정책이 오락가락하게 된 것은 무엇보다 노
대통령의 평등주의적 경제관에서 비롯된 바가 크다. 그는 당선자 시절
양대 노총을 방문하여 "현재는 경제계의 힘이 세지만 5년 동안 노사 간
힘의 불균형을 시정하겠다"고 약속하여 '참여정부는 친(親)노동자 정부'
임을 분명히 했다. 이에 따라 노무현 정부는 불법파업에 효과적으로 대
처하지 못하게 되었고, 그 결과 노무현 정부의 경제 분야 최대 실책은 노
사관계에서 나왔다.[60] 정부 출범 후 첫 대형 노사분규였던 두산중공업
파업 당시 노조원의 분신자살로 사태가 악화되자 노동부는 노사 간 '자
율 해결'의 원칙을 깨고 특별조사를 실시하여 사용자 측의 부당노동행
위를 발표하고 노동부 장관이 현장을 방문하여 중재하는 등, 정부가 노
사분쟁에서 노조의 손을 들어 주었던 것이다.

노동계는 '정부는 우리 편'이라고 해석하고 각종 요구를 쏟아냈으며
불법파업도 서슴지 않았다. 철도노조가 파업하겠다고 위협하자 정부는
서둘러 요구조건을 상당 부분 수용했고, 뒤이은 화물연대의 파업에 대해
서도 정부가 또다시 개입하여 요구조건의 대부분을 들어주었다. 특히 화
물연대 파업 당시 문제인 청와대 민정수석비서관이 개입하면서 그때부
터 노동단체들은 사용자를 제쳐 두고 청와대와 직접 교섭하려 했다. 이
처럼 노사분규에 정부가 개입하자 하루 한 건 이상 노사분규가 발생하
는 등 노사분규의 빈발로 '파업 공화국'이라는 말이 나올 정도였다. 당
시 대기업들은 끊임없는 기술혁신을 통해 경쟁력을 강화하고 있던 선진

---

59) 삼성전자는 중국에 35개의 공장을 지었고, LG전자도 중국에 12개의 공장을 지
    었으며, 이로 인해 5만 7천여 명의 일자리가 중국으로 갔다.
60) 노무현 정부가 노조의 불법파업에 단호하게 대처하지 못했던 것에 대해 노무현
    정부의 초대 법무부 장관이었던 김성호는 2007년 10월 "불법파업에 대한 무관
    용 원칙을 통해 법질서를 바로세우기를 전 정부적으로 확산시키지 못한 것은 다
    른 견해를 가진 쪽의 저항이 간접적 원인이었다"고 술회했다.

국 기업들과 저임금의 이점을 누리는 중국, 인도 등 신흥공업국 기업들 사이에서 나름의 생존전략에 고심하고 있었다. 당시 국내적으로 치솟는 땅값과 임금, 과격한 노사분규, 물류비 상승 등으로 기업환경은 계속 악화되고 있었다.

그럼에도 불구하고 노무현 정부는 '분배와 평등'이라는 슬로건을 내걸고 사회정의를 강조하며 임금 및 고용차별을 시정하기 위한 법과 비정규직보호법 등을 제정했다. 경기가 침체된 상황에서 노동비용의 증가를 수반하는 그 같은 시책들을 밀어붙였기 때문에 기업들은 투자를 확대할 여력이 없었다.[61] 설상가상으로 노무현 정부는 출범 첫해부터 첨예한 정치적 대립, 대통령의 재신임을 건 국민투표 제안, 뒤이은 대통령 탄핵소추 등으로 정치사회적으로 불안감이 팽배했을 뿐 아니라 검찰의 불법 대선자금 조사로 경제계는 극도로 위축되어 있었다.[62] 이처럼 정부가 노골적으로 친노조정책을 표방하는 동시에 대기업에 대해 '대기업 개혁'이니 '구조조정'이니 하면서 압박을 가하고 있는 가운데 투자에 나설 기업은 별로 없었다.[63] 그 결과 노무현 정부 5년간 기업의 연평균 투자율은 3 퍼센트 정도에 불과하여 과거 투자율의 절반에도 미치지 못했다.

더구나 국제사회는 북한 핵문제로 한반도에 대해 위기감을 느끼고 있었는데 한국 내의 투쟁적인 노사분규와 정치사회적 혼란까지 겹쳐 한국의 국제신용도는 추락할 수밖에 없었고, 이러한 나라에 해외자본이 투자를 꺼리지 않을 수 없었다.[64] 런던 소재 세계시장조사센터(World Market

---

61) 송호근, "노무현 정권 입체 대분석: 단절·배제·이념과잉으로 몰락한 운동정치, 거리정치, 저항정치," 『신동아』, 2007년 2월호, 92-93쪽.

62) 안병영, "코드 정치 버리고 리더십 다시 세워라," 『신동아』, 2003년 7월호.

63) 재계서열 30~40위권 그룹에서는 기업을 키우지 않으려는 풍조가 만연했다. 30대 그룹에 들어가면 규제만 늘어난다고 보았기 때문이다. "기업을 하인 취급하는 관료들 국익 해친다," 『동아일보』, 2003년 8월 2일.

64) "日언론 반응: '한국혼란 근본원인은 좌파 대중영합정치," 『조선일보』, 2003년 10월 15일.

Research Center)는 2003년 한국의 과격한 시위를 반영하여 한국의 투자
위험도를 2.25에서 2.5로 상향조정했다. 삼성경제연구소가 추산한 2003
년의 외국인 직접투자는 12억 달러에 불과하여 1999년의 106억 달러에
비해 10분의 1에 불과했다.[65]

노 대통령의 임기 첫해인 2003년 9월 중앙일보가 실시한 여론조사에
의하면, 응답자의 87퍼센트라는 절대 다수가 '경제가 어렵다'고 느끼고
있었다.[66] 이처럼 경제가 위기상태에 놓여 있었음에도 노무현 정부는 형
평과 분배를 중시하는 경제정책으로 기업 활동이 더욱 위축되면서 경제
사정이 더욱 나빠졌다. 한마디로 말해, 노 대통령은 경제 활력 회복을 위
해 실효성 있는 아무런 정책도 강구하지 않았으며 오히려 악화시켰던 것
이다.[67]

이처럼 경제가 침체상태였지만 노무현 정부는 복지예산을 대폭 증가
시키는 등 분배우선 정책을 적극 추진했다. 김대중 정부가 외환위기 과
정에서 복지예산을 크게 늘린 바 있지만, 노무현 정부는 그것이 부족하
다고 보고 복지정책의 적극적인 확대에 나섰다. 그리하여 참여정부는 임
기 5년 동안 복지 부문 예산을 연평균 20퍼센트 이상 증가시켰으며, 복
지예산은 총예산의 20퍼센트 수준에서 28퍼센트로 높아졌다. 이렇게 확
보된 재원은 기초생활보장, 기초노령연금 지급, 아동보육 예산 대폭 확
대뿐만 아니라 '저소득층 지원' 또는 '사회적 일자리' 창출이라는 명목
으로 변형된 실업급여 지급 등, 경제 활성화를 통한 일자리 창출이 아니
라 사회적 약자를 지원하는 데 쏟아부었다.[68] 당시 국가 간 경쟁이 치열

65) David Scofield, "Anarchy Reigns in South Korea," *Asia Times Online*, December
    4, 2003.
66) 『중앙일보』, 2006년 9월 22일.
67) 변상근, "한국도 지도력 불황?"『중앙일보』, 2003년 7월 6일.
68) 김연명, "말의 성찬 노무현 복지담론, 상처 얼룩진 진보적 복지,"『신동아』,
    2008년 2월호. 노무현 정부 5년간 도산으로 인해 정부가 근로자 임금 등을 대신
    지급한 중소기업수는 김대중 정부 때의 4.4배인 8,651개사(고용원 18만 8,441명)

해지면서 복지국가를 지향해 온 유럽 국가들이 복지정책을 축소하고 있는 것과는 반대방향으로 가고 있었던 것이다. 일부 비판자들은 그의 분배 편향정책을 '포퓰리즘과 사회주의의 합작품'이라 규정하였고, 그러한 정책하에서 성장잠재력의 지속적인 하락으로 '빈곤의 평등'을 초래하고 있다고 했다.

노무현 정부는 한국은 조세부담률이 경제협력개발기구(OECD) 회원국 중에서 제일 작은 나라 중의 하나이기 때문에 '작은 정부'를 내세워야할 때가 아니고 오히려 '큰 정부'가 필요하다고 주장했다. '분배우선론'적 정책에 따라 마치 분배가 성장을 만들고, 분배가 복지국가를 만든다고 확신했던 것이다.[69] 노 대통령은 대통령선거 때부터 '서민 대통령'을 자기 브랜드로 하며 서민의 눈물을 닦아주고 잘살게 하는 정부가 되겠다고 했지만 이를 위해 국가경쟁력을 높이고 경제를 활성화시킨 것이 아니라 세금을 더 많이 거두어 나누어 주는 손쉬운 방식을 택했다.

청와대는 2006년 초부터 홈페이지를 통해 "양극화 시한폭탄, 이대로 둘 것인가"라는 연재물을 게재하고 있었다. 청와대의 주장은 국민의 80퍼센트는 살기 힘들고 '가진 자'는 20퍼센트에 불과하며, 이 같은 양극화 문제가 해결되지 않으면 가진 자 20퍼센트에게도 재앙이 될 것이라는 것이다. 빈곤층이 시한폭탄이라면, 말 그대로 시간이 차면 터진다는 것이다. 이것이 사실이라면 참으로 위험천만한 현상이 아닐 수 없었다.

시장원리에 벗어난 노무현 정부의 경제정책은 기업경쟁력을 후퇴시키고 경제를 더욱 침체에 빠뜨려 저소득층의 삶을 더욱 어렵게 했다.[70]

에 달했다.

69) 김광동, "참여정부는 반시장좌파정부," 『노무현 정부 평가』(자유기업원) 2007년 5월 3일.

70) 소득불평등 지수를 나타내는 지니계수로 보면 노무현 정부 출범 이후인 2003년 이후 더욱 악화되었고 상위소득 20% 계층과 하위소득 20% 계층 간 차이를 나타내는 소득 5분위 배율도 2002년 5.18배 차이가 나던 것이 2005년에는 5.43배로 악화되었다.

근로자의 실질임금 상승률은 2003년부터 2006년까지 연평균 2.1퍼센트에 불과하여 역대 정부 중 가장 낮았을 뿐 아니라 역대 정부의 절반도 되지 않았다. 고용사정도 마찬가지였다. 1999년부터 2002년까지 4년 동안 취업자 수가 188만 명 증가했으나, 2003년부터 2006년 사이에는 98만 명 증가에 그쳐 절반 정도로 줄어들었다. 서민을 잘살게 하기는커녕 최악의 고용상황을 초래하여 가계(家計)부채가 120조 원가량 늘어났던 것이다. 참여정부 4년을 결산하는 여론조사에서 '대통령 취임 이후 살림살이가 좋아졌다'는 응답은 9.6퍼센트에 불과했고, '빈부(貧富)격차가 더 커졌다'는 응답은 무려 83.4퍼센트에 달했다.

▌균형발전: 구호는 그럴듯했지만

노무현 정부의 평등주의 정책은 균형발전정책을 통해 적극적으로 추진되었다. 노무현 정부는 평등주의, 그것도 기계적 평등주의를 기본적 세계관으로 삼았다. '균형'이라는 논리를 내세워 서울과 지방을 분리시켰고, 지방의 발전을 위해 행정수도를 이전하려 했고 동시에 수도권에 대한 규제를 강화하고자 했다.

노 대통령은 대통령선거 전략으로 충청권에 수도를 이전하는 공약을 하면서 다른 지역에도 이에 상응하는 공약을 내놓아야 했기 때문에 전국적으로 갖가지 개발공약을 했던 것이다. 그는 취임 후 이를 실천하기 위해 국가균형발전위원회를 설치·운영했다. '행정수도이전법'은 헌법재판소에 의해 위헌판결이 났음에도 포기하지 않고 이를 수정하여 총리실과 9개 부처와 4개청을 충청지역으로 옮기는 행정복합도시(세종시) 건설을 추진했던 것이다. 그러나 수도 이전 공약은 그의 선거전략으로는 성공적이었을지 모르지만 국가적으로는 여러 가지 곤란한 문제를 초래하게 되었다.[71]

균형발전은 구호로서는 매력적이었을지 모르지만 치열한 국제경쟁에서 살아남기 위해 국가경쟁력을 향상시켜야 한다는 것과는 배치되는 정책이었다. 또한 기업들이 지방에 투자를 하지 않는 한 정부가 균형발전을 도모할 수 있는 수단도 한정되어 있었다. 정부는 지역균형발전을 위해 지역의 자율과 창의를 존중한다고 했지만 실제로는 정부가 주도함으로써 막대한 재정낭비와 지역 간 갈등, 수도권 규제로 인한 수도권의 국제경쟁력 약화 등 여러 가지 부작용을 초래했다.[72] 예를 들면, 수도권에 소재한 175개에 이르는 공기업과 정부산하 단체를 강제적으로 지방으로 분산시키는 극단적 조치를 취했는 바, 민주국가에서는 찾아보기 어려운 정책이었다.

노무현 정부는 균형발전이라는 구호 아래 재정능력이나 국민경제에 미치는 영향을 도외시한 채 막대한 재원이 소요되는 거창한 국책사업을 연달아 벌였다. 여의도 25배 넓이의 세종시 건설, 송도 신도시 개발 등 동북아 비즈니스 중심 건설, 수도권에 몇 개의 아파트 타운 건설, 6개의 기업도시 및 10개의 혁신도시 건설, 7개의 혁신클러스터 건설 등이 동시다발적으로 추진되면서 전국을 부동산투기장으로 만드는 결과를 초래했다.[73]

이 같은 국책사업에 650조 원 이상의 재원이 소요되었지만 재원 마련 대책도 불분명했고, 이들 사업으로 인해 국력낭비, 통화증발, 재정적자 확대, 물가앙등 등 갖가지 부작용이 예상되었지만 이에 구애되지 않았다. 그 결과 국민의 세금 부담이 늘어났을 뿐 아니라 국가부채를 급증시켜 다음 세대에게 무거운 짐을 넘겨주게 되었다. 현재 한국토지주택공사(LH)의 부채규모는 125조 원에 달해 부채에 대한 이자만도 매일 100억

---

71) 유재원, "묻지마 분권에 국가경쟁력 흔들," 『신동아』, 2008년 2월호.

72) 신도철, "참여정부 균형발전 정책의 폐해와 정리 방향," 「국가균형발전 전략의 득과 실」 한국경제학회 정책포럼 발표논문(서울: 은행회관, 2007년 5월 21일).

73) 혁신도시 건설은 노무현 정부가 국가균형발전이란 명분 아래 2003년 6월부터 추진했던 것으로 수도권에 있는 공공기관 175개를 2012년까지 지방으로 옮기는 사업이다.

원에 달하고 있으며 이 부채의 상당 부분은 노무현 정부의 방만한 개발 사업에서 비롯된 것이다.[74]

특히 노무현 정부는 2003년 7월 인천의 송도 등 여러 지역을 경제자유구역으로 지정했다. 노 대통령은 인천 경제자유구역 건설은 "동북아 경제중심국가 건설의 핵심사업"이라면서 송도를 상하이, 싱가포르와 경쟁할 수 있는 국제도시로 만들려 했지만 그 같은 거대한 비전을 실현시키기 위한 전략은 미흡했다. 더구나 정부가 균형발전을 중시하게 되면서 수도권에 속하는 인천 지역 개발사업은 뒷전으로 밀리게 되었다. 그 결과 2011년 초까지 인천 경제자유구역의 외자유치 실적은 10억 달러 정도로 목표치의 23퍼센트에 불과하며, 특히 송도 국제도시는 외자유치 목표의 10퍼센트에도 미치지 못하고 있다. 경제자유구역 개발로 인해 인천시의 부채는 10조 원에 달하고 있으며, 이로 인해 인천시는 2011년 초부터 매일 이자를 7억 원씩 갚아야 할 형편이다.

노무현 정부는 그 외에도 부산·진해, 광양만을 경제자유구역으로 지정했고 퇴임 직전에는 황해(당진지역), 대구·경북, 새만금·군산도 경제자유구역으로 지정했다.[75] 전투적인 노동투쟁, 반시장적 정책, 배타적 민족주의가 횡행하는 나라에 투자하려는 외국인은 별로 없었기 때문에 경제자유구역은 별 의미가 없었다. 경제적 타당성보다는 포퓰리즘적 고려에서 경쟁적으로 지정했던 경제자유구역의 사업진도는 지지부진한 실정이다. 따라서 지역 주민들은 경제자유구역 지정으로 인해 재산권 행사가 제약당하고 있다면서 경제자유구역 해제를 요구하고 있다.

---

74) LH의 부채 중 노무현 정부의 국민임대주택 건설로 인한 부채 29조 원, 세종시 및 혁신도시 사업으로 인한 부채 7조 원, 신도시 개발로 인한 빚이 15조 원, 택지개발사업으로 인한 빚이 13조 원 등이다(『조선일보』, 2010년 10월 20일).

75) 이명박 정부는 2008년 4월 노무현 정부 당시 정해진 황해(당진지역), 대구·경북, 새만금·군산을 경제자유구역으로 지정했다.

▌시행착오를 거듭한 부동산정책

노무현 정부의 경제정책은 시장원리보다는 이념적 · 정치적 논리에 의해 좌우되었으며, 그 대표적인 예가 부동산정책이다. 즉, 주택문제를 수요와 공급이라는 경제논리가 아니라 부동산 부자들을 혼내어 줌으로써 서민들의 박수를 받겠다는 포퓰리즘에서 접근했던 것이다. 노 대통령은 "하늘이 두 쪽 나도 임기 내에 부동산을 잡겠다"며 강력한 의지를 보였다. 부동산을 정당한 노력의 결과라기보다는 '투기'나 '딴 짓' 등 부정한 방법으로 얻었다는 인식을 가지고 재산을 가진 사람을 죄인 취급하며 '단죄'하고자 했던 것이다.

그리하여 시장원리에 따른 주택공급의 확대보다는 부동산 관련 대출 규제와 세금 인상 등, 갖가지 규제대책을 남발하다 보니 부작용만 커졌을 뿐이다. 특히 '상위 2퍼센트에서 거두어 98퍼센트를 좋게 한다!'라는 구호 아래 종합부동산세와 양도소득세의 대폭 인상, 부동산 기준시가의 상향 조정 등 무거운 세금으로 부동산가격을 억제하려 했다.[76] 이 외에도 아파트 분양원가 공개, 부동산 담보대출 억제, 재건축 금지 등, 2003년 2월부터 2006년 2월까지 20여 차례 부동산 대책을 발표했지만 부동산가격은 계속 뛰어 올랐다. 특히 관심의 초점이 되었던 수도권 부동산 값은 두 배 정도 급등했고 특정지역에서는 3배가량 폭등했다. 이로 인해 수도권과 지방 간 부동산가격의 양극화는 물론 부동산 규제로 건설경기까지 침체되었다. 이처럼 시장원리를 무시한 부동산 정책은 실패할 수밖에 없었으며, 집권당마저 "현실에 안 맞는 규제일변도 정책"이라 비판했던 것이다.

노무현 정부의 대대적인 균형개발정책은 수도권 부동산가격 폭등의 원인이 되기도 했다. 우윤석 교수는 2009년 8월 한국행정학회 세미나에

---

76) 서울의 대형 아파트는 1년 사이에 종합부동산세가 6배나 폭등하여 주택 소유자들의 원성이 높았다.

서 "지역균형 발전이라는 미명 아래 추진된 행복도시(세종시 22.5조 원), 혁신도시(43조 원) 및 각종 클러스터 건설 등 무리한 개발정책은 전국을 부동산투기장화 했다"고 비판했다. 이러한 개발정책으로 수용된 토지에 대한 보상금이 100조 원을 넘었으며 이 같은 대규모 자금이 수도권 부동산 투기로 되돌아와 부동산가격을 폭등하게 했다고 분석했다.[77]

부동산에 대한 과중한 세금으로 인한 피해자는 노무현 정부가 표적으로 삼았던 강남 사람들뿐 아니라 강북은 물론 재산을 보유한 전국의 많은 사람들이 되었다. 뿐만 아니라 부동산가격 폭등은 서민들에게도 큰 고통을 안겨주었다. 늘어난 세금만큼 아파트 가격과 전세 가격이 올라 부동산 소유자와 비소유자 간 양극화 현상이 심화되었으며, 많은 사람들에게 내 집 마련의 꿈은 멀어졌고 서민들의 전세금 부담도 크게 늘어났다. 노무현 정부의 경제정책 중 가장 논란이 컸던 분야가 부동산 정책이다. 노무현 정부는 종합부동산세와 실거래가 신고제 도입 등 일련의 정책으로 부동산 투기가 발붙일 수 없도록 했으며 금융실명제에 버금가는 획기적인 정책이었다고 자부했지만, 비판자들은 노무현 정부의 대표적인 정책실패 사례로 부동산 정책을 꼽고 있다.

노무현 정부가 균형개발정책 추진 등 정부의 역할을 확대하면서 정부가 비대해지고 비능률이 늘어났으며 나아가 국가부채의 급증을 초래했다. 그들은 출범 초 분권화를 표방했지만 중앙정부는 오히려 비대해졌다. 대통령의 권한을 총리와 내각에 위임한다고 하면서 총리실을 획기적으로 키웠음에도 청와대 비서실의 인원과 예산은 역대 어느 정부보다 늘어났다. 뿐만 아니라 정부의 조직과 권한도 확대되었으며 이에 따라 정부의 규제도 더욱 늘어났다.

공무원의 경우 5년간 6만 6천여 명이나 늘어났고 공공단체 직원의 증가까지 합치면 10만 명 가까이 늘어났다. 이로 인해 공무원 인건비는

---

77) 서옥식, 『고 노무현 대통령 말말말』, p.175.

2003년 16조 원에서 2007년에는 5조 원(30%) 증가한 21조 원에 달하는 등 정부지출이 크게 늘어났고, 국가채무도 2002년 133조 원에서 2007년 300조 원 이상으로 늘어났다. 노무현 정부 5년간 늘어난 정부부채가 정부 설립 후 50여 년간 누적된 정부부채보다 더 많은 165조 원가량 늘어났던 것이다.[78]

이처럼 정부 규모는 커졌지만 정부의 경쟁력은 오히려 떨어졌다. 세계은행의 평가에 의하면, 한국의 정부 효율성은 2002년에는 209개 국 중에서 50위였으나 2005년에는 60위로 추락한 것으로 나타났다.[79]

▌경제정책의 성공은 대통령 성공의 관건

노무현 대통령의 경제정책 비전은 경쟁력 있는 나라, 중산층과 서민도 잘사는 나라, 동북아 경제중심국가로 요약된다.[80] 그 같은 비전이 과연 어느 정도 실현되었는가? 노무현 정부의 경제실적을 지표상으로 보면 수출이 5년 동안 연평균 14퍼센트 성장했고 경제성장률도 4.3퍼센트였으며 주가(株價)지수도 두 배 가까이 상승하는 등 그리 나쁘지 않았다. 정보화의 착실한 확대와 정보통신산업의 성장으로 이 부문의 수출이 연평균 18.4퍼센트나 늘어난 것은 분명한 업적이라 할 수 있다.

노 대통령의 반시장적 태도에도 불구하고 한미 자유무역협정(FTA) 체결을 위해 적극 노력한 것도 높이 평가되어야 한다. 그는 취임 후 얼마 되지 않아 한미 자유무역 협상에 대한 기본 방침을 설정하고 뚝심으로 밀어붙여 타결시켰던 것이다. 정부는 또한 그동안 묵과해왔던 재벌 오너

---

78) "국가부채 신기록,"『중앙일보』, 2007년 4월 19일.

79) 한세억, "공무원 9만 7,000명 늘어 사상 최대,"『신동아』, 2008년 2월호; Hahm and Lee, 앞에서 인용한 논문, p. 196.

80) 최승노, "노무현 경제정책 분석: 시장원리가 약하다,"『월간조선』, 2003년 1월호.

제2부 노무현 대통령 · 101

와 그 가족에 의한 불법행위를 응징하여 '정부를 돈으로 매수할 수 없다'는 사실을 국내외에 각인시켰던 것이다.

그러나 노무현 정부 5년간 평균 성장률 4.3퍼센트는 아시아 각국의 평균성장률 7퍼센트는 물론이고 한국의 잠재성장률((4.8~5.0%) 그리고 세계 평균 성장률 4.9퍼센트에도 못 미치는 것이었다. 이것은 한국이 성장률 면에서 일본을 제외한 아시아 국가 중에서 꼴찌를 기록했다는 것을 말한다. 과거 한국은 1997년을 빼고는 모두 세계 경제성장률보다 훨씬 높은 '성장의 기적'을 이룩했지만, 노무현 정부하에서는 단 한 차례도 세계 평균 성장률보다 높지 못했다.

당시 수출이 크게 증가했음에도 불구하고 경제성장률이 잠재성장률을 밑돈 것은 평균 3.8퍼센트에 불과했던 설비투자에 그 원인이 있었다. 재벌을 정경유착을 일삼아 온 부패한 시장권력이라고 계속 공격하고 있는 상황에서 투자에 나설 대기업이 없었던 것이다. 한국이 모처럼 세계 경제 호황기를 맞이했음에도 노무현 정권의 국론분열적 국정운영으로 인한 불확실성, 반시장적 경제정책, 분배와 평등 그리고 균형발전을 중시하는 정책 등으로 그 기회를 살리지 못했다고 본다.[81]

국내총생산(GDP)에 있어서도 참여정부 출범 당시 세계 11위였던 한국은 2004년에 인도, 2005년에 브라질, 2006년에는 러시아에 연속적으로 추월당해 세계 14위로 주저앉았다. 국가경쟁력과 외국인 직접투자 유치 등 국제사회에서의 국가 위상을 나타내는 세계화 순위도 연속적으로 떨어져 2006년의 29위에서 2007년에는 35위로 후퇴했다.

여러 나라에서 시장의 실패보다는 정부의 실패가 더 큰 문제였으며, 특히 노무현 정부하의 한국이 그랬다. 한국 기업들은 국내에서 빈번히 비난의 대상이 되었지만 국제시장에서는 인정받고 있었다. 그러나 한국 정치는 국제적 기준으로 본다면 결코 경쟁력이 높다고 할 수 없었다. 기

---

81) 나성린, "양극화 불평등 심화, 체감경기 최악 … 서민 울린 '서민을 위한 정부,'" 『신동아』, 2008년 2월호.

업은 국제경쟁에서 살아남기 위해 피나는 노력을 하고 있지만, 국내경쟁에 머물러 있는 정치는 국정운영의 효율성보다는 손쉬운 포퓰리즘에 빠질 가능성이 크다. 경쟁력이 낮은 정치가 포퓰리즘에 빠져 기업들을 규제하고 간섭한다면 경제가 활력을 유지하기 어려운 것이다.

노무현 대통령의 국정운영에서 경제정책의 실패는 치명적이라고 본다. 전문가들은 참여정부의 경제정책은 '반 시장원리', '일관성 결여', '비전 부재'라는 세 마디로 요약하고 있지만, 참여정부의 경제실적이 나빠지게 된 근본 원인은 무엇보다 노 대통령이 경제리더십을 발휘하지 못했기 때문이라 본다. 노무현 정부하에서 복지국가 청사진인 '비전 2030' 민간작업단이 작성한 보고서에 의하면, 선진국 진입에 실패한 국가들의 공통적 특징으로 강력한 리더십과 정책 일관성의 결여, 노사분규의 장기화 및 경직된 노사관계, 극심한 여야 대립에 따른 정치불안을 들었다. 노무현 정부하의 한국이야말로 이러한 요소들을 모두 가지고 있었다고 할 수 있다.

어느 나라에 있어서나 최고지도자에게 경제리더십은 매우 중요하며, 특히 경제 기적의 역사를 가진 한국에서 대통령의 경제정책에 대한 국민의 기대는 매우 크다. 따라서 어느 대통령도 경제정책에서 성공하지 못하면 성공한 대통령이 되기 어렵다는 교훈을 되새겨야 할 것이다.

4. 이상과 현실 사이에서 고뇌했던 대외정책

▌평화번영정책: 낭만적인 대북정책

노무현 대통령의 대외정책의 핵심은 '평화번영정책'이라 명명되었던 대북정책이다. 이 정책은 김대중 정부의 햇볕정책을 계승·보완하고자 했을 뿐 아니라 보다 큰 '동북아시대 구상'의 일부였다.[82] 그는 한반도 평화 없이는 민족의 발전은 말할 것도 없고 동북아의 평화와 번영도 보장할 수 없으므로 한반도 평화체제 구축이 우선되어야 한다고 보았다. 그래서 그는 한반도의 평화증진과 남북 공동번영을 추구함으로써 평화통일의 기반을 조성하고 그 연장선상에서 한국을 동북아 경제중심 국가

---

[82] 노무현 정부의 평화번영정책에 대한 평가는 신성호, "한국의 국가안보전략에 대한 소고: 참여정부의 평화번영정책," 『국가전략』 14권 1호(2008); 조성열, "노무현 2003-2008, 빛과 그림자―외교·안보: 낙관했던 북핵에 발목 잡혀 '우선순위 함정' 빠지다," 『신동아』, 2008년 2월호, 170-179쪽 참조.

로 만들고자 했다. 이 구상은 안보적 측면(평화)과 경제적 측면(번영)을 연계시킴으로써 대북정책을 남북관계 수준을 넘어 동북아 지역의 평화와 번영과 연계시키려는 야심찬 것이었다. 그래서 대통령직인수위원회는 '평화와 번영의 동북아시대'를 참여정부의 3대 국정목표의 하나로 설정했던 것이다.

노 대통령은 취임사에서 대북정책과 관련하여 ①대화를 통한 해결, ② 상호신뢰와 호혜주의 실현, ③ 남북 당사자 원칙, ④ 정책과정의 투명성 고양, 국민참여 확대, 초당적 협력 등 4대 원칙을 제시했다. 당면 현안이었던 북한 핵문제에 대해서는 ① 북한 핵 불용, ② 대화를 통한 평화적 해결, ③ 한국의 적극적 역할이라는 3원칙을 제시했다. 그는 "대북문제만 잘되면 나머지는 깽판 쳐도 된다"고 했을 만큼 대북정책은 그의 국정운영에서 중요한 위치를 차지했다. 그러나 이 정책의 성공여부는 북한이 어떻게 대응할 것이냐에 크게 달려 있었다. 더구나 그의 대북정책은 북한 핵문제 해결을 위해 강경책을 구사하고 있었던 부시 행정부와 마찰이 불가피했다. 또한 노무현 정부 출범 당시 김대중 정부가 2000년 남북정상 회담 직전 북한에 건넨 5억 달러의 비밀송금 문제가 노출되어 정치사회적 쟁점으로 비화하면서 대북정책에 대한 불신이 높아졌다는 것도 큰 부담이었다.

'동북아 경제중심 국가 건설'은 김대중 정부의 '동북아 비즈니스 중심 국가 실현방안'을 확대·발전시킨 것이다. 그러나 이 같은 경제구상에 중장기 동북아 지역협력 목표가 추가되면서 동북아의 번영과 통합의 새로운 질서 구축이라는 거창한 목표로 바뀌었다.[83] 노무현 대통령 당선자의 인수위원회 백서에 따르면, 동북아시대 구상은 동북아시대가 도래했음을 전제로 경제적 측면을 초월하여 변방의 역사를 극복하고 자주적 역사를 창출하는 계기로 만들고, 나아가 동북아의 번영과 통합의 질서를

---

83) 정인교, "정치논리에 빠진 참여정부의 동북아중심 정책," 자유기업원,『노무현 정부 평가』, 2007년 7월 23일.

구축함으로써, 유럽연합(EU)과 같은 지역의 통합과 발전을 위해 한국이 앞장서겠다는 것이다.[84]

이와 관련하여 노 대통령은 취임사를 통해 변방의 역사를 극복하고 그 연장선상에서 동북아시대를 열겠다고 했고, 그해 광복절 경축사에서도 "협력과 통합의 동북아 신질서 구상"을 밝힌 바 있다. 이 구상은 지역 내 국가들과 협력하여 경제와 안보를 포괄하는 지역공동체를 창설함으로써 한국의 평화와 번영을 확보하겠다는 것이다. 이를 위해 노무현 정부는 출범 직후 동북아경제중심추진위원회를 설치했으며 2004년 6월에는 이를 확대 · 개편한 동북아시대위원회로 개편했다. 그러나 이처럼 원대한 비전도 북한 핵문제가 해결되지 않고 남북관계가 개선되지 않는다면 성과를 기대하기 어려웠다. 동북아시대 구상은 장기적인 전략구상으로 가치가 있었을지 모르지만 5년 단임 정부의 실천 목표로서는 애초부터 무리였다.

노무현 정부 출범 당시 2차 북한 핵 위기가 본격화되고 있어서 대외정책 환경은 매우 부정적이었다. 2002년 10월 북한이 우라늄 농축 핵개발 프로그램이 있다는 것을 시인함으로써 시작된 2차 북핵 위기는 곧이어 미국의 대북 중유공급 중단으로 나타났고, 이에 대한 반발로 북한은 북한 핵동결을 명시한 제네바 합의를 파기하고 북한에 있던 국제원자력기구(IAEA) 사찰관들을 추방했으며, 다음 해 초에는 핵확산금지조약(NPT)을 탈퇴하고 2월 26일에는 핵 연료봉을 재처리하겠다고 위협했고, 나아가 전쟁도 불사할 것이며 이를 위해 선제공격도 두려워하지 않을 것이라고 했다.[85]

이에 대해 국제원자력기구는 2003년 1월 6일 북한에 대한 제재결의안을 채택했고, 부시 미국 대통령은 3월 3일 기자회견에서 북핵문제의 외교적 해결을 강조하면서도 "대북 군사적 옵션도 배제하지 않고 있다"고

---

84) 『참여정부 인수위원회 백서』, 2003. 2.
85) "The Politics of Peril," *BusinessWeek,* February 24, 2003.

경고했다.[86] 부시 대통령은 2002년 1월 의회연설에서 북한을 이란, 이라크와 함께 '악의 축'으로 규정하고 강경 대응할 것임을 천명했으며, 그 연장선상에서 미국은 2003년 3월 초 이라크를 침공했다. 이처럼 한반도의 긴장이 어떤 양상으로 치달을지 지극히 위태로운 상황에서 한미 간에는 어느 때보다 긴밀한 협조가 요구되고 있었다.

노무현 대통령이 대외정책의 아마추어였음에도 불구하고 청와대 내에 국가안전보장회의 사무처를 신설하고 이종석 차장을 중심으로 한 운동권 출신들로 하여금 정부의 외교·안보·국방 정책을 조정·통제하게 했던 것이다. 국가안전보장회의는 대통령을 위한 자문회의로 사무처는 이 회의의 사무를 처리하는 곳이다. 원래 사무처 직원은 12명에 불과했으나 노무현 정부에 와서 78명으로 증가되어 청와대 직원의 3분의 1에 육박했다. 2003년 한 해 동안 국가안보회의는 단 두 차례 열렸을 뿐이다. 따라서 사무처는 외교통상부, 국방부, 국가정보원 등의 정보를 통합하여 자기들 나름대로 재정리해 대통령에게 보고함으로써 막강한 권한을 행사하게 되었다. 전문성이 없는 아마추어들이 대외정책을 좌우하게 됨으로써 청와대와 관계 부처 간에 불협화음이 노정되었고 정책도 갈팡질팡하게 되었다.[87]

▎민족공조와 한미공조: 어느 것이 더 중요한가

외교안보 분야에 대한 관심도 경험도 없었던 노무현 대통령에게 북한 핵 위기와 이와 관련된 한미협력은 매우 어려운 도전이었다. 그러나 그

---

86) 『조선일보』, 2003년 3월 5일.
87) 노 대통령은 2003년 11월 비공식 기자간담회에서 "NSC 보고서는 한순간도 놓칠 수 없을 정도로 굉장히 중요하다. NSC가 일정표를 관리해주는데 이는 다른 부처 장관이 할 수 없는 일"이라며 NSC 사무처에 대한 의존도를 드러냈다(『한국일보』, 2004년 1월 16일).

의 외교노선은 긴밀한 한미협력과는 거리가 먼 것이었다. 그는 대통령 후보 시절 자주적인 대미관과 진보적인 대북관을 잇달아 피력한 바 있었다. 두 여중생 사망 사건으로 반미분위기가 팽배한 가운데 그는 "미국과 대등한 관계를 수립하겠다", "미국과 북한 간에 전쟁이 벌어지면 중간에서 만류하겠다"고 하는 등 과거에는 상상도 할 수 없었던 발언을 했던 것이다.

대통령으로 당선된 후인 2003년 2월 13일 한국노총에서 행한 연설에서 그는 미국의 대북제재와 관련, "(전쟁이 나서) 다 죽는 것보다는 어려운 게 낫다"고 하여 미국의 대북 강경정책에 대해 반대 입장을 분명히 했다. 대통령 취임 직후인 3·1절 기념식에서 그는 용산 미군 기지를 "간섭과 침략의 상징"이라 하여 미군이 침략군이었다는 인상을 주기도 했다. 이 같은 발언은 한미 상호방위조약에 위배될 뿐 아니라 한국안보에 결정적 역할을 하고 있는 주한 미군을 적대시한 행위였던 것이다.

그러나 노 대통령은 이라크 파병 결정(3월)과 워싱턴 한미 정상회담(5월)을 통해 한미관계에 대해 보다 현실적인 입장으로 바뀌었다. 2003년 3월 미국이 '악의 축'의 하나라고 했던 이라크를 침공하면서 한국에 파병을 요청하자 그는 집권당과 지지세력의 완강한 반대를 무릅쓰고 파병을 결정했다. 이것은 매우 용기 있는 결정이었다.

노무현 정부는 한반도 평화정착을 통해 '평화와 번영의 동북아시대'를 열고자 했으며, 이를 위해 미국의 영향력에서 벗어나야 할 뿐 아니라 중국과의 관계를 강화하는 것이 민족자주 노선에도 부합되고 통일에도 도움이 될 것으로 보았다.[88] 중국이 한국 제1의 교역대상국이 되면서 외교안보 문제와 통상문제는 중국을 중심으로 풀어가야 한다고 본 것이다. 노무현 정부는 북한 핵문제 해결에 있어 '대화를 통한 해결' 원칙에 집착하여 대북 유화책으로 일관했다. 북한 핵문제가 아무런 진전이 없었음

---

88) 청와대 386참모들을 중심으로 '자주외교'와 '중국중시론', '자주국방' 등이 강조되기도 했다. 이것은 미국과의 관계에 대해 거부감을 가지고 있다는 증거였다.

에도 대북 경제지원은 물론 남북통행로 주변의 휴전선 지뢰 제거, 남북 간 도로연결, 이산가족 상봉, 개성공단 건설 등 남북관계 개선을 위한 적극적인 조치를 잇달아 시행했다.

노무현 정권의 핵심인사들은 애초부터 미국에 대해 부정적인 태도를 가지고 있었으며, 특히 부시 행정부가 북한에 대해 강경책을 펴면서 미국에 대한 거부반응이 높아졌다. 이러한 가운데 노 대통령은 초강대국인 미국에 대해 대등한 관계를 추구하는 것을 두려워하지 않겠다는 등, 민족주의적 국민감정에 호소하는 포퓰리즘 발언으로 측근비리, 탄핵사건, 국내 정책실패 등으로 실추된 자신의 이미지를 회복하려 했다.[89] 미국은 한국의 대북정책에 대해 강온양면책을 쓸 것을 요구했으나, 노무현 정부는 대북지원을 확대하는 동시에 부시 행정부의 대북정책을 공개적으로 비난했다.

당시 정부 내에는 대북정책, 이라크 파병문제 등 한미공조 문제를 둘러싸고 갈등이 있었다. 남북 간 화해협력을 적극적으로 추구하기 위해 한미동맹을 재조정해야 한다는 '민족자주파'와 북한 핵문제를 다루기 위해 미국과 긴밀한 공조가 필요하다는 '동맹중시파' 사이에 논란이 벌어지고 있었다. 민족자주파에는 정세현 통일장관, 이종석 청와대 국가안보회의 사무차장, 서동만 국정원 기조실장 등이 속했고, 한미동맹중시파에는 라종일 국가안보보좌관, 김희상 국방보좌관 등이었다. 이러한 가운데 노 대통령은 2004년 1월 윤영관 외교장관, 라종일, 김희상 보좌관 등 한미동맹을 중시하는 인사들을 사퇴시키고 외교장관에 반기문, 국가안보보좌관에 권진호, 국방보좌관에 윤광웅을 임명했다. 대외정책을 둘러싼 민족자주파와 동맹중시파 간의 갈등에서 노 대통령이 민족자주파의 손을 들어주었던 것이다.[90]

---

89) "South Korea: Roh Harnesses the Tide of Nationalism," *Strategic Forecast,* March 1, 2004.

90) "추적: 외교안보팀 '파워게임' 내막,"『주간조선』, 2003년 7월 3일; "South

자주외교와 남북관계개선 우선이라는 노무현 정부의 대외정책은 북핵 문제 해결을 위해 적극 나서고 있는 부시 행정부와 충돌이 불가피했다. 노 대통령은 시종일관 북한의 핵 프로그램은 협상카드에 불과하다고 하면서 북한 핵문제를 대수롭지 않은 문제로 인식하거나 미국에 의해 과장되었다고 보고 책임 있는 대응을 하지 않았다. 그는 언론사 간부들과의 간담회에서 "북한은 핵으로 장사하려는 것"이라고 말하면서 북한의 핵은 미국이 반대급부만 주면 해결될 것이라고 낙관했다. 노무현 정부는 북한 핵문제 해결을 위한 6자회담에서 동맹국인 미국보다는 중국과 북한에 가까운 입장을 취하여 한미공조를 어렵게 했을 뿐 아니라 북한에 대해 일치된 목소리로 압력을 가하려는 미국의 전략에 부정적인 영향을 끼쳤다.

　　이와 관련하여 노 대통령은 미국에 대해 직설적인 비판을 서슴지 않았다. 그의 비외교적 발언은 주로 북한을 감싸고 미국을 비난하는 데 집중되었다. 예를 들면, 2004년 11월 12일 칠레에서 개최 예정인 APEC정상회의에 가는 길에 로스앤젤레스 국제문화협회에서 행한 연설에서 "외부 위협에 대한 억제수단으로 북한 핵은 일리가 있다"고 하여 북한을 대변하는 듯한 발언을 하여 대량살상무기 확산 방지를 최고의 정책목표로 삼고 있던 부시 행정부를 당혹케 했다. 북핵문제와 관련된 그의 발언에 대해 미국 헤리티지연구소의 한 연구원은 "북한과의 관계개선을 강력히 원하는 한국정부가 한미동맹에 위협이 되고 있다"고 비난했다.[91]

　　2005년 2월 북한이 핵보유를 선언한 후에도 노무현 정부는 개성공단 사업 확대, 대북 비료지원 계속, 북한 핵문제 유엔 안보리 회부 반대 등, 유화정책 기조를 유지했다. 한국과 더불어 중국도 북한의 입장을 지원

　　Korea: Roh ushers long-term foreign policy shift," *OxResearch Oxford,* February 3, 2004.

91) "대통령의 친북외교,"『경제풍월』, 2005년 1월호, 24-25쪽; 김준곤, "LA발언 이후: 탈미연북 노선인가,"『경제풍월』, 2005년 1월호, 102-103쪽.

하고 있었기 때문에 북한은 핵을 포기해야 할 만큼 압박을 느끼지 않았으므로 6자회담에서 의미 있는 진전을 이룩하기 어려웠다.[92] 그러한 가운데 2005년 11월 경주에서 열린 한미 정상회담에서 노 대통령은 미국이 방코델타아시아은행의 북한 계좌를 동결시킨 것을 두고 부시 대통령에게 "왜 그렇게 북한을 압박하느냐"고 따지면서 양국 정상 간의 언쟁은 1시간 넘게 지속되었다. 부시 대통령은 당시 스티븐 해들리 안보보좌관에게 "앞으로는 노 대통령과 볼 일이 없다"고 언급했다고 한다. 당시 주한미국 대사 버시바우는 "역사상 최악의 한미 정상회담"이었다고 증언한바 있다.[93]

이처럼 한미관계가 심각한 냉각상태에 빠지게 되면서 국민들의 우려도 높아졌다.[94] 『월간중앙』이 2005년 7월에 실시한 여론조사에 의하면, 한미관계가 굳건하다고 믿는 사람은 16.8퍼센트에 불과했고 57.4퍼센트는 우려하고 있었으며, 응답자의 72.3퍼센트가 한미관계 악화는 노무현 정부의 아마추어 자주외교에 그 원인이 있다고 보았다.[95] 다음 해 8월 여론선도층 395명을 대상으로 한 설문조사에서도 74퍼센트가 노무현 정부 하에서 한미동맹이 약화되었다고 보고 있었다.[96]

2006년 신년 기자회견을 통해 노 대통령은 "미국이 북한의 붕괴를 바란다면 한미 간 마찰이 일어날 것"이라며 부시 행정부의 대북정책을 공개적으로 비난하기 시작했다. 그해 5월 고위안보관계자 회의에서 정부 고위당국자는 "더 이상 우리의 운명을 미국에 맡길 수 없다"면서 대북

---

92) John Feffer, "Roh and Bush: Same side, different goals," *Asia Times on Line,* May 14, 2003.

93) "버시바우 盧-부시 정상회담은 최악의 한미 정상회담,"『동아일보』, 2008년 12월 7일.

94) "DJ-노정부 반면교사 10년 〈3〉 외교안보정책,"『동아일보』, 2007년 12월 31일.

95) "Monthly JoongAng Survey Research on US-Korea Alliance"(http://www.mansfieldfdn.org/polls/poll-05-5.htm).

96) (http://feature.media.daum.net/politics/article02417.shtm).

독자노선을 추진하기로 했다고 밝혔다. 같은 달 노 대통령은 북한의 핵은 방어용이라 변호했고, 7월에 북한이 대포동 미사일을 발사하자 한국에는 위협이 안 된다고 했다. 10월 북한이 핵실험을 강행한 후에도 그는 "북한 핵무기의 위협을 과장해서는 안 된다"고 강조하고 "북한의 핵무기 개발로 한반도의 군사균형이 깨지지는 않았다"고 주장했다.[97] 이에 따라 노무현 정부는 금강산관광 유지, 개성공단 운영 등 종전의 대북지원을 계속했을 뿐 아니라 유엔의 대북제재 결의에도 소극적으로 임했다. 당시 한미 군사관계를 담당했던 리처드 롤리스(Rlchard Lawless) 미국 국방부 부차관보는 2009년 4월 서울에서 있었던 기자회견에서 노무현 정부가 남북관계 증진을 위해 북한의 핵 야망을 평가절하하면서 한미관계까지 손상시켰다고 말했다.[98]

　대통령의 가장 중요한 책무는 나라의 안전보장이다. 노무현 정권 5년 동안 국민들은 "지금 대한민국은 안전한 나라인가? 국민의 생명과 재산은 안전하게 보장받고 있는가?"라는 문제로 우려가 컸다. 노 대통령은 한 번도 안보문제를 걱정하거나 이에 대한 명쾌한 입장을 내놓지 않았다. "국가안보"라는 말을 그의 육성으로 들어보지 못했으며 "국가안보"라는 말은 노무현 정부에서 기피하는 단어가 되어버렸다. 핵을 보유한 북한과 갖지 못한 한국이 마주 앉으면 모든 부문에서 북한이 주도권을 쥐게 될 가능성이 크다. 김정일 집단의 핵 공갈 앞에 우리 국민이 인질이 될지도 모르는 형편이었다. 더구나 나라의 안전이 위태로우면 경제도 타격받을 수밖에 없는 것이다.

　김대중·노무현 정부는 대북지원을 통해 북한경제를 발전시켜 남북 간 격차를 줄여 점진적인 통일을 추구하고자 했다. 남북한 간 경제적 격차는 통일 이전의 동서독보다 크기 때문에 평화공존을 유지하고 경제협력을 계속하여 북한경제를 발전시키고자 한 것이다.

---

97) "노 대통령 '북 핵실험 했어도 군사균형 안깨져'," 『동아일보』, 2006년 11월 3일.
98) "롤리스 '참여정부, 반미·반동맹 중시'," 『조선일보』, 2009년 4월 15일.

이를 위해 김대중·노무현 정부 10년 동안 남북협력기금으로 9조 3천
여억 원을 조성했으며 그중 8조 2천억 원을 집행한 것으로 알려지고 있
다. 그 외에도 금강산관광, 개성공단사업, 민간차원의 지원, 그리고 김대
중 정부의 5억 달러 비밀송금 등 대북지원액은 엄청난 규모였다. 북한의
1년 총생산이 최저 100억 달러에서 최대 200억 달러 수준이라 볼 때 매
년 평균 10억 달러 규모의 대북지원은 북한정권으로서는 막대한 자금이
다. 이 자금이 김정일 정권을 지탱케 하고 핵무기와 미사일을 개발하는
데 썼다는 것은 의문의 여지가 없다.[99]

2006년 10월의 북한 핵실험 후 실시된 중앙일보 여론조사에 의하면,
응답자의 78퍼센트가 햇볕정책을 바꾸어야 한다고 보았고, 금강산관광
과 개성공단사업을 중단해야 한다는 의견도 과반을 넘었다.[100] 그럼에도
노무현 정부는 대북 유화론자인 송민순을 외교부장관으로, 친북 좌파인
사인 이재정을 통일부장관으로 임명하는 등 대북유화 노선을 유지했던
것이다.[101] 북한이 핵실험까지 해서 국가안위에 중대한 위협이 발생했음
에도 정부는 아무 일도 없었던 것처럼 대북지원을 계속했을 뿐 아니라
미국과 일본의 대북 제재 움직임을 공개적으로 비난했던 것이다.

한국의 대북 포용정책은 대북 지원을 통해 북한을 변화시키겠다는 의
도를 가지고 있었다. 그러나 북한의 정책변화는 북한의 내부 요인에 의
해 결정되는 것이지 결코 한국의 대북정책에 의해 이루어질 수 있는 것
이 아니다. 북한은 철저히 통제된 사회이기 때문에 우리의 대북정책으

---

99) "사설: 좌파 정부 10년 남북협력기금 펑펑 써 뭘 남겼나,"『조선일보』, 2008년
   12월 17일. 노무현 정부가 북한에 지원한 액수는 5조 6,777억 원이다. 김대중
   정부는 2조 7,028억 원을 보냈고 김대중은 여기에 더해 김정일 비자금으로 현
   대를 통해 9천억 원을 더 보냈다(『동아일보』, 2008년 9월 30일).

100) "햇볕정책 바꾸어야 78%,"『중앙일보』, 2006년 10월 11일.

101) "S. Korea's Roh reshuffles security team," Financial Times, November 1, 2006.
   송민순은 청와대 국가안보보좌관으로 있으면서 미국은 역사상 어느 나라보다
   전쟁을 많이 한 나라라는 발언을 해서 물의를 일으킨 바 있다.

로 북한을 변화시킬 수 없는 것이다. 그럼에도 노무현 정부는 남북관계의 장애요인이 북한이 아니라 미국과 한국에 있다고 보았다. 다시 말하면, 김정일은 개혁·개방 의지가 있으나 미국과 한국의 대북 적대시 정책이 이를 방해하고 있다고 보았다. 노무현 정부 당국자들은 남북관계가 잘될 때마다 미국이 끼어들어 방해한다며 불만을 토로했으며, 한국의 보수정당, 보수언론, 그리고 국민들의 '냉전적 사고'가 남북관계 발전을 저해하고 있다고 주장했다. 그래서 조건 없는 지원과 경제협력을 하면 북한이 변하게 될 것이라 낙관했다.

북한을 변화시키겠다고 시작한 대북정책은 북한을 변화시키지는 못하고 오히려 한국사회가 이에 영향을 받아 이념 및 안보 불감증이 만연되고 반미풍조가 확산되고 남남갈등도 심화되었다. 친북좌파세력은 민족공조를 내세우며 대한민국의 국가정체성을 훼손하고 반미운동을 전개하는 등 대한민국을 부정하거나 약화시켰지만 노무현 정부는 이를 방관했다. 북한처럼 체제유지에 사활을 건 정권을 상대로 한 채찍없는 포용정책은 곧 유화정책이 되고 마는 것이다.

노무현 정부는 통일을 위한 민족공조라는 환상에 빠져 북한의 전략적 의도와 북한 핵에 대해 잘못된 판단을 했던 것이다. 노무현 정부는 여러 차례 북한 핵은 대미 협상용이라 했지만, 그것은 체제 유지용이고 대남 전략용이라 보는 것이 현실적이다. 김정일 정권은 개혁개방으로 체제유지가 불가능하다고 판단하기 때문에 핵무기를 체제보존의 유일한 수단으로 여겨왔다. 핵무기를 가지면 외부의 군사적 위협을 막을 수 있고 한국의 흡수통일을 저지할 수 있으며, 또한 대내적으로는 강성대국임을 선전함으로써 체제결속을 도모할 수 있기 때문이다.

한국의 포용정책으로 북한은 핵 포기의 압박은 느끼지 않으면서 막대한 경제적 이익을 누리고 있었기 때문에 핵을 포기할 리 없었다. 여기다가 김대중과 노무현은 남북문제와 같은 나라의 사활이 걸린 중대한 문제를 개인적 이익이나 정치적 목적에 이용한 포퓰리즘 정책도 큰 문제였다.[102] 중국 공산당 중앙당학교 장롄구이(張璉) 교수까지도 "한국 정부가 북한의 위험한 행동을 모른 척하는 행태가 놀랍다. 북한은 그동안 최악의 선택만 골라서 했지만 한국 정부는 명확한 행동이나 실천 없이 경제지원만 계속했다"고 비판했다.

김대중·노무현 정부의 대북정책은 전반적인 외교안보정책의 일부분임에도 불구하고 그것이 외교안보정책을 좌우하게 했을 뿐 아니라 외교안보정책을 대북정책을 합리화하고 지원하는 종속변수로 전락하게 했다. 그리하여 북한을 자극하거나 북한이 반대하는 외교안보정책은 폐지, 보류, 또는 변경되었다. 특히 국방정책이 주적(主敵)개념을 상실함으로써 국방력은 물론 국민의 안보의식까지 약화시키고 말았다.

특히 노무현 대통령은 북한 핵문제의 심각성과 복잡성을 과소평가하고 또한 김정일 정권의 전략적 의도를 제대로 인식하지 못한 가운데 북핵문제 해결에 낙관적 전망에 따라 포용 일변도의 대북 정책을 폈으나 북한이 핵실험까지 하면서 그의 대북정책은 말할 것도 없고 동북아시대 구상까지 물거품이 되고 말았다. 노무현 정부에서 청와대 통일외교안보실장과 외교통상부 장관을 지낸 송민순은 최근 오마이뉴스와의 인터뷰에서 노무현 정부의 대북정책은 대북 화해·협력에 집착하면서 국제공조를 소홀히 했고 북한 인권문제에 대해 분명한 입장을 밝히지 못했으며, 또한 남북 간 경제협력만 협의했을 뿐 정치군사 및 안보문제를 거론하지 못했다고 스스로 인정하고 있다.[103]

---

102) 박세일, "햇볕 8년에 8조 … 그 참담한 실패의 이유,"『조선일보』, 2006년 10월 30일.
103)『오마이뉴스』, 2010년 12월 13일.

5. 균형자 역할론과 전시작전통제권 전환

　한미관계가 불편해지고 있는 가운데 노무현 대통령이 한국의 '동북아 균형자 역할론'을 주장하면서 국내외에서 논란의 대상이 되었다. 2005년 3월 22일 육군 제3사관학교 졸업식에서 "앞으로 우리가 어떤 선택을 하느냐에 따라 동북아의 세력판도는 달라질 것"이라고 주장하고 "이제 우리는 한반도뿐 아니라 동북아시아 평화와 번영을 위한 균형자 역할을 해나갈 것"이라고 말했다. 균형자 역할론은 노무현 정부의 대외정책 기조인 자주와 균형을 포괄한 전략개념이라 할 수 있으며 '노무현 독트린'이라 불리기도 했다.

　균형자론은 국제적으로 논란을 불러일으킬 수밖에 없었다. 미국은 그의 균형자론이 미국과의 동맹에서 이탈하려는 조짐이 아닌가 하고 민감한 반응을 나타냈다.[104] 이러한 가운데 윤광웅 국방장관이 한중 군사협

---

104) "동북아 균형자론 어떻게 볼 것인가," 『조선일보』, 2005년 4월 14일.

력을 강화하겠다고 하자 미국과 일본은 노무현 정부의 외교행보를 예의 주시하게 되었다. 이것은 한국이 외교적으로 미국중시 외교노선에서 탈피하려는 것이며 군사적으로 한미동맹체제에서 이탈하겠다는 의도로 해석될 여지가 있었다.

노 대통령이 균형자론을 주장하게 된 것은 전략적 유연성에 따라 주한 미군이 중국과 대만 간의 갈등에 개입할 가능성이 있었고 그 결과로 한국이 미중 분쟁에 자동적으로 말려들지 않을까 우려했기 때문이다. 뿐만 아니라 중국의 부상과 일본의 군사력 강화 등으로 구한말처럼 동북아에서 중일(中日) 간 패권경쟁이 일어나지 않을까 우려했다고 본다. 당시 노무현 정부는 소련, 중국, 북한 간의 북방 3각 동맹에 대항하기 위해 형성된 한·미·일 남방 3각 동맹은 북방 3각동맹이 해체된 현 시점에서 불필요하다고 판단하고 남방 3각 동맹은 다자안보체제에 의해 대체되어야 하며 그 과정에서 한국이 균형자 역할을 하겠다는 것이라고 해명했다.[105]

한국이 동북아에서 균형자 역할을 하겠다는 것은 결국 한·미·일 3각 안보협력에서 이탈하고 미중 간 또는 중일 간의 갈등을 조정하겠다는 의도이지만, 한국은 그 같은 역할을 할 수 있는 군사적·정치외교적 역량을 가진 것도 아니었기 때문에 실현가능성이 전혀 없었다. 이것은 또한 한미 간에 거리를 유지하면서 한중관계를 강화하겠다는 의도를 내포한 것으로 이로 인해 한미관계는 물론 한일관계까지 악화될 가능성이 컸다.

그러나 이 같은 선언의 이면에는 집권세력의 핵심인 386세대의 자주의식과 친중(親中)의식이 자리잡고 있었다고 본다. 2004년 4월 총선 직후 개최된 열린우리당 의원 워크숍에서 참석자 130명을 대상으로 실시한 설문조사에 따르면, '우리나라가 가장 중점을 둬야 할 외교통상 상대국이 어디냐'는 물음에 63%가 중국이라고 답한 반면, 미국이라는 응답

---

105) "동북아 균형자론 국회공방," 『중앙일보』, 2005년 4월 12일.

은 26%에 불과했다.[106] 그들은 경제협력 확대, 지리적 근접성, 중국의 방대한 인구와 영토, 문화적 유사성, 통일문제 협력 등을 고려할 때 중국과의 관계를 강화하는 것이 한국의 국가이익에 유리하다고 판단했던 것으로 본다.

대한민국의 건국과 생존과 발전이 미국을 중심으로 한 해양세력과의 협력을 통해 이루어졌음에도 노무현 정부는 동북아시대 구현이라는 구호 아래 한국의 전통적 외교노선을 탈피하여 중국 등 대륙국가들과 협력을 강화하고자 했다. 이것은 역사적 과거로 역행하는 것일 뿐 아니라 해양세력의 이념인 민주주의와 시장경제가 대륙 국가들에게 확산되고 있는 세계적 추세에도 맞지 않은 것이었다.

노무현 정부는 2005년 6월 한미 정상회담을 앞두고 "동북아 균형자는 미국"이라고 해명하기도 했지만 미국을 비롯한 국제사회에서는 미국과 중국 사이에서 한국이 균형을 취하겠다는 뜻으로 해석되어 한국에 대한 미국의 신뢰는 크게 손상되었다. 청와대는 균형자론의 파문을 가라앉히기 위해 일본의 군비강화로 인한 중일 간의 갈등을 우려하여 중국과 일본 간의 균형을 잡겠다는 의도였다고 해명했지만 여전히 미국과 일본에 대한 도전으로 오해되고 있었다.

노무현 정부는 한국이 자주외교를 추구하는 것이 남북관계 개선은 물론 국가이익에도 도움이 될 것으로 인식했다. 한국은 강대국들의 중간지역인 완충지역에 위치한 '완충(緩衝)국가(buffer state)'로서 국가안보 면에서 매우 취약한 위치에 놓여 있었지만 한미동맹이 결성됨으로써 그 같은 불리한 위치에서 벗어날 수 있었다. 한국이 한미동맹에서 이탈한다면 또다시 전략적으로 취약한 '완충국가'의 위치로 되돌아가게 되어, 자주역량의 발휘보다는 주변국들에 의해 주권과 국가이익이 침해당할 가능성이 커지게 되는 것이다. 노 대통령은 지정학적 취약성을 내포하는 '완충지대'를 '전략적 균형자 역할'을 할 수 있는 유리한 위치로 해석했다.

---

106) 『중앙일보』, 2005년 4월 24일.

그러나 역사적으로 보면 완충국가는 인접 강대국들에 의해 희생된 경우가 허다했다는 사실도 주목해야 할 부분이다.[107]

강대국들 사이에 위치하고 있는 한국의 지정학적 취약성을 감안하면 '자주외교'를 강조하는 것은 득(得)보다 실(失)이 많다. 한국의 국력이 크게 향상되었으므로 자주외교를 추구하는 것은 당연하지만, 그것을 대외적으로 지나치게 강조하여 오해를 불러일으키고 불필요한 견제를 받게 하는 것은 현명한 일이 아니다. 특히 동북아에서 주도적 역할을 하고 있는 미국과 중국의 기본전략을 거스르면서 자주적 노력으로 남북화해와 통일을 앞당길 수 있는지 냉정하게 따져볼 필요가 있었다. 자주외교를 추구하더라도 공언하지 않고 조용히 자주외교에 합당한 국가이익을 추구하면 되는 것이다.

노무현 정부하에서는 한일관계도 냉각되었다. 노 대통령의 좌파적 민족주의 노선은 고이즈미 총리의 우파적 민족주의 노선과 갈등을 빚을 수밖에 없었다. 당시 일본의 고이즈미 정권은 '보통국가'를 표방하고 군사력을 강화하고 있었다. 고이즈미는 야스쿠니신사를 참배하고 1945년 이전의 침략과 전쟁으로 점철된 일본역사를 미화함으로써 한국과 중국의 반발을 사고 있었다. 그러나 한국과는 반대로 일본은 미일동맹을 더욱 강화하는 등 보수적 노선을 걷는 반면, 한국은 미국과의 관계를 불편하게 만들면서 중국 및 북한과는 적극적인 관계개선을 시도했던 것이다. 이러한 가운데 노 대통령은 2005년 9월 15일 유엔연설을 통해 "제국주의적 사고와 잔재를 청산해야 한다"고 강조했다. 일본과 미국을 겨냥한 것으로 인식되었다는 것은 말할 필요도 없다.

국가의 대외전략이란 국가이익을 바탕으로 슬기로운 접근이 필요함

---

107) 화잘(Fazal)의 연구에 의하면, 완충적 위치에 있는 국가의 패망이 모든 국가사망(state death)의 40%나 되는 것으로 나타나고 있다. Tanisha M. Fazal, *State Death: The Politics and Geography of Conquest, Occupation, and Annexation* (Princeton: Princeton University Press, 2007).

에도 노 대통령이 전면에 나서 '동북아 균형자론'을 거론함으로써 주변 국들로부터 불필요한 오해와 불신을 초래했다. 최고지도자가 어설픈 전략개념을 거론한 것은 바람직하지 않다는 교훈을 주고 있다.

▌성급한 전시작권통제권 전환

노무현 대통령은 한반도 평화체제 구축을 핵심적인 대외정책의 목표로 삼았으며 이를 구현하기 위해 미국과 북한 간의 적대관계가 청산되어야 한다고 보고 이를 위해 한미 연합사령부의 해체가 필요하다고 판단했다. 따라서 노무현 정부는 6자회담이 시작된 2003년 8월부터 한미연합사에 귀속되어 있는 전시작전권을 한국에 넘길 것을 요구하기 시작했다. 다시 말하면, 한반도 평화체제 구축을 위해 한미 군사동맹의 근본적 수정을 시도했던 것이다.

노무현 당선자를 위한 대통령직 인수위원회는 한반도 평화체제 구축 3단계 계획을 수립하면서 전시작전권 전환과 자주 국방 로드맵을 그 하위 정책목표로 포함시켰다. 전시작전권은 전쟁이 나면 한미 양국 대통령과 양국군 수뇌부가 공동으로 행사하게 되어 있었지만, 노 대통령은 미국이 마음대로 행사하게 되어 있고 한국은 군사주권을 행사할 수 없다고 잘못 인식하고 있었다. 노무현 정부 출범 후 대통령 주재로 열린 청와대내 '자주국방 토론회'에서 전시작전권 문제와 자주국방 문제를 두고 몇차례 논의되었으나 자주노선파와 동맹중시파 간에 견해가 팽팽히 맞섰던 것으로 알려지고 있다.[108]

이처럼 노무현 정부는 2003년 하반기부터 전시작전권 전환을 위한 논의를 준비하고 있었지만 그것이 표면화된 것은 2005년이다. 즉, 노 대통

---

108) 당시 국방보좌관이었던 김희상 장군과의 인터뷰.

령은 2005년 2월 취임 2주년을 맞아 국회에서 행한 국정연설에서 "우리 군대는 스스로 작전권을 가진 자주군대로서 동북아시아의 균형자로서 동북아 지역의 평화를 굳건히 지켜낼 것"이라고 밝혔다. 그는 그해 국군의 날 기념식에서도 "전시작전 통제권 행사를 통해 스스로 한반도 안보를 책임지는 명실상부한 자주군대로 거듭나야 한다"고 했다. 다음 해 1월 25일 그는 내외신 기자회견을 통해 "올해 안에 한국군의 전시작전권 환수문제를 매듭지을 수 있도록 미국과 협의하겠다"고 선언하여 전시작전권의 조속한 전환에 대해 강력한 의지를 표명했으며, 그해 광복절 기념사를 통해서도 "전시작전권 환수는 나라의 주권을 바로 세우는 일"이라며 조기 전환 의지를 재확인했다.

당시 워싱턴에서 개최된 한미관계 세미나에서 한반도정세에 정통한 미국의 한 학자는 전시작전권 전환과 관련하여 "한국 대통령이 가져가겠다는데 그것을 두고 미국이 한국과 싸우겠느냐"고 반문했다. 당시 한미관계는 심각한 수준에 달해 한 외신은 이를 "합의이혼(amicable divorce)"상태라 표현하기도 했다.

전시작전권 전환은 단순한 문제가 아니라 한국안보의 중심역할을 해온 한미 연합사령부 해체 등 한국 안보체제의 근본적 변화를 의미하는 것이다. 북한의 핵무장이라는 심각한 안보위기에도 불구하고 노무현 정부는 전작권 전환과 한미 연합사령부 해체를 적극 추진했으며, 이에 대해 전직 국방장관들을 비롯하여 다수의 전직 고위 장성들은 국가안보를 위태로운 지경으로 몰고 가고 있다며 강력히 규탄했다. 이상훈 전 국방장관은 동아일보에 기고한 글에서 "한국군은 전략정보의 100퍼센트, 북한 신호정보의 90퍼센트, 영상정보의 98퍼센트를 미군에 의존하고 있다"며 전시작전권 전환과 한미 연합사령부 해체를 반대했다.[109]

자주는 그것을 감당할만한 능력이 뒷받침되어야 하는 것이지 구호로

---

109) 이상훈, "국방 잃고 자주 얻은들," 『동아일보』, 2007년 3월 26일.

서 보장되는 것이 아니다. 북한이 엄연한 군사적 위협이 되고 있었지만 노무현 정부는 위협이 아니라고 보고 있었다. 100만 내지 200만의 인민을 굶겨 죽이면서 핵무기와 미사일을 개발하고 있고 국가예산의 절반을 군사비에 쏟아 부으며 세계 유수의 군사력을 유지하고 때때로 서해 5도를 침범하고 '서울 불바다' 위협을 서슴지 않는 북한에 대해 위협이 아니라고 하면서 미국과 거리를 두어도 안보를 우려할 필요가 없다고 하는 대통령의 말을 신뢰하는 국민은 그렇게 많지 않았다고 본다.

도널드 럼즈펠드 미국 전 국방장관은 2011년 2월 발간된 자신의 회고록에서 미국은 노무현 정부의 자주노선을 이용하여 주한 미군을 줄이고 한국으로 하여금 더 많은 국방비를 부담하도록 하고자 했다고 기록하고 있다. 그래서 한미 양국은 주한 미군을 39,000명에서 28,000명으로 감축하는 협상을 했으며, 2006년부터는 전시작전통제권을 한국에 전환하는 협상을 추진했던 것이다. 당시 노 대통령은 2009년까지 전시작전권이 전환되기를 강력히 원했으나 이에 수반되는 준비를 위해 2012년에 이양하기로 합의했던 것이다. 럼즈펠드는 한국이 막강한 경제력을 갖고 있음에도 미국 군사력에 의존하고 있으면서 반미감정을 노골적으로 표출하는 데 대해 실망하여 한국안보에 대한 미국의 책임과 부담을 한국에 넘기고자 했다는 것이다.[110]

노무현 정부는 전시작전권 전환을 적극 노력하는 동시에 '자주적 선진국방'이라는 구호를 내걸고 국방개혁을 추진했다. 노 대통령의 국방 보좌관이었던 윤광웅이 국방장관으로 취임한 2004년 7월부터 국방개혁 논의가 본격화되기 시작하여 2005년 9월에는 '국방개혁 2020'이 마련되어 노 대통령에게 보고되었고 다음 해 12월에는 '국방개혁에 관한 법률'이 국회를 통과했다.[111] 주요 내용은 ① 전력(戰力)을 첨단화하고, ② 첫

---

110) Evan Ramstad, "Rumsfeld Seized Roh's Election to Change Alliance," *The Wall Street Journal,* February 8, 2011.

111) 윤광웅은 노 대통령의 모교인 부산상고 출신으로 해군 참모차장을 거쳐 노 대

5년간 국방예산을 매년 9.8퍼센트 증액하고 2020년까지 평균 8퍼센트 증액하는 등 총 621조 원을 투자하며, ③ 병사의 복무기간을 18개월로 줄이고 병력도 50만으로 감축하겠다는 것이다. 그러나 이 계획은 경제성장률을 4.6~4.8퍼센트로 가정한 것으로 그 같은 성장률은 비현실적으로 높았을 뿐 아니라 국방예산을 매년 계획한 만큼 증액할 수 없었다.[112]

노 대통령의 가장 큰 문제는 자신이 국가안보의 최고책임자라는 의식이 희박했다는 것이다. 그는 안보나 동맹에 대해 우려한 적이 없고 오히려 북한의 위협을 과소평가하는 데 앞장섰다. 뿐만 아니라 2005년부터 국방백서에 주적(主敵) 개념을 삭제하여 군의 존립 자체를 무의미하게 만들고 장병들은 물론 국민의 안보의식까지 약화시켰다. 그는 또한 "젊은이들이 군대에 가서 몇 년 씩 썩히지 말고"라고 하여 병역의무를 하찮게 생각하고 있었다. 더구나 저출산으로 병력(兵力) 자원이 줄어들고 있는 상황에서 사병복무 기간을 24개월에서 18개월로 단축하기로 함으로써 적정 군사력을 유지하기도 어렵게 되었고 군의 전투력 저하도 피할 수 없게 했다. 그는 청와대에 군(軍) 인사추천위원회를 두고 비서실장이 위원장이 되고 수석비서관들이 위원이 되어 군 장성 인사를 좌지우지하게 하게 했다.

한반도 안보상황이 매우 불투명함에도 한미동맹을 약화시키고 전시작전권 전환으로 한미 군사협력까지 약화시키면서 일본 등 이웃나라를 겨냥한 국방개혁을 추진한 것은 '자주국방'이라는 구호를 빙자한 그의 '안보 포퓰리즘'이라 볼 수밖에 없다.

통령의 국방보좌관으로 있었다. 국방장관 당시인 2006년 12월 31일 "연합사 체제는 주권침해다", "연합사는 북한과의 평화협정이나 군축을 위해 해체할 필요가 있다", "연합사 체제는 자주국방이 아니다"는 등 국방장관이 해서는 안될 말을 했다.

112) 이명박 정부는 성장률 저하에 따른 재정 여건 등을 고려하여 2009년 6월 국방개혁 2020 수정안을 마련했으며 그럼에도 계획의 실천 진도가 매우 느린 편이다.

▌백년대계를 위한 한미 자유무역협정

노무현 정부의 대외정책에서 가장 괄목할 만한 성과는 한미 자유무역협정 협상 타결이었다. 한미 자유무역협정을 위한 협상은 미국이 전략적 차원에서 한국을 협상대상으로 설정했다는 것이 물론 중요하다. 그렇지만 당시 팽배했던 반미정서와 노동단체, 농민단체 등의 강력한 반발 등으로 정치적 부담이 적지 않음에도 노 대통령이 이 협상에 대해 전략적인 판단을 하고 적극 추진했던 것은 매우 용기 있는 리더십으로 높이 평가되고 있다.[113]

한미 자유무역협정은 세계 최대 시장인 미국에 대한 한국의 수출을 크게 늘리고 이에 따라 일자리도 대폭 늘어날 것으로 평가되었다. 이 협정을 통해 한국이 세계 제일의 경제대국이며 기술선진국인 미국과 자유로이 교류하고 협력한다는 것은 한국의 경쟁력을 획기적으로 높여 한국경제 선진화의 결정적 계기가 될 수 있을 것이며, 또한 한국의 안보리스크를 줄여 한국경제의 대외신인도를 크게 높일 것으로 평가되고 있다. 나아가 이 협정은 샌드위치 신세인 한국경제의 상황을 반전시킬 수 있는 최상의 시나리오였다고 본다. 수출 및 투자 측면에서 중국에 대한 한국의 의존도는 높아지고 있는 반면, 일본과의 만성적인 무역수지 적자는 갈수록 커지고 있었다. 이러한 상황이 계속된다면 한국 경제는 머지않아 심각한 어려움에 처할 우려가 컸다. 그러나 이 협정은 일본에서 수입하던 것을 미국에서 수입하게 함으로써 일본과의 무역수지 적자를 해소하

---

113) 한미 자유무역협정에 관한 자료로서 곽수종, 『한미 FTA의 정치경제학』(삼성경제연구소, 2006); 이동휘, 『한미 FTA 외교 · 안보적 중요성』(외교안보연구원, 2006); 나성린 외, 『한미 FTA 대한민국 보고서』(선진화국민회의, 2006); Anthony B. Kim, "An Agreement Among Allies: Advancing the Korea-U.S. FTA," *WebMemo*, No.1253(November 14, 2006), The Heritage Foundation 등 참조.

고, 동시에 중국시장에 대한 의존도를 낮출 수 있게 될 것이다.[114] 나아가 이 협정은 한·유럽연합 자유무역협정 협상 등 다른 자유무역 협상에서 한국에 유리하게 작용할 것으로 평가되었다.

특히 한미 자유무역협정 타결은 노무현 정권하에서 악화일로를 걸어 온 한미동맹을 포괄적인 동맹으로 발전시킬 수 있는 결정적인 계기가 되었다. 당시 미국은 새로운 군사전략에 따라 주한 미군을 감축시키고 있었고, 한미 간에는 2012년 4월까지 전시작전통제권을 한국에 전환하고 한미연합사를 해체하는 등 한국의 안보환경과 한미 안보협력에 근본적인 변화가 일어나고 있었다. 한미 동맹구조의 재조정이라는 과도기에 체결된 한미 자유무역협정은 양국관계를 포괄적인 동맹으로 승격시킬 수 있는 기틀을 마련하게 된 것이다. 특히 미국의 상품과 서비스, 기술이 한국에 본격적으로 들어오면 미국의 입장에서 한국의 안보는 미국의 안보 못지 않게 중요해질 것이다. 뿐만 아니라 미국 자본의 한국에 대한 투자가 확대되면 양국의 국가이익에 보완적 관계가 심화되어 한국의 안보는 미국의 안보와 더욱 밀접해지게 되는 것이다.[115]

한미 자유무역협정 협상을 앞장서 타결지은 데 대한 국민적 신뢰를 반영하여 노 대통령에 대한 지지도는 30퍼센트 수준으로 상승하여 20개월 사이에 최고치를 나타냈다.[116] 이명박 전 서울시장, 박근혜 한나라당 전 대표 등 한나라당의 유력 대선주자들이 한 목소리로 한미 자유무역협정 타결을 위한 노 대통령의 리더십을 높이 평가했다. 노 대통령을 지속적으로 비판해 온 주요 신문들도 매우 긍정적으로 평가했다. 조선일보는 사설을 통해 "국민은 대통령다운 대통령을 지지한다"고 했고,[117] 동아일

114) 최병일, "질 높아지는 한미동맹,"『중앙일보』, 2007년 4월 4일.
115) 김기수, "한미 FTA의 정치경제적 평가,"『정세와 정책』2007년 5월호(세종연구소, 2007).
116) "FTA 결단이 높인 대통령 지지율,"『매일경제신문』, 2007년 4월 4일.
117) "사설: 국민은 대통령다운 대통령을 지지한다,"『조선일보』, 2007년 4월 5일.

보는 노 대통령이 "국익을 위한 결단의 리더십을 보여왔다"고 했으며, 중앙일보도 "FTA 성사에는 무엇보다 노무현 대통령의 결단과 지도력이 중요한 역할을 했다"고 격찬했다.[118]

노 대통령은 상당수 열린우리당 의원들과 그의 핵심 지지층의 강력한 반대에도 불구하고 자유무역협정은 선택의 문제가 아니라 필수적인 과제라며 한미 자유무역협정 체결 의지를 거듭 밝히는 등 용기 있는 지도력을 발휘했던 것이다. 한미 자유무역협정 협상 타결 직후 발표한 대국민 담화에서 그는 "자유무역협정은 정치 문제도, 이념 문제도 아닌 먹고 사는 문제"라며 이것은 "정치적 손해를 무릅쓰고 내린 결단"이라고 말했다.

▌ 남북 정상이 또다시 만났지만 ……

노무현 대통령은 재임 기간 중 남북관계를 한 차원 높게 발전시키고자 했으며 그러한 노력의 일환으로 임기 만료 5개월 그리고 대통령선거 두 달을 앞둔 2007년 10월 초 평양을 방문했다. 노무현 정부는 정상회담을 앞두고 60조 원에 이르는 대북 경제협력 프로젝트를 발표했으며 이에 필요한 예산을 조달하기 위한 방안의 하나로 국방비를 6조 원이나 줄이겠다고 했다.[119] 북한이 한국의 가장 심각한 안보위협임에도 국방비까지 줄이면서 북한을 지원하겠다는 데 대해 상당한 비판이 있었던 것은 두말할 필요도 없다.

남북 지도자는 10월 4일 평양에서 열린 정상회담의 결과를 「남북관계 발전과 평화번영을 위한 선언」으로 발표했다.[120] 이 선언에는 획기적 규

---

118) 『중앙일보』, 2007년 4월 3일.
119) "'60조 경협' 위해 국방비 깎고 세금 더 걷어," 『동아일보』, 2007년 8월 10일.
120) 백종천, "남북관계 발전과 평화번영을 위한 선언," 『세종정책연구』 2009년 제5

모의 남북 경제협력과 평화체제 구축에 대한 내용을 담고 있었으며, 특히 이 선언 4항에 "정전체제 종식과 항구적 평화체제 구축, 그리고 직접 관련된 3자 또는 4자 정상들이 한반도 지역에서 만나 종전을 선언하는 문제를 추진하기 위해 협력하자"는 내용도 담고 있었다.

그러나 문제가 된 것은 임기 만료 5개월을 앞두고 노 대통령이 이 정상회담을 통해 엄청난 대북경제협력을 약속했다는 것이다. 즉, '서해평화협력특별지대' 설치, 한강 하구에서 서해 5도 지역에 이르는 바다에 공동어로구역과 평화수역 설정, 해주지역 경제특구 건설, 북측 기반시설 확충, 자원개발 추진, 남포 조선협력단지 건설, 경의선 화물철도 운행 등에 합의했으며, 이러한 협력사업의 원활한 추진을 위해 부총리급 남북경제협력공동위원회를 두기로 했다.

경제협력 합의 중에서 특히 관심을 끈 것은 '서해평화협력특별지대' 설치다. 이것은 서해 5도 지역의 무력충돌 가능성을 차단하고 한강 하구에서 서해 5도 지역에 이르는 바다를 남북 공동어로구역과 평화수역으로 설정하기로 한 것이다. 노 대통령은 해주항을 핵심 거점으로 한 서해 벨트를 개발함으로써 서해를 분쟁의 화약고가 아니라 평화와 번영을 약속하는 지역으로 변모시키겠다는 것이 정상회담에 임했던 그의 핵심 전략이었다. 그러나 이 같은 구상은 서해 북방한계선(NLL)을 무력화함으로써 수도권의 안전이 직접 위협받게 될 위험을 내포하고 있었다.[121]

이러한 지원계획에 소요되는 14조 3천억 원 규모의 방대한 재원을 조달하는 것도 문제였지만 북한체제가 그대로 존속되는 한 이 같은 사업들이 성공하기 어려운 것이다. 북한이 선군정치와 남조선혁명 전략을 포기하지 않고 있는 상황에서 대북지원을 확대하는 것은 그들의 핵개발 등 체제 역량만 강화하는 결과를 초래할 것이기 때문이다. 과거 평양 주재

권 1호, 71-111쪽.
121) "사설: 다음 대통령과 국회는 10 · 4선언을 철저히 검토해야," 『조선일보』, 2007년 10월 5일.

소련대사관에서 8년간 근무한 바 있는 바실리 미헤예프(Vasily Mikheev) 러시아 세계경제 및 국제관계 연구소(IMEMO) 동아시아연구센터 소장은 노 대통령의 평양방문과 관련하여 한국의 대북 경제협력 확대가 한반도의 긴장완화에 도움이 되지 않을 것이라면서 "북한 체제가 시장경제를 지향하도록 바꾸지 못할 경우 한국의 지원금은 군수품으로 바뀔 것이다. 경협확대의 결과 긴장이 풀릴 것이라고 생각한다면 정말로 순진하다고 본다"고 비판했다.[122]

노 대통령은 임기 내에 평화체제 구축을 위한 협상에 착수하기 위해 관련국 정상회담을 추진하고자 했다. 북한 핵문제의 해결이 불투명한 상황에서 남북한, 미국, 중국 4개국 정상들이 한반도에서 만나 한국전쟁의 종결을 선언한다는 것은 실현가능성이 전혀 없었다. 뿐만 아니라 전시작전권 전환으로 한미 간 군사협력이 약화되고 있는 상황에서 성급하게 한반도 평화체제를 선언하게 된다면 이는 매우 위험한 도박이 될 가능성이 컸다.

북한이 의도하는 종전선언이란 무엇인가? 그들은 아직까지도 남한이 미국 제국주의 식민지 상태에 있다고 보고 이를 해방시키는 것이 그들의 역사적 사명이라고 주장하고 있다. 그들은 휴전협정을 평화협정으로 바꾸게 되면 주한 미군의 존재의의가 사라져 결국 철군하게 될 것이며, 그러한 여건에서 적화통일이라는 그들의 목표는 쉽게 달성될 수 있을 것으로 판단하고 있을 것이다. 한국 국민의 입장에서 보면, 햇볕정책 초기에는 한반도 평화와 통일에 상당한 기대를 걸었던 것이 사실이나 북한이 남북 간 합의를 수시로 그리고 일방적으로 파기했을 뿐 아니라 핵실험을 강행한 데 대해 크게 실망해왔다. 그럼에도 노무현 정부는 계속 북한에 대규모 지원만 했기 때문에 국민은 김정일 정권은 물론 노무현 정부까지 불신하고 있었던 것이다.

---

122) 남시욱, "참여정부 노무현 집권 5년 진단 '국정실패 6가지'"에서 재인용(브리이크 뉴스, 2009년 9월 16일).

김대중 정부가 남북 정상회담을 2000년 4월에 실시된 총선거에 이용하려 했듯이, 노무현 정부가 임기 말에 서둘러 정상회담을 개최하여 휴전체제 종식과 평화체제 정착을 시도했던 것은 두 달 앞으로 다가온 대통령선거에 영향을 주려 했던 것으로 볼 수 있다. 북한이 김대중·노무현 정부 10년간 막대한 이익을 챙겼던 것을 고려할 때, 김정일 정권은 한국에서 그들에게 우호적인 정권이 재탄생하기를 기대하며 정상회담 시기를 저울질했을 가능성이 크다. 당시 김정일 정권이 한나라당 집권을 저지하기 위해 노무현 정권과 연합전선을 펴고 있다는 인상까지 주었다. 노 대통령은 "한나라당 집권은 끔찍한 일"이라 했고 김대중 전 대통령은 "사생결단식 반(反) 한나라당 투쟁과 범여권의 대통합"을 추진하라고 독려하고 있었다. 한편 북한은 한나라당 집권을 저지하기 위해 선전수단을 총동원해 한나라당과 이명박 후보를 비난했다.

노무현 정부의 대외정책의 기본이념은 자주외교, 민족공조, 그리고 '동북아 균형자론'으로 요약될 수 있다. 국내정책과 마찬가지로 대외정책에서도 근본적 변화를 추구하려 했다. 그래서 노무현 정부의 대외정책 목표는 야심만만했고 거창했다. 한반도에 평화체제를 정착시키고 한국이 동북아 경제중심 국가가 되고 동북아공동체를 형성하며 나아가 미국과 수평적 관계를 발전시키고 동북아의 균형자 역할을 하며 이를 위해 자주적인 국방력을 발전시키고자 했다.

노무현 정부의 이 같은 대외정책 노선은 미국의 세계전략 변화, 중국의 국력배양 전략, 일본의 보통국가화 전략, 그리고 핵무기 보유를 통한 강성대국을 노리는 북한 등 냉혹한 현실을 고려할 때 너무나 비현실적이었다. 한 마디로 말해, 노 대통령은 실현가능성 있는 외교적 비전도 없었고 대외관계 현안을 효과적으로 다룰 태세도 안 되어 있었다. 이처럼 중요한 시기에 아마추어적이고 포퓰리즘적인 대외정책은 국가이익에 적지 않은 피해를 가져왔다고 본다.[123] 이처럼 그는 대외정책에서 빈번한

---

123) 전재성, "노정부 4년 평가: 외교 수평외교 하려다 무시만 당해," 『조선일보』,

시행착오를 면치 못했지만 한미 자유무역협정 타결이라는 역사적 업적을 이룩한 공로는 높이 평가되어야 한다.

6. 조기 레임덕 현상

▌기대에 어긋난 대통령 리더십

노무현 정부 첫 1년은 다수당인 한나라당의 비협조로 인해 국정을 제대로 이끌어 나가기 어려웠다고 할 수 있다. 그러나 이듬 해 4월 총선으로 집권당인 열린우리당이 국회를 장악한 후 국정이 더욱 혼란에 빠졌다는 것은 노무현 정권의 국정운영에 문제가 많았음을 말해주는 것이다.

노무현 정부 출범 2주년을 맞아 실시한 여론조사에 따르면, 노 대통령의 국정운영에 대해 '잘못하고 있다'는 응답과 '잘하고 있다'는 응답은 52.3퍼센트 대 38.7퍼센트(동아일보), 60.7퍼센트 대 37.5퍼센트(KBS), 66.2퍼센트 대 33퍼센트(한겨레) 등으로 부정적 평가가 훨씬 많았다. 한마디로, 다수 국민들은 한국사회의 혼란과 위기가 노 대통령의 잘못된 리더십 때문이라고 보고 있었다.[124] 한국갤럽이 같은 해 9월에 실시한 여론조사에 의하면, 노 대통령의 국정운영에 대해 긍정적인 평가를 한 사람은 20.6퍼센트에 불과했고 부정적 평가를 한 사람은 3배(60.8퍼센트) 가까이 되었다. 2004년 총선 당시 열린우리당 지지층의 절반만이 그의 리더십을 긍정적으로 평가하고 있는 것으로 나타나 민심이반이 심각했음을 알 수 있다.[125]

그에 대한 20퍼센트대 지지율은 그 후 2년 가까이 지속되었으며, 한때는 10퍼센트 미만으로 떨어지기도 했다. 미국 대통령의 경우 지지도가 20퍼센트 미만으로 떨어진 적이 없으며 닉슨이 워터게이트 사건으로 사임하기 직전에도 24퍼센트나 되었다. 다시 말하면, 노 대통령은 임기 중반부터 레임덕 현상에 빠졌다고 해도 과언이 아니다.

노 대통령의 리더십 부재와 열린우리당의 정치력 부재로 국민이 느끼는 불안감은 항상 높았다. 중앙일보가 매년 9월 실시해 온 여론조사에 의하면 '시국이 불안하다'고 느낀 응답자가 김대중 정부 마지막 해인 2002년에는 65퍼센트였지만, 노무현 정부 출범 첫해인 2003년 80퍼센트, 2004년 78퍼센트, 2006년 73퍼센트, 2006년 72퍼센트 등으로 계속 높았다.[126] 김영삼 대통령과 김대중 대통령은 오랜 정치경험, 견고한 지역기반, 카리스마적 리더십 등으로 취임 후 2년 정도는 정부를 안정적으로 이끌어 나갈 수 있었지만, 노 대통령은 그러한 기반도 없었고 역량도 부족했다. 그는 이렇다 할 국정경험 없이 갑자기 대통령이 되었지만 참모진까지 아마추어 일색이었기 때문에 국정을 효과적으로 이끌어가는 데 역부족이었다.

2005년 11월 열린우리당이 자체 진단한 노무현 정부의 문제는 노 대통령의 "잇단 실언(失言)과 측근 비리, 일관성 없는 정책 등 대통령의 국정 운영에 대한 실망감이 가장 큰 원인"이라고 지적했다. 열린우리당 산

---

124) 백승현, 앞에서 인용한 논문.
125) "노 대통령 지지도 20.6% … 출범 후 최악,"『조선일보』, 2005년 9월 15일.
126) "노 대통령 잘한 일 없다 2003년 41%, 올해 67%,"『중앙일보』, 2006년 9월 22일.

하 열린정책연구원이 작성한 보고서에 따르면, 조사 대상자들은 노 대통령의 문제점에 대해 "감정적이다. 말실수를 한다. 국정 운영 실패에 대해 변명한다. 처신이 신중치 못하다, 국민 통합에 실패했다. 권위에 빠져 있다"고 평가한 것으로 나타났다. 또한 조사 대상자들은 "젊다기보다는 어리고 미숙하고 성급한 참모진 때문에 대통령 지지도가 떨어진다"고 지적하는 등 청와대 참모진에 대해서도 매우 부정적으로 평가했다.[127] 비슷한 시기에 열린우리당이 주최한 '국민과의 대화'에서 참석자들은 노무현 정부를 "대화 아닌 독백만 하는 정부"라고 했고 정부의 정책이 구호에만 머물고 있다고 비판했다.

▍비현실적인 국정목표

한국행정학회는 「참여정부의 이념 지향과 국정운영 우선순위」라는 주제의 학술회의에서 노무현 정부의 정책 우선순위가 잘못된 것이 가장 큰 문제라고 지적했다. 예를 들면, 나성린 교수는 "참여정부 들어 빈부 격차와 계층간, 지역간 양극화 현상이 심화되었으며 국가 성장잠재력도 현저히 떨어졌다"고 진단하고 있다. 그 이유는 노무현 정부가 "국가경쟁력 강화라는 아젠다 대신 기득권 세력의 약화를 통한 사회의 틀 바꾸기, 균형발전으로 포장된 분배 강화, 과거지향적 목표 집착 등" 국정 목표를 잘못 선택한 데 있다고 했다.[128]

노무현 정부의 국정 우선순위와 국정운영이 잘못되었다는 것은 중앙일보가 노무현 대통령 재임 기간 중 매년 9월 같은 시기에 실시한 여론조사를 통해 나타나고 있다. 압도적 다수의 국민들은 시급히 해결되어

---

127) "사설: 집권당이 제 얼굴을 거울에 비춰 봤다는데," 『조선일보』, 2005년 11월 18일.
128) "여당, 구호만 있고 정책은 없어," 『중앙일보』, 2005년 11월 10일.

야 할 과제는 경제문제라고 인식하고 있었지만, 노무현 정부는 '과거사 정리' 등 추상적 과제에 매달려 있었다. 그리고 노 대통령이 잘못한 일에 대해서도 국민들은 임기 내내 물가불안, 실업대책, 경제악화, 부동산정책 등 경제문제를 주로 지적했다(〈표 1〉 및 〈표 2〉).

2006년이 되면서 노무현 정권은 심각한 레임덕 현상에 빠졌다. 노무현 대통령은 대통령 임기 5년은 '너무 길다'고 했으며 한나라당에 대해 연립정부 구성을 제의하는 등, 대통령으로서 자신감을 상실하면서 국민

〈표 1〉 시급히 해결되어야 할 과제(중복응답)

	1위 (%)	2위 (%)
2003년	실업문제 62	물가안정 58
2004년	물가안정 68	실업문제 63
2005년	물가안정 61	실업문제 60
2006년	실업문제 60	물가안정 50
2007년	실업문제 66	물가안정 47

자료: 중앙일보 여론조사, 2003~2007

〈표 2〉 노무현 대통령이 잘못한 일

	1위 (%)	2위 (%)	3위 (%)
2003년	물가불안 13	실업대책 13	경제악화 11
2004년	물가불안 15	경제악화 14	실업대책 14
2005년	경제악화 16	실업대책 15	물가불안 15
2006년	실업대책 14	부동산정책 9	인사정책 8
2007년	실업대책 14	부동산정책 10	물가불안 9

자료: 중앙일보 여론조사, 2003~2007

의 불신만 높아졌다. 민심이 돌아서면서 열린우리당은 국회의원 재·보궐선거에서 모두 패배했으며 2006년 5월에 실시된 지방선거에서 열린우리당은 16개 시·도 시장·지사 중 광주 한 곳을 제외하고 모두 참패했다. 그 결과 서울과 수도권 대부분의 지방자치단체를 야당인 한나라당이 장악하게 되어 노무현 정부의 국정운영 능력이 결정적으로 약화되었다.

설상가상으로 2006년 여름 '바다 이야기'라는 사행성 성인도박 게임이 큰 사회문제로 등장하면서 노무현 정권에 대한 불신은 더욱 높아졌다. 이 성인도박 게임이 전국으로 확산되어 수많은 사람들이 부도위기에 몰리게 되자 그 허가과정에 대한 정치·행정적 의혹으로 세상을 떠들썩하게 했다. 또한 부동산 가격이 폭등하자 노 대통령은 부동산 투기만은 기필코 잡겠다고 선언하여 온갖 수단을 동원했지만 부동산값은 더욱 뛰어오르고 있었다.

이 같은 혼란의 와중에서도 노무현 정권이 북한 핵문제, '동북아 균형자 역할론' 등으로 논란을 불러일으키면서 한미관계와 한일관계에도 긴장이 고조되고 있었고, 또한 한미 공동으로 행사해 온 전시 작전통제권을 조기에 전환할 것을 미국 측에 강력히 요구하면서 한미관계도 중대한 시련을 맞고 있었다. 그러한 가운데 북한이 2006년 10월 핵실험을 감행하면서 한국 국민의 안보위기 의식이 고조되었고 이로 인해 노무현정부는 보수세력의 강력한 저항에 직면하게 되었다.

노 대통령은 2006년 11월 28일 자신은 "임기를 못 마친 첫 대통령이 안 되었으면 좋겠다"고 하여 사퇴 가능성을 시사했고 또한 "당적을 포기해야 하는 상황에 몰릴 수도 있다"고 열린우리당에서 탈당할 가능성을 언급하면서 집권당이 일대 혼란에 빠졌다. 그해 11월 한국사회여론조사연구소의 설문조사에 의하면, 그에 대한 지지도는 10퍼센트 수준에 불과했고 12월 초에는 6퍼센트까지 떨어지는 등 역대 대통령 중 최악의 지지율을 기록했다.[129] 그럼에도 불구하고 노 대통령은 임기 마지막 해인

---

129) "노 대통령 지지도, 역대 대통령 중 '최악' 기록,"『중앙일보』, 2006년 12월 6

2007년 신년 특별연설에서 "경제는 잘 되고 있다"고 자평하며, 외교안보, 노사문제, 국가 미래전략 등 다른 모든 분야도 제대로 굴러가고 있다고 주장했다.[130)

당시 중앙일보 사설은 노 대통령을 다음과 같이 비판했다: "한 나라의 국가원수답지 않은 경박한 언행, 행정수도 추진 등 위헌 행위, 엉뚱한 대연정(大聯政) 추진과 하야 가능성 시사, 국민 지지를 얻지 못하는 개헌 제안, 수없이 이어졌던 부실·아마추어 인사 파동, 친북·반미·과격노조 시위대에 휘둘린 정부의 권위, 북한 핵, 전시작전권, 한미동맹 등 외교안보 문제에 대한 미숙한 대처, 규제 철폐 및 투자 장려와 동떨어진 정책, 시장을 몰랐던 부동산 정책의 대(大)실패, 자신이 만든 여당의 실책과 붕괴…. 종합선물세트 같은 이런 허점과 실수가 '노무현의 실패'를 만들어 놓았다."[131)

열린우리당의 참담한 실패는 곧 노무현 대통령의 실패였다. 열린우리당은 386운동권 인사 등 노 대통령과 이념노선을 같이 하는 사람들이 중심세력이었으며 지역주의 청산을 통해 새로운 정치질서를 구축하겠다는 목표 아래 출범했고, 노무현 대통령 탄핵의 역풍을 타고 다수당으로 화려하게 등장했지만 불과 2년 만에 지리멸렬하고 말았다. 반정부투쟁만 일삼아 왔던 그들은 개성대로 움직여 규율도 없었고 정책노선에 대한 합의도 없었을 뿐 아니라 당의 진로를 둘러싼 주도권 쟁탈로 혼란에 빠

일. 노무현 대통령을 비하하는 말 가운데 '놈현스럽다'는 표현이 있다. 국립국어원은 2007년 10월 8일 발간한 신조어 사전에서 이 말을 "기대를 저버리고 실망을 주는 데가 있다"는 뜻으로 수록했으나 청와대의 강력한 항의로 이 말을 신조어에서 제외하고 시중에 나간 책을 회수하는 소동이 벌어졌다. '놈현스럽다'는 말은 '상식과 원칙을 말하다가도 결정적인 순간에 뒤통수친다', '너 죽고 나 죽자는 위협적인 태도', '집단 내에서 편가르기를 통해 세력을 유지하는 방식', '교묘한 말 재주로 책임을 떠넘기는 행동' 등으로도 풀이될 수 있는 말이다.

130) "사설: 구름 위의 대통령,"『동아일보』, 2007년 1월 23일.
131) "사설: 국민의 눈을 가리는 대통령,"『중앙일보』, 2007년 1월 24일.

져 열린우리당의 역사 3년 9개월 동안 10명의 당의장이 교체될 만큼 불안정하기 짝이 없었다. 또한 그들은 주요 정책을 둘러싸고 청와대와 사사건건 대립했으며 보궐선거에서 잇따라 패배하여 2006년부터는 소수당으로 전락하여 국회운영의 주도권마저 한나라당에 빼앗기고 말았다.

그 결과 집권당에 대한 노 대통령의 장악력이 완전히 실종되고 말았다. 여당의원들조차 대통령을 공개적으로 비난하기 시작했고 대통령 선거가 다가오면서 대통령과 여당은 서로 거리를 두고자 했다. 그는 열린우리당으로부터 탈당을 요구받았고 결국 그렇게 할 수밖에 없었다.

여당 아닌 여당이었던 열린우리당은 대통령선거의 해인 2007년 5월부터 6개월 동안 4번의 창당 또는 당명 개칭 등 혼란을 거쳐 '대통합민주신당'이 되었다. 이 당은 열린우리당, 열린우리당 탈당파, 민주당 탈당파, 시민사회단체 그룹, 손학규 전 경기지사 그룹 등 7개의 다양한 세력으로 구성된 선거용 정당이었다. 이 정당은 잡음 많은 대선후보 경선을 거쳐 정동영 후보를 내세웠지만 이러한 정당에 나라를 맡길 국민은 없었고 그래서 대선에서 참패할 수밖에 없었다.

7. 되살아나고 있는 노무현 정신

▌부메랑이 된 도덕정치

노무현은 민주화 투쟁에 앞장섰고, 민주화 이후 많은 정치인들이 신념을 저버리고 이해타산에 따라 이합집산을 했을 때 그는 외롭고 어려운 원칙의 길을 고수했다. 그가 부산시장에 출마했을 때 정치인에 대한 불신은 극도에 달해 있던 시기였다. 그는 상대적으로 청렴결백했으며 정치적 신념을 중시함으로써 사람들의 신뢰를 받게 되었고 이것이 밑거름이 되어 대통령에 당선되었던 것이다. 그의 인생역정이나 정치역정을 고려할 때 그는 민주적이며 국민의 어려움을 덜기 위해 노력하는 대통령이 될 것으로 기대되었다. 그러나 기대와는 달리 그는 독선과 독주가 심했다. 아마추어들을 요직에 앉혔고 정책은 우왕좌왕했으며 절제되지 못한 발언을 계속 쏟아냈다. 이로 인해 정치는 갈등으로 점철되었고 경제는 침체되었으며 사회는 혼란스러웠다. 그 결과 그에 대한 지지도는 임기 내내 매우 낮았으며 각종 선거에서 집권당은 계속 패배했던 것이다. 한마디로 그는 실패한 대통령의 전형으로 비쳤다.

퇴임 후 그는 다른 대통령들과는 달리 고향인 김해 봉하마을로 돌아가 보통사람들과 어울리며 퇴임한 대통령의 새로운 면모를 보여 주었다. 특히 밀짚모자를 쓰고 농촌길을 자전거를 타고 가는 장면은 많은 사람들에게 깊은 인상을 남겼다. 그러던 그에게 정치인생의 상징처럼 따라다녔던 청렴결백과 도덕성에 치명적인 박연차 게이트가 터졌다. 태광실업 회장 박연차로부터 600만 달러를 받은 것과 관련하여 그의 부인 권양숙 여사와 아들 노건호가 검찰조사를 받았다. 문제는 노 대통령이 이 사실을 언제 어떻게 알고 있었느냐에 있었다. 그는 이 사건과 관련하여 2009년 4월 30일 검찰의 조사를 받았으며 다음 조사를 앞둔 5월 23일 그의 고향 마을 뒷산 부엉이 바위에서 몸을 던져 스스로 목숨을 끊었다. 대통령직에서 물러난 지 불과 15개월 만의 일이다. 이것은 그의 비극이었을 뿐 아니라 국가적 비극이었다.

그의 형 노건평은 세종캐피탈 대표 홍기옥으로부터 세종증권 인수 청탁과 관련하여 29억여 원을 받은 혐의로 구속되었고, 청와대에서 노 대통령의 집사로 불렸던 정상문 전 총무비서관은 박연차로부터 받은 3억 원과 대통령 특수활동비 12억 5천만 원을 노 대통령의 은퇴 후를 대비하여 빼돌린 혐의로 구속되었다. 2011년 1월 27일 대법원은 박연차 게이트에 관련된 인사들에 대한 최종 판결을 내렸다. 이광재 강원지사, 민주당의 서갑원 의원과 최철국 의원, 박정규 전 청와대 민정수석, 정상문 전 청와대 총무비서관 등 노무현 대통령의 측근 인사 13명이 유죄판결을 받았다.

이 같은 결과는 노무현 정권이 도덕성을 간판으로 내걸고 한나라당과 언론을 부패한 기득권 세력이라고 몰아붙이던 그들의 이미지가 허상(虛像)에 불과했다는 인상을 주기에 충분했다. '노무현 정치'의 내용물을 확인도 않고 포장만 보고 열광했던 국민들은 깊은 배신감을 느끼게 되었다. 대통령 선거 당시 노무현 후보는 경쟁 후보에게 '부패' 딱지를 붙이면서 자신은 '돼지저금통'으로 선거를 치른다고 자랑했다. 유권자들은 '과거 정치와의 단절'을 구호로 내건 노무현 후보에 대해 큰 기대를 걸고 투표장으로 향했던 것이다.

노무현 대통령은 2003년 12월 30일 재신임 국민투표를 거론하는 자리에서 "나는 도덕성 하나로 정치해왔으며 도덕성이야말로 내 유일한 정치적 자산이다"라고 자신 있게 말한 바 있다. 그는 재임 중 국정 운영의 무능에 대해 공격받을 때마다 "그래도 우리는 돈을 받지 않는다. 부패하지 않았기 때문에 언젠가는 평가받는 날이 온다"고 당당하게 말했다. 그랬던 그가 수억 원의 부정한 돈을 '자신이 직접 받았는지, 가족과 측근이 자기 몰래 받았는지'를 가리기 위해 검찰청에 나가 조사를 받았던 것이다. 재임기간 중 강조해 온 도덕정치가 부메랑이 되어 그를 타격한 것이다.

그는 이 사건으로 인해 엄청난 자책감을 느꼈던 것으로 보인다. 매우 인간다운 자책이라고 본다. 그러나 전직 대통령인 그는 그 같은 시련을 정면으로 이겨냈어야 했다. 이미 여러 대통령들이 퇴임 후 어려운 처지에 몰렸던 사실을 생각할 때 안타까운 일이 아닐 수 없다. 그의 자살은 많은 국민들에게 큰 충격이고 슬픔이었으며, 대외적으로 국가 이미지에도 손상을 주었다고 본다. 이 사건은 또한 한국정치의 후진성을 다시 한번 세계에 노출시키게 되었으며 한국 정치사의 또 하나의 오점으로 남게 되었다.

▐ 재평가되고 있는 노무현

놀라운 것은 노무현 대통령 사후의 추모 열기였다. 국민장이 치러지는 1주일 동안 500만 명 정도가 조문했고, 장례식 때는 현장이나 거리에서 안타까운 마음으로 지켜 본 사람들도 수십만에 달했다. 그는 재임 기간 중 많은 사람들로부터 비난을 받았고 자살하기 불과 몇 달 전까지도

'실패한 대통령'으로 민주당까지도 외면했었는데 이 같은 극적인 민심의 반전은 무엇을 의미하는가? 물론 국민들의 감성적인 면이 일시적으로 표출된 것이기도 했지만, 그보다는 많은 사람들이 그의 인간적인 풍모를 재발견한 것이라 본다.

다른 하나는 이명박 정권의 일방통행식 국정운영에 실망해온 사람들이 서민적인 말투로 서민들과 소통하고자 했던 노무현의 리더십을 새롭게 평가하기 시작했다고 본다. 특히 그가 추구했던 인권, 탈권위주의, 균형발전, 분권 등이 시대적 방향성을 가진 가치였다는 것을 재인식하게 된 것이다.[132] 또한 도덕적으로 문제가 많았던 이명박 정부의 인사정책에 실망하면서 노무현의 허물을 너무 탓할 것이 아니라는 자책감도 있었을 것이다. 아무튼 그는 인맥, 학연, 지연도 없이 신념 하나로 막강한 기득권 세력에 도전하여 대통령이 된 후 제왕적 권위를 과감히 탈피함으로써 서민들로 하여금 대통령은 멀리 있는 두려운 존재가 아니라 국민과 가까운 존재로 인식하게 했던 것이다.

비록 그의 이상은 순수하고 고상했을지 모르지만 갖가지 현실적 제약으로 인해 실현되기 어려웠던 것이다. 이상과 의욕은 넘쳤지만 경험도 능력도 부족한 아마추어 보좌관들과 더불어 이룩할 수 있는 것이 많지 않았으며, 오히려 온갖 시행착오를 초래함으로써 스스로의 무능에 좌절하고 말았는지도 모른다. 더구나 도덕성이 가장 강력한 무기였는데 자기 주변의 부정과 비리는 변명의 여지가 없는 것이었다. 그렇지만 자살이란 선택은 결코 아니라고 본다.

대통령은 권력의 자리인 동시에 명예의 자리이다. 따라서 전직 대통령이 관련된 사건은 법적 절차와 함께 명예도 고려하는 것이 바람직하다. 검찰은 노 대통령의 사저나 제3의 장소에서 조용히 조사할 수도 있었다고 본다. 어쨌든 대통령까지 지낸 분이 자살한 것도 문제이지만 검찰이

---

132) "서민적 동질감·현 정부 실망감에 '노무현 평가' 극적 반전," 『한국일보』, 2009년 6월 1일.

전직 대통령의 명예와 권위를 고려하지 못했다는 비난을 받게 되었으며, 이로 인해 이명박 정부까지 비판받게 되었다. 과거 전두환과 노태우 두 전직 대통령에 대해서도 그러한 배려가 없었다. 대통령 권위의 추락은 곧 대통령직과 정부에 대한 권위의 추락을 초래하는 것이다.

노무현 대통령은 평생 쌓아온 명예를 살리기 위해 자기 자신을 희생했다. 그 결과 노무현 정신은 기사회생했다. 그에 대한 인식과 평가가 부정에서 긍정으로 바뀌는 큰 변화가 일어났다. 민심의 불가사의한 단면이라 아니할 수 없다. 동아시아연구소가 실시한 여론조사에 의하면, 노무현 대통령에 대한 평가는 2005년 대통령 재임 당시에는 아주 나쁜 편이었지만 2010년에는 역대 대통령 중 박정희, 김대중에 이어 세 번째로 높이 평가되었다. 노 대통령이 정치발전에 기여했는가라는 질문에 대해 긍정적 답변을 한 비율이 5년 사이에 30.1퍼센트에서 67.9퍼센트로 크게 높아졌고 경제성장(15.0→58.6%), 남북화해(56.8→80.1%)에 대한 평가도 각각 매우 긍정적으로 변했다. 노무현 정권하에서 경제가 침체를 면치 못하면서 '경제를 살리겠다'는 구호를 내건 이명박 후보가 대통령에 당선되었지만 2010년의 여론조사에서 노무현 대통령의 경제정책에 대한 평가는 박정희 대통령에 이어 두 번째로 높게 평가되었다.[133]

또한 시사저널이 2010년 10월 각계 전문가들을 대상으로 '우리 시대 영웅'을 묻는 설문조사에서 노무현 대통령은 11.1퍼센트를 얻어 1위를 차지했다. 또한 시사저널과 미디어리서치 공동으로 실시한 여론조사에서 가장 존경하는 인물에 대해 질문한 결과 노무현은 정치부문에서 2위를 차지했다.[134]

이러한 분위기를 반영하듯 2010년 6월에 실시된 지방선거에서 이변이 일어났다. 노무현의 핵심 측근이었던 안희정은 충남, 이광재는 강원, 김두관은 경남에서 도지사로 당선되었다. 한나라당의 텃밭이라 할 수 있는

---

133) "노무현 긍정 평가 늘어 … 현직 때와 '극과 극'," 『중앙일보』, 2010년 12월 4일.
134) 『시사저널』 1096호 (2010. 10. 20).

강원과 경남에서 한나라당이 패배했다는 것은 이명박 대통령과 한나라 당에 큰 충격이었다. 서울시장과 경기지사에 출마했던 한명숙과 유시민도 선전했다. 노무현의 진보노선을 따르던 사람들도 교육감에 당선되었다. 이를 두고 '노무현 정신'은 살아 있다고도 했다. 노 대통령의 마지막 비서실장을 지낸 문재인은 노무현 정신을 이렇게 요약하고 있다.

> "[노무현 대통령은] 억압받고 소외되는 사람 없이 누구나 사람대접받는 세상을 '사람 사는 세상'이라고 표현했고, 그것이 노무현의 가치다. 노무현 대통령은 서민들, 지방 사람들, 권력에 연고가 없는 소외된 사람들에게 희망을 줬다. 노무현 정신은 반칙과 특권이 용납되지 않는 사회, 정의가 패배하고 기회주의가 득세하는 풍토가 아닌 사회, 원칙이 바로 서는 신뢰사회를 말한다."

각종 여론조사에서 친노성향 지지율은 15% 정도 나온다. 그러한 가운데 '노무현 정신'의 계승 작업은 다양한 형태로 이루어지고 있다. 2009년 9월 설립된 노무현재단은 노무현의 가치, 철학, 정책을 유지 · 계승하는 핵심단체다. 이해찬 전 총리와 한명숙 전 총리가 주도하고 있는 '시민주권'은 2009년 결성되었으며 친노 세력을 하나로 모으려 노력하고 있다. 노무현 정부에 참여했던 학자들은 한국미래발전연구원을 통해 정책 대안을 제시하며 '노무현 정신'의 대중화를 위해 노력하고 있다. 2012년 총선과 대선을 앞두고 노무현의 가치를 통합의 명분으로 삼아 야권 집권의 청사진을 그려가고 있다. 그러나 많은 사람들은 이 같은 친노세력의 움직임에 대해 노무현 정권의 실체가 과연 무엇이었으며, 그것이 또다시 되풀이될 수 있는 것인가라는 의문을 제기하고 있다.

8. 이상주의자 노무현 리더십의 명암(明暗)

▌시대적 배경

리더십은 시대적 배경 및 국민적 여망과 조화되어야 성공할 수 있다. 노무현 정부 출범 전후 한국의 시대적 특징은 어떤 것이었는가? 대한민국의 역사적 궤적은 어떤 경로를 거쳐 왔으며 어디에 서 있었고 어디로 가야 하는 것이었는가? 한국은 분명 국가발전에 성공한 나라이다. 대다수 국민이 그렇게 생각하고 있었고 세계도 높이 평가하고 있었다.

2003년 초 노무현 대통령이 취임할 당시 한국은 모든 면에서 중진국을 넘어 선진국 문턱에 이르고 있었다. 1988년 민주화 이래 15년이 지났고 특히 김영삼 정부에 의해 과감한 민주개혁이 이루어졌으며, 뒤이은 김대중 정부에 의해 경제민주화도 크게 진전되었다. 그리하여 국민은 이제는 민주정치의 비능률과 과잉이 극복되고 사회가 안정되고 삶의 질이 향상되기를 기대하고 있었다.

세계도 급변을 거듭하고 있었다. 경제의 국경이 허물어지면서 국가 간 경쟁이 치열해지고 이에 따라 각국은 국가경쟁력 강화를 중요한 과제로 삼고 있었다. 중국, 인도 같은 임금이 저렴한 나라는 이러한 국제경쟁에 유리했기 때문에 급속한 경제성장을 이룩한 반면 선진국들은 높은 임금과 과도한 복지정책으로 어려움에 직면하고 있었다. 세계화가 진전될수록 세계화의 승자와 패자 간의 격차가 더욱 커지고 있었다. 또한 세계 인구의 절반에 가까운 인구를 가진 중국과 인도의 경제발전은 세계적으로 에너지와 식량의 가격을 치솟게 하면서 개발도상국들의 경제위기는 심화되었다. 세계 200여 개국 중 3분의 1이 국내외 분쟁이 빈발하고 있는 등 실패한 국가 또는 실패할 가능성이 높은 국가로 분류되고 있으며, 국제 테러집단은 이러한 나라들을 근거지로 삼고 있다. 특히 중동지역에 근거지를 둔 국제 테러집단 알카에다가 2001년 9월 뉴욕 무역센터 등을 공격함으로써 시작된 '테러와의 전쟁'으로 세계 안보환경은 급변하고 있다.

북한도 실패한 나라들 중의 하나이다. 1990년대 중반 이래 극심한 식량난으로 백만 명 이상이 굶어 죽을 정도로 경제가 파탄된 지 오래이다. 김정일 정권은 심각한 체제위기를 벗어나기 위해 핵무기와 미사일 등 대량 살상무기를 생산함으로써 한국은 물론 여러 나라에 위협적인 존재가 되고 있다. 테러와의 전쟁을 국가안보의 우선 목표로 삼은 미국은 이 같은 북한을 심각한 안보위협으로 간주하게 되었다. 특히 노무현 후보가 대통령선거 캠페인에 열을 올리고 있을 당시인 2002년 10월부터 제2차 북한 핵 위기가 시작되었다. 그해 겨울을 거쳐 노무현 대통령이 취임할 때까지 한반도의 긴장은 최고조에 달했다. 이처럼 북한 핵 위기로 검은 먹구름이 한반도에 덮여 있는 상황에서 노 대통령이 계승하겠다고 다짐했던 햇볕정책은 빛을 낼 여지가 없었다.

1997~1998년의 외환위기는 한국이 세계화의 도전에 제대로 대응하지 못함으로써 일어난 것이다. 김대중 정부는 과감한 개혁조치로 이를 극복하기는 했지만 '한국병'이 완치된 것이 아니어서 재발될 위험이 있었다.

2001년부터 외환위기 이전에 있었던 문제점들이 다시 고개를 들기 시작하자 김대중 정부는 또 다른 경기 부양책들을 동원했다. 즉, 소비를 진작시키기 위해 크레디트카드를 남발했고, 건설경기를 되살리기 위해 부동산 규제를 완화했던 것이다. 그 결과 시중에 엄청난 자금이 풀리면서 부동산 가격과 물가가 급등하게 되었을 뿐 아니라 카드 대란으로 가계부채가 급증하는 등 금융위기 우려가 높았다. 국제 원자재 가격도 급등하면서 대외의존도가 높은 한국경제에 심각한 위협이 되고 있었다. 그 결과 노무현 정부 출범 당시 모든 경제지표에 빨간 불이 켜지고 있었다.

그러나 노무현 대통령은 이처럼 어려운 국내외적 도전을 극복할 만한 정치적 자산(political capital)을 가지고 있지 못했다. 그는 대통령선거에서 근소한 표차로 이겼을 뿐이며, 국회 또한 야당인 한나라당이 다수를 차지하고 있었다. 또한 자신을 대통령으로 당선시켜 준 민주당도 대부분 김대중 전 대통령의 추종세력이어서 집권당 내 그의 지지기반도 취약했다. 기존 정치세력과의 타협 없이는 자신의 국정목표를 달성하기 어려운 형편이었다. 요컨대 노 대통령의 리더십 환경은 긍정적 요소보다는 부정적 요소가 더 많았던 것이다.

▎국정 우선순위 설정

새로 출범하는 정부의 국정목표와 국정 우선순위는 시대적 여건과 국민적 기대에 부합되는 것이 바람직하다. 노무현 정부 출범 당시 국민들이 기대했던 것은 튼튼한 국가안보, 정치적 안정, 경제 성장, 사회 통합, 국제적 위상 제고 등 긍정적이고 실질적인 것이었다. 그러나 노무현 정부는 그 같은 국민적 기대와는 거리가 먼 목표들을 추구했다. 즉, 그들의 아젠다는 실용적이며 구체적인 것이 아니라 정의, 평등, 균형과 같은 추상적 가치를 중시하며 역사를 변화시키고 정치와 사회를 개혁하고자 했다. '역사 청산', '지배세력 교체,' 동북아 경제중심 국가 건설, 국가균형발전, 자주외교 등이 바로 그러한 과제들이다. 너무도 추상적이고 거창한 문제였기 때문에 실현가능한 정책으로 구체화하기도 어려웠다. 갖가지 산적한 현안들을 관리해야 하는 정부가 이처럼 다양하고 어마어마한 과제들을 5년 내에 실현하기란 불가능했으며, 따라서 선택과 집중이 필요했던 것이다.

또한 그러한 국정목표들은 혁명의 와중에 있는 나라에서나 있을 법한 일이며, 선진국 문턱에 있는 민주국가에서는 있을 수 없는 일이다. 더구나 갖가지 국내외 도전에 직면하고 있었고 5년 단임이라는 시간적 제약을 받고 있는 상황에서 아무리 유능한 정부라 하더라도 달성하기 어려운 것이었다. 노무현 정부의 이 같은 갈등유발적인 정책노선에 대해 반대와 논란이 적지 않았다.

가장 근본적인 문제는 노 대통령의 대통령 역할에 대한 인식이 대한민국 역사의 계승이냐 아니면 청산이냐에 있었다. 그는 한국사회를 '정의롭지 못한 사회'로 보는 등 현실인식이 부정적이었다. 그는 한국사회의 주류세력이 친일분자 등 기회주의자들이었으며 그러한 세력이 부정한 수단으로 권력과 결탁하여 기득권을 누려왔다고 보았다. 그는 이 같은 '특권적 구조'를 타파하는 것이 자신에게 부여된 역사적 사명이라 확신했던 것이다.[135]

당시 정치사회적 현실에 불만이 많았던 국민들, 특히 젊은 세대는 그 같은 잘못된 현실을 타파하겠다고 했던 노 대통령에 대해 큰 기대를 걸었지만 머지않아 실망하게 되었다. 왜냐하면, 시대가 요구하고 있었던 것은 국가경쟁력 강화였고, 대다수 국민이 원했던 것은 경제성장, 일자리 창출, 물가안정 등 생활과 밀접한 문제들이었기 때문이다. 국민이 기대하는 것과 집권세력이 하고자 한 것 사이에는 너무나 거리가 멀었다. 가장 큰 원인은 노 대통령의 비현실적인 국정철학 때문이라고 본다. 올

---

135) 노무현, 『성공과 좌절』, 235쪽.

바른 현실인식을 하지 않고 있었기 때문에 올바른 정책을 펼 수 없었고, 따라서 당면한 문제들을 제대로 해결하기 어려웠던 것이다.

그리하여 정부는 현안들에 대해 임시 처방에 급급했을 뿐, 국정에 대한 뚜렷한 원칙과 방향을 제시하지 못하여 국정운영의 혼선과 시행착오를 거듭하게 되었다. 그 결과 민생경제 침체, 청년실업 증가, 부동산정책 혼란, 빈번한 사회 갈등, 한미동맹 약화와 북한의 핵실험 등 총체적 실패를 초래하게 된 것이다. 1인당 소득 2만 달러 수준의 준선진국에서 '시민혁명'에 의해 기존질서를 뒤집으려는 국정목표는 시대착오적이었으며 따라서 결코 성공할 수 없었던 것이다. 중견 학자들의 모임인 '정책과 리더십 포럼'은 노무현 정부 실패의 원인으로 가장 중요한 것은 국정목표의 타당성과 우선순위의 잘못이라고 지적했다.[136]

▌인사정책과 리더십 스타일

노무현 대통령은 "분노 때문에 정치를 시작했고 지금도 [분노가] 식지 않아서 [정치를] 한다"면서, '증오와 분노'를 해소하는 것이 자신이 정치를 하는 동기라고 말한 바 있다. 그의 주된 증오와 분노의 대상은 그가 기회주의자이며 분열주의자라고 보는 한국 현대사의 주류세력과 이를 계승한 기득권 세력이었다. 이처럼 기존질서를 타파하고자 하는 그의 목표는 그의 리더십 스타일에 결정적 영향을 미쳤다. 즉, 그는 1970~80년대 반정부 투쟁노선이란 이념성의 한계에서 벗어나지 못했던 것이다. 이러한 노무현 대통령의 리더십 스타일은 다음과 같은 특징을 나타내고 있다.

---

136) "이념의 원형경기장에서 결투만 하다 끝난 검투사 정치," 『신동아』, 2008년 2월호; "시대착오 무능 국민무시 노무현정권 4년은 실패," 『조선일보』, 2007년 2월 21일.

첫째, 그는 자신을 포함한 새로운 주류세력이 중심이 되어 기득권 세력을 타파하고 역사의 물줄기를 바꾸겠다는 목표 아래 혁명적인 변화를 추구했다. 그는 모든 문제를 기득권 세력과 그 피해자라는 이분법적 시각에서 접근하면서 자신은 피해자들을 대변하는 입장에서 기득권 세력을 비판하고 공격하는 데 초점을 맞추었다. 대통령은 국가 최고지도자로서 국민통합 차원에서 국정을 이끌어가야 마땅하지만, 그는 자신의 역할을 '사회혁명'을 위한 투쟁의 선두에 서는 것으로 인식한 것 같다.

반정부투쟁을 할 때는 기존 질서에 반대하고 비난만 하면 되었다. 대안도 필요치 않았고 책임감을 느낄 필요도 없었다. 문제는 국가경영의 책임을 맡고서도 그 같은 운동권적 행동양식을 바꾸지 않았다는 데 있다.

그의 리더십의 두 번째 특징은, 직설적이고 파격적인 말투였다. 이것은 그의 장점인 동시에 약점이기도 했다. 그는 선동가형 리더십의 소유자답게 사람들의 가슴을 파고드는 직설적이고 감성적인 화법을 구사하여 권위주의적 화법에 식상한 사람들에게 감동을 불러 일으켰던 것이다. 그러나 대통령이 되고 나서도 그 같은 말투를 계속하게 되면 그의 말의 마력(魔力)은 사라지게 된다. 그는 취임 3~4개월 만에 "대통령직 못해먹겠다"고 했고 그 후에도 "대통령도 해보니까 괜히 했다 싶을 때가 있다", "5년 임기는 길다는 생각이 든다"고 하는 등 대통령답지 못한 말로 스스로 대통령으로서의 품위를 떨어뜨렸다. 그의 부주의한 언행은 임기 내내 계속됐다. 헌법을 수호해야 할 대통령이 "그 놈의 헌법"이라며 헌법까지 무시했다. 어떤 사회든 필요한 권위가 있어야 하지만, 그는 권위주의 청산이라는 이름 아래 있어야 할 권위까지도 파괴해 버렸다. 대통령의 부적절한 발언이나 비속어의 남발은 대통령직의 권위는 물론 정부의 권위마저 훼손시키는 결과를 초래했다.

최고지도자의 말 한마디는 메가톤급 영향력을 지닌 메시지로 전파된다. 대통령의 말 한마디로 국민은 용기를 얻게 되고 위로를 받기도 한다. 그의 말은 나라를 위태롭게 할 수도 있고 위기에서 구할 수도 있다. 대통령의 말에 무게가 있고 일관성과 설득력이 있어야 하는 것은 바로 그 때문이다. 특히 오늘날과 같이 미디어가 발달된 시대에는 지도자의 말의 실수는 치명적인 결과를 초래할 수 있다. 그래서 말실수를 방지하기 위해 최고지도자들은 준비된 원고를 읽는다. 노 대통령이 비난의 대상으로 삼아온 박정희 대통령도 한 달에 한 번 있었던 기자회견을 위해 치밀한 준비를 했다고 한다. 최고 지도자의 말은 과오를 용납지 않기 때문이다. 재임기간 동안 노 대통령이 말로써 얼마나 많은 논란을 불러일으켰는지를 되돌아본다면 그의 말이 그의 리더십에 얼마나 큰 타격을 주었는지 짐작할 수 있다. 그는 퇴임 후 스스로 "대통령에 맞는 말씨가 준비되지 않았다"고 고백한 바 있다.

셋째, 그는 선악의 잣대로 자기편과 반대편을 구분하며 독선적이며 비타협적인 자세로 국정을 이끌었다. 그는 정치인으로서 거듭된 실패에도 불구하고 원칙과 명분을 중시해 왔으며 그 연장선상에서 마침내 대통령에 당선되었기 때문에 자신의 정치적 신념과 투쟁적 스타일에 대해 남다른 자부심을 가지고 있었다. 그는 자신을 비롯한 집권세력은 깨끗하고 정의로우며 민족적이고 자주적이라고 생각하였다. 반면 기득권 세력은 기회주의적이고 부패하고, 비민주적이며 반민족적이며 외세의존적이라고 보았다. 그는 취임 당시 대화와 타협 그리고 국민통합을 국정원리로 표방한 바 있지만 그 같은 도덕적 오만으로 인해 야당을 비롯한 반대세력과의 타협이나 공존은 생각하기 어려웠다. 도덕적 오만과 무능이 결합되면 실패하기 마련이다.

넷째, 그는 전형적인 포퓰리스트였다. 대통령후보로 처음 등장했을 당시 그의 지지율은 5퍼센트 수준에 불과했지만 이를 극복하고 대통령에 당선된 것은 기적에 가까운 일이었다. 이것은 그가 젊은 세대에 어필할 수 있었고 대중의 마음을 움직일 수 있는 뛰어난 포퓰리스트였기 때문이다. 또한 수도 이전, 균형발전, 자주외교 등 대중영합적 공약을 내세웠던 것이 그의 당선에 크게 도움이 되었다. 대통령으로 취임하고 나서도 포퓰리즘에 의존한 그의 리더십 전략은 계속되었다.

그는 여론의 지지를 얻기 위해 인기영합적 대중 선동 및 동원 전략을 수시로 구사했다. 자신에 대한 야당의 탄핵공세를 지지세력의 촛불시위로 막아낸 것에서 보듯이 그의 포퓰리즘 전략은 위력적이었다. 대통령이 전면에 나서 각계각층의 국민들과 소통하고 시민단체 대표들로 하여금 국정에 참여케 하면서 진전된 민주주의로 보였을지도 모른다. 그러나 그러한 리더십은 국민의 대표로 구성된 국회를 무력화시키고, 수많은 위원회들로 인해 행정부를 위축시켰다고 본다.

다섯째, 노 대통령의 잘못된 현실인식으로 인해 국정현안에 대한 분명한 원칙을 설정하지 못했으며 이로 인해 정책의 일관성을 유지하지 못했다. 노무현 정부가 추상적이며 진보적인 국정목표를 내세웠지만 그것을 현실적인 정책으로 전환하는 것은 매우 어려운 문제였다. 그 결과 정부 정책에 분명한 원칙이 없었고 정책결정 절차가 제도화되지 못한 가운데 근시안적이고 무원칙하며 졸속으로 마련된 정책을 남발하다가 반발과 비판에 부딪치면 번복함으로써 정부에 대한 신뢰만 떨어뜨렸다. 이로 인해 청와대와 집권당은 주요 정책을 둘러싸고 빈번한 불협화음을 노출했으며 이로 인해 대통령의 권위도 손상될 수밖에 없었다.

마지막으로, 그의 리더십은 운동권 출신 아마추어 보좌진으로 인해 상당한 타격을 받았다. 기업이든 공조직이든 맡은 바 임무를 제대로 수행하려면 잘 훈련되고 전문성을 갖춘 인력과 잘 짜인 업무처리 절차가 필수적이다. 청와대는 정책을 입안하거나 발표함에 있어 아마추어 보좌진의 아이디어성 정책제의가 특별한 여과과정을 거치지 않은 채 발표되는 경우가 허다했다. 국정에 문외한인 아마추어들이 국가경영의 사령탑인 청와대에서 무엇을 제대로 할 수 있었겠는가? 구호는 내세울 수 있었을지언정 실천 가능한 정책개발을 하거나 행정부를 조정·통제할 능력은 없었다. 노 대통령은 청와대의 이 같은 약점을 보완하기 위해 수많은 위원회를 만들고 운영했지만 이러한 위원회 역시 진보적 이념을 가진 아마추어들이어서 정부 각 부처의 업무에 혼선만 초래했을 뿐이다.

▌업적 및 평가

　노무현 대통령은 탈권위적 리더십과 특유의 파격적 화법을 앞세워 5년 내내 반칙과 특권이 용납되지 않는 사회, 억압받고 소외되는 사람이 없이 누구나 대접받는 사회, 또는 '사람 사는 세상'을 만들기 위해 앞장서 노력해 왔다. 그는 취임 초 직접 국회에 나가 시정연설을 하고, 여야 지도자들을 잇달아 만나는 등, 민주적 대통령으로서 신선한 모습을 보였다. 그는 집권 초부터 지역주의와 금권정치 등 낡은 정치의 청산, 돈 안 드는 선거 등을 강조하면서 정치개혁을 진두지휘했다. 집권당 총재로서의 막강한 권한 등 전직 대통령들이 누려왔던 권한들을 포기한 점이나, 권력기관의 중립화 등 권위주의 타파에 기여한 바 크다.[137]

　특히 불법 대선자금 수사, 대통령 측근 비리 수사, 정치자금법 개정 등을 통해 돈 덜 드는 선거풍토를 조성하는 데 기여했다고 본다.[138] 경제계에서 "선거철에 돈 걱정하지 않아도 되었다"고 할 정도로 달라진 것도 사실이다.[139] 또한 선거공영제 확대를 통한 공정선거 기반 조성, 공천 및 후보선정과 관련된 정당 민주화 증진도 업적으로 꼽을 수 있다. 노무현 정부는 또한 분권화와 참여민주주의 구현 및 사회적 형평성과 균형발전을 주요한 정책기조로 삼고 신행정수도 건설, 기업도시 건설 등 지역 균형발전을 추구했으며, 역대 정부 중 가장 많은 복지재정을 지출하고 사회안전망을 넓히는 사회적 형평성을 증진시켰다. 나아가 소수자 인권, 성(性) 평등, 호주제 폐지, 취약계층 보호 등 사회발전에도 기여한 바 크다.

137) 함성득, "노무현 대통령의 집권 전반기 리더십 평가,"『행정논총』제43권 제2호 (2005), 423-432쪽.

138) 제성호, "[노무현 정부 5년 평가 (상) 정치·외교·안보 분야] 개혁구호 집착, 정치실험 실패,"『국민일보』, 2007년 11월 15일.

139) 송호근, "노무현 정권 입체대분석: 단절·배재·이념과잉으로 몰락한 운동정치, 거리정치, 저항정치,"『신동아』, 2007년 2월호, 92쪽.

노무현 대통령의 마지막 청와대 비서실장이었던 문재인은 2007년 말 참여정부 5년을 회고하면서 "국민과 역사 앞에 부끄럼이 없도록 우리에게 주어진 시대적 사명을 완수하기 위해 땀과 열정을 쏟았다"고 자평했다. 그는 참여정부는 "특권과 유착, 권위주의를 청산하고, 깨끗하고 투명한 사회로 나아가는 큰 진전을 이루었고, 과거사 정리를 통해 역사의 대의를 바로잡아왔다"고 주장했다. 그는 이어서 "국민소득은 2002년의 1만 1천500여 달러에서 금년[2007]에 2만 달러를 넘게 되었고, 수출도 2002년의 1천6백억 달러 규모에서 작년에 그 두 배를 넘었고 금년에는 4천억 달러에 육박하게 되었다"면서 경제실적에 대해서도 자부심을 보였다.[140]

노 대통령은 퇴임 직전 자신의 국정수행 성과와 관련해서는 부동산 문제를 제외하면 꿀릴 것이 없다고 자평했지만, 그의 재임 기간 중 과연 대한민국이 발전했느냐에 대해 자신 있게 '그렇다'고 하기 어렵다. 그의 측근들은 세간의 비판을 의식하여 "노무현 정부는 훗날 역사에서 제대로 된 평가가 내려질 것이다"라고 했다. 그의 꿈은 컸지만 공허한 꿈으로 끝난 것이 너무 많았다.

그는 정부 조직과 국책 연구소를 제쳐 두고 수많은 위원회를 만들어 막대한 인력과 예산을 투입하여 '국가비전 2030', '국방개혁 2020' 등 100여 개의 로드맵을 발표하면서 '로드맵 천국'이라는 말까지 나왔다. 사실상 5년 내내 계획만 세우다 끝났다고 해도 과언이 아니다. 더구나 대부분의 로드맵은 현실보다는 이상에 치우쳐 비효율적인 국정과제가 선택되었거나 실제로 정책화되기도 어려웠다. 예를 들면, '국가비전 2030'은 1,100조 원의 재원이 소요되지만 이를 마련할 방법이 없어 '공허한 청사진'이라는 비판을 받았다.[141] 그리고 이러한 로드맵들은 정권

---

140) "문재인 '참여정부에 대한 역사의 평가 점점 높아갈 것," 『동아일보』, 2007년 12월 31일.

141) "비전 2030 보고서…1,100조 돈은 어디서," 『동아일보』, 2006년 8월 31일; "이

초기가 아니라 정권 후반기나 말기에 마련되어 제대로 실천할 시간적 여유도 없었고, 또한 여야 합의와 국민적 합의 없이 이루어져 다음 정부에 의해 계승되기를 기대할 수도 없었다.

노무현 정권에 대한 학자들의 평가는 대체로 부정적이다.[142] 김세중 교수는 국가의 기본적 과제는 국가의 권위·신뢰·품격을 유지하고 앙양하며 또한 국민적 통합을 공고히 하는 것인데 노무현 정권은 국가의 권위·신뢰·품격를 심각히 훼손했다고 평가했다. 또한 대한민국의 정통성이 부인되고 정의가 패배한 역사로 규정하는 등 역사를 계승·발전시키고자 한 것이 아니라 부정하고 청산하려 했다는 점. 나아가 국민을 진보와 보수, 있는 자와 없는 자의 두 편으로 갈라 한쪽을 비판함으로써 국민통합에 역행되는 결과를 초래했다는 점 등을 문제점으로 꼽았다. 윤창현 교수는 노무현 정부의 경제정책에 대해 기업과는 계속 긴장관계를 유지했고 규제를 통해 기업을 억눌러 경제적 침체를 초래했다는 점을 지적했다. 대외정책과 관련하여 김광동은 노무현 정부의 자주외교와 민족공조 우선 노선으로 인해 북핵 문제 해결을 위한 국제공조가 어렵게 되었을 뿐 아니라, 한미 동맹관계까지 약화되었다고 보았다.

노 대통령의 퇴임을 앞두고 한국 갤럽이 실시한 여론조사에 의하면, 응답자의 절반가량(49.7%)은 "5년 전 노 대통령의 당선은 잘못된 일"이라 생각했으며 "잘된 일이었다"는 응답은 30퍼센트에 불과했다. 5년 간 국정운영에 대해 전반적으로 "잘못했다"(63.2%)가 "잘했다"(21.1%)의 3배가량 되었다. 그의 국정운영을 긍정적으로 평가하는 이유로는 '통일정책'(6.5%), '부동산정책'(6.5%), '열심히 했다'(6.4%), '부정부패 감소'(6%), '서민들을 위한 정치'(5.8%) 등이다. 부정적으로 평가한 이유로는 '경제악화'(25.8%), '부동산정책 실패'(11.7%), '일관성 결여'(8.3%), '빈

한구 의원, 노무현 정부의 로드맵 '어디로 가는 나그네인가?'," 『뉴스와이어』, 2005년 4월 24일.
142) 김세중 외, 『노무현과 포퓰리즘 시대』(기파랑, 2010).

부격차 심화'(6.7%), '물가상승'(4%) 등이다.[143]

『시사저널』도 노 대통령의 퇴임을 앞두고 노무현 정부 5년을 평가하는 여론조사를 실시했다.[144] 먼저 그에 대한 신뢰를 알아보기 위해서 '만약 노 전 대통령이 대통령으로 다시 출마하게 된다면 지지하겠는가'라는 질문에 '지지하겠다'는 응답은 12.6퍼센트에 불과했고 '지지하지 않겠다'는 응답이 무려 81.6퍼센트에 달했다. '노무현 정부가 가장 잘한 일은 무엇이라고 보는가'라는 질문에서 응답자의 절반에 육박하는 42.2퍼센트가 '없다'거나 혹은 '모른다'라는 부정적 반응을 보였다. 이어서 '지난 5년간 노무현 정부의 국정운영에 가장 걸림돌이 된 것은 무엇이라고 보는가'라는 질문에 대해 응답자의 38.7퍼센트가 '대통령과 측근들의 무능과 독선'이라 답했고 '여권의 분열'을 지적한 사람도 14,7퍼센트나 되었다.

노 대통령은 회고록을 통해 자신의 리더십이 실패했음을 솔직히 인정하고 있다. 자신에 대해 '실패한 대통령'이라는 것은 조금 가혹하고 '성공하지 못한 대통령'이라고 말하는 것이 낫다고 했다. 퇴임 후 자신을 지배하고 있는 것은 "실패와 좌절의 기억들뿐"이라고 했다. 그래서 회고록에는 "영광과 성공의 얘기가 아니고 좌절과 실패의 얘기를, 시행착오와 좌절과 실패의 얘기를" 쓰고 있다고 했다. 정치를 하면서 이루고자 했던 그의 목표가 좌절되고 말았다고 하면서, 자신을 따르는 사람들에게 정치를 하지 말라고 했다. 그의 실패는 진보세력의 실패가 아니라고 자위하면서 노무현을 극복하라고 했다. 계속해서 그는 참여정부는 "절반의 성공도 하지 못했다"고 자평하면서 "개인적으로 준비되지 않은 사람이, 준비된 조직적 세력도 없이 정권을 잡았고 우리 사회가 미처 받아들일 준비가 안 된 개혁을 하려고 한 것이 무리였다"고 고백하고 있다.

그는 또한 언어와 태도에 있어서도 충분히 훈련받지 못했다고 인정하

---

143) "노 대통령 당선은 잘못된 일 … 49.7%,"『조선일보』, 2008년 2월 21일.
144) "'노무현 정부 5년 평가' 여론조사,"『시사저널』958호(2008. 2. 25).

고 있다. 그는 정치를 '승부의 세계' '투쟁의 세계'로 보았던 것 같다. 그래서 퇴임을 하면서 "이제 마주 서서 대결하고 승부를 맺어 나가야 되는 승부의 세계를 떠난다"고 했다. 결론적으로 그는 자신이 "대통령이 되려고 한 것이 오류였던 것 같다"고 하면서 자신의 재임기간은 "대통령 시작부터 레임덕이었다"고 말했다.[145] 이런 점에서 그는 참으로 정직하고 양심적인 지도자라 할 수 있다. 자신의 업적을 과대포장하려고 하는 일부 전직 대통령들에 비해 그의 솔직한 자아비판은 후임 대통령들에게 좋은 교훈이 될 것으로 본다.

노무현은 링컨을 리더십 모델로 삼은 바 있다. 그는 『노무현이 만난 링컨』이라는 책도 썼다. 실패한 김구보다는 성공한 링컨이 되고 싶다고 했다. 노무현과 링컨은 비슷한 점이 많다. 가난한 집에서 태어났고 독학으로 변호사가 되었고 선거에서 여러 번 낙선했다. 노무현은 지역주의 타파를, 링컨은 노예문제 해결을 기치로 내세우고 국민통합을 하고자 했다. 그러나 노무현과 링컨의 국가관은 대조적이다. 링컨은 경쟁자들을 포용함으로써 국민통합에 성공했지만, 노무현은 반대세력에 대한 경멸로 분열과 갈등을 초래했다. 링컨은 암살당하여 영웅이 되었지만, 노무현은 자살을 통해 명예를 되살려냈다. 결국 노무현은 성공한 링컨보다는 실패한 김구에 가까웠다 할 수 있다.

---

145) 노무현, 『성공과 좌절』, 15-41쪽 참조.

9. 노무현 리더십의 교훈

노무현 대통령은 인간적인 면에서 장점이 많았다고 할 수 있지만 대통령으로서는 아쉬운 점이 적지 않았다고 본다. 우리는 노무현 정부의 성공과 실패에서 교훈을 배워야 할 필요가 있다. 그런 면에서 앞에서 논의한 그의 리더십에서 찾을 수 있는 교훈을 몇 가지로 정리하고자 한다.

1. 올바른 역사관과 국가관은 대통령의 필수적 자질이다.

대통령은 국가의 최고지도자로서 역사를 계승하고 국가를 발전시킬 책임이 있다. 이러한 책임을 다하기 위해서는 올바른 역사관과 국가관이 필수적이다. 그런데 노 대통령의 역사관과 국가관은 한국사회의 주류와는 거리가 먼 상당히 급진적인 것이었다. 한국의 성공적인 국가발전에 대해 세계가 높이 평가하고 있음에도 불구하고 그는 한국의 현대사를 '오욕의 역사'로 규정하고 과거사 정리를 중요한 국정과제로 삼았으며, 나아가 '기득권 질서'를 청산하기 위해 무리한 편 가르기와 이념적인 정책 실험으로 끊임없는 혼란과 갈등을 초래했던 것이다. 그가 대통령의 책무에 대해 잘못된 인식을 하고 있었던 것이 틀림없다. 대통령은 역사를 계승·발전시킬 책임이 있는 것이지 역사를 임의대로 해석하고 청산할 수 있는 권한까지 주어진 것은 아니다.

그는 주류사회와는 거리가 먼 아웃사이더(outsider)였다. 그는 대통령이 되고 나서도 국가 최고책임자로서 합당한 역사의식이나 책임감보다는 재야·운동권의 저항의식이나 피해의식에서 벗어나지 못했다. 그는 '모든 국민들의 대통령'으로서 국민통합을 위해 노력하기보다는 국민을 두 편으로 나누어 한 편을 공격하는 데 앞장섰던 것이다. 그는 비판하고 도전하는 데는 익숙했지만, 역사창조의 주역이 되기에는 역부족이었다.

이와 관련하여 데이비드 강과 황민화(黃旻華)는 노 대통령과 타이완의 천수이볜(陳水扁) 총통이 비슷한 배경에서 집권하여 비슷한 리더십으로 실패하게 된 것을 비교한 바 있다. 그들의 분석에 의하면, 두 지도자 모두 아웃사이더로 집권한 후 국가를 어떻게 통치해야 할지, 어떤 방식으로 개혁을 해야 할지 알지 못했다는 것이다. 주류세력과 타협하여 안정 속에서 폭넓은 협력을 이끌어낸 것이 아니라 독선적으로 밀어붙였기 때문에 이렇다 할 업적을 이룩하지 못하고 혼란만 불러일으켜 국민들로부터 외면 받게 되었다는 것이다.[146)]

2. 이념적이고 추상적인 목표를 추구하면 성공하기 어렵다.

어떤 국정목표를 추구하느냐는 대통령의 성패를 좌우한다. 대통령은 시대적 과제와 국민적 여망을 담은 국정목표를 추구해야 한다. 대통령이 되기 전 노무현은 그의 저서에서 현실을 중시하는 리더십을 주장한 바

---

146) David Kang and Huang Min-hua, "The True Legacies of Roh and Chen," *Far Eastern Economic Review,* Vol. 170, No. 8(Summer 2007), pp.34-37.

있다. 즉, "현실을 모르는데 어떻게 바른 정책이 나올 수 있겠는가. 정책의 시작은 현장을 확인하는 데 있다. 그는 또한 선례(先例)를 많이 익히고 분석하여 과거의 시행착오를 되풀이하지 않아야 한다고 했다.[147]

그러나 한국의 현실에 대한 노 대통령의 인식은 왜곡되어 있었고 이에 따라 그의 국정목표도 현실과 거리가 멀었다. 그는 원칙과 신념을 중시해온 자신의 정치역정에 대한 도덕적 우월감 그리고 어려운 여건에서도 대통령이 되었다는 자만심에 빠져 있었다. 그리하여 이념적 동지들을 주변에 불러 모으고 이념적 목표를 추구했으며 파괴를 개혁으로 혼동하고 미래를 위한 발전보다는 과거와 기득권을 파괴하는 데 급급했다.[148] 키케로가 "아집은 정치지도자에게 결코 장점이 될 수 없다"고 했던 말을 되새길 필요가 있다.

불만에 찬 사람들에게 달콤한 말을 하기는 쉽지만 그것을 실천할 능력이 없다면 결코 성공한 지도자가 될 수 없다. 노무현은 새로운 정치를 내걸고 젊은 세대의 우상으로 등장했지만 지나친 이상주의에 빠져 그 허상이 여지없이 노출되고 말았다. 국민들은 경제문제에 지대한 관심을 가지고 있었지만, 그는 생활정치와는 거리가 먼 이념정치를 추구하고 있었다. 목표나 의도는 순수했을지 모르지만 정치적 선의만으로 좋은 결과를 거둘 수 있는 것이 아니다.

세계는 치열한 경쟁으로 치닫고 있었지만 노무현 정부는 경쟁에 역행하는 분배중시 및 규제 일변도의 정책으로 경제를 침체로 몰아넣었고, 국민을 편 가르기 함으로써 정치사회적 갈등을 조장하게 되었던 것이다. 선진국에 근접한 나라인 한국의 개혁은 국민적 합의를 바탕으로 점진적이며 합리적으로 추진되어야 하는 것이다.

---

147) 노무현, 『노무현의 리더십 이야기: 국가경영CEO, 노무현』(행복한 책읽기, 2002), 50쪽.
148) 김호진, 『한국의 대통령과 리더십』(청림출판, 2008).

3. 아마추어들이 청와대를 장악해서는 안 된다.

현대국가의 국정운영은 매우 복합적이고 전문적인 문제들을 체계적이면서도 신속하게 다루어야 하기 때문에 청와대는 전문성과 경험이 풍부한 최고의 인재들로 구성되어야 한다. 국정경험이 제한된 노무현 대통령의 경우 더욱 그러했다.

대통령의 성패는 인사정책에 달렸다고 해도 과언이 아니지만, 노 대통령의 인사관리는 최악으로 평가될 수 있다. 386운동권 출신은 투지와 열정은 뛰어났을지 모르지만 국가경영에는 문외한이었다. 그들은 기존 질서를 비난하고 공격하는 데는 능숙했을지 모르지만 국가경영을 담당하기에는 이렇다 할 경험도 전문성도 없었다. 그들은 무능하면서 동시에 독선적이었다. 무능과 오만이 겹쳐지게 되면서 과오와 실책을 양산(量産)할 수밖에 없었다. 노 대통령은 능력이나 전문성을 도외시하고 이념적 동지나 친구들을 요직에 앉혀 국정을 혼란에 빠뜨리고 정부에 대한 국민의 신뢰를 무너뜨렸다는 비난을 면할 수 없다. 청와대는 결코 국가경영의 아마추어들이 그들의 정치이념 및 신념을 펼쳐보이는 정책실험장이 되어서는 안 된다.[149]

4. 대통령의 언행은 무게가 있어야 한다.

국가란 공권력을 독점적으로 행사해야 하기 때문에 권위가 있어야 한다. 대통령은 국가의 최고지도자이기 때문에 대통령의 권위를 보존하는 것이 곧 국가의 권위를 유지하는 지름길이다. 특히 대통령의 언행은 대통령의 권위와 직결된다. 특히 대통령의 말은 그 미치는 파장이 엄청나

---

149) Matthew J. Dickinson, "No Place for Amateurs: Some Thoughts on the Clinton Administration and the Presidential Staff," *Presidential Studies Quarterly*(Fall 1998), pp.768-772.

기 때문에 신중해야 한다. 대통령이 준비되지 않은 말을 하다 보면 말한 대로 실천하기 어렵고 정책의 일관성 유지도 어렵게 된다. 또한 대통령은 국가를 대표하기 때문에 대통령의 신중치 못한 발언은 외교적 분쟁의 소지가 되거나 국가 이미지에 부정적인 영향을 주게 된다. 때문에 대통령의 말은 곧 리더십 자체라고도 할 수 있다.

노 대통령은 언변의 달인으로 알려져 있지만 그 달변은 그의 리더십에 적지 않은 부정적 영향을 끼쳤다고 본다. 그의 서민적인 말투는 서민들과의 거리를 좁히는 데 효과적이었을지 모르지만 아이러니하게도 많은 사람들로 하여금 그를 외면하게 만들었다. 국가와 같은 거대하고 복잡한 조직을 이끌어 나가려면 예측가능성이 높아야 하고 시스템 중심으로 이끌어나가야 하며 이를 위해 대통령은 언행에 무게가 있고 일관성이 있어야 한다.

그는 권위주의를 타파하는 것이 자신의 중요한 소임으로 생각하고 파격적인 언행을 통해 그러한 모습을 몸소 보여주려 했지만 대통령으로서의 권위마저 훼손시키고 말았다. 권위를 수반하지 많은 권력은 효율성이 떨어지고 국민의 지지도 확보하지 못하게 된다. 그는 말은 많았지만 국민과의 소통은 잘 안 되었고 정치사회적 갈등 같은 역효과를 초래했다. 그는 퇴임 후 스스로 대통령다운 말씨가 준비 안 되어 있었다고 솔직히 고백한 바 있다.

5. 참여민주주의의 과잉은 대의민주주의를 후퇴시킨다.

노무현 대통령은 기존 정치질서인 대의민주주의를 불신했다. 그는 지역주의와 금권정치를 청산하겠다는 구호로 젊은 세대의 적극적인 지지를 받아 집권했다. 그래서 그는 참여정부를 표방하고 국민의 참여를 확대시키면서도 국회와 정당 등 대의민주주의 제도는 경시했다.[150] 새로운

---

150) 이숙종, "성숙한 민주주의를 위한 팔로워십,"『사회통합의 새로운 지평』(서울:

정치를 표방한 열린우리당을 창당했지만 당정분리를 내세우며 당정 간의 협력도 소홀히 했다.

그리하여 그는 제도권 정치보다는 시민사회와의 연대를 통해 국정을 펴나가려 했다. 인사정책에 있어서 관료보다는 진보성향 운동권 인사들을 요직에 배치했을 뿐 아니라 정책수립 과정에서 관료기구를 무시하고 정부에 비판적이었던 지식인들과 운동권 인사들이 중심이 된 수많은 위원회를 설립하여 활용했다. 개혁정책에 대한 지지여론을 조성하기 위해 인터넷 등을 통한 대중동원에도 적극 나섰다.

이 같은 리더십은 정치사회적 양극화와 갈등을 초래했다. 각종 정책이 일반 시민들의 시빗거리가 되게 함으로써 정책 자체보다는 노 대통령을 지지하느냐 반대하느냐로 대립하게 했다. 또한 포퓰리즘 수법을 활용한 그의 국정운영은 부정부패사건이나 정책적 시행착오가 일어날 경우에는 대통령에 대한 국민의 신뢰나 지지도가 급락하게 되어 그의 리더십은 위기에 직면하게 되었던 것이다.

포퓰리즘은 대중의 감성에 호소해야 하기 때문에 대중 선동적 요소가 다분하다. 그러나 정치가 포퓰리즘에 빠질수록 국가부채는 쌓이게 되지만, 국민들은 포퓰리즘의 달콤한 '마약'에 탐닉하여 빠져나오기 어렵고, 정치세력들은 정치적 승리에 몰두하여 그러한 정책을 경쟁적으로 내놓게 되어 결국 국가를 병들게 한다. 리더십에서 우선순위 설정이 매우 중요하지만 포퓰리즘은 우선순위를 뒤집어 놓거나 우선순위 자체를 무의미하게 만든다는 데 문제가 있다.

노무현은 가난을 딛고 열심히 노력해서 대한민국의 최고지도자가 됨으로써 많은 사람들에게 꿈과 희망을 주었던 신화적인 인물이다. 그는 나름대로의 진정성을 가지고 한국사회를 변화시키기 위해 노력한 집념의 정치인이었다. 그러나 빈농 출신이고 서민을 사랑하는 마음을 가진 대통령이라고 해서 반드시 서민을 위한 나라의 건설에 성공할 수 있

영림카디널, 2010), 145-183쪽.

는 것이 아님을 그는 보여주었다. 그는 준비 안 된 대통령임이 분명했다. 그는 대통령이 어떤 자리인지 제대로 인식하지 못한 가운데 갑작스럽게 대통령이 되었다. 미국 대통령 연구전문가 리처드 뉴스타트(Richard Neustadt)는 대통령의 자질로서 가장 중요한 것은 국정운영에 대한 지식과 경험이라고 했지만, 노무현은 그런 면에서 충분한 자질을 갖추고 있었다고는 할 수 없다.

인간 노무현은 분명 매력적인 점도 많고 인간미도 넘치는 등 장점이 많다. 그런 점에서 많은 사람들은 그를 좋아하고 따른다. 그를 존경하고 아쉬워하는 사람들은 대통령 노무현이 아니라 서민들에게 가슴을 열고 소통할 수 있는 인간 노무현일 것이다.

3부

이명박 대통령

선진화를 향해 역주(力走)한 실용주의자

1. 역경 속에 신화를 이룩했던 집념의 거인(巨人)

▌주경야독으로 꿈을 키운 삶

이명박은 1941년 12월 19일 일본 오사카에서 가난한 목장 노동자의 7남매 중 다섯째로 태어났다.[1] 해방 후 그의 가족은 고향인 포항으로 돌아왔지만 지독한 가난에 시달려야 했다. 그는 어려운 가정형편 탓에 초등학교 시절부터 부모를 도와 생활전선에 나서야 했다. 그가 중학교를 졸업할 당시 학비를 마련할 길이 없어 진학을 포기하려 했지만 담임선생은 "장학금을 받으면 된다"고 진학을 권하여 동지상고(同志商高) 야간부에 입학하여 장학생으로 학교를 다니게 되었다. 그는 낮에는 길거리에서 풀빵 장사, 뻥튀기 장사 등 온갖 일을 다했고 밤에는 학교에 가서 공

---

1) "제17대 대통령 당선자 이명박, 그의 도전과 성취 66년," 『중앙일보』, 2007년 12월 20~21일.

부했다. 그는 내성적이었지만 자존심이 매우 강했다. 사춘기에 여학교 앞에서 장사를 하면서 여학생들에게 얼굴을 보이기 싫어 밀짚모자를 푹 눌러쓰고 있다가 어머니로부터 야단을 맞기도 했다.

학창시절 그의 별명은 '천재'였다. 고등학교 3년 내내 주야간 모든 학생들 중에서 1등이었다. 그는 고등학교 졸업을 앞둔 1959년 12월 서울로 올라와 달동네 합숙소에서 일당 노동을 하여 생계를 해결하면서 청계천 헌 책방에서 구한 책으로 입시준비를 하여 고려대 경영학과에 입학했다. 그러나 그는 등록금과 학비를 마련할 길이 없어 이태원시장에서 쓰레기를 치우는 환경미화원으로 일하기도 했다. 그는 1962년 대학 2학년 때 군대를 가려 했지만 기관지확장증으로 군복무를 면제받았다. 1964년 상과대학 학생회장으로 한일 국교정상화에 반대하는 데모를 주도하다가 구속되어 징역 3년 집행유예 5년을 선고받은 바 있는, 6·3세대의 핵심 인물 중의 한 사람이었다.

1965년 대학 졸업 후 마땅한 일자리가 없어 고심하던 그는 태국 공사 현장에서 일할 사원을 뽑는다는 현대건설의 광고를 보고 입사원서를 냈다. 그러나 1차 필기시험 뒤 학생데모 경력 때문에 '요주의 인물'로 찍혀 면접을 보지도 못하고 떨어질 위기에 몰렸다. 그래서 그는 박정희 대통령에게 운동권 학생의 사회 진출을 막는 당국의 처사를 비판하는 편지를 보내기도 했다. 우여곡절 끝에 입사하게 된 그는 인생의 멘토(mentor)가 된 정주영 현대그룹 회장과 운명적으로 대면하게 되었다. 면접과정에서 정주영 회장이 "건설이 무엇이라 생각하느냐"는 질문에 이명박은 "건설은 창조입니다"라는 명답을 했던 것으로 알려지고 있다.

이명박은 1966년 현대건설의 태국 고속도로 건설 현장 근무를 위해 그곳으로 갔다. 거기서 일어난 '금고 사건'은 이명박을 정주영 회장의 뇌리에 각인시킨 결정적인 계기가 되었다. 금고를 노린 폭도들이 각목과 칼을 들고 사무실에 들이닥쳤다. 경리과 직원이었던 이명박은 폭도들이 휘두르는 각목과 폭력에 맞서 싸우다가 전신에 심한 부상을 입었고 그들이 던진 단도가 목 옆으로 날아가기도 하는 등 생명에 위협을 받기도 했지만 경찰차가 올 때까지 금고를 품에 안고 끝까지 지켜냈던 것이다. 이 사건을 통해 그의 용기와 집념, 그리고 위기의 순간에 보인 과감한 투지를 엿볼 수 있다. 이 사건으로 그는 현대그룹에서 영웅적인 존재로 인식되었다.

그는 중기(重機)사업소 관리과장으로 근무할 당시 멀쩡한 불도저 한 대를 해부한 적이 있다. 부품 하나하나를 모두 뜯어 완전히 해체해 놓고 매뉴얼 북에 따라 재조립한 것이다. "병신 같은 놈들……담당이 어떤 놈이기에 경부고속도로 건설현장에 투입될 멀쩡한 불도저를 뜯은 거야?"라는 정주영 회장의 불호령이 떨어졌지만 이명박은 정비공들을 장악하기 위해 스스로 불도저를 해체하고 조립하여 마스터한 것이라고 대답하였고, 그래서 정 회장은 이명박을 범상치 않은 인물로 보게 되었다. 그는 이 같은 열성적인 근무자세로 정 회장의 인정을 받아 입사한지 5년 만에 20대 나이로 이사가 되었으며, 12년 만인 1977년 35세의 나이로 현대건설 사장에 오르면서 '샐러리맨 신화'의 주역이 되었다. 태국, 월남, 중동 등 세계 각지에서 현대건설 경영자로서 그가 벌인 기업 활동은 글로벌 리더로서 필요한 자질을 갖추는 데 좋은 경험이 되었다. 그는 이사로 승진했던 해인 1970년 이화여대 출신이며 전매청 공무원 아버지를 둔 김윤옥과 결혼하여 세 딸과 막내아들을 두었다.

그는 1992년 14대 총선에서 민주자유당 전국구 의원으로 정계에 진출했고 1996년 총선에서는 '정치 1번지'인 서울 종로구에서 이종찬, 노무현 등 쟁쟁한 경쟁자들을 제치고 당선되었다. 하지만 선거비용을 법정한도보다 많이 썼다는 이유로 700만 원의 벌금을 선고받게 되었지만 선고 직전 의원직을 사퇴했다. 이것은 그의 정치 인생에서 최대의 위기였다.

그는 1995년과 1998년 두 차례 서울시장에 도전한 후 2002년 세 번째 도전에서 꿈을 이루게 되었다. 그는 모두가 불가능하다고 믿었던 청계천 복원 사업을 대표 공약으로 내세우고 치밀한 계획과 놀라운 추진력으로 끝내 성공시키고 말았다. 또한 그동안 복마전으로 불리던 서울의 대중교통 시스템을 획기적으로 개선했으며, 그 외에도 '서울의 숲' 조성, 서울 시청 광장 조성, 뉴타운 사업, 서울시 부채 3조 원 축소 등으로 서울의 면모를 근본적으로 바꾸어 놓았다. 이 같은 그의 업적은 국내는 물론 세계 언론으로부터 좋은 평가를 받았으며, 특히 타임지는 2007년 10월 청계천 복원을 높이 평가하여 이명박을 '올해의 환경영웅'으로 선정한 바 있다.

그는 '불도저'라는 별명을 얻을 정도로 뚝심과 추진력이 있다. 그러나 그 자신은 이 말을 싫어한다. 자신은 치밀한 계산과 고민 끝에 결심이 선 뒤에야 밀어붙이는 '컴도저(컴퓨터+불도저)'라는 것이다. 청계천 복원 때 이명박 시장과 서울시청 상인대책팀은 청계천 주변 상인들의 협조를 끌어내기 위해 무려 4,200번을 설득한 것으로 알려지고 있다. 무조건 밀어붙이는 것이 아니라 철저한 준비를 통해 일을 추진하는 것이 이명박식 일처리 방식이라는 것이다. 그에게는 열정, 도전정신, 추진력 등의 장점이 있는 반면 과욕, 포용력 부족, 안정감 결여 등의 단점도 있는 것으로 알려지고 있다.

▌'새로운 경제기적' 기대에 힘입어 당선

대통령 예비후보로서 이명박의 지지율은 2006년 전반기까지 박근혜에게 뒤지고 있었다. 그러나 그의 지지율이 박근혜를 앞지르기 시작한 것은 그해 후반부였다. 박근혜의 인기가 절정에 달했을 때인 그해 7월 초 북한이 장거리 미사일을 발사하면서 국민들의 안보위기 의식이 높아졌다. 그럼에도 노무현 정부는 국민들의 반대를 무릅쓰고 한국안보의 중심축 역할을 해 온 한미연합사 해체를 밀고 나갔다. 뒤이어 10월 9일 북한은 핵실험을 했다. 국민들의 안보불안 심리가 팽배했지만 박근혜 대표는 그 같은 안보불안 심리를 잠재우지 못했다. 그러한 가운데 남성이며 또한 강한 추진력을 가진 이명박 후보가 안보위기에 대처하는 데 적임자라는 인식이 확산되면서 그는 대통령 예비후보 중 지지율 1위로 올라섰고 그 후 한 번도 선두자리를 놓치지 않았다.

　그동안 노무현 정부는 이념적 논란으로 국민의 신망을 잃고 있었기 때문에 이명박은 '한반도 대운하 건설' 등 이념보다는 실용적인 경제 아젠다를 선점하여 경쟁자들보다 한 발 앞서 나갔다. 당시 경제가 어려움에 처해 있었기 때문에 성공한 기업인이며 서울시장이었던 그가 경제를 살릴 수 있는 적격자로 널리 인식되었다. 그는 전국을 순회하고 유럽의 운하, 일본의 과학도시, 중동의 기적이라 불리는 두바이, 인도의 첨단산업 현장을 둘러보며 미래 한국의 청사진을 그렸다.

　한나라당 대통령후보 경선은 한국 정당사상 유례가 없을 만큼 치열했다. 이명박은 '여의도 정치'에 대해 체질적인 거부감을 가지고 있었기 때문에 한나라당 내 계보를 만들기보다는 서울시장의 업적을 바탕으로 승부를 짓겠다는 우회 전략을 택했다. 그는 당내 지지기반이 취약한 아웃사이더였음에도 불구하고, 당대표를 지냈을 뿐 아니라 튼튼한 당내 기반을 가졌던 박근혜 의원과 막상막하의 명승부를 펼쳤다. 그의 청계천 복원, 시내버스 체계 정비 등의 업적은 노무현 정부의 무능력과 대비되면서 그에 대한 높은 지지로 이어졌고, 그 결과 한나라당 의원들은 당선 가능성이 높은 이명박 주변으로 모여들었다. 그는 또한 정권교체에 목마른 한나라당 지지층과 경제활성화를 바라는 중도층 다수의 지지를 받게 되었다. 그는 대의원, 당원, 일반국민으로 구성된 선거인단 투표에서는 박근혜 의원에게 뒤졌지만 여론조사에서 앞서면서 아주 근소한 차이로 대통령후보로 선출되었다.

　'BBK 주가조작 연루 의혹', '자녀 위장취업' 등 도덕성이 그의 아킬레스건이었다. 노무현 정부와 집권당은 'BBK 의혹'을 비롯한 이명박의 도덕성 문제를 집중 공략했다. 주가조작 혐의로 미국에 구속되어 있었던 김경준의 귀국, 소위 "이명박 국정감사"를 통한 여권의 공세 등, 이명박에 대한 집권세력의 공격은 집요했다. 그러나 당시 60퍼센트에 달했던 '노무현 정권 심판론'과 '경제대통령'에 기대를 건 국민여론을 되돌릴 수는 없었다. 당시 한 여론조사에 의하면, 능력과 경력을 후보 선택 기준으로 삼겠다는 응답이 57퍼센트인 반면, 도덕성을 고려하겠다는 응답은 20퍼센트에 못 미쳤다.[2] 선거 막판에 이회창 전 한나라당 총재가 탈당하여 출마했지만 이명박 대세를 변화시키지는 못했다.

이명박은 선거 캠페인을 통해 '경제살리기'와 '국민통합'이라는 시대정신을 강조했다. 그 같은 그의 행보는 '제2의 박정희'를 희구하던 국민정서에 부합했다. 그는 '경제 하나는 반드시 살리겠다'고 역설하면서 '747 경제선진화 공약', 즉, 향후 5년간 평균 7퍼센트의 고도성장을 이룩하여 10년 후 1인당 소득 4만 달러, 세계 7대 경제대국으로 부상시킬 것이며, 동시에 매년 60만 개, 임기 내 300만 개의 새로운 일자리를 창출하겠다고 약속했다. 그는 또한 중소기업 5만 개를 육성할 것이며, 기업의 투자 촉진을 위해 법인세를 낮추고 수도권 공장 증설과 신설을 허용할 것이며, 주택보급을 위해 개발제한 조치를 완화하겠다고 했다. 나아가 불법 노동운동을 억제할 것이며, 외국인 직접투자에 대한 차별도 없앨 것이라고 했다. 또한 정부의 조직, 인력, 예산을 축소하는 등, '작은 정부'를 구현할 것이며, 교육 등 모든 면에서 경쟁을 촉진하겠다고 했다. 나아가 사교육비를 절반으로 줄이고, 영유아 보육비와 교육비는 국가가 책임지며, 사회적 양극화를 해소하고, 서민들의 주요 생활비를 30% 감축하겠다고 했다.

많은 사람들은 이 같은 공약이 대부분 실현될 것으로 믿었다. 노무현 정부에 대한 실망과 '경제대통령'에 대한 높은 기대가 겹쳐지면서 이명박 후보는 530만이라는 압도적인 표차로 승리하게 되었다. 1987년 대통령 직선제가 부활된 이래 최고의 득표율이었을 뿐 아니라 지역과 세대를 뛰어넘는 폭넓은 지지를 받은 대통령이 되었다.

---

2) 권혁용, "정치연대 헛방, 범여권 도덕성 공세 헛방,"〈EAI 여론브리핑〉 제19호 (2007).

2. 이명박 정부 출범 전후의 국내외 여건

▌새 정부가 당면했던 도전들

대통령 선거의 결과는 무엇보다 10년 만의 좌우(左右)파 세력 간 정권 교체를 의미했다. 한나라당을 탈당해 무소속으로 출마한 이회창 후보의 득표율까지 합치면 우파 전체의 득표가 3분의 2에 이르렀다. 노무현 정부의 무능을 심판하겠다는 유권자들의 의지가 그만큼 강했던 것이다. 그것은 또한 한 쪽으로 기울어진 대한민국을 바로잡아야 하며 또한 지나친 이념중심의 국정운영을 탈피하고 실질적인 변화와 발전을 중시해야 한다는 시대정신을 반영하고 있었다.

특히 경영자 출신인 이명박은 '경제 살리기' 정책을 최우선 과제로 내세우고 친시장적 경제정책으로 국가경쟁력을 강화하여 새로운 경제도약을 이룩하겠다는 공약에 힘입어 당선되었기 때문에 상당수 국민들은 그를 경제위기로부터 구출해 낼 수 있는 '구원자'로 인식하고 있었다.

그의 취임 직전에 실시된 여론조사에서 가장 시급한 국가적 과제가 무엇이냐는 질문에 '양극화 해소'가 46.9%, '경제성장'이 32.8%로 경제에 관련된 문제가 압도적이었다.[3]

이명박 정부의 등장으로 한미관계와 남북관계에도 큰 변화가 예상되었다. 김대중 정부 이래 대북 화해·협력정책을 대외정책의 우선순위로 삼으면서 한미관계가 소원해지기 시작했으며 노무현 정부에서는 더욱 심화되어 '사실상의 이혼관계'라는 말이 나올 정도였다. 그럼에도 북한은 개혁과 개방을 외면하는 동시에 핵무기 개발 등 군사제일주의 노선을 고집함으로써 햇볕정책이 기대했던 것과는 반대 방향으로 나갔다. 이에 따라 대북정책의 근본적 수정은 물론 한미동맹을 정상화하고 강화해야 한다는 목소리가 높았다. 따라서 이명박은 한미관계를 강화하는 동시에 대북정책을 근본적으로 바꾸겠다고 약속했다.

대통령선거의 결과는 국정주도 세력의 교체 못지않게 실용주의와 탈(脫)여의도 정치를 특징으로 하는 '이명박 시대'의 개막을 의미하기도 했다. 이명박은 모든 것을 경영 마인드로 판단하는 것이 체질화되어 있었다.[4] 그는 1965년 입사로부터 1992년까지 27년간 현대건설에서 근무했으며, 그중 15년간을 사장과 회장으로 지냈다. 기업에서 잔뼈가 굵은 세월이 국회의원 6년, 서울시장 4년 등 정치권 이력보다 훨씬 길었다.

그러나 이명박 대통령이 가야 할 길은 결코 순탄한 것이 아니었다.[5] 그는 당장 대통령선거 이틀 전에 통과된 '이명박 특검법'에 따라 BBK 주가조작 사건에 대한 그의 연루 여부를 조사받아야 했다. 야당으로 전락한 대통합민주신당은 이명박을 대통령 당선자가 아닌 피의자로 취급하고 있었다. 또한 상당수의 국민들도 그의 도덕성 문제에 의혹의 눈초리

---

3) "정부신뢰 응답자 중 53% 위기대응 잘 못한다,"『중앙일보』, 2009년 2월 23일.
4) 김창균, "CEO형 대통령…… 실용주의 정치 열린다,"『조선일보』, 2007년 12월 20일.
5) "이명박호 앞길, 곳곳이 지뢰밭,"『조선일보』, 2007년 12월 19일.

를 보내고 있었다. 대통령직 인수위원회를 구성하여 취임준비에 적극 나서야 할 결정적으로 중요한 시기에 그 같은 조사를 받아야 했고 그 결과는 그의 대통령 취임 전후에 밝혀질 예정이었다.

또한 동시에 진행된 삼성 비자금에 대한 특검수사도 정국 운영의 불안 요소였다. 한나라당은 이미 2002년 대통령선거 자금에 대한 수사로 최악의 위기를 맞아 2004년 총선거에서 급조한 미니정당이었던 열린우리당에게 다수당의 자리를 빼앗긴 바 있다. 삼성 비자금 조사 결과로 한나라당이 불법 선거자금을 받은 사실이 밝혀진다면 그해 4월에 실시될 총선거에서 또다시 타격을 입게 되는 것은 물론 이명박 대통령에게 정치적 부담으로 작용할 가능성이 있었다. 이처럼 두 특검의 조사결과는 새로 출범하는 이명박 정권에 어떤 영향을 줄 것인지 짐작하기도 어려웠다. 그러한 가운데 대통령선거에 출마했던 이회창 한나라당 전 총재 주도의 신당 창당과 4월 총선 참여는 한나라당에 또 다른 도전이 되고 있었다.

뿐만 아니라 진보정권 10년이 남긴 후유증은 쉽게 해소하기 어려운 과제였다. 10년간에 걸쳐 과거를 부정하면서 정치사회적 갈등의 골을 깊게 했기 때문이다. 당시 대통령선거에 패한 야당과 그 지지세력은 이명박 정권에 적대의식을 가지고 보복할 기회만 노리고 있었다. 수천 명의 핵심멤버와 수만 명의 지지자들을 가진 진보단체들은 기회만 있으면 수십만 명까지도 동원할 수 있는 잘 조직된 세력이었다. 이명박 정부 출범 두 달 후 실시되는 총선거는 그들이 이명박 정권을 공격할 수 있는 절호의 기회로 인식되고 있었다.

국제경제 여건도 매우 불투명했다. 선진국에서 경제의 거품이 꺼지면서 2007년 여름부터 금융 불안이 고조되어 세계경제가 혼란에 빠져들고 있었다. 특히 미국 월스트리트에서 시작된 금융위기가 급속히 확산되어 2008년 전반기에 이르러 폭발직전이었고 이로 인해 미국경제는 심각한 위기로 치닫고 있었다. 2008년 여름 국제 유가(油價)는 배럴당 140달러를 넘어 1년 전에 비해 100퍼센트나 폭등하는 등 국제 원자재 가격이 급등했으며, 이로 인해 국내 물가는 5%를 넘나들고 있었다. 이처럼 대외

경제여건이 악화되고 있었기 때문에 이 대통령이 공약한 7% 성장은 고사하고 5%대 성장도 힘들 것이라는 비관론이 팽배했다. 이처럼 당시 한국 경제는 고유가, 고환율, 고물가, 고금리 등으로 어려움에 처해 있었다.

더구나 이 대통령은 새 정부 출범 이후의 '정치권 허니문'을 기대하기 어려운 형편이었다. 4월 총선을 앞두고 정부와 여당에 대한 적극적 견제에 나선 야당은 정부조직 개편안과 장관 후보자들에 대해 인사청문회를 계기로 공격수위를 높이고 있었다. 한나라당 내에서도 공천을 둘러싼 계파갈등이 일어날 가능성이 컸다. 이 모든 것들은 그의 국정 청사진을 펼치는 데 적지 않은 부담요인으로 작용했다.

이처럼 국내외적으로 어려운 여건에서 국정을 효과적으로 이끌어 나가기 위해서는 정부의 한계를 인식하는 것이 중요했다. 이 대통령은 대선에서 48.7%의 지지를 받았지만 62.9라는 역대 최저의 투표율을 고려한다면 전체 유권자의 30% 정도의 지지를 받은 사실상의 '소수파 대통령'이라 할 수 있었다. 더구나 그는 김영삼이나 김대중처럼 확고한 지지기반도 없었고 노무현처럼 충성심이 강한 이념적 지지층을 가진 것도 아니었다. 다시 말하면, 그에게는 체계적이고 조직적인 국정 주도세력이 없었다. 이처럼 한정된 정치적 자산을 가진 그가 성급하게 실적을 내려한다면 야권과 반대세력의 반격에 직면할 위험이 없지 않았다.

역대 어느 선거보다 압도적 다수로 당선되기는 했지만 그를 반대했던 사람도 많았고, 그에 대한 도덕성 논란과 취임 초의 인사실패로 회의적인 시선을 보내는 사람도 적지 않았다. 후보 당시의 열렬한 지지세력을 제외하고 대다수 국민들은 그를 막연한 시선으로 바라보았던 것이 대통령이 되고나서는 비상한 관심을 가지고 바라보게 되었다.

과연 그는 대통령직을 감당할 능력이 있으며 그를 믿고 따를 수 있는가? 국정에 대한 분명한 철학과 비전을 가지고 있는가? 국정목표 중에서 어디에 초점을 맞추고 있는가? 이제 국민들은 이 같은 시각에서 그를 평가하게 된 것이다.

▌빗나간 취임준비 활동

취임 후 100일 정도면 새로운 대통령에 대한 이미지가 형성되며 한 번 형성되면 쉽게 바뀌지 않는다. 마치 배우의 첫 작품 첫 장면의 연기가 그에 대한 이미지를 형성하게 되는 것과 마찬가지다. 또한 첫 단추를 잘못 꿰면 계속 잘못되듯이 정권도 시작 단계부터 잘못되면 신망을 잃어버리게 되어 계속 어려움에 직면할 가능성이 있다.[6] 대통령의 권력은 특이해서 취임 직후에는 가장 강력하지만 시간이 지날수록 약해진다. 대통령이 취임 초부터 주도권을 장악하여 이끌어 가지 못하면 쉴 사이 없이 일어나는 사건들에 의해 끌려갈 가능성이 있다. 그래서 취임 후 몇 달간이 결정적으로 중요한 것이다. 새로운 정부가 초기에 국민의 신뢰를 얻지 못하면 그 후에 신뢰를 얻기는 매우 어렵기 때문이다.

새로운 대통령과 정부에 대한 이미지는 대통령 당선 이후 당선자의 거취와 취임준비활동을 통해 형성되기 시작한다. 이처럼 취임준비 활동은 정권의 성공에 결정적으로 중요한 것이다. 그럼에도 노태우 정부 이래 역대 대통령 당선자는 취임준비를 제대로 하지 못했으며, 그 결과 역대 정부가 출범 초부터 시행착오를 면치 못하게 되었다고 본다.

이명박 당선자는 대통령직인수위원회를 구성하여 취임 준비에 착수했다. 이명박 당선자와 측근들은 결정적으로 중요한 시기에 선거의 승리와 새로운 권력에 도취되어 있었을 뿐 아니라 인수위위원회의 역할이 무엇인지 모르고 과욕에 빠져 적지 않은 시행착오를 초래했다. 대통령 취임 전까지는 노무현 정부가 국정을 책임지고 이끌어 가야 하며, 인수위원회는 대통령 취임 이후를 대비하여 조용하고 내실 있게 준비해야 마땅했다. 그러나 인수위원회는 공무원들을 불러 호통을 치는 등 점령군처럼 행세했고, 제대로 검토되지 않은 정책들을 잇달아 발표하여 논란을 불러일으키고 노무현 정부와도 불필요한 마찰을 초래했다.

---

6) Walter Williams, p.78.

예를 들면, 인수위원회는 휴대전화 요금 20% 인하, 유류세(油類稅) 10% 인하, 출퇴근 고속도로 통행료 인하, 군 복무자에 대한 공무원 시험 가산점 부활, 박물관 무료입장, 외래어 표기법 변경 등 정신없이 쏟아 냈다. 영어교육 문제 또한 논란거리가 되었는데 인수위원회 차원에서 교육의 세부문제까지 거론할 필요가 없었다고 본다. 이 같은 인수위원회의 시행착오로 이명박의 인기는 취임도 하기 전에 떨어지고 있었다.

이명박 당선자는 인수위원회의 '경제 살리기 특별위원회' 위원장을 직접 맡아 챙겼다. 그의 공약집은 경제 분야로부터 시작하여 전체 내용의 절반가량을 차지했고, 정치 분야는 맨 마지막이었으며, 외교·안보 분야는 바로 그 앞에 자리 잡고 있었다. 이처럼 '이명박 시대' 국정운영의 초점은 철저하게 경제에 맞춰져 있었다. "경제 하나 제대로 살리면 안보문제도 저절로 해결된다"는 것이 그의 지론이었다.

인수위원회는 이명박 정부의 출범을 앞두고 진보와 보수의 이념구도를 뛰어넘는 '창조적 실용주의'를 통해 산업화와 민주화 시대를 넘어서는 '선진화 시대'의 개막을 목표로 했다. 이를 위한 실천전략으로 '경제 살리기'와 '국민통합'이라는 시대적 정신에 근거하여 '활기찬 시장경제', '인재(人材) 대국', '글로벌 코리아', '능동적 복지', '섬기는 정부'를 5대 국정지표로 제시했다. 이를 실현하기 위해 대대적인 정부조직 개편을 통한 정부효율성 제고와 획기적인 규제개혁을 하고자 했다.

인수위원회는 장관 임명 전에 정부조직 개편문제를 매듭짓기 위해 정부조직 개편안을 발표했다. 즉, 2008년 1월 16일 작고 능률적인 정부를 만든다는 목표 아래 산업자원부와 정보통신부를 통합하여 지식경제부를 만드는 등 7개 부처를 통폐합하여 18개 부처를 13개로 축소하는 획기적인 정부개혁안을 내놓았다.[7] 통일부를 외교통상부에 통합하려 했던 것은 대북정책이 핵문제와 동북아정책을 포함하고 있음에도 그 분야의 전문가가 아닌 통일부 사람들이 핵문제와 동북아정책을 통일정책의 일

---

7) "사설: 진짜 정부개혁은 지금부터 시작이다," 『조선일보』, 2008년 1월 16일.

환으로 다루었기 때문이다. 그러나 통일부의 통폐합 등 정부조직 개편안에 대해 야당이 강력히 반발했고 여론도 이같이 중대한 문제를 여론수렴도 없이 일방적으로 했다는 데 대해 비판적이었다. 결국 통일부와 여성가족부를 존치하는 선에서 타협이 이루어졌다.

작은 정부가 국제적 추세였다고 볼 때 정부조직 축소는 바람직한 것이었다. 문제는 대통령이 바뀔 때마다 부처를 신설하거나 통폐합했고 그것도 국민적 합의가 없이 이루어졌다는 데 있다. 인수위원회는 또한 청와대 비서실의 명칭도 대통령실로 바꾸고 사정비서실을 폐지하고 비서실 인원도 20% 정도 감축하기로 했다.[8] 총리실 인원도 절반을 감축하겠다고 했고 전체 공무원의 수도 7천 명 정도 줄이겠다고 했다.

이명박 당선자의 인수위원회 활동은 다음 몇 가지 측면에서 되돌아 볼 필요가 있다.[9] 첫째, 인수위원회의 주된 목적은 퇴임하는 정부로부터 대통령직을 인수받는 것이 아니라 대통령 취임 이후의 국정운영을 준비하는 것이라는 것이다. 이명박 인수위원회의 핵심 관계자는 인수위 활동을 회고하면서 '정책'을 인수할 것이 아니라 '권력'을 인수했어야 한다고 했지만 이것은 인수위원회의 역할을 잘못 이해한 것이다.[10] 권력은 새로운 정부가 스스로 만들어내는 것이지 인수하는 것이 아니다. 미국에서는 인수위원회라 하지 않고 취임준비팀(transition team)이라 한다.

인수위원회의 두 번째 문제는 여론관리를 제대로 하지 못했다는 것이다. 이 기간 중 국민의 시선은 당선자와 인수위원회에 집중되기 때문에 홍보활동에 세심한 주의가 필요했다. 그런데 이명박 당선자는 인수위원회에 정치인을 상당수 포함시킨 결과 그들은 몇 달 뒤 있을 총선거에 대비하여 자신들의 이미지 관리를 위해 제대로 검토되지도 않은 정책을 언

---

8) 그러나 청와대는 그 후 사회통합수석실 신설 등 기구가 늘어났고 여러 명의 특보도 두는 등 또다시 비대해졌다. 청와대 조직의 안정화도 중시되어야 할 문제라는 것을 유의할 필요가 있다.

9) "사설: 새 정부 출범도 전에 국민이 피로하다니,"『조선일보』, 2008년 2월 4일.

10) "정책 아닌 권력 인수했어야,"『중앙일보』, 2008년 12월 19일.

론에 공개하는 등, 인수위 활동을 과도하게 정치화시켰던 것이다.

세 번째 문제는 인수위원회와 국정운영팀 구성이 별도로 이루어졌다는 것이다. 인수위원회 위원이 정부 구성 후 참여한 사람도 있지만 청와대 참모진과 장관 후보자들을 인수위원회의 자문 형식으로 참여케 하여 대통령 취임 이후의 정책 프로그램을 준비하고 팀워크를 다지는 활동을 하는 것이 바람직했다고 본다.

노태우 대통령 이래 다섯 번에 걸친 인수위원회 활동이 있었지만 위에서 지적한 문제들이 정도의 차이는 있지만 계속 지적되어 왔다. 따라서 대통령직인수위원회라는 명칭부터 대통령직취임준비위원회로 바꾸고 그 활동도 대통령 취임 이후의 국정운영을 위한 준비에 초점을 맞추도록 해야 할 것이다.

2008년 2월 25일 거행된 취임식에서 이명박 대통령은 "국민을 섬겨 나라를 편안하게 만들고, 경제를 발전시키고, 사회를 통합하겠다"고 약속하면서 2008년을 '대한민국 선진화의 원년'으로 선포했다. 새로운 정부에 대한 국민의 기대는 어느 때보다 컸다.

3. 한계를 보인 실용주의 리더십

▌기대에 어긋난 인사정책

대통령이 취임한 후 몇 달 동안 얼마나 효과적으로 국정을 이끌어 나가느냐 하는 문제는 재임 기간 전체의 국정운영의 성패를 좌우한다. 더구나 취임 초에는 결정적인 과오를 범할 가능성이 높다. 왜냐하면, 새로운 집권세력은 선거에 승리했고 권력을 장악했다는 자만심에 빠져 있지만 대부분 새로운 업무에 익숙하지 못하고 팀워크도 제대로 작동되지 않아 행정부를 제대로 장악하지 못하고 있기 때문이다. 그래서 정부 출범 초에는 집권층의 오만과 무지로 실책을 범할 가능성이 매우 높은 것이다. 과거 미국의 케네디 대통령도 지적(知的)으로는 뛰어났고 주변에 최고의 인재를 모았지만 취임 직후 쿠바 침공에서 실패했던 것은 바로 그때문이다.

통상 대통령 취임 후 6개월 내지 1년은 허니문 기간이라 하여 대다수 국민은 정부에 대해 호의적이고 야당과 반대세력도 비판을 삼가기 때문에 국정을 효과적으로 펴나갈 수 있는 기회이다. 그런데 이명박 정부는 허니문 시작과 동시에 인기가 떨어지고 있었다. 즉, 이 대통령에 대한 지지도는 집권 초 70%에 육박했으나 반년 만에 20%로 급락했다. 그렇게 된 이유는 인수위원회의 시행착오, 내각 구성과 청와대 참모진 인선에서 나타난 인사실패, 4월 총선을 앞둔 한나라당 공천파동, 그리고 광우병 파동에 대한 무능한 대처 등이 복합적으로 작용했다고 본다.

노무현 대통령의 인사정책에 실망했던 국민들은 경영자 출신인 이명박 대통령이 합리적인 인사를 할 것으로 기대했다. 이명박은 2001년『월간조선』과의 인터뷰에서 김영삼·김대중 대통령의 인사정책에 대해 다음과 같이 비판했다: "박정희 전 대통령 시절에는 나라 전체로 봐서 인재가 그리 많지 않아 사방에서 인재를 발굴해서 썼는데, 김영삼 전 대통령과 김대중 대통령은 자기 주변에서만 인재를 찾다 보니 있는 인재를 제대로 활용하지 못하는 듯한 느낌이 듭니다."[11] 그는 또한 한나라당 대통령후보 경선 당시에도 자신이 당선되면 "능력이 뛰어나고 새로운 세대를 대표하며 21세기형이고 국제감각이 뛰어나며 높은 도덕성을 가진 훌륭한 인재들을 기용하겠다"고 다짐한 바 있다.

그러나 그는 2008년 2월 1일 청와대 참모진을 학자 중심으로 구성하면서 기대에 빗나갔다. 대통령실장을 비롯한 9명의 청와대 간부 중 민정수석과 대변인을 제외한 7명이 모두 학자 출신으로 이것은 전례 없는 아마추어 비서실이었다.[12] 지리학교수 출신을 대통령실장으로 앉힌 것은 말할 것도 없고 정치경제학 교수를 외교안보수석비서관으로 임명한 것도 의외였다. 청와대 인사에 대해 언론은 '교수 비서실' 또는 '청와대학'이라고 비꼬았다. 그들은 훌륭한 학자였을지 모르지만 정치나 행정에는 경험이 없었기 때문에 중차대한 국가경영을 맡기기에는 역부족이라는 인

---

11) "위대한 CEO 박정희의 10가지 성공비결,"『월간조선』, 2001년 3월호.
12) 대변인도 언론인 출신이었으므로 그도 아마추어라고 할 수 있다.

상을 주었다. 또한 그들의 출신지역도 서울과 영남뿐이었고 재산도 평균 37억 원이나 되어 지나치게 많았고, 박미석 교육문화수석비서관 내정자는 논문 표절 의혹으로 비난을 받았다.[13)]

특히 청와대 인선에서 정무(政務)적 기능을 등한시한 것을 보면 아마도 이 대통령이 정치는 별로 신경 쓸 필요가 없다고 생각했는지도 모른다. 그러나 대통령은 최고 정치지도자로서 모든 통치행위가 정치이기 때문에 정치를 외면할 수 있는 자리가 아니다. 그래서 정치 9단으로 알려진 김영삼과 김대중 두 대통령도 첫 비서실장을 정치인 출신으로 기용했다고 본다. 아마도 이 대통령이 정치인과 공무원들을 불신했기 때문에 학자를 많이 기용했을지 모르지만, 학자는 조직 장악력 등 행정력은 물론 이해갈등을 조정하는 정치력 또한 부족하다. 1970년대 한국을 방문한 후쿠다 다케오(福田越夫) 전 일본 총리는 박정희 대통령과 환담하는 자리에서 "일본에서는 교수를 좀처럼 기용하지 않습니다. 그들은 우선순위 판단과 조직 운영에 서툴기 때문입니다"고 했다고 한다.

청와대 참모진을 발표한 지 2주 후 이명박 당선자는 총리와 장관 후보자들을 발표했지만 이들 또한 문제가 적지 않았다. 한승수 총리 후보자의 허위 경력 및 부동산 투기 의혹이 제기되었고, 일부 장관 후보자는 부동산 투기, 과도한 재산 보유 등의 논란이 있었고 어떤 후보자는 업무능력까지 의문이 제기되면서 여론의 지탄을 받게 되자 한나라당까지 나서 문제 있는 장관 후보자는 교체되어야 한다고 했다. 결국 이춘호 등 3명의 장관 후보자와 박미석 교육수석비서관 후보자가 물러나게 되었다. 이같이 문제 있는 인사들이 후보자가 된 것은 이 대통령이 인사 시스템을 무시했을 뿐 아니라 자신과 친분이 있는 사람들을 우선적으로 발탁했기 때문이라고 본다. 또한 그가 장관과 수석비서관은 물론 비서관까지도 직

---

13) 강천석, "이명박의 인사 이명박의 말," 『조선일보』, 2008년 2월 14일; "대통령실 기능 제대로 작동하나," 『동아일보』, 2008년 5월 10일; 황호택, "청와대 '교수비서실'," 『동아일보』, 2008년 5월 22일.

접 발탁했기 때문에 부적격자를 가려내는 인사 시스템이 제대로 작동될 수 없었다고 본다.

김영삼 대통령은 인사는 만사(萬事)라고 한 적이 있지만 이 대통령의 인사는 특히 다음과 같은 세 가지 측면에서 비판받았다. 첫째, 그의 인사는 언론에서 '고소영 S라인(고려대 · 소망교회 · 영남 · 서울시 출신)' 또는 '오사영(5대 사정기관장 전부 영남 출신)'이라고 비판받았듯이 편중된 인사라는 것이다. 대통령은 국민 모두의 대통령으로 인식되어야 하지만 대통령이 특정 출신을 선호한다면 국민의 신뢰를 상실하게 된다. 둘째, 도덕성 문제이다. 장관 후보자나 청와대 보좌관 후보자들 가운데 부동산 투기, 위장전입, 논문 표절 등 편법 행위를 한 경우가 많은 편이었다. 셋째, '강부자(강남 땅부자)'라는 말로 비난받았듯이 그들은 대체로 재산이 지나치게 많은 편이었다.[14]

이 대통령이 능력이나 전문성 등 인사에 있어서 실용주의를 중시했기 때문에 도덕성 문제를 등한히 했는지 모른다. 인수위원회 대변인은 후보자들의 재산 과다보유 논란에 대해 "재산이 많다고 비난받을 이유는 없다"고 했지만 설득력이 없었다. 기업경영에서는 성과가 중요하기 때문에 능력위주의 인사를 하면 되지만, 정부의 인사는 형평성과 도덕성이 중요하다. 1997년의 IMF 경제위기 이래 재벌, 기업인, 부유층에 대한 거부감이 상당히 넓게 퍼져 있었다. 따라서 재산이 많은 사람들에 대해 국민들이 위화감을 느끼고 있었고 또한 재산가들이 서민생활의 어려움을 제대로 이해하지 못할 것이라는 인식이 팽배했다. 이 대통령은 매우 어려운 환경에서 성장한 지도자였지만 몇몇 잘못된 인사로 '부자 정권'이라는 인상을 주어 그의 성장배경과 반대되는 이미지를 형성하게 된 것은 결정적인 실책이었다고 본다.

---

14) 고려대는 동창 간 결속력이 높기로 이름난 대학이다. 이명박은 대선과정에서 고대 동창들에게 일일이 전화를 걸어 지지를 당부했고 동창들은 이명박의 당선을 위해 적극적으로 나섰던 것이다.

특히 그의 인사에서 문제가 된 것은 측근을 중용한다는 것이다. 그는 모르는 사람을 믿지 않는 경향이 있고 그래서 인사시스템을 통해 광범위한 후보 중에서 체계적으로 발탁하는 것이 아니라 오랜 친분이 있는 사람, 그의 싱크탱크와 대통령선거 캠프 출신 중에서 그가 직접 발탁하는 것으로 알려지고 있다. 즉 객관적 기준에 의한 제도적 발탁이 아니라 대통령 자신의 기준에 의해 잘 아는 사람들 중에서 발탁한 것이다. 이러한 상황 하에서 참모진이 결격사유를 발견했더라도 대통령이 낙점한 사람을 반대하기 어렵고 그 결과 인사로 인한 잡음이 계속된 것이다.

미국의 태프트(William Taft) 대통령은 "한 사람을 임명할 때마다 아홉 명의 적을 만들고 한 사람의 배은망덕자를 만든다"고 인사의 어려움을 실토한 바 있다.[15] 대통령이 편중인사를 하면 할수록 반대세력은 더욱 강력하게 비판하게 되고, 지지자들까지도 돌아서게 만든다. 다시 말하면, 친위세력을 강화하면 할수록 반대세력 역시 강화되는 것이 권력의 생리라 하겠다.

성공한 경영자였으며 서울시장으로서도 명성이 높았던 그는 자신의 능력을 과신하여 대통령의 역할을 쉽게 생각했을 가능성이 있고 또한 비서실의 역할도 소극적인 것으로 인식했을 가능성이 크다. 아마도 그는 건설회사 사장 당시처럼 자신이 국정을 진두지휘하려는 의도에서 청와대 비서실은 단순히 비서역할에 그치면 된다고 생각했을지 모른다. 그래서 그는 비서실 인선을 발표하면서 "최고 중의 최고(the best of the best)"라고 했는지도 모른다.

그러나 외교와 안보, 경제와 사회, 그리고 정치에 이르기까지 국내외에서 일어나는 광범위한 문제들을 모두 자신 있게 처리할 수 있는 대통령이란 있을 수 없다. 대통령은 갖가지 국내외 문제들에 대해 신속하고 정확한 판단과 결정을 내려야 하는 자리이기 때문에 우수한 참모들의 보좌를 받지 않으면 안 된다. 따라서 이 대통령은 인물을 발탁할 때 자신에

---

15) 김충남, 『성공한 대통령 실패한 대통령』(전원, 1992), 166쪽에서 재인용.

대한 충성심이나 정치적 배려에 의한 인사가 너무 많이 포함되지 않도록 했어야 했다.[16]

국외자가 청와대에 들어가 복잡하고 변화무쌍한 국정 현안과 행정부 운영을 제대로 파악하려면 적어도 1년은 걸린다. 국정에 대해 아무런 경험 없는 학자들이 국가경영의 컨트롤 타워를 제대로 이끌어 나가기 어렵다는 것는 것은 불을 보듯 뻔한 일이다. 더구나 보좌관의 자리는 시간에 쫓기고 국내외 갖가지 사건사고에 대응해야 하는 긴장된 자리로서 배워가면서 일할 수 있는 자리가 아니다.[17] 오늘날의 정치는 민주화, 정보화, 세계화로 정부에 대한 국민의 기대는 높고 요구하는 것도 많지만 정부의 능력은 한계가 있어 국가경영은 과거보다 훨씬 어려워졌다. 뿐만 아니라 권력의 자리는 끓어오르는 화산 위에 누워 있는 것으로 비유될 만큼 위험한 자리이다. 따라서 청와대는 항시 고도의 위기관리 태세를 갖추고 있어야 한다. 대통령 보좌관들에게 뛰어난 정치적·행정적 역량이 요구되는 것은 바로 그 때문이다.

회사에서 이런 식으로 인사를 한다면 그 회사의 운영이 어떻게 될 것인지 자명하다. 국가경영은 회사와 비교할 수도 없을 정도로 어렵고 복잡한 것이기 때문에 이러한 인사가 어떤 결과를 초래할지 짐작할 수 있는 일이다. 이 대통령이 효과적인 국정운영에 필수적인 팀워크 강화를 목적으로 친분 있는 사람들을 다수 기용했는지 모르지만, 인사는 대통령과 정부에 대한 국민의 인식에 큰 영향을 미치는 고도의 정치행위인 것이다. 국정운영에 대한 경험이나 전문성이 부족한 사람들을 대통령실에 포진시켰으니 그들이 대통령을 보좌하기보다는 대통령의 지시를 쫓아가기에 급급할 수밖에 없었을 것이다. 새벽 4시 반에 기상하여 서두르는 대통령이니 비서실 직원들은 잠도 제대로 못자서 코피까지 흘리는 경우

---

16) 김충남, 『성공한 대통령 실패한 대통령』(전원, 1992), 125-126쪽.
17) 윤여준, "영원한 책사, 윤여준 전 의원의 MB리더십 진단," 『신동아』, 2008년 9월호.

도 있었다고 한다.

이명박 대통령이 비서실을 제대로 구성하지 못했다는 것은 취임 100일이 갓 넘은 그해 6월 20일 실장을 포함해 9명 중 7명을 교체하는 대수술을 단행했다는 것에서 증명된다.[18] 다행히 새로 구성된 대통령실은 호남 출신이 2명 포함되었고 관료와 정치인들이 다수를 차지했다. 그러나 정정길 울산대 총장을 대통령실장으로 임명한 것은 다시 한번 의외로 인식되었다. 정부가 위기의 와중에 있었기 때문에 정치·행정 경험이 풍부한 인사가 임명될 것으로 기대했기 때문이다. 물론 정정길은 다양한 경험을 가진 뛰어난 학자였고 또한 대통령 경제리더십에 대한 전문가였지만 전임 실장이던 유우익처럼 정치와 행정 경험이 없었다.[19] 그 후에도 이 대통령의 인사는 임기 내내 논란의 대상이 되었다. 그는 전직 대통령들의 인사에 대해 비판했던 것들을 대통령이 되고 나서 스스로 되풀이하고 있었던 것이다.

▌한나라당 공천 파동

대통령 취임 직후 실시되는 총선거는 새로 출범하는 정부에 큰 부담으로 작용할 뿐 아니라 위험한 것이기도 하다. 정부 출범 후 적어도 6개월은 허니문 기간으로 여야를 초월하여 국민화합 분위기에서 새 정부의 국정 청사진을 펼쳐나가야 할 기간이다. 그러나 이명박 정부 출범 두 달 후로 예정된 총선거를 앞두고 야당은 정부와 여당에 대한 비판과 공격의 강도를 높이고 있었다. 바로 몇 달 전 대통령선거에 패배한 야당과 그 지지세력은 총선거를 설욕의 기회로 삼고자 했기 때문이다. 그럼에도 불구하고 한나라당은 국정을 안정적으로 이끌어 나가고 야당의 도전에 대비

---

18) "한나라 집중포격에 左우익 右승준 무너져," 『중앙 Sunday』 67호(2008. 6. 22).
19) 정진홍, "대통령은 변하지 않았다," 『중앙일보』, 2008년 6월 20일.

하기 보다는 친박(親朴)계 정치인들을 대거 공천에서 탈락시키면서 공천 파동이 일어나 정권 출범 초부터 내분에 빠지게 되었다. 이것은 노태우 대통령 취임 직후 일어났던 현상과 유사한 것으로, 노태우 정부는 총선에서의 실책으로 인해 정부 출범 초부터 심각한 정치적 위기에 직면했던 것이다.

총선거를 앞두고 이명박 대통령과 가까운 한나라당 내 신(新)주류세력은 권력의 주도권을 장악하기 위해 당내 경쟁세력을 사실상 제거하고자 했다. 그들은 공천 작업을 주도하면서 '물갈이'라는 명분하에 중진의원 대부분을 탈락시키고 대통령후보 경선에서 이명박 후보에 맞섰던 박근혜 전 대표의 지지세력을 조직적으로 제거하고 주류측 인사들을 대거 공천하면서 한나라당은 심각한 공천파동에 휩싸이게 되었다. 친박계에 대한 '집단학살'이라는 표현이 나올 정도의 계획적인 물갈이는 민주주의 원칙을 정면으로 부정한 것으로 이 대통령의 결심 없이 이루어지기 어려운 것이었다.[20] 이 같은 공천에 대해 박근혜 의원은 "나도 속고 국민도 속았다"고 했으며 그 말은 많은 사람들의 공감을 받았다. 여의도 정치를 불신하는 이 대통령이 자신의 의도대로 정치판을 바꾸려고 했는지 모르지만, 이것은 그에 대한 국민의 신뢰를 약화시키는 결정적 요인이 되었다.

선거 결과는 이명박 정권에 대한 민심의 준엄한 심판이었다. 한나라당은 가까스로 과반수가 넘는 153석을 차지했을 뿐이고 한나라당의 텃밭인 영남지역의 여러 선거구에서 패했고 충청권에서는 단 1석을 얻었을 뿐이다. 그것도 야당인 민주당이 지리멸렬한 상태에서 나온 결과다.

---

20) 이명박 대통령의 친형인 이상득 의원은 정치경험이 적은 이 대통령을 위해 상당한 정치적 역할을 한 것으로 알려지고 있다. 그런데 그는 당정분리에 부정적이었을 뿐 아니라 공천은 대통령이 다 하는 것이라고 말한 바 있다. 그러나 한나라당 당헌 7조는 "대통령에 당선된 당원은 그 임기 동안 명예직 이외의 당직을 겸임할 수 없다."고 규정하고 있다. 김창혁, "MB정부의 체감법치지수,"『동아일보』, 2010년 7월 14일.

공천에서 탈락된 친박계 인사들은 '친박연대' 또는 '친박 무소속연대'의 기치 아래 대거 당선되었다. 특히 충격적이었던 것은 이 대통령의 오른 팔임을 자처했던 이재오와 또 다른 핵심측근인 박형준, 공천 작업을 주도했던 한나라당 이방호 사무총장과 정종복 사무차장 등이 모두 낙선했다는 사실이다.[21]

정치평론가들은 이 같은 선거결과는 이 대통령에게 내린 민심의 경고라고 했다. 당내 경선과정에서 이명박과 박근혜 간의 경쟁이 치열했고 그 앙금이 남아있는 상황에서 친박계 인사들을 제거하려 함으로써 대선 때 간신히 봉합된 당내 세력갈등은 공천파동으로 더욱 심화되고 말았다. 인사파동과 공천파동으로 인해 이명박 정권은 출범한 지 한 달 남짓한 때로부터 곤경에 빠지게 되었으며, 이로 인해 한나라당은 물론 새로 출범한 이명박 정권에 대한 신뢰도 크게 약화되었다.

이 대통령은 왜 국민이 자신을 압도적인 표차로 선택했는지를 제대로 인식하지 못한 것 같았고, 국민들 입장에서는 그들이 과연 정권을 교체했는지 의심할 지경이었다. 새 정부의 인사와 공천을 둘러싼 정치 싸움이 표면화되고 촛불시위로 사회가 혼란에 빠지면서 불과 몇 개월 전 한국 사회의 화두였던 '잃어버린 10년', 좌파정치의 종식, 경제살리기 등의 명제는 희미해지고 있었다.[22]

이명박 정권은 왜 출범 초부터 이 같은 인사잡음과 공천파동과 같은 과오를 범하게 되었는가? 이명박 대통령과 측근들은 2007년 대통령선거의 압승을 아전인수 격으로 해석하고 자만에 빠졌을 가능성이 크다. 그러나 누가 대통령 후보가 되든 2007년 대선에서 한나라당의 승리는 예정되어 있었다. 노무현 정부의 실정(失政)으로 한나라당은 2004년 총선 이래 모든 선거에서 계속 승리했다. 2006년 12월 CBS가 여론조사기관 〈리얼미터〉에 의뢰해 실시한 여론조사에 의하면, 2007년에 실시될 대통령

---

21) "사설: 대통령과 한나라당은 국민 무서운 줄 알라,"『조선일보』, 2008년 4월 9일.
22) 김대중, "MB의 정치력 부재,"『조선일보』, 2008년 3월 23일.

선거에서 열린우리당 후보가 이길 것이라고 본 사람은 8.3%에 불과했지만 한나라당 후보가 이길 것이라고 본 사람은 70%나 되었던 것이다.[23] 이처럼 이명박 후보의 압승은 그의 경제리더십에 대한 기대도 컸지만 노무현 정권에 대한 응징의 의미가 절대적이었다.

이명박 대통령이 경쟁자였던 박근혜 의원을 포용하지 못했던 것은 큰 실책이었다. 2004년 총선을 앞두고 노무현 대통령에 대한 탄핵소추 역풍과 불법 대선자금 조사로 몰락 직전에 놓인 한나라당의 대표로 취임한 박근혜 의원은 잔 다르크(Jeanne d'Arc)처럼 탁월한 리더십으로 예상 목표를 뛰어넘는 121석을 확보하여 한나라당을 구출했을 뿐 아니라 국민신뢰 회복에도 성공했던 것이다. 그것은 노무현 탄핵 직후 열린우리당 지지율이 54퍼센트였던 반면 한나라당은 16퍼센트에 불과했지만 3개월 만에 여야 지지율을 역전시키는 데 성공했다는 데서 나타나고 있었다. 그리하여 그 후 여러 차례의 재·보궐선거와 2006년 지방선거에서 한나라당의 압승으로 노무현 정권을 레임덕 상태로 몰아넣으면서 한나라당은, 패배주의를 극복하고 정권창출에 대한 자신감을 갖게 되었다. 따라서 이명박 후보가 당선된 것도 박근혜 대표의 탁월한 리더십에 힘입은 바 크다고 할 수 있다.

박근혜에 비하면 이명박은 한나라당에 기여한 것이 별로 없는 국외자였다고 할 수 있다. 더구나 박근혜 의원은 패배를 깨끗이 승복하고 이명박 후보의 당선을 위해 최선을 다했으며 이에 대해 이명박 후보는 당선되면 박근혜 의원을 "국정의 동반자로 삼겠다"고 약속했다. 그러나 그는 당선된 후 자신의 약속을 저버렸다. 그는 대통령직인수위원회에 친박계 인사를 한 명도 포함시키지 않았을 뿐 아니라 총선을 위한 공천에서 박근혜 세력을 제거하려 했던 것이다. 그는 정치력의 결집보다는 집권당의 주도권 장악을 위해 경쟁세력을 제거하는 '마이너스의 정치'를 한 것

---

23) "국민 70% '2007년 대선 한나라당이 승리할 것," 『뉴스앤뉴스』, 2006년 12월 8일.

이다. 정권의 지지기반을 넓히고 튼튼히 다지는 정치를 한 것이 아니라 그 반대방향으로 나간 것이다. 이로 인해 박근혜 의원을 지지해온 사람들이 이명박 정권에 대해 불만을 갖게 되면서 이 대통령에 대한 지지기반도 그만큼 약화되었다.

대통령은 정치적 자산(political capital)이 풍부해야 자신의 국정목표를 성공적으로 달성할 수 있다. 국민의 신뢰와 지지 그리고 지지하는 정치세력이 커질수록 정치적 자산이 커진다. 그래서 권력이란 나눌수록 커진다는 말이 있다. 권력을 독점하고 자기 정파에만 유리하게 사용하면 정치적 자산은 급속히 줄어들게 된다. 그것이 권력의 속성이다. 권력의 한계를 알면 권력을 독식하려 하기보다는 나누어 가지는 지혜를 발휘하는 것이 성공의 비결이다. 지지기반을 확대해야 정치적 자산이 늘어나기 때문이다. 김영삼 대통령이 그러했듯이 이 대통령은 당내 비주류세력을 박대함으로써 정치적 실패를 자초했다고 본다.

공천 물갈이로 인해 한나라당에는 정치원로가 별로 남아 있지 않았고 정치의 아마추어화(초선의원 비율 53%)로 정치의 안정성이나 효율성에서 뒷걸음치게 되었다. 여야 간 불신과 갈등이 깊어지고 있었지만 야당과의 대화와 협상에 나설 수 있는 경륜 있는 원로들이 별로 없어 여야갈등이 심화되었으며, 그 결과 정치에 대한 국민의 불신이 높아졌다.[24] 정치원로가 없는 정당과 국회는 대화와 타협보다는 물리적 충돌이 잦기 마련이며, 정치기반이 취약한 초선의원들은 물리력 행사에 앞장섬으로써 충성심을 보일 수밖에 없었다. 이러한 여건에서 국회가 제대로 운영될 리 없었다. 결국 한나라당은 공천에서 탈락시킨 바 있는 박희태를 대표로 영입하게 되었지만 국회의원도 아닌 당대표가 그 많은 국회의원들을 이끌어 나가기도 어려웠고, 야당과의 대화와 타협에도 나서기 어려웠던 것이다.[25]

---

24) "청와대 골칫거리 된 한나라당,"『중앙일보』, 2009년 2월 15일.
25) 김무성 의원도 친박계라는 이유로 공천에서 탈락되었지만 당선되어 결국 원내

정치에는 원로 정치인들에 의한 '윤활유' 역할이 필요하다. 신구(新舊)세대 간의 다리 역할을 하고 당내 이견을 조정하며 상대당과 막후협상을 할 수 있는 정치인들이 많아야 한다는 것이다. 그것은 경험과 영향력과 신뢰가 축적되어야 하는 것이다. 경륜이 쌓여야 입법활동도 제대로 할 수 있고 정치사회적 갈등도 해소할 수 있고 외교적 분쟁도 의원외교를 통해 풀어나갈 수 있다. 미국 상원을 보면 80세를 넘은 의원들이 많고 70대 중반 이후가 다수를 차지하고 있으며 상임위원장 등 요직은 다선(多選) 의원이 차지하는 것을 원칙으로 하고 있다. 우리 정치의 불행은 정치가 갖는 영향력이 막강하다는 것이 아니라 경험 많은 원로 정치인들이 내몰리고 아마추어 정치인들이 중구난방으로 정치판을 어지럽힌다는 사실이다.

이명박 대통령은 대통령후보 시절 여의도정치를 불신하며 이것을 탈피하겠다고 선언했기 때문에 공천을 통한 물갈이를 당연시했을지도 모른다. 그러나 한나라당을 위시한 한국 정당들은 주기적인 물갈이로 정당정치가 발전하기보다는 오히려 퇴보했다고 본다. 정당의 정체성이 불분명해지고 중진들이 별로 없어 안정되지 못하고 세력갈등이 빈번히 일어나면서 정치와 정당에 대한 불신만 높아졌다. 한나라당은 이명박 정부 출범 이래 4년도 못되어 다섯 번째 당 대표를 선출해야만 했고 두 차례의 비상대책위원회를 구성해야 했다.

이 대통령은 정치와 거리를 두는 것처럼 보였지만 실제로는 측근들을 통해 한나라당의 당직 인사, 국회 인사, 그리고 국회운영까지 주도하면서 집권당을 일방적으로 이끌어가려 했고 이로 인해 미디어법 처리나 세종시 문제에서 보듯이 친박계의 반발을 초래했다. 공천파동으로 본격화되기 시작한 한나라당의 계파갈등은 심각한 수준이어서 이 대통령의 국정수행에 적지 않은 걸림돌이 되어 왔다. 계파갈등에 휩싸인 한나라당은 국정을 주도하지도 못했고 국민여론을 국정에 제대로 반영하지도 못했

대표가 되었던 것이다.

다. 뿐만 아니라, 이 대통령의 중도실용주의에 영향을 받아 한나라당의 정체성이 불분명해지면서 신뢰를 상실하게 되어 선거에서 연달아 패배하게 되었다. 이처럼 이 대통령이 정치를 불신하고 외면했을 뿐 아니라 정치력까지 발휘하지 못하면서 그의 국정운영은 큰 타격을 받게 되었다.

▌광우병 파동에 무기력했던 정부

이명박 정부가 국정 청사진을 본격적으로 펼쳐나가야 할 결정적 시기인 2008년 4월 미국산 쇠고기 수입 결정에 대한 반발로 촉발된 촛불시위로 심각한 사회정치적 위기가 일어났다. 수도 서울의 심장부인 광화문 일대가 밤낮 할 것 없이 시위세력에 장악되어 무법천지로 변했으며 그러한 혼란이 3개월가량 지속되면서 이명박 정부는 법질서도 유지하지 못하는 무능한 정부로 낙인찍혔고, 이 대통령 또한 그 같은 사태에 대해 단호하게 대응하지 못한 나약한 지도자라는 인상을 주게 되었다.

이로 인해 그는 취임 3개월 만에 각료와 청와대 참모진을 대폭 교체해야 하는 미증유의 정치적 위기에 직면했던 것이다. 그리하여 이명박 정부는 조기에 국정동력을 상실하게 되었고 그의 리더십도 큰 타격을 입게 되었다. 대통령의 자리는 호랑이를 탄 것 같이 위험한 자리라는 말을 되새길 필요가 있었다.

성공한 지도자는 위기 시 용기와 결단력을 보여주었다는 것이 역사적 교훈이다. 당시 촛불시위가 심각한 국가적 위기로 악화되고 있었지만 정부는 위기위식도 없었고 위기관리 시스템도 작동되지 않았으며, 특히 이 대통령 자신이 시국을 적극적으로 수습하려는 의지를 보여주지 못했다. 그는 대통령선거의 압승으로 영웅처럼 등장했지만 촛불시위에 직면하여 기대했던 단호한 지도력은 찾아 볼 수 없었다. 그는 우리 사회가 안고 있는 잠재적 위험에 대한 인식이 부족했고 위기관리에도 무능했다. 일부 언론이 미국산 쇠고기의 광우병 위험을 왜곡 과장해도 정부는 아무런 대응도 하지 않았으며, 그리하여 왜곡된 정보가 빠르게 확산되면서 촛불시위는 '이명박 정부 타도 시위'로 변질되었던 것이다.

당시 촛불시위로 수많은 시민들이 고통받고 있었고 사회경제적 피해는 커져만 갔고, 대외적으로 한국의 국가적 위신도 땅에 떨어지고 있었다. 그러나 정부는 경찰로 하여금 광화문 도로를 컨테이너로 차단하게 하는 등 소극적 대응으로 일관함으로써 국민은 실망을 넘어 절망에 빠지게 되었다. 그러한 가운데 이 대통령은 5월 21일 대국민 사과문을 통해 "청와대 뒷산에 올라 시위대의 함성과 '아침이슬'[운동권 애창곡]을 들으며 국민을 편안하게 모시지 못한 제 자신을 자책했다"고 시위대에 동조하는 듯한 말을 함으로써 그가 대통령의 책임을 어떻게 인식하고 있는지 의심케 했다.

그는 성난 민심을 진정시킬 목적으로 "국민이 반대하면 대운하 건설도 포기하겠다"고 자신의 주요공약을 일찌감치 포기해 버렸고, 공기업 민영화 등 다른 주요 공약도 추진 동력을 상실하게 되었다. 그리하여 그는 대선 압승으로 얻은 정치적 자산을 두 달 만에 상당 부분 탕진하게 되었다.

질서 유지는 국가의 기본 책무인데 그것을 소홀히 한다면 제대로 된 정부라 할 수 없다. 국가나 사회가 위기에 처했을 때 대통령이 나서서 사태를 적극적으로 수습하는 믿음직한 모습을 보여야 국민이 믿고 따르게 된다. 이 대통령이 촛불시위에 소극적으로 대응함으로써 그에 대한 지지도는 취임 100일 만인 6월 중순 16%까지 추락했다. 취임 초에 대통령 지지율이 이처럼 곤두박질친 것은 전례없는 일이다.[26] 4월 초에 총선거가 실시되었지만 촛불시위로 인한 혼란으로 여야 간 갈등도 깊어져 선거 후 4개월이 지나도록 국회는 원(院) 구성도 못했고 9월 중순이 되어도 추경예산을 통과시키지 못했다. 한나라당도 공천파동에 따른 내분에 휩싸여

---

26) "구멍 뚫린 위기관리 기능," 『동아일보』, 2008년 6월 12일.

있었기 때문에 이 같은 위기사태에 제대로 대응할 수 없었다. 정부와 집권당의 무기력으로 국정 혼선은 최악에 다다랐던 것이다.

정부 출범 직후인 3월은 인사 파동과 한나라당 공천 파동이 있었고, 연이어 4월에 총선거가 있었기 때문에 이명박 정부는 제대로 팀워크를 갖출 시간적 여유도 없는 매우 취약한 시기였다. 그러한 가운데 이 대통령이 서둘러 미국을 방문했으며 정부는 이에 맞춰 미국과의 쇠고기 협상을 서둘러 타결하면서 그 같은 여론의 역풍에 직면하게 되었던 것이다. 당시 국정을 총괄하는 컨트롤 타워가 제대로 기능을 발휘하지 못했고 국정현안을 관장하는 부서도 제대로 일할 수 있는 분위기가 못되었다. 그럼에도 불구하고 그는 서둘러 미국을 방문하여 한미관계를 복원하고 한미 자유무역협정을 조기에 성사시키려 하는 가운데 그 같은 사태가 발생했던 것이다. 특히 효율성을 지나치게 중시하면서 정치적 협의나 국민적 합의 과정을 거치지 않고 쇠고기 수입 협상을 서둘러 마무리 지었던 것이 근본적인 문제였다.

당시 촛불시위가 급속히 번져나가 혼란이 악화되고 있었지만 대통령실은 이에 대응하는 데 무력했다. 아마추어들이 모여 있었으니 그럴 수밖에 없었다. 일류 기업이라도 모든 간부들을 한꺼번에 아마추어들로 충원된다면 상당 기간 제대로 돌아가기 어려울 것이다. 더구나 이 대통령은 처음부터 대통령실로 하여금 부처 업무에 관여하지 말라고 했기 때문에 이 사태에 대해 대통령실은 소극적으로 임했는지도 모른다. 그리고 정부 출범 초에는 행정부가 청와대의 눈치를 살피는 경향이 있기 때문에 청와대의 지시가 없는 상황에서 관계 부처가 적극적으로 대응하지 않았을 가능성이 크다.

한국의 반정부 세력은 어느 나라보다 막강한 편이다. 김대중·노무현 정부하에서 진보세력은 수백 개의 시민단체를 결성해서 조직적으로 활동해 왔다. 노무현 정부의 출범도 이러한 세력에 힘입은 바 컸다. 이들 진보적인 시민단체들은 대통령선거에 패배한 후 설욕의 기회만을 노리고 있었다. 그들은 이념으로 단합되어 있었고 조직적인 동원력을 가지고 있었던 반면 이명박 정부는 아직 제대로 가동되지 않고 있었다. 더구나 이명박 정권에 적대의식을 가진 일부 방송과 신문의 왜곡되고 과장된 보도는 대중들의 불붙는 감정에 기름을 끼얹는 역할을 했다고 본다.

촛불시위 사태는 출범 직후의 정부가 얼마나 취약하며 또한 시행착오를 범할 가능성이 얼마나 큰가를 보여주었다. 이 사태는 다음과 같은 교훈을 주고 있다. 첫째, 정부는 출범 초 어수선한 상태에서 국민적 공감대 형성 등 충분한 분위기 조성도 없이 민감한 문제인 쇠고기 수입 협상을 너무 서둘렀던 것이다. 둘째, 농민단체, 반미단체, 그리고 반정부 세력이 협상결과에 대해 어떻게 반응할 것인가에 대해 인식이 부족했다. 셋째, 대규모 촛불시위가 일어났음에도 정부는 이에 대해 즉각적이며 체계적인 대응을 하지 못했다. 특히 불법 집단시위가 수도 중심부를 몇 달 동안 마비시켰지만 정부는 법과 질서 유지라는 기본책임도 제대로 수행하지 못했다. 정부가 국정을 주도하려 한 것이 아니라 도전에 대응하는 데 급급했던 것이다. 이 대통령이 서울시장으로 재임할 당시 정무부시장을 지냈고 이명박 대선캠프에서 핵심 역할을 했던 정두언 의원은 이 사태와 관련된 언론 인터뷰에서 "대선에 이기고 나서 승리에 도취되어 전리품 챙기는 데 급급하여 막중한 국가경영에 대한 준비를 제대로 하지 않았다"고 한 것은 의미 있는 지적이다.[27]

정부 출범 초기의 이 같은 혼란은 '이념적 무임승차자'인 이 대통령의 예견된 실책이라 할 수 있다.[28] 그는 취임사에서 "이념을 넘어선 실용"이라는 구호를 내세웠지만, 급진이념으로 무장된 세력이 그의 실용주의로 인해 그들의 투쟁노선을 포기할 리가 없었다. 이처럼 이명박 정부는 이념으로 무장된 세력의 도전에 대응할 태세가 전혀 되어 있지 않았다. 경제활력을 회복하고 법과 질서를 확립하는 것과 같은 이명박 정부의 국

---

27) "청와대는 일부가 장악 …… 그들이 '강부자 내각'을 만들었다,"『조선일보』, 2008년 6월 6일.
28) 복거일, "이명박 정권은 패주하는 군대와 흡사,"『월간조선』, 2008년 8월호.

정 핵심과제는 이념과 동떨어진 것이 아니다. 그가 "경제 살리기"를 핵심적인 국정목표로 내세웠지만 법과 질서가 무너진 상태에서 경제가 제대로 될 리 없었다. 경제는 경제인들에게 맡기고 대통령은 경제외적 환경인 정치와 사회를 안정시키는 데 더 많은 관심을 기울여야 했다.

당시 민심의 밑바닥을 들여다보면 광범위한 불신과 불만이 누적되어 기회만 있으면 폭발할 가능성이 없지 않았다. 미국의 퓨 리서치 센터(Pew Research Center)가 2007년 봄 47개국에 대한 여론조사 결과를 보면, 한국 국민은 국가에 대해 불만이 가장 높은 세 나라 중의 하나였다. 즉, 한국인은 나라에 대해 9%만이 '만족한다'고 했고 무려 86%가 "불만"이라고 했다. 다시 말하면, 한국은 내우외환으로 수십 년 동안 극도의 빈곤과 혼란으로 고통받고 있는 레바논과 팔레스타인에 이어서 불만이 가장 높은 나라로 나타났던 것이다.[29]

이처럼 현실에 대한 불만이 팽배하게 된 것은 무엇보다도 1997~98년 외환위기로 직장을 잃거나 파산을 했던 많은 사람들이 고통 받게 되었고 그러한 고통이 아직도 광범위하게 남아 있었으며, 특히 노무현 정부의 실정으로 서민층의 삶이 더욱 어려워졌기 때문이었다. 상대적 빈곤층은 1990년대 중반에 9%였지만 2005년에 15%로 늘어나 양극화 현상은 더욱 더 심화되고 있었다.[30] 급속한 세계화로 한국의 국제경쟁력은 심각한 도전을 받고 있었지만 노무현 정부는 경제성장을 등한시함으로써 경제는 침체에 빠져 있었으며 이로 인해 많은 사람들이 어려움에 처해 있었다. 기업들이 공장을 중국, 베트남 등지로 옮기면서 실직자는 늘어나고 젊은이들은 일자리를 구할 수 없었다. 부동산 가격 폭등으로 서민들의 전·월세 부담이 커졌고 원유 등 국제 원자재가격 급등으로 물가가 뛰고 있었다. 뿐만 아니라 사교육비 부담도 엄청난 것이었다.

29) "한국인 국가만족도 '바닥' 9% 불과," 『세계일보』, 2007년 7월 25일.
30) Evan Ramstad and Sungha Park, "Korea protests betray deeper anger," *The Wall Street Jouranl Asia,* July 3, 2008.

물론 이러한 현상들은 오랫동안 누적된 것으로 손쉬운 해결책이 없었다. 그렇지만 국가경영을 책임진 대통령을 위시한 국가지도자들은 민심의 저변을 읽을 수 있어야 했다. 이러한 현상은 세계 여러 나라의 공통된 현상이기도 하지만, 한국의 불만은 심각한 수준에 이르고 있었던 것이다. 그러한 여건에서 재산이 많은 사람들을 정부 요직에 다수 임명함으로써 국민의 불만에 기름을 부은 결과를 초래했다고 본다.

　요컨대 이 대통령은 취임 직후의 연속된 실책으로 상당수 국민의 신뢰를 상실하게 되었다고 본다. 신뢰의 상실이 리더십에 있어서 얼마나 치명적인 것인가는 일찍이 공자(孔子)가 지적한 바 있다. 그의 제자 자공(子貢)이 나라를 운영함에 있어 가장 중요한 것이 무엇이냐는 질문에 공자가 대답하기를 첫째, 군사력이 충분해야 하고(足兵), 둘째, 먹고 사는 것이 어려움이 없어야 하며(足食), 셋째, 백성이 왕과 왕실을 믿는 것(民信)이라 했다. 이에 자공이 다시 "그중 한 가지를 버려야 한다면 무엇을 버려야 합니까?"라고 물으니 공자는 족병(足兵)이라 답했다. 자공이 다시 "두 번째로 버려야 한다면 무엇을 버려야 합니까"라고 물으니, 공자는 족식(足食)이라고 말하면서 나라를 운영하는 데 있어 가장 중시해야 할 것은 민신(民信), 즉 백성들의 믿음이라고 답했던 것이다.

4. 도전과 시련의 임기 전반기

▌기대에 크게 못 미친 취임 후 1년

이명박 정부 출범 후 6개월간은 잇따른 실책으로 평가할 것이 별로 없는 그야말로 '공백기'나 마찬가지였다. 국민의 높은 기대 속에 출범했지만 '인사'라는 첫 단추를 잘못 끼었을 뿐 아니라 한나라당 공천파동까지 겹쳐 신뢰를 크게 추락시켰다. 또한 미국산 쇠고기 수입에 저항하는 촛불시위를 제대로 수습하지 못하면서 선진화와 실용주의를 표방한 이명박 정부의 국정지표와 원칙은 빛을 잃고 말았다. 이명박 정부에 대한 기대가 너무 컸기에 그만큼 실망이 컸다고 본다.

취임 6개월에 즈음하여 한국기자협회가 기자들을 대상으로 한 설문조사에서 이 대통령에 대한 지지율은 고작 2.7퍼센트에 불과했다. 설문에 대답한 기자들 중 74.3퍼센트가 이 대통령이 잘못하고 있다고 보았고 특히 여론을 좌우하는 서울소재 종합일간지 소속기자들 중에 그가 잘하고 있다고 본 사람은 한 사람도 없었다는 것은 충격적인 사실이 아닐 수 없다.[31] 이것은 그의 리더십에 근본적인 문제가 있다는 것을 나타낸 것이다.

2008년 9월 말 중앙일보가 실시한 여론조사에 의하면, 이명박 정부의 국정운영에 대한 부정적 평가가 압도적이었다. 대통령, 개혁, 실업, 인사, 노동 등 5개 분야에 대해 긍정적 평가는 4~7퍼센트에 불과했고 부정적 평가는 54~65퍼센트에 달했다. 더욱 놀라운 것은 역대 정부 중 최악의 정부라 할 수 있는 노무현 정부 마지막 해인 2007년에 비해 더 못하다는 평가가 나온 것이다. 이 대통령이 취임 이후 잘한 일로 '부동산 정책 완화'(2%) 등이 꼽혔으나 미미한 수준에 머물렀고 '잘한 일이 없다'는 반응이 68퍼센트나 되었다. 취임 후 그가 잘못한 정책으로는 '미국산 쇠고기 수입'(13%), '물가 불안'(12%), '인사정책'(9%) 순으로 꼽았다.[32]

2008년 10월 한국사회과학센터가 실시한 여론조사에 의하면, 대선에서 이명박을 지지했던 사람들 중에 무려 38%나 이탈한 것으로 나타났다. 이탈한 이유는 '경제살리기 능력 부재'(39.4%), '인사정책 실패'(18.7%), '정책 일관성 부재'(14.9%), '리더십 부족'(11.1%) 등이었다.[33] 가난한 가정출신으로 역경을 극복하고 성공신화를 남겼던 그에 대한 기대가 컸지만 취임 후 갖가지 잡음과 시행착오를 거듭하면서 실망하게 된 것이다.

이처럼 이명박 정부에 대한 국민의 신뢰가 저조한 가운데 2009년 1월 20일 용산에서 재개발 반대 농성자들을 진압하는 과정에서 발생한 화재로 경찰관 1명 등 6명이 사망하고 25명이 부상하는 사건이 일어났다. 전년도 광우병 촛불시위 당시 정부의 무능한 대응에 비판이 많았기 때문에 용산사태에 대해 정부가 법질서를 확립하겠다는 의지를 가지고 강력히

---

31) "기자 303명, 이명박 지지율 2.7%,"『한국경제신문』, 2008년 8월 20일.
32) [국민의식조사] "주한 미군 계속 주둔해야" 49%,"『중앙일보』, 2008년 9월 22일.
33) 김형준, "대통령의 '리멤버 1219',"『서울신문』, 2008년 12월 17일.

대처하는 과정에서 일어난 불상사였다. 야당은 이를 호기로 삼아 정부를 공격했다. 김대중 전 대통령은 "목숨 바쳐 지켜 온 민주주의가 위기에 처해 억울하고 분하다. 행동하는 양심으로 들고 일어나야 한다"고 정부를 비난하며 국민을 선동했다. 노무현 정부에서 국무총리를 지낸 이해찬은 한 인터넷 카페 회원들을 모아놓고 "이승만, 박정희, 전두환 독재도 무너뜨렸는데 이명박 독재는 아무것도 아니다"라면서 이명박 정권을 독재정권으로 몰아 타도하자고 했다. 이에 따라 야당인 민주당은 정부에 대한 적극적인 공세에 나섰지만 여론의 지지를 받지는 못했다.

2009년 2월 25일 이 대통령은 아무런 행사 없이 취임 1주년을 맞았다. 이명박 정부 1년의 성적표는 초라했다. 국가선진화라는 국정 목표는 옳았지만 그것을 달성하려는 비전과 전략, 그리고 성과는 기대 이하였다.[34] '747 공약'의 실현은 고사하고 글로벌 금융위기로 한국경제는 심각한 어려움에 처하게 되었다. 그러나 이것을 외부요인 탓으로만 돌릴 수는 없었다. '경제 대통령'에 대한 기대가 컸던 만큼 그에 따른 실망도 컸다. 금산(금융자본과 산업자본)분리 완화, 출자총액 제한제 폐지, 방송법 개정 등 투자 활성화와 경쟁력 향상을 위한 입법이 시급한데도 정부는 국회 탓만 했을 뿐 적극적으로 나서지 않았다. 부실기업의 구조조정은 글로벌 금융위기로 인해 지지부진했으며, 특히 이 대통령이 공약한 '공기업 선진화'는 이렇다 할 성과가 없었다. '규제의 전봇대'를 뽑겠다고 했지만 눈에 보이는 몇몇 규제만 제거했을 뿐 시장경제의 활력을 저하시키는 실질적 규제는 그대로 남아 있었다.

글로벌 경제위기라는 대외적 변수와 반대 세력의 집요한 저항을 감안하더라도 국정운영은 서툴렀고 시행착오도 적지 않았다. 큰 틀에서 보면 이명박 정부가 지향했던 국정운영의 방향은 대체로 옳았다. 경제정책도 올바른 방향으로 가고자 노력했고, 10년간 훼손되어 온 한미관계도 신뢰가 회복되었고 일본 등 다른 우방들과의 관계도 개선되었다. 대북정책도

---

34) "사설: 이 정권 '답답했던 1년' 이대론 안 된다," 『동아일보』, 2009년 2월 25일.

지속가능한 상호주의 관계로 자리 잡으려는 과정에서 진통이 있었지만 인내하며 원칙을 고수해왔다. 지난 정권에서 왜곡된 바 있는 대한민국의 정체성을 어느 정도 교정한 것도 하나의 성과라 할 수 있었다.

취임 1주년을 맞아 이명박 정권의 창출에 핵심역할을 했던 20명의 인사들은 "지난 10년의 정권에서 흔들렸던 대한민국의 정체성과 사회 질서를 바로잡으려 노력한 것"을 가장 잘한 일로 꼽았다. "촛불시위나 용산 사건 등 어려운 순간에도 원칙을 지킨 것", "경제위기에 잘 대처한 일" 등도 성과라고 했다. 동시에 그들은 "소통과 화합 부족", "경험부족에 따른 초기 국정 운영 실패", "인사(人事)의 시행착오" 등을 잘못된 것으로 지적했다.[35]

그러나 대통령 취임 1주년을 기해 한국갤럽이 실시한 여론조사는 집권세력의 평가와는 크게 달랐다. "지난 1년간 대통령이 가장 잘한 일은 무엇인가"라는 질문에 '없다' 또는 '모르겠다'고 응답한 사람이 75퍼센트나 됐다. 집권세력이 최대 업적으로 꼽은 '정체성과 질서 확립'에 대해서도, 국민의 28.2퍼센트만이 '잘했다'고 했다. '경제문제에서 대통령이 잘하고 있다'는 응답은 22.7퍼센트에 불과한 반면, '잘못하고 있다'는 응답은 57.8퍼센트에 달했다. '경제 대통령'이란 구호를 내걸고 당선된 대통령에 대한 기대가 컸던 국민은 큰 실망을 나타냈다.[36]

또한 경실련(경제정의실천시민연합)이 이명박 정부 출범 1주년을 맞아 대학교수와 연구원 등 전문가 363명을 대상으로 이명박 정부에 대한 설문조사를 실시한 결과, 잘못했다는 응답이 무려 74.7퍼센트에 달했다. '잘못했다'고 응답한 사람들을 대상으로 그 이유를 물은 결과, 51.3퍼센트가 '낡은 사고와 구시대적인 상황 인식'을 꼽았고 이어서 '국민과

---

35) [이명박 대통령 집권 1년] "국가정체성 확립 잘 했지만 소통부족 아쉽다,"『조선일보』, 2009년 2월 24일.

36) "사설: 취임 1년, 국민의 거울 속에 비친 이명박 정부의 얼굴,"『조선일보』, 2009년 2월 23일.

의 소통 부족·권위주의적 행태'(42.4%), '대통령으로서의 자질이나 리더십 부족'(38.4%) 등의 순으로 나타났다. 1년간의 정책 전반에 대한 평가에서 72.7퍼센트는 '실패했다'고 했고, 9.4퍼센트만이 '성공했다'고 했다. '실패했다'는 응답을 한 사람들을 대상으로 그 이유를 물은 결과, 66.7퍼센트가 '기득권 세력에 친화적인 정책으로 인한 정책 공정성 결여'를 꼽았고 이어서 '국민적 합의 없는 일방적 정책 추진'(60%), '대통령의 인사실패'(25.4%), '정책프로그램 및 청사진 부재'(13.6%) 순으로 나타났다.[37]

1년간 추진한 정책 중 긍정적인 정책이 무엇이냐는 질문에 대해 신(新)성장정책을 꼽은 응답자가 19퍼센트, 감세정책 12퍼센트, 서민생활 대책 11퍼센트 순으로 집계됐다. 1년간 추진한 정책 중 잘못되었다고 본 것으로 '747 경제성장정책'이 39.7퍼센트로 가장 많았고 이어서 인사정책(20.7%), 대북정책(18.5%), 대기업정책(16.8%), 금융정책(16.3%), 부동산정책(16%) 순으로 나타났다. 이명박 대통령과 노무현 대통령의 국정운영행태 및 통치스타일을 비교하는 질문에 대해서는 이 대통령이 '오히려 비민주적이다'는 응답이 67.8퍼센트나 되었다. 이처럼 그의 이미지는 상당히 부정적으로 인식되고 있었다.

이명박 대통령은 상대후보를 531만 표 차이로 누르고 당선되었고 취임 당시에도 지지도가 50퍼센트를 넘었지만 1년도 못되어 20퍼센트대로 떨어졌으며, 그러한 예는 노무현 대통령 외에는 없었다. 여기에는 여러 가지 이유가 있었다. 무엇보다도 이 대통령이 국정 경험이 제한되어 있었음에도 아마추어 보좌관들을 대거 임명했으며, 예상했던 대로 그들은 대통령을 제대로 보좌하지 못했다. 또한 이 대통령과 측근들은 역대 대통령 중 가장 큰 표차로 승리했다는 데 도취되어 오만과 독선에 빠졌다고 볼 수 있다. 그러한 가운데 집권당 내 경쟁세력을 제거하려 하는 등

---

37) "이명박 정부 지난 1년 '낙제' …… 전문가 70% '잘못했다'," 『조선일보』, 2009년 2월 23일.

권력을 아마추어처럼 휘둘렀던 것이다. 또한 이 대통령은 조기에 성과를 내려고 너무 서둘렀다.[38] 그 자신이 준비 안 된 대통령이었고 그의 약점을 보완할 수 있는 시스템도 결여되어 있었기 때문에 성과를 거두기 어려웠다고 본다.

이명박 대통령은 임기 2년차를 맞이하면서 경제위기 관리에 초점을 맞추었다. 2009년 1월 2일 이 대통령은 신년사를 통해 '비상경제정부' 체제를 선포했고, 1월 8일에는 첫 비상경제대책회의를 개최했다. 매주 청와대 지하벙커에서 대통령 주재하에 개최된 이 회의는 주요 경제장관과 청와대 참모진, 민간 전문가들이 대거 참석해 위기극복을 위한 각종 대책을 협의하고 결정했다. 이처럼 그는 경제위기 극복을 전쟁에 임하듯 결연한 자세로 임했던 것이다.

그런데 그해 3월 검찰이 태광그룹 박연차 회장의 비자금을 수사하는 과정에서 비자금의 일부가 노무현 전 대통령 측에 전달되었다는 정황을 포착하고 4월부터 노 전 대통령은 물론 그 가족과 측근들을 대상으로 수사가 진행되었다. 노 전 대통령은 이 사건과 관련하여 2009년 4월 30일 검찰의 조사를 받았으며, 그에 대한 검찰의 2차 소환이 예상되고 있는 가운데 5월 23일 김해 봉하마을 사저 뒷산 바위에서 뛰어내려 자살했다. 그의 자살은 또다시 이명박 정부를 강타했다. 일부 야당과 반정부 세력은 이명박 정부를 '살인 정권'이라고 낙인찍었기 때문이다. 그들은 노 전 대통령에 대한 검찰 수사를 처음부터 정권 차원의 '보복 수사'로 몰아붙였던 것이다. 서울 도심에는 추모 촛불시위가 다시 등장하여 정국을 흔들었다. 정정길 대통령실장은 당시 청와대가 심각한 위기의식에 빠져 있었던 것으로 밝힌 바 있다.[39]

---

38) "이명박 대통령에겐 '충신'이 없다," 『월간조선』, 2009년 2월호.
39) "지방선거 패배 사의 …… 정정길이 말하는 '대통령실장 2년'," 『중앙일보』, 2010년 6월 23일.

▌세종시 수정안의 좌절

세종시 문제는 2002년 대통령선거 당시 노무현 후보의 '수도의 충청
도 이전' 공약에서 시작되었다. 세종시 건설은 2003년 '신행정수도특별
조치법' 통과로 국가정책으로 채택되었으나 2004년 헌법재판소의 위헌
결정으로 폐기되었다.[40] 그러나 노무현 정권은 포기하지 않고 국토균형
발전 논리를 내세워 행정부를 양분시키는 계획인 '행정도시건설특별법'
을 제정했다.

세종시가 건설되면 국무총리를 포함하여 9부 2처 2청 등, 행정부의 절
반 이상이 세종시로 이전하게 되고 청와대, 국회, 대법원과 나머지 정부
부처 6부 2청이 서울에 남게 된다. 2005년 3월 '행정도시건설특별법'이
통과될 당시 한나라당은 불법 대선자금 조사를 받은 이래 심각한 불신의
대상이 되고 있었고 또한 각종 선거에 대비하여 충청표를 의식하지 않을
수 없었기 때문에 논란 끝에 찬성하게 된 것이다. 그러나 당시 이명박 서
울시장은 "세종시 건설은 군대를 동원해서라도 막겠다"고 강력히 반대
했다.

2007년 대통령 선거에서 세종시 건설은 충청권에서 뜨거운 쟁점이 되
었다. 이명박 후보가 서울시장 재직 시 행정수도 건설에 강력히 반대했
기 때문에 그에 대한 충청권의 민심은 싸늘했다. 아무리 노력해도 충청
권에서 지지율이 올라가지 않았기 때문에 그는 박근혜 의원에게 지원을
요청했다. 박근혜 의원은 충청지역을 순회하며 한나라당이 집권하면 세
종시 건설을 반드시 관철시킬 것이라고 거듭 약속했다.

이명박 후보도 대통령선거 직전인 2007년 11월 28일 충남 연기군 소재

---

40) 이 법은 2003년 12월 29일 194명이 투표한 가운데 찬성 167명, 반대 13명, 기권
14명으로 통과되었다. 1년 전 행정수도 공약을 강하게 비난했던 한나라당 의원
대다수가 찬성표를 던질 수밖에 없었다. 4개월 후에 치러질 총선거에서 충청표
를 의식한 때문이었다.

행정도시건설청에서 가진 기자회견에서 "일부 도민께서는 이명박이 대통령이 되면 행복도시를 중단할 것이라고 오해하고 있는 분도 계십니다. 여권[민주당]에서 이명박이 되면 행복도시는 없어질 것이라고 저를 모략하고 있다는 것을 잘 알고 있습니다. 그러나 여기서 분명히 말씀드릴 것은 이미 [행복도시를] 추진하겠다고 약속을 했습니다. 저는 약속한 것은 반드시 지킵니다."라고 다짐한 바 있다.

세종시 수정 문제가 표면화된 것은 이 대통령이 2009년 9월 정운찬을 국무총리로 지명하면서 시작되었다. 정운찬은 총리 후보로 지명된 직후 "세종시는 경제학자인 내 눈으로 볼 때 효율적인 모습은 아니다"라며 수정 의사를 밝혔다. 이 같은 입장을 표명한 것은 그가 이 문제와 관련하여 이명박 대통령과 교감이 있었다는 것을 의미했다. 정운찬은 국회 인사청문회에서도 세종시 수정이 필요하다는 입장을 거듭 밝혔다. 세종시 수정에 대한 정운찬 총리의 입장은 곧 이 대통령의 방침임이 분명해 지면서 이 문제는 뜨거운 정치적 쟁점으로 부상했다. 충청권에 기반을 둔 자유선진당은 물론 세종시 원안을 추진했던 민주당은 강력히 반발했다.

이 대통령은 10월 17일 장·차관 워크숍에서 "국가의 백년대계를 위한 정책에는 적당한 타협이 있어서는 안 된다"면서 세종시 원안 수정 의사를 간접적으로 피력했고, 이틀 후 연기군 소재 행정도시건설청을 방문한 자리에서 "세종시 원안(原案)이 옳다면 갈 수도 있지만 아니라고 판단되면 바꾸는 게 지도자의 자세"라며 원안 수정 입장을 피력했다. 그러나 세종시 건설은 국회에서 여야가 합의해서 법을 제정하고 필요한 예산을 배정하고, 토지도 수용하여 공사가 진행 중인 국책사업이었다. 세종시 수정 논란이 최고조에 달했던 2009년 말 현재 토지보상비와 각종 공사 등에 총사업비 22조 5천억 원의 20%가 넘는 6조 원 규모의 예산이 투입되어 분당 신도시 면적만큼의 거대한 땅을 파헤친 상태였다.

세종시 수정이 옳은 일이라 하더라도 이명박 정부의 접근방식에 문제가 있었다. 문제가 해결될 수 있도록 어느 정도 여건을 만들어 놓고 문제 제기를 했어야 했다. 특히 이 대통령이 원안을 지키겠다고 약속했다가 그것을 지킬 수 없게 되었다면 국민에게 사과부터 했어야 하며, 특히 조상 대대로 살던 땅을 내놓고 이사했던 지역주민들의 허탈감을 헤아릴 수 있어야 했다. 또한 박근혜 대표 시절 많은 논란을 거쳐 통과시킨 법이기 때문에 박 전 대표에게도 사전 양해를 구해야 했다고 본다. 그러나 이 대통령은 다른 사람들에 대한 존중의 마음이나 배려가 없이 충청 출신 총리를 내세워 세종시 수정안을 밀어붙이고자 했던 것이다.[41]

이 같은 세종시 수정 움직임에 대해 박근혜 의원은 반대 입장을 분명히 했다. 10월 23일 그는 "세종시 건설은 한나라당이 여러 차례 국민에게 약속한 것이다. …… 정치는 신뢰인데, 신뢰가 없으면 무슨 의미가 있겠는가, 이 문제는 당의 존립에 관한 문제이다. 이렇게 큰 약속이 지켜지지 않는다면 앞으로 한나라당이 국민에게 무슨 약속을 하겠는가?"라면서 원안 고수 입장을 밝혔다. 대통령이 약속했고 국회에서 여야 합의로 특별법까지 만들어 시행중인 정책을 무효로 돌린다면 정부와 정치권의 공신력에 큰 타격이 될 것이라는 우려를 나타낸 것이다. 박근혜 의원은 세종시 특별법이 통과될 당시 한나라당 대표로서 여야 합의를 주도한 책임이 있고 그 후에도 세종시 건설은 원안대로 하겠다고 여러 차례 약속한 바 있다.

세종시 수정 여부에 대한 정치권의 논란이 가열되는 가운데 한동안 침묵을 지키던 이 대통령은 그해 11월 27일 '국민과의 대화'를 통해 자신이 대통령후보 시절 세종시를 원안대로 실천하겠다고 공약했던 것에 대해 국민에게 사과하면서 국가 백년대계를 위해 수정안을 관철시키겠다는 의사를 분명히 했다. 이에 따라 정부는 12월 16일 세종시 민관합동위원회를 발족시키고 수정안 마련에 적극 나섰으며, 동시에 정운찬 총리는 충청지역을 10여 차례 방문하여 주민들을 설득시키고자 노력했다. 정부는 세종시 성격을 행정도시에서 '교육·과학 중심 경제도시'로 변경하

---

41) 윤여준 외, 『문제는 리더다』(메디치미디어, 2010), 72-73쪽.

고 2010년 3월 세종시 수정법안을 국회에 제출했다.

이명박 정부는 지방선거가 실시된 2010년 6월 초까지 9개월간 세종시 수정안을 최우선 과제로 삼아 추진했지만 지방선거에서 충남북 지사와 대전 시장은 물론 그 지역 대다수 기초단체장까지 '세종시 원안을 지키겠다'는 야당 후보들이 당선되었다. 세종시 부지가 위치한 충남에선 세종시 수정안을 내건 한나라당 후보가 원안 고수를 표방한 민주당, 선진당 후보에게 한참 뒤처진 3등을 했다. 각종 여론 조사에서는 수정안 지지가 50퍼센트대에 머물렀을 뿐이며 충청권에서는 50퍼센트에도 미달했다. 이러한 상황에서 이 대통령은 세종시 문제를 매듭짓지 않을 수 없었다. 그는 6월 14일 세종시 문제에 대해 "이제는 국회에서 결정해줄 것을 요청한다. 정부는 국회가 표결로 내린 결정을 존중할 것"이라고 했다.

세종시 수정법안은 국회 해당 상임위원회에서 부결됨으로써 폐기될 형편이었지만 한나라당 친이계 의원 66명의 서명으로 본회의에 상정시켰다. 국회는 6월 29일 본회의를 열어 세종시 수정법안에 대해 표결에 부쳤지만 예상대로 부결되고 말았다. 이로써 9개월간 지속된 세종시 수정을 둘러싼 정치적 논란은 일단락되었다. 요컨대 세종시 수정안 실패는 이 대통령의 권위와 리더십에 상당한 상처를 주게 되었다.

이 같은 결과는 세종시 수정안을 시작할 때부터 어느 정도 예견된 것이었다. 왜냐하면, 박근혜 의원의 동의 없이는 세종시 수정법안의 통과는 어려운 일이었기 때문이다. 박 의원의 입장에서 보면, 수정안을 받아들이는 것은 '정치적 자살'이나 다름없었다. 이명박 후보 자신이 압도적인 지지를 받는 상황에서도 못했던 일을 다른 정치지도자에게 기대할 수는 없는 일이었다. 설령 이명박 정부가 갖가지 방법으로 국회의원들을 회유하여 수정안을 통과시켰다하더라도 2년 후에 있을 대통령선거에서 야당 후보가 "세종시 원안을 살려내겠다"는 공약을 내걸고 충청지역 표몰이에 나설 것이며, 한나라당 후보도 비슷한 공약을 하지 않을 수 없을 것이기 때문이다.

이처럼 서투르고 무리한 세종시 수정안 추진은 한나라당의 분열을 심화시킴으로써 이명박 정부와 한나라당에 대한 신뢰를 추락시켰고 그 결과 지방선거에서 한나라당 참패의 한 원인이 되기도 했다. 이 대통령이 세종시의 성격을 바꿀 생각이 있었다면 2007년 대통령선거 당시 국가 전체적으로 그리고 충청권에도 더 좋은 대안을 내걸고 승부를 벌였다면 그때 해결되었을지도 모른다. 그러나 그는 당선을 위해 모험을 피했던 것이다. 또한 세종시 수정 문제는 대통령직인수위원회의 과제에 포함되지도 않았으며, 이명박 정부하에서 2년 가까이 세종시 건설을 추진해왔던 것이다.

이 대통령은 수시로 "자신은 정치적으로 생각하고 정치적으로 판단하는 것을 선호하지 않는다" "세종시 문제는 정치논리가 개입되어서는 안 된다"고 했다. 그러나 세종시 문제는 단지 정부의 효율성이라는 차원에서만 판단할 문제가 아니었다. 이 문제는 국가의 약속, 수도권과 지방의 불균형, 무시당했다는 충청주민의 감정, 행정부 분할의 비효율성 등 갖가지 이해관계가 얽혀 있는 복잡한 문제였다. 그 자신도 후보 당시에는 세종시 문제를 정치적 계산에 의해 접근한 바 있다. 다시 말하면, 세종시는 '정책'의 문제가 아니라 '정치'의 문제였기 때문에 정치적 접근이 절실했던 것이다. 이처럼 중요한 문제를 해결하려면 그가 가용한 정치자산을 총동원하여 적극적으로 노력했어야 했다.

세종시 원안 수정에 가장 큰 이해관계가 걸린 사람은 한나라당의 유망한 차기 대통령 후보인 박근혜 의원이었다. 박근혜 의원은 충청지역의 표심을 고려할 때 세종시 수정안을 반대할 수밖에 없었다고 본다. 이 대통령이 박근혜 의원의 입장에 있었다 하더라도 그렇게 할 수밖에 없었을 것이다. 따라서 이 대통령이 세종시 수정에 착수하려면 무엇보다 먼저 박근혜 의원과 만나 허심탄회한 대화를 통해 해답을 찾고자 노력했어야 마땅하다. 그러나 그는 그러한 노력도 없이 박근혜 의원에게 잠재적 경쟁자가 될 가능성이 있는 정운찬을 총리로 임명하고 그로 하여금 세종시 수정안을 주도케 함으로써 박근혜 의원의 정치적 입지에 위협이 되게 했다. 박근혜 의원의 입장에서 보면 수정안이 관철된다면 한나라당 대표로서 충청지역에서 했던 약속을 지키지 못하게 될 뿐 아니라 파워 게임에서 밀리게 되는 반면, 정운찬 총리는 강력한 경쟁자로 떠오를 가능성이 있었다. 2008년 4월 총선에서 자신의 지지자들이 대거 공천에 탈락당한 바 있는 박근혜 의원으로서는 세종시 수정 의도를 의심했을 가능성이 크다.

또한 수정안을 관철시키려면 국회에서 다수의 지지를 확보해야 하지만 수정안을 지지하는 의원은 3분의 1 정도에 불과했다. 그렇더라도 국민을 적극적으로 설득하여 국민이 압도적으로 찬성하게 만들었다면 국회의원들이 생각을 바꿀 수 있었을지 모르지만 국민 설득을 위한 노력 또한 부족했다. 과반수 지지를 확보하지도 못한 가운데 표 대결을 벌여 패배함으로써 이명박 정권의 분열되고 무능한 모습만 노출시킨 결과가 되고 말았다.

이 대통령은 뒤이어 동남권 신공항 건설 공약을 백지화함으로써 그의 리더십이 또 다른 상처를 입게 되었다. 그는 2011년 3월 31일 정부의 동남권 신공항 공약 백지화와 관련하여 공약을 지킬 수 없게 된 것에 대해 사과했다. 물론 이에 대해 "잘못된 공약을 포기하는 것이 진정한 용기"라는 긍정적 평가도 있었다. 그러나 따지고 보면, 그는 자신의 주요 공약인 한반도 대운하 건설, 신공항 건설, 세종시 건설은 물론 반값 대학등록금, 의약품 슈퍼마켓 판매 등 다른 공약들로 인해 정치적 어려움을 겪게 되었다. 당선에 급급하여 진정성 없는 공약 또는 이행하기 어려운 공약을 한 후 대통령이 되고 나서 약속을 어김으로써 공약을 남발했다는 비난을 피할 수 없게 되었다.

▌지방선거 참패

2010년 6월 초에 실시된 지방선거는 이명박 정권에 대한 냉혹한 중간 평가였다. 지방선거 두 달을 앞두고 천안함이 북한에 의해 폭침되었고 이로 인해 안보위기가 지속되면서 한나라당은 낙승을 예상했지만 결과는 완패였다. 한나라당은 16개 시·도지사 중 여섯 곳, 시장·군수·구청장 228곳 중 82곳에서 승리하는 데 그쳤다. 서울의 25개 구청장 중 네 곳만 이겼을 뿐이다. 민심은 호랑이 같다는 말이 있지만 권력에 대한 응징은 이처럼 매서웠다. 정몽준 한나라당 대표는 선거 패배의 책임을 지고 대표직에서 물러났고 정정길 대통령실장도 물러나게 되었다.

6·2지방선거 결과로 지방권력이 상당 부분 야당에 넘어감으로써 이명박 정부의 국정운영 동력은 현저히 약화되었다. 지방의회를 장악한 야당은 서울, 경기 등지에서 지방행정을 일방적인 방향으로 끌고 가려 했다. 예를 들면, 민주당이 압도적 다수를 차지한 서울시 의회가 통과시킨 조례는 오세훈 시장이 요구한 것은 모두 반대하고 곽노현 교육감이 요구한 것은 모두 찬성했다. 세계에 유례없는 0% 대 100%였다. 또한 지방선거를 통해 선출된 다수의 진보성향 교육감들로 인해 교육개혁에도 제동이 걸리게 되었다. 오히려 진보적인 교육감들은 그들 휘하에 있는 교육청들을 전교조의 부속기관처럼 만들어 정부의 교육정책을 사사건건 방해하려 했고 무상급식, 학생 인권조례 제정 등 이념적 프로그램도 추진하여 교육계를 더욱 혼란스럽게 만들고 있었다.

그러한 가운데 야당 출신 지방자치단체장들은 4대강 정비 사업에 반대하고 있었고 이와 관련하여 야당인 민주당의 정치공세도 강화되고 있었다. 이에 대해 이명박 대통령은 4대강 정비 사업은 어떤 난관이 있더라도 반드시 성공시키겠다고 다짐했다. 이에 따라 2011년도 예산에서 4대강 정비 관련 예산은 중요한 정치적 쟁점이 되었다. 야당은 4대강 정비 예산의 대폭 삭감을 주장했기 때문에 여야 간 타협은 불가능했으며 따라서 한나라당이 단독으로 예산안을 통과시킬 수밖에 없었다.[42]

---

42) 이 대통령은 예산안 통과에 깊은 관심을 가졌던 것으로 보인다. 예산안 표결을 둘러싸고 야당 의원들이 의장석을 점거하고 농성하는 것을 한나라당 의원들이 몸으로 밀어냈으며 그중 김성회 의원과 야당 의원 간에 주먹질이 오가게 되었다.

이 대통령이 글로벌 경제위기 속에서 한국은 어느 나라보다 조기에 성
공적으로 경제위기를 극복했고 외교에서도 괄목할 만한 성과를 거두었
는데 집권당은 왜 지방선거에 참패하게 되었는가? 무엇보다도 먼저 지
적되어야 할 것은 이명박 정부가 주요 정책을 추진함에 있어 여론을 존
중하고 국민과 함께 간다는 인상을 주지 못했다는 것이다. 다시 말하면
소통에 실패했다는 것이다. 이 대통령은 취임 이후 기자회견다운 기자회
견 한 번 하지 않았다. 진보정권 10년간 추진되어 온 정책을 바꿀 필요가
있다면 왜 바꾸어야 하며 또한 어느 방향으로 가야 한다는 활발한 논의
가 있어야 했다.

둘째, 이 대통령의 인사정책은 지속적인 논란과 불신의 대상이 되었다.
정권 초부터 지역과 학교 등 사적인 인연으로 얽힌 인사를 해서 국민에
게 실망을 안겨 주었다. 관료사회에서는 이명박 정부의 인사가 편중되고
공평하지 않으며 특정인맥의 독식이 지나치다는 인식이 퍼져 있었다.[43]
2009년 7월 천성관 검찰총장 후보자가 스폰서 문제로 낙마했을 때 청와
대는 인사검증 시스템을 강화하여 흠 없는 사람을 가려내는 데 인사의
중점을 두겠다고 하면서 청와대 내에 인사기획관 자리를 신설했다. 그러
나 2010년 6월 지방선거 참패 후인 8월 8일에 실시된 '국정쇄신을 위한
개각'에서 총리 후보자와 두 명의 장관 후보자가 낙마했다. 그리고 나서
이 대통령은 "좀 더 엄격한 인사검증 기준을 만들라"고 지시했지만 그
해 말 감사원장 후보가 또다시 낙마했다.

대통령은 무려 2만여 개의 자리를 바꿀 수 있는 막강한 인사권을 가지
고 있지만 대통령실의 인사보좌기능은 취약하기 짝이 없었다. 청와대는
인사기획관 자리를 만들었지만 1년 이상 그 자리를 비워두고 인사비서

그런데 이 대통령은 예산안이 통과된 후 김 의원에게 전화를 걸어 격려함으로써
일부 언론의 비난을 받기도 했다.
43) "사설: 모든 소란은 청와대 인사라인에서 시작됐다," 『조선일보』, 2010년 7월
9일.

관 1명과 공무원 인사담당 행정관 1명, 공기업 담당 행정관 1명 등 3명이 이처럼 막중한 인사업무를 다루고 있었을 뿐이다.[44] 이 대통령이 제도적 장치를 통해 인사를 하는 것이 아니라 측근들의 비공식 보좌를 받아 폐쇄적으로 인사관리를 한다거나 '영포라인(대통령 고향인 영일·포항 인맥)'과 대선 사조직인 선진국민연대가 정부 인사에 영향력을 행사하고 있다는 주장이 난무했던 것도 근거 없는 것이 아니었다.[45] 그들이 인사를 좌지우지하다 보니 장관들조차 "내 마음대로 국장 한 명 임명할 수 없다"는 말이 공공연히 떠돌게 되었다.

셋째, 이 대통령의 정치력 부족을 들 수 있다. 세종시 수정안이나 4대 강 사업 등 국정 과제를 추진함에 있어 정치적 절충과 여론 수렴을 소홀히 했다. 그는 "정치는 당에서 알아서 하라"고 말해 왔지만 이것은 그가 당의 의견과 역할을 중시하지 않고 있다는 것을 의미한다. 세종시 문제는 같은 당의 친박계 의원들조차 설득하지 못했고 야당 지도자와 마주 앉아 절충을 시도해 보지도 않은 가운데 정운찬 총리를 앞세워 추진하려 했던 것이다. 4대강 사업도 환경문제 등 논란이 많았음에도 전국의 강을 한꺼번에 파헤치는 것은 지나친 실적주의에 빠져 있었음을 보여 준 것이다.

넷째, 정부가 천안함 사태를 제대로 다루지 못하여 역풍을 초래했다고 본다. 한반도에 긴장이 높아지면서 보수적인 여론이 우세했고 정부와 여당은 국민의 대북 적개심을 의식하여 강경 발언을 쏟아냈다. 천안함 사태에 휩쓸려 그동안의 정부와 집권당의 업적이 무엇이며 지방선거의 결과가 국민과 어떤 관계가 있는 것인지에 대해 국민들에게 적극적으로 홍

---

44) 인사기획관 자리는 설치된 후 1년 4개월 동안 공석으로 있다가 2010년 말 폐지되었다.
45) 비선조직 논란의 중심에는 영일·포항 출신 공직자 모임인 영포회와 대선 당시 사조직인 선진국민연대가 있었다. 선진국민연대 대표 인사 250여 명이 청와대에 초청되었을 당시 참석자 소개를 하면서 "감사급은 너무 많아 사장급만 소개하겠다"고 할 정도였다.

보하지 않았다. 오히려 야당이 천안함 사태를 전화위복의 기회로 활용했다. 이 사태로 인해 위기의식이 높아지면서 야당은 이명박 정권의 잘못된 대북정책으로 전쟁이 날지 모른다며 불안 심리를 자극했고 상당수의 젊은이들이 이에 동조했던 것이다.

마지막으로 집권당인 한나라당은 공천 파동, 세종시 수정 등에서 보여주었듯이 심각한 계파 갈등으로 국정을 주도하지 못하여 국민에게 실망을 주어왔던 것이다.

지방선거 이전까지만 해도 대통령 지지도가 50%에 육박했으므로 지방선거에서 좋은 결과가 나올 것으로 기대하고 있었다. 세계 경제위기 속에서도 한국경제는 비교적 좋은 실적을 내고 있었고 대통령의 외교도 좋은 평가를 받고 있었다. 문제는 집권층이 그 같은 실적에 만족하여 민심이반 현상을 제대로 인식하지 못하고 있었다는 데 있었다. 실제로 서민층은 현실에 대해 불만이 많았고 미래에 대한 희망도 가질 수가 없었다. 일자리 구하기와 내 집 마련이 어려웠고, 자녀교육 문제도 암담했으며, 노후 대책도 불안했다. 그런 가운데 전세와 물가도 급등했다.

그런데도 한나라당은 경제회복과 수출증가에 만족하며 대통령의 높은 지지도에 안주하고 있었다. 젊은이들이나 서민들을 만나 그들의 어려움에 대해 함께 고민하고 치열하게 토론하는 '설득의 정치'를 야당의 절반도 하지 않았다. 20~30대가 투표장에 몰릴까 우려하고 있었을 뿐이며 무엇을 위해 표를 달라는 것인지 설득력 있는 메시지가 없었다.

지난 대통령선거에서 이명박 후보의 압도적 승리에는 노무현 정권에 대한 실망에서 비롯된 반사적 지지가 큰 역할을 했다. 그러한 지지는 새로운 정부가 기대에 못 미친다고 판단되면 언제든지 떠날 수 있는 것이다. 어떤 정부도 국민들의 높은 기대 수준을 충족시키기 어렵기 때문에 이명박 정부는 처음부터 국민들의 기대수준을 낮추고자 노력할 필요가 있었다고 본다. 정권에 대한 기대수준이 높을수록 실패할 가능성이 높기 마련이다.

이러한 가운데 천안함 사건이 터졌다. 정부가 이 같은 위기를 다루는 데 미숙함을 보이면서 국민의 신뢰는 더욱 낮아졌다. 2010년 9월 서울대 통일평화연구소가 실시한 설문조사에 따르면, 천안함 사건에 대한 정부 조사 결과를 믿는 사람이 10명 중 3명에 불과하다는 충격적인 결과가 나왔다. 그 원인을 분석한 결과, 이명박 정부를 신뢰하지 않는 사람들은 천안함 조사결과도 믿지 않는다는 것이다.[46]

문제는 지방선거 참패 후 정부와 여당이 민심이반 현상을 제대로 인식하고 이에 필요한 국정쇄신과 대통령의 국정운영에 근본적 변화가 있었느냐는 것이다. 오히려 이 대통령은 친정체제를 더욱 강화했을 뿐 아니라 국정운영도 더욱 일방적이라는 인상을 주었다. 중소기업 진흥이나 일자리 창출에 대한 기본정책도 없는 가운데 장관 등 일부 대통령 측근들은 고압적인 자세로 대기업을 비난하거나 억누르는 데 앞장섰다.

더구나 집권층은 현실성도 없는 통일문제와 개헌문제를 거론하면서 구제역과 저축은행 사태와 같이 수많은 사람들에게 치명적인 피해를 준 위기사태는 소홀히 다루었다. 감사원이 저축은행 사태 대응에 나서고 있는 가운데 2010년 9월 김황식 감사원장이 총리로 임명되었다. 그런데도 이 대통령이 감사원장 자리를 5개월간 공석으로 방치했던 것은 큰 실책이라고 본다. 그 기간 중에 일부 감사위원들이 저축은행 구명운동에 나섰기 때문이다.

지방선거 패배 후 취임한 한나라당 안상수 대표는 잦은 말실수 등 리더십 부족으로 아무런 의미 있는 변화를 이끌어내지 못했다. 이처럼 지방선거 참패 후 1년 가까운 기간에 이명박 정권은 그 패인(敗因)에 대한 근본적 처방이 없는 가운데 2011년 4월의 재·보궐선거에 임했지만 그 결과는 또 다른 충격이었다. 한나라당의 전통적인 강세지역인 분당에서 한나라당을 탈당하여 민주당 대표가 되었던 손학규가 한나라당 전 대표

---

46) 『조선일보』, 2010년 9월 8일. 이것은 그해 6월 행정안전부가 실시한 여론조사에서 응답자의 75% 정도가 '북한이 천안함을 공격했다'고 생각했다는 것과는 크게 대조적이다.

였던 강재섭을 누르고 당선된 것이다.[47] 대선 당시 이명박 후보의 수도권 지지기반이었던 중산층과 30~40대가 대거 이탈했기 때문이다. 그리하여 이 대통령의 지지율도 30% 초반으로 추락했다.[48] 이명박 대통령과 한나라당에게 빨간색 경고등이 켜진 것이다.

청와대는 뒤이어 실시된 서울시장 보궐선거 패배를 충격적으로 받아들이고 있지만 지난 지방선거와 보궐선거의 패배를 되풀이한 것에 불과했다. 문제는 20~40대의 3분의 2 이상이 박원순 후보를 지지했다는 사실이다. 지난 대선 당시 이명박 후보가 그들로부터 상당한 지지를 받았던 것을 고려할 때 이는 심각한 민심이반이었다. 청와대는 현실에 대한 불만, 미래에 대한 불안, 기득권층에 대한 불신으로 들끓는 민심에 깜깜했던 '정치의 칼라파고스'였는가. 권력의 자리는 끓어오르는 화산 위에 누워 있는 것처럼 위험하기 짝이 없다고 했다. 이명박 정부하에서 소통부재, 편파인사, 일방적 국정운영 등으로 비판받아 왔지만 민심이반의 핵심요인은 경제였다. 당초 20~40대는 '경제대통령'에 대한 기대가 컸지만 그동안 청년실업, 서민경제 침체, 전세가 폭등 등으로 고통받아 왔다. 선거 초반에 터진 내곡동 사저(私邸) 문제는 폭발지경에 있던 민심을 분노케 했다. 대통령 자신이 편법적이었다는 비난에 직면했던 것이다.

그러나 청년실업, 양극화 등은 세계적 현상이다. 2002년 대선 당시 노무현 후보도 20~30대로부터 60% 정도의 지지를 받았지만 그러한 문제를 해결하는 데 실패했다는 사실을 고려할 때 손쉬운 해결책이 없다고 본다.

---

47) 바로 3년 전 한나라당의 임태희 후보는 71%를 득표했고 대선 당시 이명박 후보는 66%를 득표했다.
48) "MB 지지도 최근 넉달새 44.4→31.8%로,"『동아일보』, 2011년 5월 26일.

5. 경제위기 극복에 성공한 경제대통령

▌성장을 앞세운 친기업정책

이명박 대통령은 '경제를 살리겠다'는 구호에 힘입어 대통령에 당선되었다. 노무현 정부의 반기업적 경제정책으로 경제성장이 저조했기 때문에 국민들은 경제 활성화를 희구했으며 그러한 기대에 부응할 수 있는 사람은 기업인과 서울시장으로 성공신화를 이룩했던 이명박이라고 확신했기 때문에 그를 대통령으로 선출했던 것이다. 대통령선거에서 이명박 후보는 '747공약' 즉, 향후 10년간 연평균 7퍼센트 성장으로 1인당 소득 4만 달러에 도달하여 세계 7대 경제대국이 되도록 하겠다는 야심찬 공약을 내세웠고 다수 국민은 그것이 가능할 것으로 믿었던 것이다.

그러나 이명박 정부 출범 당시 국내외 여건은 그처럼 희망찬 목표를 달성하기에 크게 불리했다. 무엇보다 2007년 후반부터 국제경제 여건이 악화되면서 내수와 수출, 제조업과 서비스업이 동시에 침체되고 있었다.

동시에 국제 원자재 값이 치솟아 2008년 여름에 이르러 원유 값은 배럴당 140달러를 돌파했다. 에너지와 원자재를 수입에 의존하고 있는 한국에서 수입가격의 급격한 상승은 곧바로 물가앙등으로 나타났다. 그리하여 한국경제는 고(高)유가, 고환율, 고물가, 고금리 등 네 가지 어려움에 직면하게 되었다.

이 대통령은 진보정부 10년간 왜곡된 경제정책을 바로 잡고 세금감면, 규제완화, 공기업 민영화, 작은 정부와 큰 시장 등 'MB노믹스(MBnomics)'를 통해 경제활력을 회복하고 나아가 고도성장을 이룩하고자 했다.[49] 당선 직후인 2007년 12월 이 대통령은 경제계 지도자들을 만난 자리에서 "차기 정부 정책의 핵심은 비즈니스 프렌들리(친기업)"라고 말하며 적극적인 투자를 당부했다.[50] 이명박 정부는 소득세, 법인세, 종합부동산세 등 주요 세금을 대폭 감면했고, 기업활동에 관련된 각종 규제도 풀었다. 대기업의 숙원이었던 출자총액 제한도 풀었고 공정거래법을 개정하여 기업의 지배구조 확립도 가능케 했다. 아울러 수출 촉진을 위해 원화 가치를 10퍼센트 정도 낮게 유지했다. 법적 형평성 논란 속에서도 형사 처벌된 기업인들을 사면 복권했다. 이러한 정책은 대기업을 적대시 해 온 노무현 정부에서 시작된 성장동력의 추락을 막고 나아가 경제활력을 회복하는 데 크게 기여했다.

그러나 3~4퍼센트 수준의 성장에 머물러 있던 경제를 단기간에 7퍼센트 수준으로 올리기 위해서는 수출과 내수를 획기적으로 활성화시킬 수 있는 적극적 조치가 필요했다. 이명박 정부가 새로운 성장 동력으로 중시한 것은 한반도 대운하 건설이다. 이를 통해 전국적으로 건설경기를 활성화하고 지역개발도 도모하려 했던 것이다. 또한 미국 의회에서 한미

---

49) MB노믹스의 설계자인 강만수는 기획재정부 장관이 되었으며 그는 정책방향이 정해지면 비판에 구애되지 않고 밀어붙이는 소신파였다.

50) 기업인 1,000명에게 공항의 VIP실을 사용하도록 했고 기업인이 대통령과 소통할 수 있도록 청와대에 핫라인을 설치하는 등 특권적 대우를 하게 했다.

자유무역협정이 조기에 비준될 수 있도록 하기 위해 이 협정 비준의 장애요인으로 간주되어 온 미국산 쇠고기 수입을 허용했다. 이 협정이 조기에 비준되어 발효된다면 미국에 대한 수출증가는 물론 경제활력 회복에 도움이 될 것으로 인식했던 것이다.

그러나 '747 공약'의 7퍼센트 성장은 불가능한 목표였다. 경제가 어느 단계에 도달하면 빠른 성장은 불가능한 것이다. 당시 한국의 잠재성장률은 4% 수준에 불과했다. 더구나 이명박 후보의 경제팀이 '747 공약'을 만들 당시 미국 월스트리트에서는 이미 금융위기가 시작되고 있는 등 세계경제가 침체국면에 빠져들고 있었기 때문에 무역의존도가 높은 한국 경제에 타격이 될 것이 분명했다.

그러나 이 대통령은 자신의 핵심공약을 처음부터 포기할 수는 없었으며 그래서 적극적인 친기업정책을 펴나갈 수밖에 없었다. 국내외 경제여건 악화로 서민생활이 고통 받고 있는 가운데 추진된 그의 친기업정책은 비판에 직면할 수밖에 없었다. 무엇보다도 그는 재산이 많은 사람들을 청와대 보좌관이나 장관으로 임명하면서 '부자정권' 또는 '강부자(강남 땅부자) 정권'이라는 나쁜 인상을 주었다.

그러한 가운데 정부가 법인세 및 소득세 인하, 자본소득세와 상속세 감면, 종합부동산세 인하 등 광범위한 세금 감면을 단행하면서 대기업과 부자들을 편애한다는 인상을 주었다. 특히 성급한 종합부동산세 완화는 실책이었다고 본다. 부동산 소유자들은 종합부동산세 폐지를 강력히 바라고 있었지만 집 없는 서민들은 몇십억씩 하는 부동산 소유자들에 대해 불만이 많았는데 종합부동산세를 완화함으로써 '부자를 위한 정권'이라는 이미지를 강화시키고 말았다. CBS가 〈리얼미터〉에 의뢰해 실시한 여론조사에 의하면, 정부의 종합부동산세 완화가 잘못된 조치라는 응답이 65.7퍼센트로 나타난 반면, 잘한 조치라는 반응은 25.7퍼센트에 불과했다.[51]

---

51) *The Dailynews*, 2008.9.25.

이명박 대통령의 첫 국정기획수석비서관을 지낸 곽승준은 훗날 중앙
일보와의 인터뷰에서 집권 초기의 경제정책의 잘못을 인정했다. 즉, 그
는 정부가 기업과 부유층에 혜택을 주는 정책을 서둘러 실시함으로써 서
민층의 반감을 사게 되었다고 말했다. 기업들이 자금부족으로 투자를 못
하는 것이 아니라 자금을 쌓아두고도 투자환경이 나빠 투자를 하지 않고
있었기 때문에 투자를 하도록 하기 위해서는 제도개선과 규제 개혁이 선
행되어야 했지만 법인세 인하부터 했다는 것이다. 또한 중산층 이상에게
혜택을 주는 종합부동산세를 완화한 것은 어려움에 빠져 있던 서민층이
등을 돌리게 하는 원인이 되었다는 것이다.[52]

2008년 여름 글로벌 금융위기가 덮치면서 이명박 정부의 친(親) 대기
업 기조는 더욱 강화되었다. 경제위기를 헤쳐 나가는 데 대기업의 수출
경쟁력이 핵심이라고 보고 수출 증진을 위해 높은 환율정책을 유지했
다. 이로 인해 원화 가치는 떨어지고 일본의 엔화 가치가 크게 올라가면
서 일본에 대한 한국의 수출경쟁력이 강화되어 한국의 수출은 글로벌 위
기하에서도 양호한 실적을 거두었다.[53] 당시 원화에 비해 달러의 가치는
57퍼센트나 상승하여 세계에서 아이슬란드 다음으로 가장 많이 올랐고
이에 따라 수입 물가도 급등했다. 원화 가치의 인위적 하락은 수출기업
에게는 유리했을지 모르지만 원자재를 수입하거나 외화대출을 받은 기
업에게는 엄청난 어려움을 초래했다. 더구나 원유 가격 등 수입 원자재
가격이 급등한데다 높은 환율로 인해 수입물가가 더욱 높아지면서 서민
들은 큰 고통을 받게 되었다. 이 같은 대외 경제적 어려움은 부동산가격
급등 등 국내물가가 불안한 시기와 겹쳐 2008년 여름에 이르러 물가가
뛰기 시작했다. 뒤늦게 물가안정 정책으로 선회했지만 이미 늦었고 또한

---

52) "곽승준 미래기획위원장 인터뷰," 『중앙일보』, 2010년 7월 30일.
53) 윤창현, "이명박 대통령 1년 6개월 중간평가: 바깥의 비바람과 폭우를 온몸으로
    막아내," 『월간조선』, 2009년 8월호, 214-222쪽.

오락가락하는 정책으로 정부에 대한 신뢰만 떨어뜨렸다.[54]

이러한 가운데 야당과 반대세력은 이명박 정부의 경제정책은 재벌과 부자들을 위한 정책이라고 비난했다. 한 여론조사에 의하면, 70퍼센트 가까운 국민이 이명박 정권은 '부자들을 위한 정권'으로 인식하고 있는 것으로 나타났다.[55] 정책은 언제나 정치적 선택이다. 다시 말하면, 정책을 선택함으로써 이익을 보는 사람이 있는가 하면 상대적으로 손해를 보는 사람이 있는 것이다. 과도한 종합부동산세를 내리는 것은 당연했지만 이로 인해 부동산거래가 활성화되어 부동산값이 오르면 전·월세가 올라가 서민들의 부담이 커진다. 기업의 세금 부담을 덜어주는 것은 경제활성화를 위해 필수적이다. 그러나 이것을 이해 못하는 국민들은 이명박 정부가 재벌을 위한 정책을 편다고 비난하면 솔깃해질 수밖에 없다. 경제논리로 합당한 정책이라도 소통능력이 부족하면 국민으로부터 불신을 받게 되는 것이다.

더구나 정부 출범 초인 4월부터 시작된 광우병 사태가 장기화되면서 경제정책을 제대로 펴나가기 어려웠고 주요 공약도 보류하거나 수정할 수밖에 없었다. 즉, 쇠고기 수입 반대 시위로 인해 한반도 대운하 건설 공약은 취소되었고 공기업 민영화도 지지부진하게 되었다. 국가경쟁력 강화 차원에서 공기업 민영화는 '엠비노믹스'의 핵심이었다. 2008년 5월 정부는 305개 공공기관 중 50~60개를 민영화하면 일자리, 특히 청년층 고용이 늘어날 것이고, 민영화에서 생기는 60조 원의 수입으로 중소기업과 공교육을 살리겠다고 했지만 공기업 민영화는 6개에 그치고 말았다. 광우병 파동을 통해 반정부세력의 저항을 실감한 정부는 공기업 노조 등 노동계의 반발을 우려했을 뿐 아니라 뒤이어 몰아닥친 경제위기로 일자

---

54) "이준구 교수 '정부 오락가락'으로 최대 위기," 『조선일보』, 2008년 9월 17일.

55) "South Korea: Lee pursues a right-leaning agenda," Oxresearch, Oxford, December 9, 2008; Bruce Kilngner, "Getting the Bulldozer Back on Track," *Korea Times*, June 8, 2008.

리 창출이 어려워지면서 공공부문의 개혁을 사실상 포기했던 것이다.

뿐만 아니라 여야 간 그리고 한나라당 내 파벌대립으로 이 대통령이 추진해 온 경제살리기를 뒷받침할 입법에 아무런 진전이 없었다. 시장경제에 대한 확신과 한국경제의 미래에 대한 확고한 비전이 없었기 때문에 경제정책은 원칙도 일관성도 없이 임기응변적으로 바뀌는 경향이 있었고 이에 따라 정책에 대한 신뢰가 낮았다. 한나라당 정책위의장을 지낸 이한구 의원은 이 대통령의 리더십에 대해 "이념도 뚜렷하지 않고, 정책 실현을 위한 치밀한 전략도 없고, 끝까지 밀고 나가는 것도 없다"고 비판했다.[56] 국제 경제여건이 불투명했을 뿐 아니라 정치사회적으로 불안정했고 정부의 경제정책도 신뢰를 주지 못했기 때문에 기업들이 투자를 꺼리면서 2008년은 10여 년 이래 투자가 가장 저조했던 한 해였다.[57]

이러한 가운데 이 대통령은 2008년 8월 15일 건국 60주년 기념식을 계기로 '녹색성장'이라는 새로운 경제성장 비전을 제시하면서 50조 원을 투자하기로 했다. 이를 위해 정부는 2009년 1월 초 '녹색 뉴딜정책'을 발표했는 바, 대체 에너지 개발, 친환경 기업 육성, 4대강 개발, 친환경 자동차 개발 등을 하기로 했다. 뒤이어 대통령 직속으로 녹색성장위원회를 설치하여 녹색성장정책을 뒷받침하도록 했다. 또한 정부는 '4대강 살리기' 사업을 경제위기 극복은 물론 새로운 성장동력으로 삼고자 했으며 이를 위해 정부는 23조 원을 투자하겠다고 했다. 여기에는 문화관광부의 '문화가 흐르는 4대강 사업,' 농식품부의 '금수강촌 만들기 사업,' 국토해양부의 '지방하천 정비사업,' 그리고 환경부의 폐수 및 하수처리장 건설 등에 소요되는 예산은 제외되어 있었기 때문에 이것까지 포함한다면 4대강 사업은 30조 원 정도의 예산이 투입될 것으로 예상되었다.

---

56) 『연합뉴스』, 2009년 5월 17일.

57) "사설: DJ · 노무현 때보다 더 저조한 투자," 『중앙일보』, 2008년 8월 20일.

글로벌 경제위기와의 전쟁

그러나 2008년 여름부터 세계경제는 심각한 위기에 빠져들고 있었다. 그해 9월 미국 투자회사 리먼브러더스의 파산으로 시발된 미국 금융위기는 단기간 내에 글로벌 금융위기로 확산되었다. 국제 금융위기가 심화되면서 한국에 진출한 외국 투자자들은 그들의 본사에서 필요한 현금을 동원하기 위해 한국시장에서 자본을 빼가면서 '제2의 외환위기'가 우려되기도 했다.

그해 10월 한 달 동안 250억 달러의 외국자본이 빠져나가는 등 모두 600억 달러의 외국자본이 이탈하면서 다음 해 초에 이르러 원·달러 환율이 1,600원 선까지 치솟았고 수출입도 20퍼센트나 급감했다. 이 같은 위기에 직면하여 정부는 보유한 달러를 내다 팔며 달러 가치를 안정시키려 했지만 외화만 낭비하고 말았다. 당시 로이터 통신은 "달러 유동성 경색으로 한국의 은행과 기업이 외채상환 능력을 상실할 위기에 처했다"고 보도하면서 국내외에서 2008년 '9월 위기설' 또는 2009년 '3월 위기설'이 파다했다. 영국의 이코노미스트는 한국경제의 안전도를 폴란드와 함께 신흥시장 중 최하위로 평가하면서 한국이 '제2의 외환위기'에 빠질 위험이 있다고 보도했다.

실제로 2008년 가을부터 한국의 각종 실물경제 지표에 일제히 빨간 불이 켜졌다. 2008년도 한국의 성장률 하락폭은 경제협력개발기구(OECD) 회원국 중 가장 컸으며, 무역수지도 132억 달러의 적자를 기록하여 1997년 이후 11년 만의 적자였다. 2008년의 물가 상승률은 4.7퍼센트로 10년 만에 가장 높았고 이로 인해 서민생활에 어려움이 가중되었다. 노무현 정부 이래 문제가 된 가계부채도 660조 원이 넘었고 미분양 아파트도 20만 채가 넘었다.

이에 대응하여 정부는 11월 초 경제난국 극복을 위한 경제종합대책을 시행하는 등 발 빠르게 대응했다. 즉, 11조 원 규모의 공공 지출을 늘려 사회간접자본 투자를 확대하고 중소기업과 자영업자에 대한 지원을 강화했다. 또한 투기지역 해제, 수도권 공장 신증설 규제 완화, 재건축 규제 완화, 다주택 소유자에 대한 양도세 완화 등으로 건설 및 부동산 경기를 되살리고자 했다.[58] 특히 정부는 막대한 재정자금을 신속 과감하게 투입하는 등 팽창적인 재정정책과 감세정책으로 경제 침체를 예방하고자 했다.

아울러 그해 12월 미국, 일본, 중국과 각각 300억 달러 규모의 통화스와프를 체결함으로써 외화유동성을 확보하여 외환시장을 안정시켰다.[59] 이 같은 통화스와프 체결은 이명박 정부가 우방국과의 관계개선을 위한 노력의 결과라고 볼 수 있다. 또한 한국은행은 기준금리를 단기간에 5.25퍼센트에서 2퍼센트까지 낮추어 기업과 가계의 금리부담을 획기적으로 줄였다. 동시에 정부는 쌍용자동차 노조, 철도 노조, 화물연대 등의 불법파업 당시 노동계의 '떼법'에 굴복하지 않고 무노동 무임금 원칙을 고수했으며, 노사정 합의를 통해 노조 전임자에 대한 임금 지급을 원천적으로 금지하는 타임오프(time-off)제를 실시했다. 이로써 대기업의 경우 사용자가 임금을 지급하는 노조 전임자의 수가 70퍼센트 정도 감소되면서 새로운 노사문화가 뿌리내리기 시작했다.

이명박 대통령은 엄습하는 경제위기에 적극 대처하기 위해 강만수 기획재정부 장관을 사퇴시키고 그 후임에 윤증현을 임명했다. 이 대통령은 경제위기에 강한 지도자였다. 그는 2009년 1월 2일 '비상경제정부 체제'로 전환하겠다고 선언하고 '비상경제대책회의'를 주재하며 주요 경제정책을 진두지휘했다. 이 회의에는 기획재정부장관, 한국은행 총재, 경제수석비서관 등이 참석했으며, 위기대응에 필요한 정책을 신속하고 과감

---

58) "경제종합대책,"『중앙일보』, 2008년 11월 3일.

59) 통화 스와프(swap)란 두 나라가 현재의 환율(양국 화폐의 교환비율)에 따라 필요한 만큼의 돈을 상대방과 교환하고, 일정 기간이 지난 후 최초 계약 때 정한 환율로 원금을 재교환하는 거래를 뜻한다. 한미 두 나라 간에 통화스와프 협정이 체결됨에 따라 한국은 달러가 부족하면 언제든지 미국 연방준비제도이사회로부터 돈을 빌릴 수 있게 됐다.

하게 결정했다. 예를 들면, 자금조달에 어려움을 겪고 있는 중소기업의 채권(債券) 만기를 연장해주고 어려움에 처한 중소기업과 영세사업자들에게 60조 원의 자금지원을 하도록 했다. 경제정책 방향도 금리를 낮추고 재정지출을 확대했으며 기업에 대한 원활한 자금공급을 위해 금융완화 시책도 강구했다.[60] 또한 그해 4월에는 역대 최대 규모인 28조 원의 추경예산도 편성해서 조기에 집행했다.

한국은 금융위기 극복 과정에서 OECD 회원국 중에서 경제규모로 볼 때 가장 많은 정부재정을 투입했다. 2008~2010년 글로벌 금융융위기 기간 중 정부는 경기부양을 위해 국내총생산(GDP) 대비 6.1%에 해당하는 돈을 세금 감면(GDP의 2.8%)과 재정 지출(3.2%)로 쏟아 부었던 것이다. 다른 나라들의 1~2% 수준의 투입에 비하면 배 이상 높았다.

이처럼 이명박 정부의 경제위기 대응은 다른 어느 나라보다 신속하고 과감했다. 다행히 세계적인 경기침체에도 불구하고 수출에 대한 타격은 예상보다 적었다. 한국수출의 70퍼센트가 중국 등 개발도상국들을 대상으로 하고 있었기 때문이다. 특히 한국경제의 견인차인 수출에서 2009년 426억 달러 흑자, 2010년 410억 달러 흑자 등 획기적인 성과를 거둘 수 있었다. 그 결과 한국의 수출순위는 2009년 3단계 상승하여 세계 9위에 오른 데 이어 2010년에는 두 단계나 더 상승하여 세계 7위가 되었다.[61]

이명박 정부의 초기 2년은 경제적인 면에서 보면 예상치 못했던 세계 경제위기에 대응하고 극복해가는 과정이었다. 이 대통령이 '747 공약' 중심의 경제 정책 청사진은 미국발 금융위기에 따른 세계 경기침체로 인해 전혀 다른 길을 걷게 되었다. 경제가 곤두박질치는 상황에서 경제를 새롭게 도약시키려던 계획은 접어두고 경제위기 극복에 팔을 걷어붙일

60) Jang-jin Hwang, "Economy on emergency footing: Lee," *The Korea Herald*, 2009. 1. 3; 이 회의는 2009년도에만 41차례나 개최되었고 2010년 6월 말까지 1년 반이나 지속되었다.

61) 한국무역협회 국제무역연구원, 「2010년 우리나라 수출 8강 진입, 그 가능성과 시사점」, 2010년 9월 27일.

수밖에 없었다. 이명박 대통령은 특유의 순발력으로 위기에 신속하게 대응했고 결과적으로 어느 나라보다 빠르고 성공적으로 경제를 회복시켰던 것이다.

경제협력개발기구(OECD)는 2009년 6월 24일 발표한 보고서를 통해 한국 경제를 매우 긍정적으로 평가했다. 이명박 정부의 적극적인 정책의 효과로 경기가 이미 '바닥을 지나는 모습'을 보이고 있다고 했다. 이것은 경제협력개발기구 회원국 중 가장 빠른 회복으로 사실상 한국 경제의 V자형 회복을 전망한 것이다. 이 보고서는 무엇보다 한국 정부의 확장적 통화·재정정책이 경제 회복에 도움이 됐다고 분석했다. 2009년 한국의 성장률은 0.2퍼센트를 기록했고, 무역수지도 사상 최대 흑자인 426억 달러를 기록했다.[62] 그해 초 국제통화기금이 2009년도 한국의 성장률을 마이너스 4퍼센트로 전망했고 일부에서 '3월 위기설'까지 거론했던 것을 고려하면 대단한 성공이었다.

이명박 리더십의 가장 돋보인 점은 경제 위기관리 능력이었다. 그는 경제위기에 직면하여 최고경영자 출신답게 정책 아젠다를 마련해 발 빠르게 시행하는 등 능동적인 리더십을 발휘했다. 그는 수시로 경제계 지도자들을 만나 자신은 불경기 때 해외 시장을 개척하면서 공격적으로 투자했다는 경험을 소개하며 위기는 언젠가 끝나게 마련이고 또한 '위기는 기회'라면서 기업인들에게 적극 투자를 해달라고 촉구했다.[63] 그의 적극적인 리더십으로 한국은 경제협력개발기구 29개 회원국 중 경제위기를 가장 잘 극복한 성공사례로 국제사회에서 높이 평가받게 되었다. 이처럼 한국 국민으로서는 경제관리 능력이 탁월한 대통령을 선출했던 것이 매우 다행스러운 일이었다. 이처럼 위기 시에 이명박 대통령의 리더십 역량이 발휘된 것이다.

---

62) 0.2% 성장은 OECD 회원국 평균 전망치인 마이너스 3.5%를 크게 웃도는 실적이다.

63) "MB 위기 잘 대처하면 우리 경제에 플러스," 『중앙일보』, 2008년 9월 19일.

미국 시사 주간지 〈뉴스위크〉는 2010년 5월 10일 '한국, 최고경영자 (CEO) 전술(戰術)로 위기를 극복하다'라는 제목의 기사에서 한국이 다른 어떤 선진국보다 글로벌 경제위기를 빨리 극복한 것은 경영자 출신인 이명박 대통령의 리더십이 있었기 때문이라고 분석했다. 특히 이 잡지는 "지난 해[2009] 1월 경기침체가 한창일 때 이 대통령은 국내 기업들에게 '어려운 경제 여건은 호전되기 마련이고, 위기 후 전략(post-crisis strategy)을 마련하는 것은 결코 시기상조가 아니다'라고 하면서 투자를 적극 권장했다."고 소개했다. 뒤이어 〈뉴스위크〉는 같은 해 8월 16일 세계적으로 존경받는 지도자 10인을 선정한 가운데 이명박 대통령을 7번째로 소개하면서 "한국은 세계 금융위기를 모범적으로 극복해 낸 국가"로 평가하고 그것은 "최고경영자(CEO)를 지낸 이 대통령의 지도력 덕분"이라고 선정 이유를 밝혔다. 이어 "세계적인 위기 속에서 사상 최저 수준까지 금리를 낮췄고 부실은행과 기업들을 살리고자 신속하게 자금투입을 했고 주요 국가들과 통화스와프를 체결하여 외화유동성을 충분히 공급해 시장을 안정시켰다"고 소개했다.[64]

글로벌 경제위기는 이명박 대통령이 경제외교에서도 능력을 발휘할 수 있는 좋은 기회가 되었다. 그는 기업인으로서 각국을 돌며 활동을 한 경험이 풍부할 뿐 아니라 경영자 출신으로서 실물경제를 잘 알고 있었기 때문에 자신감을 가지고 활발한 경제외교를 펼칠 수 있었다. 그래서 그는 G8 확대정상회의와 G20 정상회의에도 초청받았고 그러한 바탕 위에서 2010년 11월 G20 정상회의를 서울에 유치하여 개최하게 되었다. 또한 그의 경제외교력에 힘입어 400억 달러 규모의 아랍 에미리트(UAE) 원자력 발전소 건설도 수주하게 되었다.

글로벌 경제위기로 세계경제의 판도가 바뀌는 중요한 시기에 한국이 경제를 잘 알고 실용주의 경제외교를 펼칠 수 있는 대통령을 가졌다는 것은 여간 다행스러운 일이 아니다. 뉴욕타임즈는 "많은 한국인들은 한

---

64) 『중앙일보』, 2010년 8월 17일.

국이 세계 경제의 주역으로 떠오른 사실을 잘 모르는 것 같다"고 했다. 원조만 받던 변방국가 한국이 이제는 G20 정상회의 개최를 통해 새로운 세계 금융질서 형성을 주도했다는 것은 국위선양을 물론 그 역사적 의의도 매우 크다 하겠다.

이 대통령의 성공적인 경제리더십은 국가경쟁력 평가에서도 나타났다. 2011년 5월 스위스 국제경영개발원(IMD)이 발표한 국가경쟁력 평가에서 한국은 평가대상 59개국 가운데 22위로 어느 때보다 좋은 평가를 받았다. 이것은 또한 2009년 27위에서 3년 연속 상승한 결과이기도 하다.[65] 이와 대조적으로 노무현 정부 당시인 2006년에는 32위로 매우 낮았고 2007년에는 29위로 약간 개선된 바 있다.

또한 이명박 정부의 적극적인 기업환경 개선대책에 힘입어 한국의 기업환경이 크게 개선된 것으로 나타났다. 세계은행이 최근 발표한 「2011년도 기업환경 평가」에 따르면, 한국은 183개국 중에서 8번째로 좋은 국가로 평가되었다. 1년 전보다 8단계나 상승했고 이명박 정부 출범 이래 4년 연속 상승한 것이다. 글로벌 경제위기 속에서 한국의 기업환경이 개선된 것은 매우 고무적인 현상이다.

경제에 문외한인 대통령이거나 '대북 퍼주기'와 포퓰리즘 일변도의 정책을 추진하는 대통령이 이 같은 세계적 경제태풍을 맞았더라면 과연 제대로 대응할 수 있었을까? 정부가 경제위기에 제대로 대응하지 못했다면 외국자본이 신속히 탈출하게 되어 실물경제가 공황상태에 빠지게 되고 그것이 노사분규 등 사회적 위기로 확산되어 그리스 등 일부 유럽 국가들처럼 정치적 위기에 빠지게 되지는 않았을까.

---

65) "한국 경쟁력 3년 연속 상승,"『동아일보』, 2011년 5월 19일.

6. 중도실용주의 노선으로 전환

▮ 친기업에서 친서민으로

이명박 대통령은 임기 첫 해 동안 촛불시위를 비롯한 사회정치적 갈등으로 국정운영이 원활치 못했다고 판단하고 임기 2차 년도를 맞이하여 사회통합과 국가발전의 가속화를 위해 '중도실용주의'를 표방했다. 그는 2009년 6월 수석비서관회의에서 "이념적으로 좌파 우파로 갈라져 있는 사람들도 중도라는 개념으로 끌어와 동참할 수 있도록 해야 사회통합을 이룰 수 있다"고 했으며 이로써 중도실용주의 노선은 이명박 정부의 국정운영 기조가 되었다. 이에 따라 이 대통령은 그해 9월 중도노선을 자처해온 정운찬 전 서울대 총장을 총리로 임명하면서 중도실용노선에 박차를 가했다. 12월에 이르러 그는 보수와 진보를 망라하는 인사들로 사회통합위원회(위원장 고건)를 대통령 직속으로 발족시켰으며, 다음 해 7월에는 청와대에 사회통합수석비서관실을 신설하고 진보계 인사인 박인준을 수석비서관으로 임명했다.

2009년 후반기부터 이 대통령은 중도실용노선의 일환으로 친서민 정책을 본격화했다. 즉, ① 집 없는 서민에게 입지좋고 값싼 주택 공급 (보금자리주택), ② 서민 자활을 목적으로 한 저금리 소액대출(미소금융), ③ 저(低)신용자들을 위한 저금리 신용대출(햇살론), ④ 서민가정 출신 대학생에게 학자금 대출(든든학자금) 등이 그것이다. 이 대통령은 7월부터 세 차례의 비상경제대책회의를 통해 미소금융 현장 방문(7월 22일), 대기업과 중소기업의 상생을 위한 정책과제 토론(7월 29일), 서민금융지원 현황 토의(8월 12일)를 했고 매주 한 번꼴로 민생현장을 방문하는 등 서민경제 활성화에 적극 나섰다.

이명박 정부의 친서민정책은 2010년에 더욱 강화되었다. 그해 6월 지방선거에서 한나라당이 패배하면서 이 대통령은 민심이반 현상이 심각하다고 판단하고 청와대와 내각을 개편했으며 이와 동시에 "서민을 국정의 중심에 두겠다"고 했다. 그는 매월 한 차례씩 고용전략회의를 주재하며 일자리 창출의 중요성을 강조했다. 또한 8월 16일에는 서민희망 3대 핵심과제로 ① 중산층까지 무상보육 확대, ② 전문계 고교 무상교육, ③ 다문화가정 지원 정책을 발표했다. 이를 뒷받침하기 위해 2011년도 복지예산은 전년도보다 33퍼센트 증가된 3조 7천억 원을 배정했다.

이처럼 이명박 정부의 정책 기조는 그 동안의 '친기업'에서 '친서민'으로 바뀌었다. 이념적으로 보면, 불과 2년여 만에 우파에서 좌파로 이동한 것이다. 이로 인해 그는 확고한 국정철학과 중장기 비전이 없기 때문에 임기응변식으로 정책노선을 바꾸었다는 비판을 받기도 했다. 그러나 청와대는 이 대통령이 친서민 노선으로 바뀐 것이 아니라 서민 출신인 이 대통령은 원래 친서민이었다고 주장했다.[66] 그는 한나라당 후보

---

66) 이명박 정부의 3대 국정 목표는 서민이나 약자를 중시하고 있다. ①잘사는 국민: 국민이 골고루 잘사는 것, ②따뜻한 사회: 가진 자가 약자를 배려하는 사회, ③강한 나라: 모두 일자리 걱정 없는 나라가 그것이다.

경선 당시부터 "내가 대통령이 되고 싶은 이유는 나 같은 서민도 잘사는 나라를 만들기 위한 것"이라고 말해 왔다.[67]

정치적 차원에서 보면, 이 같은 정책전환이 이해가 되지 않는 것이 아니다. 취임 초부터 그는 실용주의와 비즈니스 프렌들리를 내세우며 기업과 부유층에 유리한 정책을 폄으로써 수출이 증가하고 성장률이 높아졌지만 일자리 창출과 내수에는 별로 도움이 되지 않았다. 성장의 과실(果實)이 소수의 수출 대기업에 집중되고, 대기업과 중소기업, 수출기업과 내수기업 간의 격차도 갈수록 벌어지는 현상이 나타났다.

다시 말해서 일부 대기업은 계속 높은 수익을 올리고 있었지만, 근로자, 자영업자, 중소기업의 형편은 갈수록 나빠지고 있어서 서민층의 불만이 높아지고 있었다. 자영업자의 수도 2005년 597만 명에서 2010년 548만 명 수준으로 줄어들었다. 그리하여 국가경제 지표는 크게 호전되었음에도 집권당이 지방선거에서 참패하게 된 것이다. 이처럼 이 대통령이 서민정책을 중시하게 된 것은 그가 정치의 중요성을 깨닫게 되었다는 것을 의미한다.[68]

그러나 경제적 차원에서 보면 이명박 정부의 '친서민 드라이브'는 문제가 없지 않았다. 시장경제 논리에 따른다면 공기업 개혁(인원감축 등)과 기업의 구조조정이 필요하지만, 중도실용적 정치논리를 중시한다면 중소기업에 대한 지원과 공기업의 고용확대가 필요한 것이다. 정치는 이처럼 서로 모순되는 것을 절충하지 않을 수 없는 것이다. 뿐만 아니라 친서민정책은 대부분 재정지출의 확대와 국가부채의 증가 등의 부작용이 뒤따르게 되어 이명박 정부가 표방했던 '작은 정부'에도 모순된다.

이명박 정부의 친서민 노선에 대해 경제계에서는 정부가 "정치적 위

---

67) 이명박 정부는 출범 직후인 2008년 3월 25일 52개 생필품에 대해 물가관리를 하기로 했으며, 2010년에는 국내외 가격차가 큰 48개 품목에 대해서도 비슷한 대책을 추진했지만 시장원리에 어긋날 뿐 아니라 자유로운 경제활동에 제약이 되는 것으로 인식되었다.

68) "MB, 왜 다시 친서민인가," 『중앙일보』, 2010년 7월 27일.

기를 포퓰리즘으로 돌파하려는 것"이라며 반발했다. 그들은 세계 금융 위기의 와중에서 외국 기업들은 혹독한 구조조정을 했지만 국내 대기업들은 구조조정을 자제하고 고용과 투자를 유지했으며 2010년 들어서는 투자와 고용을 확대하고 있는 등, 할 만큼 했다는 반응이었다. 이러한 재계의 분위기를 반영하여 조석래 전경련 회장은 2010년 7월 전경련 하계 포럼에서 "정부와 정치권이 중심을 잡아야 한다"고 비판하면서 정부와 정치권은 "자유민주주의와 시장경제 가치관을 굳건히 하는 데 힘써야 한다"고 했다.[69]

이 대통령은 친서민정책에서 한걸음 더 나아가 2010년 광복절 경축사를 통해 한국 사회가 지향해야 할 핵심 가치로 '공정한 사회'를 표방했다.[70] 그는 "일류국가가 되려면 공정한 사회가 돼야 한다"면서 공정한 사회가 되기 위해서는 "공직사회, 권력을 가진 자, 힘을 가진 자, 가진 사람, 잘 사는 사람 등 기득권자들이 공정사회의 기준을 철저히 지켜야 한다"고 했다. 이 대통령이 공정과 친서민을 내세운 것은 비전에 의한 것이 아니라 '민심을 따라간 것'이라 볼 수 있다. 그래서 그의 공정사회론에 대한 여론의 반응은 유보적이었다. 그동안 형성된 이명박 정부의 이미지는 공정과는 다소 거리가 멀었기 때문이다. 즉, '고소영·강부자' 정권이라는 인식과 실적만능주의에 빠져 법과 원칙, 절차와 과정, 여론 수렴보다는 밀어붙이는 방식에 대한 불신이 깊었기 때문이다.[71]

이 대통령은 대기업과 중소기업의 상생(相生) 또는 '동반성장'을 '공정한 사회'의 시범 케이스로 삼고자 했다. 그는 9월 9일 대기업 회장들

---

69) "전경련 회장 '정부·정치권 중심 잡아야'······ 국정 이례적 비판,"『조선일보』, 2010년 7월 29일.

70) 이 연설문에 '공정'이란 말이 무려 10번 나왔던 것을 고려할 때 매우 중시한 개념이라 볼 수 있다.

71) "사설: 어떤 공정한 사회 무슨 방법으로 이뤄낼 것인가,"『조선일보』, 2010년 9월 6일; "사설: '공정한 사회'가 구호에 그치지 않으려면,"『경향신문』, 2010년 9월 5일.

과의 조찬 간담회에서 "잘사는 사람 때문에 못사는 사람 안 되는 게 있다. 대기업 때문에 중소기업 안 되는 건 사실이다. …… 대기업과 중소기업의 관계가 공정한 사회에 걸 맞느냐, 공정한 거래냐를 한번 생각해 봐야 한다. …… 힘 있는 사람과 가진 쪽에서 따뜻한 마음을 가져야 한다"며 중소기업과의 상생을 주문했다.[72] 그가 공정사회를 거론한 직후 대기업 회장들을 청와대로 불러 모았다는 것 자체가 대기업들이 불공정하다는 것을 암시하기에 충분했다.[73] 대통령과 경제계 지도자들이 만났다면 경제문제 전반에 대해 폭넓은 의견 교환의 기회로 만드는 것이 바람직했다고 본다. 한국의 기업환경은 높은 반(反)대기업 정서, 과격한 노동투쟁, 높은 임금, 과도한 규제 등으로 경쟁국들에 비해 불리하기 때문에 이러한 문제들을 논의할 수 있었을 것이다.

그동안 금융위기 극복을 위해 정부가 재정지출을 획기적으로 늘이고 고(高)환율과 저금리 정책을 편 결과 대기업들이 막대한 이익을 누리게 되었음에도 대기업들이 그 열매를 독식하고 있다고 정부가 인식한 것이다. 따라서 이 대통령은 경기호전의 효과를 중소기업과 서민들에게 확산시키기 위한 목적에서 대기업과 중소기업 간의 상생을 강조했던 것이다. 그는 최고경영자 출신으로서 대기업과 중소기업 간의 거래 관행을 잘 알고 있었기 때문에 역대 어느 대통령보다 이 문제를 거론하는 데 적극적이었다. 이 같은 그의 방침에 부응하여 장관들이 대기업 비판에 나서기도 했고, 공정거래위원회와 지식경제부는 중소기업과 관련된 대기업의 부당행위에 대한 특별조사에 나섰으며, 국세청도 대기업과 중소기업 간의 부당한 거래에 대해 세무조사를 했다. 그러한 가운데 정부는 2010년 12월 대기업과 중소기업 간 상생협력을 주도하게 될 '동반성장위원회'

---

72) 청와대 대변인은 언론 브리핑에서 "잘사는 사람 때문에 못사는 사람이 안 되는 것은 아니다. 대기업 때문에 중소기업이 안 되는 것도 아닌 게 사실이다"라는 취지로 말했다고 해명했다.

73) "사설: 대기업 팔 비틀기만으로 중소기업 자생력 키워줄 수 없다,"『조선일보』, 2010년 9월 14일.

를 발족시켰으며 정운찬 전 총리를 위원장으로 임명했다.[74]

이 대통령이 중소기업의 중요성을 강조한 것까지는 좋았지만 대기업과 중소기업 간의 상생협력도 대통령의 지시로 이루어질 수 있다고 생각했다면 오산이다. 대기업과 중소기업 간의 상생도 경제원리에 맞아야 하는 것이며, 정부가 대기업에 강요하여 이루어진다면 이것은 시장경제의 근본을 뒤흔드는 일이다. 대기업만 바라보고 나태하게 경영하고 있는 중소기업까지 살리는 대가로 대기업의 경쟁력까지 떨어진다면 그것은 경제에 도움이 되지 않을 뿐 아니라 지속 가능한 정책도 못 된다. 정부는 대기업에 대해 공정거래법을 엄격히 적용하고 이익을 많이 냈으면 법에 규정된 세금을 물리면 되는 것이다.

중소기업의 어려움이나 양극화 문제는 세계화에 수반되는 문제로 세계적인 현상이며, 그것을 대기업의 책임으로 돌릴 수는 없는 것이다. 이 대통령이 집권하게 된 것은 노무현 정권의 대중영합적 정책에 대한 국민들의 반발에 힘입은 바 크다. 더구나 실용주의를 중시해 온 그가 '공정한 사회'라는 비실용적 개념을 앞세우며 대기업을 불공정의 대표적 사례로 삼은 것은 의외였다. 서민이나 중소기업을 위해 필요한 정책은 조용히 시행하면 되는 것이다. 예를 들면, 중소기업이 경쟁력을 자생적으로 획득할 수 있도록 여건을 조성하고 나아가 부품·소재 기술개발을 선별적으로 지원함으로써 중소기업의 경쟁력을 증진시키는 것이 바람직했다고 본다.

정부가 나서서 중소기업과 서민은 피해자이고 대기업과 부자는 악(惡)이라는 인상을 심어주어서는 안 된다. 이명박 정부는 말로는 노무현식 포퓰리즘을 청산한다면서 실제로는 그 전철을 밟고 있다는 인상을 주었다.[75] 이명박 정부가 제도와 시스템에 의한 친서민정책을 추구하지 않고 대중의 감정에 호소하는, 포퓰리즘 방식에 의존했다는 것은 문제

---

74) 노무현 정부도 상생협력위원회를 설치한 바 있다.
75) "친서민내각의 우파 포퓰리즘,"『동아일보』, 2010년 8월 8일.

라고 본다. 정부의 잇따른 대기업 비판으로 대기업에 대한 인식이 중소기업을 착취하고 있다거나 대기업은 악(惡)이고 중소기업은 선(善)이라는 인식을 주어 사회적으로 팽배한 반기업 정서를 심화시킬 우려가 있었다.[76]

따라서 이명박 정부의 친서민 정책에 대한 전문가들의 평가는 대체로 부정적이다. 진보정권 10년간의 분배중시 정책으로 성장동력이 약화된 것을 시정하려면 중장기적 관점에서 성장동력을 키우는 데 초점을 맞추는 것이 바람직했다고 본다. 또한 친서민 정책도 시장원리에 따라야 하며 정부가 지나치게 시장에 개입해서는 안 된다. 정부가 관심을 기울여야 할 것은 기업들이 막대한 현금을 보유하고 있고 해외투자에 활발하면서도 국내 투자에 소극적인 이유를 찾아내어 이를 개선하는 것이다. 다시 말하면, 투자에 소극적인 원인이 노사문제에 있는지, 토지사용과 건축 인·허가 등과 관련된 규제 때문인지 찾아서 해결하는 것이 올바른 순서다.[77] 이와 관련하여 정운찬 총리는 이임사를 통해 "서민 중시 정책을 하다보면 의욕이 앞서 관치(官治) 유혹에 빠지기 쉽다"는 뼈 있는 말을 했다.[78]

시장경제는 신뢰를 바탕으로 하기 때문에 경제정책에 있어 일관성이 중요하다. 이 대통령은 대통령선거 당시 시장원리를 중시한 경제정책으로 경제활성화를 도모하겠다고 했고 국민은 그것을 믿고 압도적인 표차로 그를 지지했다. 그런데 집권 초에는 '시장주의'와 '친기업정책'을 강조하다가 갑자기 '중도실용'과 '친서민' 정책으로 초점을 바꾼 것이다. 임기 초에 지나치게 친기업을 강조하다가 불과 2년 만에 친서민을 강조

76) "사설: 친서민이 '대기업 때리기'로 흘러선 안 된다,"『중앙일보』, 2010년 7월 28일.
77) "MB '친서민 선회'에 전문가 '성장잠재력' 지켜야,"『중앙일보』, 2010년 7월 27일.
78) "정운찬 '서민정책 하다 보면 관치 유혹 빠지기 쉽다',"『중앙일보』, 2010년 8월 12일.

함으로써 그의 이미지에 대한 혼란이 나타났던 것이다.[79]

▌'공정사회론'과 우파 포퓰리즘

이명박 대통령은 2010년 8월 8일 국무총리에 김태호 전 경남지사를 지명하고 7개 부처 장관을 교체하는 내각개편을 단행했으며, 여기에는 이재오 등 측근 5명이 포함되었다. 이로써 6월 지방선거에서 나타났던 민심이반 현상에 대응하기 위한 국정쇄신 진용을 갖추게 되었다. 그러나 이 대통령은 바로 1주일 후인 8월 15일 '공정한 사회'를 표방하면서 그의 개각이 공정의 기준에 부합하는 것이냐는 논란이 일어났다. 세대교체라는 명분하에 40대의 총리를 발탁했지만 그가 국가차원의 정치와 행정에 대한 경험이 없기 때문에 내각을 제대로 통솔할 수 있을지 미지수였다. 국회 인사청문회 과정에서 김태호 총리 후보자는 막중한 책무를 수행할 만한 경륜을 보여주지 못했을 뿐 아니라 빈번한 말 바꾸기로 국민의 신뢰를 상실했다.

이 대통령이 대선 캠프 출신 측근들을 요직에 대거 임명한 것은 국정을 안정시켜 국정목표를 효과적으로 달성하겠다는 의지를 나타낸 것이지만, '친정(親政) 체제'라는 비판을 받았다. 그동안 이명박 정권은 친위세력의 과도한 권력 행사와 인맥의 집중, 반대 세력에 대한 오만, 밀어붙이기식 정책 추진 등으로 '독선'과 '소통부재'라는 비판을 받아 왔다. 그런데 신뢰상실의 원인이 되었던 사람들을 다시 중용한 것은 아는 사람만 주로 쓰고, 물러난 사람에게 다시 자리를 챙겨주고, 정권 내 갈등의 주역을 또다시 기용하는 등 그의 인사(人事)에 문제가 있다는 것이다.[80]

---

79) "CEO vs 친서민 …… 혼란스러운 대통령의 이미지 충돌,"『동아일보』, 2010년 8월 24일.
80) "사설: 8·8 '친위내각' 성공하려면 독주 대신 소통을,"『중앙일보』, 2010년 8

이 대통령이 내정한 국무총리, 7명의 장관, 그리고 경찰청장과 국세청장 등 10명의 후보자들을 대상으로 한 국회 인사청문회에서 부동산 투기, 위장 전입, 병역 기피, 세금 탈루, 논문 표절 또는 중복 게재, 자녀 국적 문제, 부적절한 금전 거래 등 한두 가지 비리 의혹에 연루되지 않은 사람이 없을 정도였다. 청와대가 고심을 거듭한 끝에 내놓았다는 개각이 도리어 민심을 크게 거스르는 결과를 초래했다.[81]

청와대는 위장전입에 대해 '재산 증식을 위한 것은 안 되지만 자녀 교육과 관련된 것은 봐준다'는 기준을 적용했지만, 국민 일반의 법 감정과는 거리가 멀었다. 위장전입은 엄연한 범법인데 그런 문제가 있는 인사들이 청문회에서 통과되고 장관에 임명되었다. 더구나 법을 다루는 사람들의 위장전입도 묵인되었다. 이귀남 법무장관, 김준규 검찰총장, 민일영 대법관 후보자에게 바로 그러한 문제가 있었다. 국민은 도덕적으로 흠집이 있는 인사들이 많은 정부를 신뢰하지 않게 된다. 이명박 정부는 이처럼 도덕적으로 하자 있는 사람들을 계속 요직에 임명했기 때문에 도덕불감증에 걸렸다는 비난까지 듣게 되었다. 선진국에서 법을 어겼거나 탈세한 사람이 장관이 된다는 것은 상상조차 할 수 없는 일이다.

이명박 대통령이 지방선거 패배 후 개각을 하게 된 이유는 무엇이었는가? 주된 이유는 이명박 정부에 대한 민심이반이 심각하여 지방선거에서 한나라당이 참패했기 때문에 국정을 쇄신하자는 데 있었다. 그러나 개각 내용에 대해 한나라당 부설 여의도 연구소가 실시한 여론조사에 의하면, 응답자의 60~70퍼센트가 개각에 부정적인 반응을 보였다고 한다. 이 대통령은 1988년 민주화 이래 어떤 대통령보다 열심히 노력하여 여러 가지 면에서 성과도 있었지만 도덕적으로 지탄받는 사람들을 연이어 요

월 9일; "사설: '희생자' 양산하는 개각파동 언제까지 되풀이할 건가," 『조선일보』, 2010년 8월 30일.
81) 위장 전입은 엄연한 범법행위이다. 지난 10년간 위장 전입으로 처벌받은 국민은 5,000명이 넘는다.

직에 임명함으로써 불신을 자초했다고 본다.

'공정사회' 구호는 양날의 칼과 같아서 부메랑을 초래할 위험이 있다. 불공정은 대체로 기득권층이 그들의 유리한 지위를 이용하거나 편법으로 이익을 추구할 때 생긴다. 비판세력은 과연 집권층은 공정한가라는 의문을 제기했고, 야당은 '공정사회'라는 잣대를 전가(傳家)의 보도(寶刀)처럼 휘두르며 이명박 정부의 인사나 정책을 비판하고 나섰다. 그리하여 이명박 정부는 만연된 불공정 현상을 바로 잡으라는 여론의 압력에 직면하게 되었다. 결국 국회 인사청문회에서 총리 후보자와 두 명의 장관 후보자가 낙마하게 되었고 딸의 특채 문제로 유명환 외교통상부 장관도 사퇴하는 등 공정사회론은 집권세력을 겨누는 비수가 되었다.

이명박 대통령이 '친서민정책'과 '공정사회'를 강조하면서 이명박 정부도 노무현 정부처럼 포퓰리즘에 빠지고 있다는 우려가 높았다. 노무현 정부의 포퓰리즘이 참담한 실패를 초래했음에도 한국 국민은 이로부터 교훈을 배우지 못했다. 노무현 정부하에서 분배, 정의, 균형발전 등의 구호 아래 포퓰리즘 정책이 성행했고 이로 인해 경제성장의 잠재력이 약화되었다. 그럼에도 포퓰리즘의 달콤한 맛에 취한 사람들이 적지 않기 때문에 노무현 대통령이 뿌린 씨앗은 곳곳에 뿌리내려 자라나고 있었다. 예를 들면, 지방선거에서 진보세력은 무상급식 등 포퓰리즘 공약으로 대거 당선되었던 것이다. 이에 대응하여 이명박 정부와 한나라당은 '우파 포퓰리즘'의 기치를 꺼내 들게 되었다. 그리하여 복지 확대를 둘러싼 정치세력 간의 경쟁이 가속화되고 있는 것이다.

공정사회론에 따른 국정기조의 전환은 논란을 초래하기도 했지만, 고용없는 성장, 양극화 심화 등 국내외 현실을 고려할 때 선견지명이 있는 것이었다고 본다. 그런 점에서 이 대통령이 2011년 8·15 경축사를 통해 '상생발전'을 국가정책의 새로운 키워드로 내세운 것은 주목되어야 할 것이다.

▮ 양적 성장에는 성공했지만 ……

이명박 정부가 글로벌 금융위기로 인한 경제위기를 성공적으로 극복하고 2010년 11월 초 G20 정상회의까지 주최했지만, 예기치 않던 국내외 위기들이 연달아 일어나면서 이명박 정부는 새로운 도전에 직면하게 되었다. 무엇보다도 먼저 G20 정상회의 2주 후인 11월 23일에 북한의 연평도 포격으로 심각한 안보위기에 직면했다. 또한 그해 겨울 전국을 강타했던 구제역 대란(大亂)은 축산업을 초토화시켰음은 물론 축산물 가공업과 요식업 등 2차, 3차의 경제적 피해를 초래했다. 이 같은 중대한 위기들에 대한 정부의 대응은 기대에 크게 못 미쳤다.[82] 설상가상으로 수십 년 만의 기록적인 한파와 폭설로 채소와 과일 등 식료품 가격이 급등했다. 뿐만 아니라 수도권 지역의 전세난으로 전·월세도 뛰어 올랐다.

대외적 요인도 경제와 국민생활에 심각한 어려움을 더해 주고 있었다. 2011년 4월 한국은행이 발표한 3월 중 수입물가는 1년 전에 비해 무려 19.6퍼센트나 폭등하여 27개월 이래 최고를 기록했다. 이것은 세계 금융위기의 여파이기도 했지만 리비아를 비롯한 중동 국가들의 정정불안으로 원유가가 급등했고 이로 인해 국내 휘발유 가격이 5개월 연속 상승했다. 그 결과 2011년 1월부터 3월까지 물가는 매월 4퍼센트 이상 뛰어 올랐다. 이처럼 고물가, 고유가, 전·월세 급상승 등 한꺼번에 나타난 악재는 국민생활에 심각한 타격이 되었다. 뒤이어 일어난 일본의 대지진과 원전 사고는 경제적 피해는 말할 것도 없고 심리적 충격도 컸다.

그러한 가운데 양극화 현상은 갈수록 심해지고 고용없는 성장 추세도 계속되고 있었다. IMF 외환위기와 글로벌 금융위기라는 두 차례의 경제위기를 겪으면서 자영업자와 봉급생활자들의 소득이 급격히 줄어들었

---

82) 구제역으로 6천2백여 농장의 가축 340만여 마리가 살처분되었고 이에 관련된 경제적 피해는 말할 것도 없고 환경문제도 심각했다. 특히 구제역 대책은 중진국 수준에도 못 미친다는 비난을 면키 어렵게 되었다.

다. 정부 발표에 의하면, 1999~2009년 10년간의 상위 계층 20%의 소득은 55% 증가했던 반면, 하위 20%의 소득은 35%나 줄어들었다. 지난 5년간 30대 기업의 영업이익은 80% 가까이 늘었지만 고용은 10% 증가에 그쳤다.[83] "부자들만 잘 산다"는 서민들의 원성이 통계수치로 확인된 것이다.

서민경제의 심각성을 인식한 이 대통령은 2011년 초부터 '물가와의 전쟁'을 선언하고 적극적인 대책 마련에 나섰다. 그러나 물가상승의 원인이 나라밖에서 비롯된 것이 많았기 때문에 실효성 있는 대책 마련이 쉽지 않았다. 그래서 정부는 공공요금 인상을 억제하고 물가를 억누르기 위해 장관들까지 앞장서는 등 행정력을 동원했다. 예를 들면, 이 대통령이 '기름값이 묘하다'고 하자 최중경 지식경제부 장관이 나서 정유사들을 압박했다. 압박을 견디지 못한 정유사들은 휘발유 1리터당 100원씩 인하했다. 이동통신 요금도 그렇게 인하되었다. "물가는 잡는다고 잡히는 것이 아니다."라고 강만수 전 기획재정부 장관이 말했듯이 물가를 억누르는 방식은 한계가 있는 것이다.[84]

서민경제의 어려움에 대한 이명박 정부의 대처는 경제정책의 근본적 재검토보다는 재벌기업들에게 압력을 가하는 포퓰리즘적 수법에 의존했다. 예를 들면, 동반성장위원회를 통해 재벌들이 중소기업과 '동반성장협약'을 맺도록 했고 뒤이어 정운찬 동반성장위원장이 '초과이익공유제'를 주장했다. 초과이익공유제란 대기업이 거둔 초과 이익 가운데 일부를 생산에 기여한 중소 · 하청 업체에도 나누어주자는 것이다. 그 후 한 달 만에 곽승준 대통령직속 미래기획위원장은 연기금(年基金)의 주주권 행사를 통해 대기업과 중소기업의 동장성장을 촉진해야 한다고 했다. 그리하여 경제계에서는 경제대통령을 표방했던 이 대통령이 노무현 대통령보다 더 못하다는 불평까지 나왔다.

이명박 정부는 대기업에 특혜를 주어 많은 이익을 내게 했으니 보답을

---

83) 『조선일보』, 2011년 4월 26일.
84) 2011년 초 소비자 물가지수는 4% 이상 인상하여 13년 만에 최고치에 달했다.

해야 한다는 입장이었다. 그러나 정부와 기업의 관계는 그렇게 주고받는 관계가 아니다. 당초 '엠비노믹스'는 '작은 정부'를 바탕으로 시장원리에 충실하겠다는 것이었지만, '공정사회', '상생', '동반성장' 등 정치논리를 앞세우면서 기업에 대한 통제와 압력이 커진 것이다. 정책목표 달성을 위해 제도나 정책보다는 행정지도, 여론을 통한 압력 등으로 달성하려는 것은 시장경제 원리에 어긋나는 것이다. 이명박 정부의 초기 친(親)성장 정책은 대기업을 공격대상으로 했던 노무현 정부 경제정책의 후유증을 치유하고 세계 경제위기 속에서 경제활력을 회복하는 성과를 거두었다. 그런데 이명박 정부의 친기업·친시장 성장 우선 정책은 어느 날 상생과 동반성장으로 180도 바뀌었다. '비즈니스 프렌들리'는 자취를 감추고 정치논리가 경제정책을 좌우하게 되었다. 노무현 정부 당시에는 '좌회전 깜빡이를 켜고 우회전한다'는 지적이 많았지만 이명박 정부의 경제정책에 대해 '우회전 깜빡이를 켜고 좌회전한다'는 지적이 많았다. 정책이 일관성이 없으면 기업이나 국민은 정부의 정책을 신뢰하지 않게 될 뿐 아니라 성장잠재력도 약화시킬 가능성이 큰 것이다.

한국경제의 거시적 환경은 결코 낙관적이 아니었다. 무엇보다 국제경제가 소용돌이에서 벗어나지 못하고 있었다. 미국은 금융위기를 벗어나고 있지만 그 여파로 몇몇 유럽 국가들은 재정위기를 벗어나지 못하여 정치사회적 위기에 빠져 있었다. 주기적으로 다가오는 세계 금융위기는 언제 재발할지 알 수 없다. 세계 에너지의 주요 공급처인 중동 지역은 '민주화 시위'와 이에 따른 혼란이 지속되고 있다. 지구온난화로 인한 이상기후로 곡물가격도 급등하고 있다. 이처럼 국제경제 여건이 요동치면서 무역의존도가 높은 한국경제는 심한 '몸살'을 앓고 있는 것이다.

정부는 2008~2010년 금융위기에 대응하기 위해 재정지출을 늘리면서 2010년 말 현재 국가부채는 407조 원을 넘어섰으며 이로 인한 이자비용이 2011년에만 23조 원이 될 것으로 추산되고 있다.[85] 앞으로 '4대강 살리기' 사업, 세종시 건설, 과학비즈니스벨트 건설 같은 대형 국책사업을 추진하는 데 막대한 재원이 소요될 것이다. 건강보험의 적자는 매년 크게 늘어나고 있고, 국민연금기금도 정부 지원으로 유지되고 있어 정부 지원액은 해가 갈수록 눈덩이처럼 늘어날 것이다. 더구나 고령인구 비율이 급속히 늘어나고 있어 복지비 수요도 걷잡을 수 없이 늘어날 것이며, 북한의 급변사태나 갑작스러운 통일이 이루어질 경우 천문학적 규모의 자금이 소요될 것이다. 미국을 위시한 선진국들이 재정건전성 문제로 위기를 경험하고 있음을 고려할 때, 한국의 재정건전성 문제는 결코 안심할 문제가 아니다.

이 대통령은 민영화와 통폐합 등 '공기업 선진화'를 약속했지만 임기 4년이 되도록 뚜렷한 성과를 거두지 못하고 있다. 일부 공기업의 부실은 심각한 수준에 이르러 부채가 통제 불가능한 규모로 확대되고 있다.[86] 공기업의 부채 급증은 정부가 해야 할 사업을 공기업을 동원한 편법 때문이다. 수자원공사는 2010년 4대강 사업으로 부채가 5조 원 늘어났고 토지주택공사는 보금자리주택 건설로 인해 부채가 16조 원이나 늘어났다. 물가안정을 위해 전기요금을 억제하면서 한국전력도 누적된 부채가 33조 원을 넘어섰다. 이명박 정부 출범 이래 3년간 27개 공기업의 부채가 157조 원에서 272조 원으로 급증했다.[87]

부동산버블과 이로 인한 가계부채는 한국경제의 또 다른 복병이다. 2011년 여름 가계 부채는 1,000조를 넘어서 한국경제에 중대한 위협으로 등장하고 있다. 금융위기 과정에서 선진국들은 가계 부채를 줄이기 위해 부동산담보 대출을 억제했지만, 한국은 부동산거래 활성화를 위해 주택금융에 대한 규제를 완화하면서 주택담보대출이 오히려 늘어났다. 2011년 현재 물가안정을 위해 금리를 인상해야 하지만, 금리를 1퍼센트만 인

85) "나라빚 이자 눈덩이…내년 23조 원 육박,"『연합뉴스』, 2010년 12월 6일. 2008~2010년 3년간 국가부채로 인한 이자부담이 50조 원에 이르고 있다. 국가채무는 2011년 436조 8천억 원, 2012년 468조 1천억 원으로 계속 증가할 것으로 전망되며 매년 이자를 갚기 위해 국채를 추가로 발행해야 할 처지이다.
86) 정갑영, "공기업 선진화는 어디로 갔나,"『동아일보』, 2011년 3월 25일.
87) "사설: 편법은 오래가지 못한다,"『중앙일보』, 2011년 4월 12일.

상하면 가계 부담은 연간 9조 원이 늘어나 파산하는 가계가 급증할 우려가 있을 뿐 아니라 금융부실과 소비위축을 초래할 가능성이 있어 금리인상도 주저하고 있는 실정이다.[88] 이명박 대통령은 '747 공약'이라는 거대한 비전을 가지고 취임했지만 연이어 닥친 위기를 극복하는 데 몰두할 수밖에 없었다. 이 대통령은 박정희와 전두환 대통령 이후 오랜만의 경제대통령이었다. '제2의 박정희'가 될 것으로 기대했던 상당수 국민들은 물가난(物價難), 전세난, 취업난, 자영업과 중소기업의 부진 등으로 고통받게 되면서 이 대통령에 대한 신뢰가 무너지고 있는 것이다.

오늘의 현실에서 아무리 유능한 대통령이라도 경제를 살리기는 어려운 일이다. 정부는 2011년 여름 경제성장 목표를 당초 5%에서 4.5%로 낮추는 대신, 생활고에 시달리는 서민들을 위해 물가안정에 주력하기로 했다. 이로써 이 대통령이 내걸었던 747 공약은 몽상으로 끝나게 되었다. 애당초 이 목표 자체가 실현가능성이 낮았던 데다 예상치 못했던 글로벌(경제 마지막 부분) 금융위기가 닥쳤기 때문이다. 설상가상으로 미국에 대한 국가신용 등급 하향 조정과 그리스 등 남부 유럽 국가들의 재정위기로 인한 새로운 글로벌 경제위기가 한국경제에 심각한 위협이 되고 있었다. 이명박 정부는 비상경제정책회의를 재가동하며 적극 대처하고자 했다. 그러나 효과적인 위기 대응책을 강구하려면 국회와 여론의 강력한 지지가 필수적이지만 이명박 정부는 신뢰를 잃어 여당의 지원조차 받지 못하고 있는 실정이다.

이명박 정부가 지나치게 자신감을 가지고 경제문제에 접근하여 국민의 기대를 지나치게 높였던 것이 큰 실책이었다. 정부가 허리띠를 졸라매고 솔선수범 하면서 경제의 어려움을 극복하는 데 각계각층의 동참을 호소하는 것이 바람직했다고 본다. 또한 단기적 실적이나 인기보다는 중장기적 관점에서 경제의 체질을 튼튼히 하는 데 초점을 맞추어야 했다고 본다.

---

88) "성장과 안정의 갈림길에 선 한국 경제," 『조선일보』, 2011년 4월 6일.

7. 세계화 시대의 실용외교

▌'엠비독트린(MBdoctrine)'

이명박 정부는 김대중·노무현 정부 10년간의 햇볕정책으로 왜곡된 남북관계를 바로잡고 약화된 한미관계를 복원하는 것을 대외정책의 중요한 과제로 삼았다. 나아가 실용주의를 대외관계에도 적용하여 아시아 외교를 확대하고 자원외교를 적극 펴나가고자 했다.

이명박 후보는 2007년 2월 6일 외신기자 간담회에서 '한국외교의 창조적 재건'이라는 제목 아래 한국외교의 7대 원칙과 과제를 제시했다. 즉, ① 비핵·개방 3000 구상, ② 국익을 바탕으로 한 실리외교, ③ 전통적 우호관계를 바탕으로 한 한미동맹 강화, ④ 아시아외교 확대, ⑤ 국제사회 기여 확대, ⑥ 에너지 외교 극대화, ⑦ 상호개방과 교류를 바탕으로 한 '문화코리아' 지향 등이 그것이다. 이것은 그 후 '외교안보 7대 독트린' 또는 'MB 독트린'이라 불리게 되었다. '한국외교의 창조적 재건'이라는 제목에서 알 수 있듯이 그는 노무현 정부의 외교정책의 잘못된 점을 바로잡고 미흡한 점을 개선하겠다는 뜻에서 '재건'이라는 표현을 썼던 것이다.[89]

그의 대외정책의 핵심은 '비핵·개방 3000 구상'이라 불리는 대북정책이다. 이 구상은 북한이 핵을 포기하고 개방을 하면 한국은 국제사회와 함께 적극적인 대북지원에 나서 북한의 1인당 소득을 10년 내에 3000달러로 높이겠다는 것이다.[90] 그는 2007년 11월 8일 재향군인회 초청 연설에서 '햇볕정책'이 "주어서 변화시킨다"는 것이었다면 자신의 '비핵·개방 3000 구상'은 북한이 "변화해야 준다"는 조건부 정책이라고 강조했다. 그는 "북한 핵문제의 완전한 해결없는 남북관계의 정상화는 불가능"하고 "개혁·개방을 거부하는 한 [남북협력의] 열매는 없다"고 선언했다. 이것은 실용외교의 원칙을 남북관계에 적용한 것으로 일방적인 지원을 지양하고 북한에 상응한 양보를 요구한 것이다.[91]

그의 외교정책의 또 다른 중요한 목표는 한미동맹의 복원이었다. 그는 한미동맹과 관련, "한미관계가 심각한 위기에 봉착한 이유는 [노무현 정부가] 청사진도 없이 기둥부터 바꾸려는 시도를 했기 때문"이라고 지적하고 한미관계를 21세기 국제환경 속에 한반도와 아시아의 평화와 번영에 기여할 수 있도록 양국관계의 마스터플랜을 마련하는 것이 중요하다고 강조했다. 그는 북한 문제를 민족적 관점보다는 국제적 시각에서 접근해야 하며, 이를 위해 미국을 비롯한 주변 강대국들과의 공조하에 북한의 실질적 변화를 이끌어 낼 수 있는 전략적인 대북정책을 추구하겠다

---

89) "이명박, 외교안보 '엠비 독트린' 발표,"『연합뉴스』, 2007년 2월 6일: "외교 3대 비전 7대 독트린 내용과 전망,"『연합뉴스』, 2008년 1월 4일.

90) 이를 위해 한국은 북한에서 ① 300만 달러 이상 수출기업 100개 육성, ② 30만 명 이상의 산업인력 양성, ③ 400억 달러 상당의 국제협력 자금 조성, ④ 새 경의(京義)고속도로 건설 등 산업 인프라 구축, ⑤ 인간다운 삶을 위한 복지 지원 등을 내용으로 하는 경제협력을 추진하겠다는 것이다.

91) "이명박, 남북관계 상호주의 강조,"『조선일보』, 2007년 12월 26일.

고 했다.[92]

　이 같은 이명박 정부의 대외정책 방향은 햇볕정책을 대외정책의 기본 축으로 해 온 김대중·노무현 정부와는 대조적이다. 김대중 대통령과 노무현 대통령은 북한을 심각한 위협으로 보지 않았으며 북한에 조건없는 경제지원을 하면 북한이 핵을 포기하고 개혁과 개방을 하게 될 것이며, 그러한 바탕 위에서 통일의 길로 나갈 수 있을 것으로 보았다. 북한이 핵무기 개발에 매달리고 있는 것은 미국의 대북 적대정책 등 한반도의 냉전구조에 있다고 보고 냉전구조를 해체하면 북한이 핵을 포기하고 개혁·개방에 나설 것이라고 보았다. 김대중·노무현 정부는 북한의 핵문제와 안보위협을 등한시하면서 북한에 대대적인 경제지원을 했으며, 또한 미국과 일본의 적대적인 대북정책을 완화시키고자 했고, 북한과 미국, 북한과 일본 사이에서 중재자 역할을 하려 했다. 이 같은 대북정책은 국제공조를 통해 북핵 문제를 해결하려는 미국과의 관계를 손상시킬 수밖에 없었다.

　이명박 정부의 대외정책 방향은 정부의 직제 개편에서 나타났다. 즉, 정부조직을 개편하면서 통일부를 폐지하려 했지만 야당의 강력한 반대 때문에 포기하고 말았다. 그러나 이 대통령은 김대중·노무현 정부 하에서 대북정책에 주도적 역할을 해 온 국가안전보장회의(NSC) 상임위원회와 사무처를 폐지했다. 그 대신 외교통상부 장관이 의장이 되는 외교안보정책조정회의를 신설했다. 외교안보수석비서관실을 복원하여, 통일, 외교, 국방, 국제안보 담당 비서관을 두었고, 대외전략비서관을 신설하여 전략기획, 정책조정, 정보통합 업무를 담당하도록 했다.[93] 또한 정부

92) "이명박 후보 외교안보 공약 평가와 분석," 『연합뉴스』, 2007년 8월 21일; Stephan Haggard and Marcus Noland, "Engagement: Brief for an Incoming Korean President," *Freedom Review*, January 2008; and Bruce Klingner, "New South Korean President Brings Conservative Policy Change," *Backgrounder*, No. 2120(The Heritage Foundation), April 1, 2008.

93) 전봉근, "이명박 정부 외교안보 조정체계의 특징과 의미," 『정세와 정책』(세종

조직 축소의 일환으로 전쟁 등 비상사태에 대비하는 임무를 담당했던 비상기획위원회도 폐지했다.

그러나 이 대통령의 이 같은 대외정책 관련 기구 변경이 기대한 만큼 긍정적 변화를 가져왔는지 의문이다. 미국산 쇠고기 수입 결정, 천안함 피격, 연평도 포격 등 일련의 위기사태에 처하여 외교안보정책조정회의가 어떤 역할을 했는지 의문이다.

▌ 한미관계의 복원

한국 대외정책의 중심축인 한미관계의 북원은 이명박 정부의 시급하고도 중요한 과제였다. 이 대통령은 취임한지 2개월 만인 2008년 4월 노무현 정부하에서 '이혼 직전의 왕과 왕비 관계'로 비유될 만큼 소원해졌던 한미관계를 복원하기 위해 미국을 방문했다.[94] 그는 워싱턴 방문에 앞서 뉴욕 소재 코리아 소사이어티에서 행한 연설을 통해 한미동맹의 비전을 제시했다. 즉, 그는 가치동맹, 신뢰동맹, 평화구축동맹 등 한미동맹의 3대 지향점을 제시하고 동맹의 범위도 군사동맹으로부터 사회, 경제, 문화 등 다양한 영역으로 확대해야 할 것이며, 이를 바탕으로 한반도뿐 아니라 현대의 다양한 안보위협으로부터 동북아와 국제사회를 함께 지켜나가자"고 말했다.

이어서 캠프 데이비드에서 개최된 한미 정상회담에서 이명박 대통령과 부시 대통령은 급변하고 있는 세계 전략환경을 고려하여 한미동맹을

연구소), 2008년 5월호. 외교안보조정회의에는 외교통상부장관 외에 통일부장관, 국방부장관, 국가정보원장, 국무총리실장, 청와대 외교안보수석비서관이 고정 멤버였다. 천안함 피격과 연평도 사태 시 대통령은 안보관계 장관회의를 소집했지만 외교안보정책조정회의는 열리지 않았다.

94) "Lee Faces First Litmus Test of Pragmatic Foreign Policy," *Korea Times*, April 13, 2008.

21세기 전략동맹으로 발전시키기로 합의했다. 두 정상은 또한 자유무역협정의 조기 비준, 한국에 대한 비자면제협정 연내 실시, 한국에 대한 대외군사판매차관의 일본 수준 격상 등에 합의했으며, 글로벌 이슈인 북한 핵문제를 포함한 대량살상무기 확산 방지, 평화유지 활동, 지구온난화 등을 위해 협력하기로 했다. 이명박 대통령이 비록 부시 대통령의 임기 마지막 해에 워싱턴을 방문하기는 했지만 두 지도자가 경영자 출신이라는 공통점, 시장경제에 대한 보수적 입장, 그리고 북한에 대한 현실적인 정책노선 등에서 공통점이 많았기 때문에 한미관계를 전통적인 우호관계로 복원하는 데 크게 기여했다.[95]

이 정상회담 후 한미동맹의 공동비전이 새롭게 정의되고 공식화되었다. 그 내용은 "공동의 가치와 상호신뢰에 기반을 둔 양자 간, 동북아지역, 그리고 범세계적 차원의 포괄적인 전략동맹을 구축해 나갈 것"이라고 했다. 이처럼 한미동맹의 범위가 군사동맹에 국한되지 않고 다방면에 걸친 '포괄적 동맹'으로 규정되었고 지역적으로 양자동맹의 틀에서 벗어나 지역동맹, 나아가 지구차원의 동맹으로 확대해 나가기로 한 것이다. 이 같은 새로운 동맹의 비전은 한국의 국제적 기여와 역할을 확대함으로써 피동적 외교가 아닌 주도적 외교를 전개하겠다는 이명박 대통령의 '글로벌 코리아' 구상과 부합되는 것이다.[96]

이명박 정부는 노무현 정부 당시 뒤틀려진 한미관계를 조속히 바로 잡기 위해 미국산 쇠고기 수입 재개를 서둘러 합의했으나 반대세력에 의한 촛불시위로 정권이 흔들릴 정도로 강력한 도전을 받았다. 그럼에도 이명박 정부는 끝까지 미국산 쇠고기 수입 재개 결정을 취소하지 않았으며 이로 인해 미국 정부는 이명박 정부를 확고히 신뢰하게 되었다. 그리하여 그해 말 세계 금융위기로 한국의 외환시장이 위기에 처했을 때 미국

---

95) Florence Lowe-Lee, "Is This the End of Bumpy Summits between Two Allies," *Korea Insight*(KEI) 11(7) (July 2009).

96) 청와대, 『성숙한 세계국가: 이명박 정부의 외교안보의 비전과 전략』(2009. 3).

은 300억 달러 규모의 통화스와프를 통해 한국을 지원했으며, 또한 G20 정상회담을 구상하던 부시 대통령은 한국을 G20 정상회의의 참여국이 되도록 했다.

이명박 대통령은 2009년 초에 취임한 오바마 대통령과의 정상회담을 위해 그해 6월 워싱턴을 방문했다. 두 정상은 5월에 있었던 북한의 2차 핵실험에 대한 유엔 안보리 대북 제재결의안 실천을 포함한 대북정책의 공조를 강화하고, 굳건한 한미동맹을 재확인했을 뿐 아니라 한미동맹의 미래 비전을 논의했으며, 또한 진행 중인 세계 경제위기에 대해 긴밀히 협력하기로 합의했다. 그 후 오바마 대통령은 "한국은 미국의 가장 가까운 동맹국"이라고 거듭 강조했으며 기회 있을 때마다 "한국을 본받으라"고 할 만큼 한국에 우호적이었다.

이같이 강화된 한미동맹의 효과는 여러 가지 면에서 나타났다.

첫째, 이명박 정부는 북한의 2차 핵실험과 천안함 공격 등 변화된 안보상황을 고려하여 미국을 상대로 적극적인 협상을 벌여 전시 작전통제권 전환 시기를 2015년 12월 1일까지 3년 7개월 연장했다. 미국은 시종일관 이미 합의된 전시 작전통제권 전환 일정 변경은 불가능하다는 입장이었지만 이 대통령의 외교력에 힘입어 그 같이 변경될 수 있었다.

둘째, 한미 양국은 2010년 7월 21일 서울에서 외무 및 국방 장관 합동회담을 개최하여 한미관계를 더욱 공고히 했다. 이 같은 회담은 한국전쟁 이후 60년 만에 처음 있는 일이었다. 미국이 이 같은 전략적 회담을 하고 있는 나라는 호주와 일본뿐이었으며, 그것도 일본과의 회담은 2006년부터 중단된 상태이다.

셋째, 강화된 한미관계는 국제무대에서 한국의 역할을 확대하는 데 기여했다. 즉, 2009년 피츠버그에서 열린 G20정상회의에서 한국은 2010년 11월에 열리는 G20 정상회의 주최국으로 결정되었으며, 이 결정 과정에서 오바마 대통령의 역할이 컸다. 커트 캠벨 미국 국무부 차관보는 한미 자유무역협정, 전시작전권 이양 시기 연기, 주요 20개국 (G20) 정상회의 서울 개최 협력 등 한미 양국은 여러 가지 면에서 르네상스를 맞고 있다

고 했다.[97]

이 대통령은 2008년 4월 미국 방문 후 귀국길에 도쿄에 들러 후쿠다 총리와 정상회담을 갖고 미래를 중시하는 한일 간 신시대를 열어나가기로 합의했다. 두 지도자는 한일 자유무역협정 체결을 위한 실무회의 개최, 부품 및 소재 산업의 협력 등 경제협력을 강화하기로 했으며, 2005년 6월 이래 중단되었던 양국 지도자 간의 셔틀외교를 복원하고, 북한 핵문제 해결을 위한 한·미·일 3국 간 협의를 강화하기로 했다. 노무현 정부 하에서 한일관계가 최악의 상태에 빠졌던 것을 고려한다면 한일관계 복원도 의미가 컸다.[98]

이 대통령은 미국과 일본을 방문한 지 한 달 만인 2008년 5월 중국을 방문했다. 그러나 한중관계는 이 대통령에게 중대한 외교적 도전이 되고 있었다. 왜냐하면, 안보 면에서는 미국이 가장 중요한 나라이지만, 경제적인 면에서는 중국이 한국의 제1의 교역대상국이기 때문이다. 중국은 한미동맹을 강화하고 있는 한국 정부를 견제하려는 의도를 노골적으로 나타냈다. 이 대통령이 한중 정상회담을 위해 베이징을 방문 중인데도 중국 외교부 대변인은 "한미 군사동맹은 지나간 역사의 산물"이라 말하고 "시대가 많이 변하고 동북아 각국의 정황에 많은 변화가 생겼기 때문에 냉전시대의 소위 군사동맹으로 역내에 닥친 안보문제를 생각하고 다루고 처리할 수 없다"며 한미동맹을 공개적으로 비난하는 외교적 무례를 서슴지 않았다.[99] 중국은 한국을 미국의 영향권에서 이탈시켜 그들의 영향권에 편입시키려는 의도를 노골적으로 나타낸 것이라 볼 수 있다.

이명박 대통령과 후진타오 주석은 정상회담을 통해 한중관계를 '전략적 협력 동반자 관계'로 격상시키는 데 합의했다. 이어서 그해 8월 후진타오 주석의 한국 답방 시 한중 양국은 전략적 협력 동반자 관계의 구체

---

97) 『중앙일보』, 2010년 10월 8일.
98) "한일 '성숙한 동반자관계' 신시대 개척합의," 『조선일보』, 2008년 4월 21일.
99) "중 외교부 대변인 '돌출발언' 수습 진땀," 『동아일보』, 2008년 5월 28일.

적 내용에 합의했다.[100] 그러나 2010년에 잇따라 일어났던 천안함 폭침과 연평도 포격 이후 양국 간에 합의한 전략적 협력 동반자 관계의 한계가 분명해졌다.

중국은 천안함 조사결과를 인정하지 않았을 뿐 아니라 책임소재를 가려 재발방지를 위한 노력을 해야 한다고 보는 한국과 미국의 노력에 대해 북한을 자극하지 않고 현상을 유지하는 것이 한반도 평화와 안정에 도움이 된다면서 거부반응을 나타냈던 것이다. 즉, 북한의 도발을 억제하기 위한 한미 연합훈련에 대해서 중국이 신경질적인 반응을 보임으로써 많은 한국인들의 분노를 자아냈다.[101] 뒤이어 일어난 연평도 포격 사태에 대해서도 중국은 비슷한 태도를 보였다. 한국은 북한문제를 해결하기 위해 중국에 호의적으로 대해 왔지만, 천안함 사태와 연평도 사태에서 보듯이 안보문제에 관한 한 중국은 한국을 외면하고 북한의 입장을 무조건 지지했던 것이다. 그 결과 한미관계가 더욱 가까워진 반면, 한중 관계는 소원해지게 되었다.

이 대통령이 '신아시아 구상'에 따라 아세안과의 관계를 강화한 것은 주목받아야 할 외교적 업적이다. 그는 2009년 3월 뉴질랜드, 오스트레일리아, 인도네시아 등 아태지역의 핵심 우방국이며 주요 자원 공급국들을 방문함으로써 '신아시아 협력 외교'의 기틀을 다졌다. 이어서 6월에는 제주에서 한·아세안 10개국 특별정상회의를 개최함으로써 대 아세안 외교에 획기적인 진전을 이룩했다. 이 정상회의에서 양자 간 자유무역 협정이 사실상 타결되었으며 정치외교적으로도 긴밀히 협력하기로 합의했다.[102] 아세안은 인구 5억의 거대한 경제권으로 한국의 세 번째로 큰 수출시장일 뿐 아니라 주요 자원의 수입원이기도 하다. 과거 아세안 지

---

100) 정성홍, "한중 정상회담의 의미와 과제," 『정세와 정책』(세종연구소) 2008년 7월호.
101) 이태환, "천안함 외교와 중국," 『정세와 정책』(세종연구소) 2010년 7월호.
102) 김기수, "2009년 한-아세안 제주 정상회의," 『정세와 정책』(세종연구소) 2009년 7월호.

역은 일본의 독무대였다고 해도 과언이 아니지만, 한국이 아세안 10개국 정상들을 초치하여 정상회담을 개최하게 된 것은 한국의 높아진 국제적 위상을 반영한 것이다.

한국과 아세안은 경제적으로 상호보완적일 뿐 아니라 안보 면에서도 협력 가능성이 크다. 안보 면에서 볼 때 아세안 국가들은 중국을 안보 위협으로 인식하고 있으며 일본에 대해서도 과거 제국주의 침략의 기억으로 인해 거부감이 없지 않으나, 한국과는 협력가능성이 큰 편이다. 아세안 입장에서 볼 때 한국은 위협이 될 만큼 강대국은 아니면서 다방면에서 협력할 수 있는 중요한 파트너로 인식한 것이다.

'신아시아 구상'에서 아세안 다음으로 중요한 나라는 인도이다. 이 대통령의 아시아외교는 궁극적 목표가 에너지 자원이 풍부한 중앙아시아였기 때문에 인도로 대표되는 서남아시아지역은 아세안과 중앙아시아의 연결지역이라는 의미도 있다. 인도는 세계에서 두 번째로 많은 12억 인구, 세계 4위의 구매력을 가진 거대 시장으로 2000년대 들어 높은 경제성장을 기록하면서 세계로부터 주목받는 신흥 경제강국으로 떠올랐으며, 장차 아시아에서 중국과 주도권을 다투게 될 중요한 나라이다. 인도는 25세 미만의 젊은 층이 전체 인구의 50퍼센트나 될 만큼 활력이 넘치는 나라로서 고령화의 늪에 빠져들고 있는 중국에 비해 성장잠재력이 크다는 장점이 있다. 따라서 한국이 인도와 협력을 강화하는 것은 새로운 아시아 질서에 대응함에 있어서 매우 중요한 포석이다.

이명박 정부는 인도와의 경제협력을 강화해왔으며 그 결과 2010년 초부터 양국 간 포괄적 경제동반자협정(CEPA)을 발효시켰다. 뒤이어 그해 1월 이 대통령은 인도를 국빈 방문하여 만모한 싱(Manmohan Singh) 총리와 정상회담을 갖고 양국 관계를 '전략적 동반자관계'로 격상하여 경제협력을 강화함은 물론 정치외교, 과학기술, 사회문화 등 포괄적인 관계발전을 위해 노력하기로 했다.[103] 한반도 통일을 위해서는 미국과 동맹관계를 유지하는 것 못지않게 인도 같은 미래의 강대국을 후원 세력으로 확보하는 것이 중요하다. 중국과 일본이 한국의 입장에 대해 소극적일 경우 인도가 국제무대에서 한국을 지원한다면 큰 힘이 될 것이다.

또한 이명박 정부는 2010년 10월 6일 2년 2개월간의 협상 끝에 세계 최대 경제권인 유럽연합(EU)과 자유무역협정(FTA)을 체결했다. 이로써 한국은 유럽과의 통상을 획기적으로 확대할 수 있는 돌파구가 마련된 것이다. 수출이 한국경제의 견인차임을 고려할 때 이것은 또 하나의 중요한 성취였다. 그 결과 한국은 세계 양대 경제 축인 미국 및 유럽연합과 자유무역협정을 체결한 유일한 아시아 국가가 되었다. 이명박 대통령이 국정경험이나 외교경험이 없었기 때문에 외교역량에 대해 큰 기대를 갖지 않았지만 그의 오랜 해외 기업활동을 통해 축적된 경험을 바탕으로 외교역량을 발휘하여 기대 이상의 성과를 거두었던 것이다.

▌ 원칙을 고수했던 대북정책

'비핵 · 개방 3000 구상'에서 나타나듯이 이 대통령은 대북정책의 근본적인 변화를 추구했다. 다시 말하면, 북핵문제 해결과 남북관계 진전을 철저히 연계하는 정책을 펴고자 했던 것이다. 이 같은 그의 단호한 대북정책 노선에도 불구하고 대북정책에 관련된 인사(人事)는 그 같은 의지를 의심케 했다. 그는 대북정책과 관련하여 '좌파 인맥'을 물갈이하라는 '인적 청산' 요구를 묵살했을 뿐 아니라 오히려 김대중 대통령의 의전수석비서관과 외교안보수석비서관으로서 '햇볕정책' 전도사 역할을 했던 김하중을 통일부 장관으로, 노무현 정부의 법무부 장관이었던 김성호를 국가정보원장으로 임명하여 보수세력의 반발을 사기도 했다.[104]

이명박 정부가 직면했던 남북관계 현안은 노무현 대통령이 제2차 남

---

103) 외교통상부, "이명박 대통령 인도 국빈방문," *eNewsMaker* [제117호], 2010년 1월 27일.

104) 이동복, "이명박 정부 2년 평가: 대북정책," 『월간조선』, 2010년 3월호.

북 정상회담에서 합의한 '10·4남북정상선언'과 '11·16남북총리회담 합의서'를 통해 북측에 약속한 경제협력 프로젝트들을 처리하는 문제였다. 이 대통령은 2008년 4월 미국 방문 시 남북 경제협력과 관련하여 ① 북한의 비핵화 진전에 따른 단계적 지원, ② 경제적 타당성, ③ 재정부담 능력, ④ 국민적 합의 등 '4대 원칙'을 제시했다.[105]

첫 번째 원칙인 '비핵화 진전에 따른 단계적 지원'은 그가 선거공약으로 내세운 '비핵·개방 3000 구상'과 관련된 내용이다. 북한이 핵을 폐기하고 개방하면 북한의 경제발전을 위해 적극 지원하겠다는 것이다. '경제적 타당성' 원칙은 남북 간 경제협력이 북한에 대해 무조건 지원하는 것이 아니라 북한의 경제자생력과 한국의 수익성을 모두 충족시킬 수 있어야 한다는 것이다. '재정부담 능력' 원칙은 한국 정부가 재정적으로 감당할 수 있는 범위 내에서만 대북 지원을 할 수 있다는 것이다. 마지막으로 '국민적 합의'를 내세운 것은 한반도 상황의 특수성과 민감성을 감안해 모든 대북 경제협력은 국민적 합의가 필수적이라는 것이다.

북한은 2007년 한국 대통령선거 당시부터 이명박 후보의 "비핵·개방 3000 구상은 6·15, 10·4선언을 무시한 내정간섭"일 뿐 아니라 그들에 대한 적대정책이라며 맹렬히 비난했다.[106] 이명박 정부 출범 이래 북한은 6·15공동선언과 10·4공동선언 실천을 요구하며 대남 비방과 각종 위협으로 긴장을 조성해왔다. 즉, 2008년 7월에는 금강산 관광객 박왕자 씨를 살해했으며, 8월에는 개성공단과 금강산에 체류하던 한국정부 당국자들을 추방했다. 이로 인해 금강산 관광이 중단되었고, 개성공단은 한때 폐쇄위기에 처하기도 했다. 2009년부터 북한은 대남관계뿐 아니라 국제적으로도 초강경 노선을 취했다. 즉, 1월 17일 인민군 총참모부는 한국에 대해 전면대결 태세를 선언했고, 1월 30일에는 남북 간에 이루어진 모든 정치·군사적 합의는 무효라고 선언했다. 4월에는 장거리 미사

---

105) "이 대통령 '남북경협 4원칙' 제시," 『조선일보』, 2008년 4월 18일.
106) 『노동신문』, 2008년 4월 1일.

일을 발사했으며, 5월에는 제2차 핵실험을 강행했고, 11월에는 한국 해군 함정을 공격하여 대청해전이 일어나기도 했다.

이처럼 북한은 남북 간의 모든 접촉을 거부하고 갖가지 대남 비방과 도발행위를 하며 대남 압박을 가했지만 이 대통령은 "기다리는 것도 전략"이라며 대북정책기조를 유지해 왔고 절대 다수 국민은 그 같은 정책을 지지했다. 한 여론조사를 보면, 남북관계가 나빠진 이유에 대해 "북한의 대남정책 때문"이라는 응답이 63퍼센트였지만 "이명박 정부의 대북정책 때문"이라는 반응은 27.4퍼센트에 불과했다. 그래서 이명박 정부는 취임 후 1년간의 정책 평가에서 대북정책을 비롯한 외교정책에서 상대적으로 높은 평가를 받았다.[107]

이명박 대통령이 북한에 대해 비핵화와 개혁·개방을 통해 정상국가가 되기를 요구한 것은 온당한 일이다. 김대중·노무현 정부하에서 북한에 막대한 지원을 했지만 북한은 개혁과 개방을 외면했을 뿐 아니라 핵실험을 하는 등 군사제일주의 노선을 가속화함으로써 햇볕정책이 실패로 끝나고 말았기 때문이다. 그러나 그의 "비핵·개방 3000 구상"은 경제논리가 중심이지만 북한은 체제유지라는 정치논리가 우선이기 때문에 접점을 찾기가 쉽지 않았다. 김정일 정권이 이데올로기 우선 및 군사제일주의 노선을 고수하고 있고 또한 핵을 포기할 가능성이 없기 때문에 이명박 정부하의 남북관계는 긴장과 갈등이 높아질 수밖에 없었다.

대통령선거 과정에서 북한문제에 대해 대화를 통한 해결을 주장해 온 오바마 대통령이 취임하면서 북한 핵문제는 해결의 기미가 보이기도 했다. 그러나 북한은 2009년 초부터 대남 전면 대결태세를 선언하며 긴장을 조성했고, 4월에는 장거리 미사일을 발사했으며, 5월에는 2차 핵실험까지 강행했기 때문에 북한 스스로 미국과의 대화와 타협의 여지를 닫아버렸던 것이다. 4~5월은 새로 출범한 오바마 행정부가 실무진도 제대로

---

107) "남북경색은 북때문," 『조선일보』, 2009년 2월 23일.

제3부 이명박 대통령 · 255

구성하지 못하여 미국의 대북정책이 구체화되기 전이었다. 이어서 북한은 2010년 11월 초 미국의 핵 전문가를 초청해서 그들이 그동안 존재 자체를 부인해 왔던 우라늄 농축 시설을 공개하고 "원심분리기 2,000개를 갖고 있다"면서 그동안 북한이 국제사회와 맺어온 핵 합의를 휴지조각으로 만드는 무모함을 보였다. 1~2차의 북한 핵 위기는 미국이 북한 핵시설을 공개함으로써 이루어졌지만, 이제는 북한 스스로 우라늄 핵시설을 공개하고 나섰을 정도로 대담해졌다. 과거에는 자신들의 비핵화 의지가 확고하다고 변명했지만 지금은 "미국의 대북 적대정책이 바뀌지 않는 한 비핵화는 없다"고 주장하고 있다.

그러나 김정일은 2009년 8월 김대중 전 대통령 국장에 조문객으로 참석한 김기남을 통해 남북 정상회담을 하자는 메시지를 전달했다. 그런 가운데 유엔총회 참석 차 뉴욕을 방문 중이던 이명박 대통령은 코리아 소사이어티에서 행한 연설을 통해 '그랜드 바겐(grand bargain)'을 통해 북한 문제를 포괄적으로 타결하겠다는 의지를 밝혔다. 이에 따라 임태희 노동고용부 장관과 김양건 북한 통일전선부장은 그해 10월 싱가포르에서 남북 정상회담 가능성을 타진하는 비밀회동을 갖기도 했다.[108] 그러나 북한은 2010년 초부터 금강산관광 구역 내 한국정부 당국의 소유 부동산을 몰수하고 관리인원을 추방하는 등 강경자세로 되돌아섰다. 그러한 가운데 북한은 천안함을 폭침시켰고 몇 달 후에는 연평도에 대한 포격으로 한반도 긴장을 고조시킨 바 있다.[109]

요컨대 이 대통령의 '비핵·개방 3000 구상'은 선거구호로서는 그럴듯 했지만 실현가능성은 매우 낮았다. 왜냐 하면, 북한은 세계 조류에 순응하려는 의도가 전혀 없었기 때문에 비핵화, 개혁·개방 같은 합리적 제안이 통할 리 없었다. 북한은 계속되는 국제적 압력에도 핵보유 정책

108) 『조선일보』, 2009년 11월 12일.
109) 송대성, "북한의 위기고조: 배경, 평가 및 대응책,"『정세와 정책』(세종연구소) 156호(2009. 4).

을 고수해 왔고 또한 중국의 계속된 권유에도 개혁과 개방을 외면해 왔던 것이다. 이처럼 김정일 정권은 처음부터 이명박 정부의 대북정책을 변화시키기 위해 대남 비방과 도발을 고조시켜 왔지만 이 대통령은 흔들림 없이 대북정책 기조를 유지해 왔던 것이다. 일관성 없는 경제정책으로 논란의 대상이 되었던 점을 고려할 때 높이 평가되어야 할 것이라 본다.

▮ 취약했던 안보 리더십

이명박 정부 출범 이래 계속되어 온 남북 간의 긴장은 2010년 3월 26일 북한의 어뢰공격으로 한국 해군함정 천안함이 폭침되고 해군 46명이 전사한 전례 없는 사태가 발생하면서 최고조에 달했다. 이명박 대통령은 천안함 폭침 2개월 후인 5월 24일 용산 전쟁기념관에서 행한 연설에서 "천안함 침몰은 대한민국을 공격한 북한의 군사도발"이라 규정하고 "북한은 자신의 행위에 상응하는 대가를 치르게 될 것이다. 나는 북한의 책임을 묻기 위해 단호하게 조처해 나가겠다"고 언명했다. 이어서 그는 "대한민국은 앞으로 북한의 어떠한 도발도 용납하지 않을 것"이며 "앞으로 [북한이] 우리의 영해, 영공, 영토를 무력침범 한다면 즉각 자위권을 발동할 것"이라 선언하고 나아가 "이번 사태를 계기로 안보태세를 확고히 구축하겠다"고 다짐했다.[110]

이 연설의 후속조치로 이 대통령은 이희원 예비역 대장을 안보특보로 임명하고 국가안보태세를 종합적으로 평가하기 위해 국가안보총괄점검회의(의장 이상우)를 설치했다. 또한 외교안보수석실 산하에 있던 국가위기상황팀을 국가위기관리센터로 확대 개편하고 임무도 단순한 위기상황 전달기능에서 위기의 예측과 관리를 담당하도록 했으며, 신설된 안

---

110) "이 대통령 천안함 사태 담화문,"『연합뉴스』, 2010년 5월 24일.

보특보의 지휘를 받도록 했다. 국가안보총괄점검회의는 그해 9월 초 이 대통령에 대한 보고를 통해 ① 북한의 도발의지 자체를 원천 봉쇄할 수 있는 '능동적 억제(proactive deterrence)' 전략의 채택, ② 육·해·공군 작전의 합동성 강화, ③ 전시 사태 대비 위기업무 총괄 통합기구 설치, ④ 사병 복무기간 18개월 축소 계획 재검토 등을 건의했다.

이 대통령은 보고를 받은 자리에서 "장비나 제도의 강화도 중요하지만 군 지휘관의 정신 자세 확립이 더 중요한 선결과제"라고 말하고, 사병 복무기간을 24개월로 환원할 필요가 있다는 건의에 대해서는 '국민정서'를 고려해 신중히 검토할 필요가 있다며 사실상 거부했다. 그러나 안보태세의 약화현상은 군 지휘관들의 책임만으로 돌릴 문제가 아니었다. 진보정권 10년 동안 안보를 등한시했기 때문에 정부의 대응태세는 말할 것도 없고 정치권과 국민의 안보의식도 크게 해이된 상태였다. 국가안보의 최고 책임자인 대통령은 청와대, 정부, 군을 망라한 범국가적 안보위기 관리체제를 구축하고 나아가 사회 전반의 안보해이 현상을 근본적으로 타파하는 데 적극 나서야 했다고 본다.[111]

그로부터 8개월 만인 11월 23일 북한은 대낮에 연평도에 대한 사실상의 정면 공격이라 할 수 있는 집중 포격으로 해병 2명과 민간인 2명이 사망하고 19명이 부상당했으며 막대한 재산상의 피해를 초래했다. 북한의 포격 당시 텔레비전 화면에 비친 연평도는 검은 연기가 뒤덮여 있어 전쟁터를 방불케 했다. 주민들은 겁에 질려 황급히 대피하거나 섬을 탈출하는 등 큰 혼란에 빠져 있었다. 방송 속보를 지켜 본 국민들은 '전쟁나는 것 아니냐'는 불안감에 휩싸여 있었다. 그런데도 정부와 군의 대응은 천안함 폭침 이후 허둥댔던 것과 크게 달라진 것이 없었다.

긴급 사태 시 대통령의 입에서 나오는 첫마디는 사태의 흐름 전체를 좌우할 만큼 결정적으로 중요한 것이다. 그런데 청와대는 언론에 네 번

---

111) 이상호, "천안함 사태로 드러난 정부 대응의 문제점과 향후 대책," 『정세와 정책』(세종연구소) 2010년 6월호.

이나 대통령의 지시내용을 바꾸어 전달했다. 즉, 연평도 포격 직후에는 "확전되지 않도록 잘 관리하라(3시 50분 청와대 대변인)"고 발표한 후, "확전되지 않도록 만전을 기하라(4시 관계자 비공식 브리핑)", "단호히 대응하라. 상황이 악화되지 않도록 만전을 기하라(4시 30분 관계자 비공식 브리핑)"고 계속 바꾸어 말한 내용이 두 시간 동안 모든 방송을 통해 보도되었다. 이로 인해 무차별 포격을 가한 북한에 향해야 할 국민들의 분노의 일정 부분이 미덥지 못한 대응을 하고 있던 이명박 정부와 군에 쏟아지고 있었다. 이 대통령의 통수지침이 명확하지 못했고 애매모호했을 뿐 아니라 앞뒤가 맞지 않는 내용이라는 비난도 있었다.

뒤늦게 여론의 심각성을 감지한 청와대는 오후 6시 홍보수석을 통해 "대통령은 초지일관 '교전수칙에 따라 단호하게 대응하라'고 지시했다. '확전되지 않도록 만전을 기하라'는 말은 와전된 것이며 그런 말을 한 적이 한 번도 없었다"고 해명했다.[112] 그런데 국회 국방위원회에 출석한 김태영 국방장관은 이 대통령으로부터 "단호하게 대응하되 확전되지 않도록 잘 관리하라고 지시를 받았다"고 말하자 사태의 파장을 우려한 청와대가 나서서 국방장관의 말을 뒤집었고 이로 인해 정부에 대한 불신이 가중되었다.

연평도 사태와 같은 준전시 상황에서 대통령의 발언 중 무엇을 골라 국민에게 어떻게 전달하느냐는 고도의 전략적 정치적 판단이 필요하다. 따라서 청와대가 대통령의 말을 직접화법으로 전달하는 것은 무책임한 일이었다. 연평도에서 포격전이 계속될지도 모르는 상황에서 "확전되지 않도록 만전을 기하라"는 대통령의 말을 텔레비전을 통해 전국에 내보냄으로써 국민을 실망시켰을 뿐 아니라 적에게 대통령의 의중을 노출시킨 결과가 되고 말았다. 이것은 청와대 메시지 관리 실패의 중요한 사례가 될 것이라 본다. 아무튼 이로 인해 이 대통령의 안보리더십에 적지 않

---

112) 『조선일보』, 2010년 11월 24일.

제3부 이명박 대통령 · 259

은 타격이 되었다.[113] 베트남전 당시 월맹공습과 같은 주요 안보상황은 헨리 키신저 국가안보보좌관이 직접 브리핑했다. 한국과 같이 긴박한 안보여건에 처해 있는 경우 필요시 대통령 또는 관계 보좌관이 직접 언론에 입장을 밝힐 필요가 있다고 본다.

이 대통령은 천안함 폭침 후 안보위기 대응태세를 강화하겠다고 거듭 다짐했지만, 연평도 포격이 있기까지 8개월 동안 청와대와 정부의 안보위기 관리 태세가 어떻게 강화되었는지 의문이었다. 천안함 폭침은 은밀한 공격에 의해 이루어진 것이기 때문에 처음부터 적극적으로 대응하는 데 어려움이 있었지만, 연평도 사태의 경우 백주에 북한의 무차별 포격이 있었음에도 이 대통령이 5월 24일 연설을 통해 다짐했던 조치들은 어느 하나 제대로 이루어지지 않았다. 북한의 연평도 공격에 대한 우리의 대응은 K-9 자주포로 80여 발의 대응사격을 하는 데 불과했다. 북한은 서해 5도 지역에 1,000문의 해안포, 수십 문의 방사포, 다수의 무인항공기와 미사일 등 막강한 전력을 가지고 있지만 우리 군의 대응능력은 K-9 자주포 12문에 불과하여 천안함 폭침 후에도 서해 5도의 방위태세는 구태의연한 것으로 드러났고 유사 시 연평도 주민보호를 위한 대책도 미흡하기 짝이 없었다.

북한이 천안함 폭침 이후 8개월 만에 또다시 같은 지역에서 정면 공격을 할 수 있었던 것은 우리의 대응이 단호하지 못했기 때문이다.[114] 이 대통령은 천암함 폭침 직후 그 원인에 대해 "예단하지 말라"는 말을 자주 했고, 청와대 참모들은 "북의 연계 가능성은 작아 보인다"고 했다. 천안함 사태와 관련된 대국민 담화문에서 그는 대북 심리전을 포함한 제재조치를 발표했지만, 북한군이 대북 심리전을 위한 시설에 대해 '조준 격파사격'을 하겠다고 위협하자 우리군은 대북 심리전을 유보했다. 이러

113) "[황호택 칼럼] 청와대 대변인과 두 상관," 『동아일보』, 2010년 12월 5일.
114) 「천안함 1년」 '대가 치를 것'이 대통령 5.24선언 빈말 돼 …… 연평도 공격 불러," 『조선일보』, 2011년 3월 21일.

한 가운데 6·2 지방선거를 앞두고 "평화냐, 전쟁이냐"는 구호가 나돌았고, 일부 병사들은 집으로 전화를 걸어 "전쟁을 막아달라"고 부탁하는 희한한 일까지 벌어졌다. 장병 46명이 희생당하고 천안함이 두 쪽 났는데도 이 대통령은 국민의 슬픔과 분노를 한 곳으로 결집해 북한의 추가도발을 생각조차 할 수 없도록 강력히 대응했어야 했던 것이다. 또한 8월 8일 북한은 연평도 부근 북방 한계선 부근에 해안포 130여 발을 쐈지만 군 당국은 이에 응사하지 않았다. 이러한 상황에서 북한이 어떻게 우리를 만만히 보지 않을 수 있었겠는가?

이것은 정부가 천안함 사태를 주로 군의 실책으로만 돌리고 청와대와 정부의 안보위기 대응태세를 제대로 평가하여 보완하지 못한 데 있다고 본다. 이와 관련하여 이 대통령은 11월 29일 대국민 특별담화를 통해 "대통령으로서 국민의 생명과 재산을 지키지 못한 책임을 통감한다"는 사과의 뜻을 밝혔다. 그리고 그해 마지막 국무회의에서 이 대통령은 2010년을 평가하면서 "국방과 안보에 대해 국민 불안과 실망을 가져온 점은 반성해야 할 부분"이라고 정부의 실책을 자인했다.[115] 이명박 정부의 안보위기 대응태세는 다음과 같은 문제점이 있다고 본다.

첫째, 이 대통령과 정부는 지나치게 경제제일주의 사고에 젖어 안보의 중요성을 간과했다고 본다. 그는 경제위기에 대처하기 위해 매주 비상경제대책회의를 주재했지만 그처럼 심각한 안보위기에 직면하여 과연 경제위기를 다루는 것만큼 비장한 각오로 그리고 실효성 있는 조치를 강구했는지 의문이다.

국토를 수호하고 국민의 안전과 생명을 보호 하는 것은 대통령과 정부의 가장 중요한 책무이지만 민주화 이래 안보문제는 등한시되어 왔다. 이명박 정부는 출범하면서 국가안전보장회의 상임위원회와 사무처를 폐지했고 안보보좌관 직제도 없앴으며, 수석비서관 중 장성출신은 한 명

---

115) "경제는 성과 있었지만 국방·안보는 반성해야," 『중앙일보』, 2010년 12월 29일.

도 없었다. 뿐만 아니라 국가비상사태 대비 기구인 비상기획위원회도 폐지했다. 이 대통령은 천안함 사태로 안보위기 관리체계의 취약성이 노출되었지만 이를 보완하고 강화하는 적극적인 안보리더십을 보여주지 못했다. 더구나 천안함 폭침 후에도 정부는 G20 정상회담 준비에 관심이 쏠려 있었고 G20 정상회담이 끝난 후에는 그 성과에 도취되어 있었던 것이다.

이명박 정부는 외교안보정책조정회의를 설치한 바 있지만, 이 회의는 안보위기에 처하여 아무런 역할을 하지 못했다. 안보여건이 어느 나라보다 긴박한 처지에 있음에도 안보문제는 국정의 중요한 우선순위가 되지 못했다. 정부가 이처럼 안보 위기관리에 무력했던 것은 외교안보의 핵심인사들까지 병역 미필자가 있는 등, 근본적으로 이 대통령의 잘못된 인사에서 비롯된 것이라는 비판도 있었다.[116] 더구나 그는 천안함 폭침 늑장 대응에 책임이 큰 김성환 외교안보수석비서관을 외교통상부 장관으로 영전시키고 천안함 폭침 직전까지 남북회담을 위한 비밀접촉에 나섰던 임태희 고용노동부 장관을 대통령실장으로 중용하는 등 누가 보아도 안보를 중시한 인사라고 보기 어려웠다.

둘째, 청와대의 안보위기 대응체제가 매우 취약했다고 본다. 천안함 피격 당시까지 청와대에는 군 출신 고위보좌관이 없었다. 청와대에 안보전담 보좌관이 있었다면 안보위기 발생 시 국방장관을 비롯한 고위 안보관계자들과 신속히 협의하여 대통령을 효과적으로 보좌할 수 있었을 것이며, 또한 안보문제와 관련하여 청와대가 국방부와 군대, 그리고 정보기관을 유기적으로 조정·통제할 수 있었을 것이다. 천안함 폭침 당시 외교안보수석비서관은 외교관 출신으로 그러한 역할을 하는 데 한계가

---

116) "청와대 안보라인 '초토화' 위기," 『조선일보』, 2010년 12월 3일. 천안함 폭침 당시 이명박 정부의 병역 미필자는 유난히 많았다. 즉 이명박 대통령, 정운찬 총리, 김황식 감사원장, 원세훈 국정원장, 정몽준 한나라당 대표, 이만의 환경 장관, 정종환 국토해양장관, 김성환 외교안보 수석비서관 등이었다. 국회의원들의 병역면제 비율도 일반국민보다 훨씬 높았다.

있었다고 본다.[117]

셋째, 사후 수습 등 정부의 종합 대응능력도 미흡했다. 무엇보다도 청와대 공보기능이 안보위기에 대처하기에는 역부족이었다. 대통령의 말이 몇 차례나 수정되어 발표되고 대통령의 말과 국방장관의 말이 서로 다르게 보도되는 것은 있을 수 없는 일이다. 특히 청와대 김희정 대변인은 정치인 출신으로서 안보문제에 대한 인식이 부족했을 뿐 아니라 언론계의 생리도 잘 모르고 있었기 때문에 안보위기 사태를 다루는 데 한계가 있었다고 본다. 또한 청와대 또는 국무총리실이 위기관리를 위해 관계부처 실무자들로 신속히 태스크 포스를 구성하여 활용했어야 한다고 본다. 특히 천안함의 인양이나 격침의 원인규명은 군사적 측면뿐 아니라 정치외교적, 기술적 측면이 고려되어야 했으며, 연평도 사태의 경우 정치·홍보적 측면은 물론 피난민 지원 등이 신속히 이루어져야만 했다. 선진국이라고 하는 나라에서 천여 명의 피난민이 찜질방에서 피난했다는 것은 정부의 무능을 단적으로 보여준 것이다.

감사원의 역할도 논란이 대상이 되었다. 안보위기에서는 군의 사기를 유지하고 국민으로 하여금 군을 성원하도록 유도하는 것이 바람직하다. 그런데 감사원이 천안함 사태에 대한 감사를 하여 그 결과를 언론에 공개함으로써 군의 사기를 떨어뜨리고 군에 대한 국민의 불신을 가중시켰다. 감사결과에 대해 국방장관까지 나서 군의 특성을 무시한 일방적이고 왜곡된 감사라고 했다는 것을 고려할 때 안보문제에 관련된 감사는 신중해야 한다는 교훈을 주고 있다. 마지막으로, 정보기관의 정보의 수집, 분석, 활용 능력을 강화하는 것 또한 중요한 과제로 등장했다. 최고 정보기관의 간부들을 정보 비전문가로 임명한 대통령도 책임의 일단을 피할 수 없었다고 본다.[118]

117) "천안함 사태, 그 후, 이명박 정부 위기대응능력 비판," 『신동아』, 2010년 5월 호, pp.108-117.
118) 민주화 이래 정보기관이 변질되기 시작하여 국가안보를 위한 정보기능이 크게

다행히 이 대통령은 2010년 12월 22일 청와대 국가위기관리센터를 국가위기관리실로 격상시키고 수석비서관급 실장을 두기로 하고 국가위기관리 전문가인 안광찬 장군을 실장으로 임명했다. 국가위기관리실은 국가위기관리비서관, 정보분석비서관, 상황팀으로 구성되어 대통령의 안보위기를 보다 효과적으로 보좌할 수 있게 되었다. 또한 이명박 정부는 2010년 1월부터 국방선진화추진위원회를 구성하여 국방운영의 효율화 방안을 모색해 왔으며, 특히 천안함 폭침과 연평도 포격을 계기로 '국방개혁 307계획'을 마련하여 2011년 3월 7일 이 대통령에게 보고했다.

'307계획'의 요지는 합참의장에게 인사권 등 제한된 군정권(軍政權)을 부여하여 지휘력을 강화하고 각 군도 작전사령부를 폐지하고 참모총장에게 작전지휘권인 군령권(軍令權)을 부여함으로써 3군 합동성을 강화하기로 하는 등 지휘구조를 개편하고, 노무현 정부가 마련한 '국방개혁 2020'에서 미래의 잠재적 위협에 대비하는 데 중점을 두었던 전력(戰力) 증강 계획도 북한의 '현존 위협'에 대한 억제전력 확보에 중점을 두기로 했으며, 조직개편을 통한 군 장성 60명 감축 등으로 효율성을 높이기로 했다.[119]

이 같은 지휘구조 개편에 대해 군 내외에서 논란이 있었지만 이 대통령은 서둘러 추진하고자 했다. 대통령 보좌역할과 작전지휘라는 과중한 임무를 합참의장이 제대로 감당할 수 있을 것인가? 각군 참모총장이 작전업무에 매달리게 될 경우 교육훈련 등 군사행정을 소홀히 할 가능성은 없는가? 군의 지휘구조는 국가안위에 직결된 중요한 문제일 뿐 아니라 한반도 안보상황이 어느 때보다 불확실한 때인 만큼 신중한 접근이 필요하다고 본다.[120] 미국이 9·11테러 이후 10여 년에 걸쳐 국방개혁을 추진

약화되었지만 이명박 정부에 와서도 원세훈 국정원장, 국정원 기조실장 등 권력 핵심 인사나 정통 관료를 임명했다.

119) "합참의장, 인사-군수 군정권도 갖는다," 『동아일보』, 2011년 3월 9일.

120) 조영길, "군지휘체계개편 바로 가고 있는가?" 『성우소식』 86호(2011.3); 문정

하고 있는 것과는 대조적이다.

이 대통령은 경제위기 극복과정에서 탁월한 능력을 발휘하여 G20 정상회의까지 주관하게 되었지만, 연이은 안보위기를 관리하는 데는 그러한 역량을 보여주지 못했다. 2010년 11월 동아시아연구원이 실시한 여론조사에 의하면, 연평도 사태에 대해 정부가 '잘못하고 있다'는 반응이 72퍼센트나 되었지만 '잘하고 있다'는 반응은 24.7퍼센트에 불과했다. 같은 날 발표한 아산정책연구원의 여론조사에서도 정부의 대응에 대한 부정적 평가(65.7%)가 긍정적 평가(25.9%)보다 훨씬 높았다. 연평도 사태로 이 대통령에 지지율도 크게 하락했다. G20 정상회의 직후 청와대가 자체 조사한 이 대통령의 지지율은 60퍼센트까지 상승했지만 동아시아연구원 조사에서는 44.2퍼센트, 아산정책연구원 조사에서는 44.7퍼센트로 크게 하락한 것으로 나타났다.[121]

이명박 정부는 보수세력의 지지에 힘입어 출범했다. 보수세력은 경제와 안보는 잘할 것이라는 믿음에서 이명박 후보를 지지했지만 연이은 안보위기를 겪으면서 보수정권에 대한 믿음이 흔들리게 되었다. 안보위기 상황에서는 보수정권일수록 '안보 결집효과'가 나타나는 것이 일반적 현상이지만, 두 차례의 안보위기에서 이명박 정부가 믿음직하게 대응하지 못함으로써 위기를 기회로 바꾸는 데 실패했다. 그 결과 천안함 사태 후 실시된 지방선거에서 한나라당이 참패했던 것이다.

대통령은 국가적 위기 시에 유약(柔弱)할 자유가 없는 자리이다. 용기와 결단력은 리더십의 필수요건이다. 필요시 현명하면서도 대담한 결단을 내리기 위해 대통령은 국방·외교 분야의 최고 브레인들의 보좌를 받아야 한다. 과연 이 대통령은 그러한 결단력과 용기를 가진 지도자였는가? 과연 관계 장관과 참모들은 안보문제에 대한 최고의 브레인이었는가? '결단력 없는 대통령'과 '판단력 없는 보좌진'의 만남은 국가를 위태

인, "국방개혁, 지휘구조 뒤흔들 때 아니다," 『중앙일보』, 2011년 3월 7일.
121) "천안함 때와 확 달라진 여론," 『조선일보』, 2010년 11월 29일.

롭게 하는 것이다.

남북 대결상태는 쉽게 벗어날 수 없는 엄연한 현실이다. 그럼에도 김영삼 대통령부터 군사독재의 잔재를 타파한다면서 국가안보를 등한시했다. 김대중·노무현 정부 10년 동안 남북관계 개선에 대한 환상으로 북한의 위협을 망각하고 낙관적인 대북정책으로 일관했다. 김영삼 정부는 군대를 숙정대상으로 삼았고, 김대중·노무현 정부에서는 북한에 우호적인 인사들이 외교안보 분야의 요직을 장악하게 했다. 이 대통령은 두 차례의 안보위기에 제대로 대응하지 못한 국방장관과 군 수뇌부에 대해 책임을 물었지만 과연 대통령과 정부, 그리고 정치권은 안보를 위해 해야 할 역할을 제대로 했는지 되돌아 볼 필요가 있다. 특히 제주 해군기지 건설이 일부 지역주민과 외부 시민단체들에 의해 장기간 지체되었지만, 이에 대해 이 대통령이 단호한 입장을 보여주지 못했던 것이다.

위기 시 대통령 리더십의 진면목이 나타나는 것이다. 그만큼 위기관리 능력은 대통령 리더십의 중요 요소이다. 외부의 대규모 공격 같은 국가비상사태가 발생했을 때 가장 중요한 인물은 대통령이다. 그가 사태를 어떻게 규정하고 어떤 각오와 방식으로 대응하느냐에 따라 그 결과가 크게 달라지기 때문이다. 그런 점에서 안보리더십은 대통령 리더십에서 매우 중요한 위치를 차지하는 것이다.

8. 경영자적 리더십의 빛과 그림자

▌시대적 배경

이명박 정부 출범 당시 한국은 대내적으로 민주화에 수반된 과도기적 상황이 20년간이나 지속되어 왔고, 대외적으로는 급속한 세계화로 인해 대외의존도가 높은 한국에 심각한 도전이 되고 있었다. 더구나 노무현 정부의 반기업적 경제정책 등으로 경제가 활력을 잃고 있었다. 경제적인 면에서 김대중·노무현 정권 10년을 '잃어버린 10년'이라 하기도 하지만, 사실은 1988년 이래 경제정책이 우선적인 국정목표가 되지 못하면서 국가경쟁력이 지속적으로 약화되어 왔다. 자칫하면 한국이 '잃어버린 20년'이라고 하는 일본의 전철을 밟을 가능성이 컸기 때문에 경제제일주의를 표방한 이명박 정부의 등장은 의미가 컸다.

한국이 1997년 외환위기를 경험하면서 세계화에 따른 위험을 뼈아프게 체험하게 되었지만, 실제로 국가 간 경쟁이 치열해지면서 세계경제는 파상적인 위기를 경험하게 되었고 이로 인해 한국도 심각한 타격을 받게 되었다. 경쟁력이 유리한 나라는 부흥하고 불리한 나라는 쇠퇴하기 마련이다. 그렇다고 세계화를 거역할 수도 없다. 경제의 국경이 허물어지면서 중국, 인도 등 임금이 저렴한 국가들에 대한 투자가 급격히 늘어나 급속한 성장을 하게 된 반면 선진국들이 어려움에 직면하게 되면서 세계질서까지 변화의 조짐을 보이고 있다.

세계적 추세인 개방·개혁을 철저히 외면하고 있는 북한은 체제위기가 심화되면서 인민통제를 강화하고 대남 군사도발 등을 통해 이를 극복하려 해왔다. 설상가상으로 김정일의 건강이상으로 체제위기가 심화되자 서둘러 후계체제를 구축하면서 더욱 심각한 체제불안으로 치달을 가능성이 높아졌다. 그동안 김대중·노무현 정부는 북한의 개혁·개방에 대한 낙관적 기대를 바탕으로 막대한 지원을 했지만 북한에서는 의미 있는 변화는커녕 핵실험과 대남 도발 등으로 햇볕정책은 실패로 끝나고 말았다. 오히려 한국 내에서 대북정책을 둘러싸고 심각한 남남갈등이 일어났고 미국과의 관계도 '이혼직전의 관계'라고 할만큼 악화되었던 것이다. 따라서 대북정책을 포함한 한국의 외교안보정책도 근본적인 변화가 요구되고 있었다.

이명박 정부가 당면했던 대내적 도전도 만만치 않았다. 노무현 대통령은 5년 내내 분열과 대립의 정치를 펴왔기 때문에 정치사회적 갈등은 심각한 수준에 이르렀다. 안보문제, 대북정책, 한미관계 등 주요 정책이슈가 정치사회적 논쟁의 대상이 되면서 문제 해결이 더욱 어려워졌다. 그 결과 정치권은 당면 현안들을 제대로 해결하지 못하게 되었고 그 결과 정치권에 대한 불신이 높아졌다. 또한 양극화 현상, 만성적인 청년실업, 부동산 가격 폭등, 도시와 농촌 간 격차, 불신 받는 공(公)교육, 법질서 문란 등 갖가지 어려운 문제들이 이명박 정부의 출범을 기다리고 있었다.

민주화에 따른 과도기적 현상이 이처럼 심각한 양상으로 나타난 것은 그동안 집권자들이 합리적인 국정운영보다는 과거 정부와 기존질서를 타도와 개혁의 대상으로 삼는 등 주로 부정적인 아젠다에 초점을 맞추었기 때문이다. 따라서 이명박 정부는 이 같은 민주화 과도기를 종식시킴은 물론 경제활력 회복, 한미동맹 복원, 지속가능한 대북정책, 세계화 도전에 대한 능동적인 대응, 법과 질서 확립, 사회통합 등을 통해 선진국 진입이라는 시대적 사명을 부여받고 있었던 것이다.

그러나 이 대통령의 정치적 자산은 그 같은 막중한 과업을 수행하는데 충분한 것이 못 되었다. 그는 김영삼이나 김대중처럼 확고한 지역기반을 가진 것도 아니고 한나라당 내에 확고한 지지세력을 구축한 것도 아니었다. 또한 개인적인 카리스마가 있는 것도 아니고 투쟁을 통해 대중적 이미지를 구축한 것도 아니었다. 대선에서 압승하기는 했지만 그의 지지도는 절대적인 것이 못 되었다. 그는 또한 자신을 둘러싼 도덕성 의혹에 시달리고 있었다.

노무현 정부 5년간 국민의 실망이 컸기 때문에 그 반작용으로 이명박 정부에 대한 기대가 지나치게 높았다. 그러나 이명박 정부가 출범한 2008년은 과거 어느 때보다 대내외 여건이 좋지 않았다. 더구나 시장이 개방되고 자유화되어 정부가 택할 수 있는 정책수단도 제한되어 있었다. 따라서 그가 국정을 안정적으로 이끌어 나가기 위해서는 정부에 대한 지나친 기대를 낮추어야 했을 뿐 아니라 정치적 기반과 대중적 지지를 안정시키고 확장시키기 위한 정치력의 발휘가 요청되고 있었다.

▌국정 우선순위

이명박 대통령은 성공한 경영자의 경험을 바탕으로 경제 재도약을 최고의 국정목표로 삼았으며 그것은 '747 공약(평균 7% 성장, 10년 후 1인당 소득 4만 달러, 세계 7대 경제대국 부상)'과 '한반도 대운하 건설' 등을 통해 실현하고자 했다. 국민은 그가 그러한 목표를 달성할 수 있을 것으로 기대하고 그를 대통령으로 선출했던 것이다.

이명박은 당선자 시절 미국 리더십 연구의 권위자 제임스 번스(James M. Burns)의 저서 『역사를 바꾸는 리더십(*Transforming Leadership*)』을 꺼내 들고 생각에 잠겨 있는 사진을 공개한 적이 있다. 이것은 그가 위대한 업적을 통해 위대한 대통령이 되고자 하는 의지를 나타낸 것이다. 역사를 바꾸는 지도자가 되기 위해서는 역사적 과업을 남겨야 한다. 박정희 대통령이 경부고속도로 및 포항제철 건설 등을 통해 조국 근대화에 성공했듯이 이 대통령은 한반도 대운하 건설 등을 통해 경제 재도약을 이룩하고자 했던 것으로 본다.

경제전쟁 시대를 맞이하여 그가 경제우선의 국정운영 노선을 택한 것은 바람직한 것이었다. 1990년대 이래 국가 간 경쟁이 치열해지면서 각국은 국가경쟁력 강화를 중시해왔다. 그러나 한국에서는 민주개혁과 복지확대에 치중하면서 경제정책의 우선순위가 뒤로 밀리게 되어 성장잠재력이 지속적으로 약화되었다. 그러나 국정 우선순위에도 어느 정도 균형 감각이 필요하다. 그를 지지했던 국민들이 그로부터 경제대통령만을 원했던 것이 아니라 모든 면에서 발전하는 자랑스러운 나라가 되기를 기대했다고 본다.

전임 대통령들이 지나치게 민주개혁이나 분배를 중시한 것도 문제였지만 이 대통령은 경제정책에 지나치게 몰두하면서 안보나 정치 등 국정의 다른 부문을 등한히 하는 결과를 초래했다고 본다.[122] 특히 호전적인 북한과 대결하고 있는 한국은 어느 나라보다 국가안보가 중요하지만 민주화 이래 20년 가까이 안보가 등한시되었기 때문에 안보태세를 재정비하는 것이 시급했다. 더구나 북한은 핵무기 개발 등 군사제일주의 노선을 추구하고 있을 뿐 아니라 대남 도발을 일삼는 등 한국의 안보여건은 악화되고 있었다. 그럼에도 이명박 정부는 출범하면서 안전보장회의 사무처 등 안보관련 기구들을 축소하고 병영 미필자들을 정부 요직에 앉히

---

122) 장달중, "안보는 부업이 아니다," 『중앙일보』, 2010년 12월 2일.

는 등 안보를 소홀히 했다는 인상을 주었다.

　이 대통령은 일에 대한 욕심이 많은 지도자이다. 그는 한꺼번에 너무 많은 일을 하려하고 또한 그것도 속도와 능률을 너무 강조한다. 그의 공약을 보더라도 '747 경제공약', '비핵·개방 3000 구상', '한반도 대운하 건설', '과학비즈니스 벨트 건설', '동남권 신공항 건설' 등 파격적이다. 어느 하나든 성취된다면 역사적 업적이 될 수 있는 것들이다. 그러나 그는 정부의 능력, 특히 5년 임기 대통령의 능력의 한계에도 불구하고 여러 가지 과제를 한꺼번에 추진하면서 정치적 자산을 분산시킴으로써 기대한 만큼 성과를 거두지 못했다고 본다. 그 결과 이명박 정부의 국정과제의 대표 브랜드가 무엇인지 뚜렷하지 않았다. 그의 연설문을 보면 다양한 국정현안을 백화점식으로 나열하고 있을 뿐이며, 국정 중심과제들을 자신의 비전으로 연결시킨 설득력 있는 메시지를 찾아보기 어렵다. 이 대통령과 그의 정부는 새벽부터 밤늦도록 열심히 일했다고 한다. 그러나 열심히 일하는 것이 중요한 것이 아니라 철학과 비전을 가지고 일을 잘하는 것이 중요한 것이다.

▌인사정책과 리더십 스타일

　전직 대통령들의 잘못된 인사에 실망이 컸던 국민들은 경영자 출신인 이 대통령의 인사는 합리적일 것으로 기대했다. 그런데 그러한 기대와는 달리 그의 인사는 시종일관 논란의 대상이 되었다. 정부 출범 당시부터 '재산이 많은 사람들을 기용했다', '편파적이며 측근중심의 인사다', '도덕성에 문제가 있는 인사다'라는 등의 비판을 받았다.

　계속된 비판에도 불구하고 그가 이 같은 인사정책을 계속하게 된 데는 나름대로 이유가 있었다고 본다. 민주화 이후 역대 대통령들의 인사는 빈번한 장관 교체와 아마추어들의 청와대 장악 등 문제가 적지 않았다. 그 같은 문제점을 극복하고 국정을 효과적으로 이끌어가고자 한 이 대통령은 능력이 검증되고 개인적으로 잘 알며 추진력이 있는 사람들로 팀워크를 이루어 능률적인 국정운영을 하고자 했다고 본다.

그래서 그는 서울시장 당시의 측근이나 대선 캠프 출신들을 선호했다고 본다. 임기 중반에 이르러 청와대 비서관 출신을 비롯한 자신의 핵심 측근들을 주요 장관으로 포진했던 것도 국정운영의 효율성을 위한 팀워크라는 측면에서 이해될 수 있다. 사실 그의 인사는 경험이나 전문성 면에서 결격사유가 있는 사람이 별로 없었고, 또한 국정운영의 안정성과 일관성을 위해 빈번히 장관을 교체하지 않는 등 전임자들에 비해 장점이 많았다. 노태우 정부 이래 장관의 평균 재임기간은 1년 정도에 불과하여 개각이 연례행사처럼 되었지만 이명박 정부의 내각은 비교적 안정되었다고 할 수 있다.

그러나 잘 아는 사람들 중에서 발탁하면서 그의 인사는 취임 당시부터 심각한 논란의 대상이 되었다. 특히 능률을 중시하는 그가 왜 학자 중심으로 대통령실을 구성했는지 의문이 크다. 아마도 성공한 경영자였고 성공한 서울시장이었던 그가 국정운영에 대해 상당한 자신감을 가지고 있었기 때문에 대통령실의 역할을 대기업 회장 비서실과 비슷한 소극적인 것으로 여겼을 가능성이 크다.[123] 그는 또한 대통령의 역할은 경제 살리기에만 성공하면 된다고 생각했기 때문에 대통령실의 기능적 측면을 중시하지 않고 필요에 따라 조직을 바꾸면서 3년간 두 차례나 대통령실을 개편했다고 본다.[124]

그는 탁월한 경영능력을 가지고 있었지만 그의 리더십은 광우병 파동

---

123) 한국에는 정부 지도자들의 회고록이나 현장경험을 쓴 책이 별로 많지 않기 때문에 교수가 곧바로 대통령 보좌관이 되면 정부운영에 익숙하기 위해 상당한 시간이 필요하게 되고 이에 따라 보좌진들은 대통령에게 계속 끌려 갈 수밖에 없다고 본다. 저자 자신은 청와대에서 적응하여 업무를 제대로 파악하는 데 1년 반 정도 걸렸다는 것이 솔직한 고백이다.

124) 박정희 대통령은 18년간 두 차례만 청와대 조직 개편을 했고, 전두환 대통령은 7년 임기 중 청와대 조직 개편을 하지 않았다. 미국 대통령의 경우 백악관 조직 개편을 하는 경우는 드물다.

등으로 처음부터 휘청거리기 시작했다. 대통령은 국내외 갖가지 어려운 문제와 도전에 직면하여 신속 정확한 판단을 내려야 하기 때문에 다양한 경험과 전문성을 겸비한 보좌관들의 도움을 받지 않으면 안 된다. 그럼에도 불구하고 청와대는 대통령 1인 중심 체제로 움직였으며, 대통령실장이나 다른 보좌관들의 역할은 소극적이었다. 물론 보좌관들의 역량이 부족했기 때문에 이 대통령이 앞장섰다고 할 수 있지만 그가 지나친 자신감을 바탕으로 재촉하고 서두르면 보좌관들은 그를 쫓아가는 데 급급할 수밖에 없게 된다.[125] 이 대통령은 정치경력도 짧고 중앙 행정기관에서 일한 경험도 없었기 때문에 유능한 참모진에 의한 효과적인 보좌가 필요했다. 따라서 대통령실장은 국정전반에 대한 전략적이며 정무적 판단 능력이 필수적이었지만, 결정적으로 중요했던 임기 전반기 동안 학자 출신을 대통령실장으로 둔 것은 문제가 있었다고 본다.

이 대통령은 김대중 대통령이나 노무현 대통령만큼 총리에게 권한과 책임을 이양하지 않았으며, 권력을 독점했다는 면에서 김영삼 대통령과 비슷했다. 첫 번째 총리인 한승수는 화려한 경력을 가졌음에도 자원외교 이외에 이렇다 할 역할이 부여되지 않았고, 한나라당도 공천에서 탈락되어 원외인사로 있던 박희태를 대표로 영입했다. 2009년 9월에 이르러 학자출신인 정운찬을 총리로 임명했지만 세종시 수정안 추진에 앞장서다가 9개월 만에 물러났다. 같은 시기에 정몽준을 한나라당 대표로 내세웠지만 그는 한나라당에 입당한 지 2년도 못되었을 뿐 아니라 대통령과 같은 현대 출신이라는 점에서 지도력에 한계가 있었다.[126] 제3기인 김황식

---

125) "나는 대통령 그림자," 『시사 IN』 42호(2008. 7. 1). 정정길은 『대통령의 경제리더십』이라는 저서에서 군 출신인 박정희 대통령이 경제발전 기적의 주인공이 된 것을 불가사의라고 했는데 이것은 그가 박정희 리더십의 핵심을 파악하지 못한 것이라고 본다. 박정희는 리더십 체제를 매우 중시했으며 군대식 관리시스템을 국가경영에 매우 잘 활용했기 때문에 역사적인 업적을 이룩할 수 있었다고 본다. 김충남, 『대통령과 국가경영』, 303-310쪽 참조.

126) 이명박 대통령이 현대건설 출신인데 현대그룹의 중요 인사인 정몽준을 당 대표

총리와 안상수 한나라당 대표 체제도 비슷한 약체이다. 이로 미루어 볼 때, 이 대통령은 1인 중심 체제를 구축하여 국정을 능률적으로 이끌어가 겠다는 의도를 가졌던 것으로 판단된다.

그의 인사는 시종일관 논란의 대상이 되었지만 이와 관련하여 그는 2011년 2월 1일 방송과의 대담에서 자신의 인사원칙에 대해 다음과 같이 말했다. 즉, "대통령이 단임제로 5년을 하면 일을 어떻게 효율적으로 할 지가 중요하다. 효율적으로 하려면 우선 추진력이 있어야 하고 나는 일 중심으로 사람을 판단한다. 뜻을 같이 해야 한다. 정부는 정치가 아니다. 정부는 하나의 팀워크를 갖고 일해야 한다." 전임 대통령들이 가신이나 아마추어들을 임용하여 빈번히 교체함으로써 국정의 비능률을 초래했 던 것을 고려한다면 그가 5년 단임제의 한계를 인식하고 능률중심의 인 사를 하고 팀워크를 중시한다는 것은 분명 옳은 방향이다.[127]

문제는 영일·포항 출신, 대선 캠프 출신, 고려대 출신이 상대적으로 많았으며, 또한 도덕성에서 하자가 있는 인사를 빈번히 발탁했다는 데 있다.[128] 뿐만 아니라 그가 잘 아는 사람들 중에서 인재를 발탁하면서 그 의 인재 풀(pool)이 너무도 한정되어 있었다. 그래서 실책에 책임을 지고 물러났던 사람들이 머지않아 다른 요직에 임명되면서 '회전문 인사'라 거나 문제 있는 사람이 있어도 과감히 바꾸지 못한다는 비판을 받았다.

이명박 정부 3년 동안 대통령이 지명한 인사 8명이 국회 인사청문회를 통과하지 못했다. 이 같은 연이은 '인사청문회 낙마'는 이 대통령과 그 의 정부에 대한 신뢰 상실의 결정적 요인이 되었다. 특히 2010년 말 그가 자신의 민정수석비서관 출신인 정동기를 감사원장 후보로 추천했을 때

로 영입하고 또한 정몽준이 이사장으로 있는 울산대학교 총장인 정정길을 대통 령 실장으로 임명한 것은 비판의 소지가 될 수도 있었다.

127) 지방선거 참패 후 민심수습 목적으로 장관으로 임명된 이재오, 진수희는 1년 안에 그리고 2011년 초에 임명된 정병국은 8개월 만에 교체된 것은 정치인 경 력 관리를 위한 것이었다는 비판을 받았다.

128) "MB 정권의 관료 엘리트 연구,"『월간조선』, 2010년 5월호.

한나라당까지 거부했다는 것은 그의 인사정책의 심각성을 말해주는 것이다. 이 같은 인사실패가 반복되는 이유는 그가 인사시스템을 활용하지 않는 데 있다고 본다. 인사 발탁에 참여한 사람은 대통령, 대통령실장, 인사비서관 3명뿐인 폐쇄적인 인사시스템이며, 인사검증을 담당하는 수석비서관도 발표 직전에 통보받아 검증할 시간적 여유가 없었다고 한다.

이 대통령은 인재발탁에 있어 충성심을 중시한 것으로 알려지고 있다. 대통령 개인에 대한 충성심을 중시한 것인지 국가와 국민에 대한 충성심을 중시한 것인지는 의문이다. 집권층으로부터 국가와 국민을 위한 책임감과 사명감이 엿보이지 않는다는 평가가 지배적이다. 임태희 대통령실장이 "청와대에 동지는 없고 동업자만 있다는 외부 평가를 뼈아프게 받아들이자"고 한 말은 의미심장하다. 청와대뿐만 아니라 정부 전반에 걸쳐 그러한 분위기가 만연되어 있다. 대통령의 홍보수석비서관 김두우와 또 다른 대통령 측근인 은진수 감사원 감사위원이 저축은행 비리에 연루되는 등 정부 고위직은 물론 금융감독원과 금융위원회 인사 여러 명이 구속되거나 조사받게 된 것은 이 대통령이 인사에 있어 도덕성을 경시함으로써 초래된 것이라는 비난을 피할 수 없게 되었다.[129]

이 대통령의 용인술(用人術)이 이처럼 한계를 드러낸 것은 그의 경영자적 리더십과 관련이 있다고 본다. 그는 특히 잘 알지 못하는 사람은 쓰지 않는 경향이 있었는데 이것은 기업 인사에서 볼 수 있는 일반적인 현상이다. 과거 한국 기업들은 정치자금 기부나 정관계(政官界) 로비 등을 위해 비자금을 조성하거나 자금을 비정상적으로 운용해야 할 경우가 많았기 때문에 회계담당자를 위시하여 주요 보직을 측근들로 채우는 경향이 있었다. 그런데 이 대통령의 경우 잘 아는 사람들 중에서 골라 쓰려다

---

129) 이외에도 신재민 전 문화체육관광부 차관의 수뢰설, 장수만 방위사업청장의 '함바' 비리 연루 사임, 배건기 청와대 감찰팀장의 비리의혹 사직 등 대통령 측근들의 비리 의혹이 연이었고 친인척 비리도 논란이 되었다. 대통령 측근은 아니지만 강희락 전 경찰청장이 함바 비리로 구속된 것도 이명박 정권에 부담이 되었다.

보니 특정 지역, 특정 학교, 또는 대선 캠프 출신 중에서 발탁하게 되었다고 본다.

기업은 업무범위가 한정되어 있고 체계화된 조직과 훈련된 인력을 가지고 있기 때문에 경영자가 측근들을 요직에 앉히더라도 큰 문제가 없을지 모르지만, 대통령이 측근 중심의 인사를 한다면 적지 않은 위험이 따르게 된다. 왜냐 하면, 국가경영이라는 측면에서 잘 훈련된 사람이 별로 없기 때문에 한정된 범위에서 인재를 발탁하게 되면 아마추어들이 많아질 가능성이 있다. 대통령은 물론 청와대 간부들이 담당해야 할 국가경영은 대체로 생소한 영역이다. 더구나 대통령과 관련된 업무는 너무도 다양하고 복잡하며 정책환경의 불확실성이 높을 뿐 아니라 신속하게 대응하지 않으면 안 된다. 보좌관들 중에 아마추어가 많다면 그들이 새로운 직무에 적응하고 팀워크를 구축할 시간적 여유도 없기 때문에 시행착오를 범할 가능성이 크다.

기업 경영자는 사익(私益)을 추구하지만, 대통령은 공익(公益)을 추구하기 때문에 인사에 있어서 형평성이 필수적이다. 왜냐하면 대통령은 모든 국민의 대통령이며 국민통합의 상징이기 때문이다. 국민이 대통령의 인사를 편파적이라고 인식하게 되면 대통령과 정부에 대한 신뢰가 약화된다. 이명박 대통령은 전직 대통령들이 측근 중심의 인사를 하면서 '권력을 사유화'했다는 비난을 받았던 사실에서 교훈을 얻지 못한 것 같다.

국민은 이명박의 역량을 높이 평가하여 압도적 지지로 대통령으로 선출했기 때문에 그의 리더십은 비상한 관심의 대상이 되었지만, 취임 초부터 그의 국정운영은 국민들의 기대에 미치지 못했다. 물론 그는 글로벌 금융위기로 한국경제가 심각한 어려움에 직면했을 때 탁월한 경영자적 리더십을 발휘하여 '제2의 외환위기'를 예방했을 뿐 아니라 한국을 세계에서 가장 빨리 그리고 성공적으로 경제활력을 회복한 나라로 만들었다. 그럼에도 2010년 6월에 실시된 지방선거에서 한나라당이 참패하면서 그의 리더십에 문제가 있다는 비판이 높아졌다. 이 같은 모순을 어떻게 이해해야 하는가? 여기서 경영자적 리더십의 장단점을 살펴보는 것이 그 같은 의문에 대한 해답이 될 수 있다고 본다.

이명박은 현대건설에서 인생의 중요한 시기를 대부분 보냈기 때문에 정주영 회장으로부터 많은 영향을 받았다고 본다. 정주영은 결단력, 불도저처럼 밀어붙이는 추진력, 어떤 난관에도 움츠러들지 않는 불굴의 의지 등 탁월한 리더십을 가지고 있었다. 이명박이 정주영의 두터운 신임을 받았다는 것은 그가 정주영 스타일의 리더십을 가지고 있었다는 것을 뜻한다. 그는 자서전 『신화는 없다』에서 불도저라는 자신의 별명까지 거론하며 정주영과 자신 간에 공통점이 많다는 것을 시사하고 있다.

그는 또한 대통령으로 취임하면서 박정희 대통령을 자신이 본받아야 할 모델로 삼았을 가능성이 크다. 현대건설 직원으로 경부고속도로 건설에 참여했던 그는 박 대통령의 리더십에 관심을 가졌을 것이 틀림없다. 그는 한반도 대운하 건설(4대강 살리기 사업으로 변경) 문제를 논의할 때 자주 경부고속도로 건설 당시의 경험과 더불어 야당의 강력한 반대에도 불구하고 건설을 강행했던 박 대통령의 적극적인 리더십을 언급한 것으로 알려지고 있다. 특히 박 대통령이 경제제일주의 정책으로 한국을 산업국가로 탈바꿈시키는 데 성공했듯이 그는 '747 공약'을 통해 한국경제의 재도약을 목표로 삼았다고 보며, 경부고속도로 건설이 박 대통령의 상징적 사업이 되었듯이 4대강 정비를 그의 역사적 사업으로 생각했을 가능성이 크다.

불가능은 없다고 생각하고 밀어붙였다는 점에서 박정희와 정주영은 비슷한 점이 많다. 그들의 리더십은 1인 중심적이고 카리스마적이다. 그들은 정치를 비생산적이고 비능률적이라고 인식하며 실질을 중시한 실용주의자들이다. 이명박 대통령도 정치에 대해 뿌리 깊은 불신감을 가지고 있었다.[130] 그는 자서전에서 기업인으로서 "정치인들에게 참을 수 없는 분노를 느꼈다"고 했다. 정치는 시궁창 같다고 했고 비효율적이라 여

---

130) "MB는 정치인을 안 믿어," 『조선일보』, 2009년 1월 21일; "더 커진 MB의 정치 불신," 『조선일보』, 2009년 3월 1일.

겠으며 정치인들은 엉터리라는 인식을 가지고 있었다.[131] 그는 대통령선거 캠페인을 정치의 중심지인 서울이 아닌 제조업의 중심지 안산에서 시작하면서 '여의도 정치'를 탈피하겠다고 선언했던 것이다. 그러나 리더십 환경이 근본적으로 달라진 오늘날 박정희나 정주영은 리더십 모델로서 적절한 것은 아니라고 본다.

자수성가한 사람은 아집이 강하고 독주하는 경향이 있다. 과거에 성공했다는 자신감 때문에 주변의 조언이나 반대에 상관하지 않고 밀어붙이는 경향이 있다. 기업인들이 한국 경제기적의 주역으로서 상당한 자부심과 우월감을 가지고 있듯이, 이 대통령도 그러한 인식을 가지고 기업경영에서 성공했던 방식을 국가경영에 적용하고자 했다고 본다. 두말할 필요도 없이 경영자적 리더십은 장점이 많다.

첫째, 실용주의이다. 구체적인 목표를 설정하고 그것을 가장 효율적으로 달성하는 방법을 찾아낸다. 현장을 중시하고 결과를 중시한다. 둘째, 강력한 추진력이다. 어떤 어려움이 있더라도 불도저처럼 밀어붙여 목표를 달성하며, 필요시 수단방법을 가리지 않는다. 셋째, 강력한 팀워크를 구축하여 활용하는 등 관리능력이 뛰어나다. 경영자는 인사관리, 시설관리, 품질관리 등 여러 면에서 치밀한 관리능력이 필수적이다. 마지막으로, 열성 또는 성취동기가 강하다. 결코 포기하지 않는 끈기와 집념이 있어야 성공할 수 있다고 믿는다.[132]

그러나 국가는 기업과 근본적으로 다르기 때문에 기업경영 방식을 국가경영에 그대로 적용한다면 무리가 따를 수밖에 없다. 프린스턴대학의 폴 크루그먼(Paul Krugman) 교수는 1996년 하버드 비즈니스 리뷰에 기고한 '국가는 기업이 아니다(A country is not a company)'라는 논문에서 기업경영과 국가경영이 근본적으로 다르다는 것을 두 가지로 설명하고 있다.

---

131) 김창균, "이명박식 비즈니스 마인드 정치,"『조선일보』, 2007년 11월 6일.
132) "이명박 대통령 CEO리더십 맞나,"『뉴스메이커』780호 (2008. 6. 24).

첫째, 주식회사를 아무리 확대하더라도 국가가 될 수는 없다는 것이다. 기업은 아무리 규모가 크고 사업 분야가 다양하더라도 핵심 사업 중심으로 업무가 한정되어 있지만, 국가는 전혀 성격과 철학이 다른 수십만 개의 사업부서가 공존하는 것처럼 복잡하다. 따라서 국가경영은 기업경영자가 상상할 수 없을 정도로 복잡하기 때문에 국가경영자는 기업경영자보다 훨씬 더 포괄적이고 일반적인 원칙을 따라야 한다고 했다.

둘째, 기업경영은 다른 부문의 희생을 우려할 필요없이 목표달성을 위해 밀어붙일 수 있지만, 국가경영은 한 부문이 잘 되더라도 다른 부문이 피해를 보게 되는 가능성까지 염두에 두어야 한다고 했다.[133]

네 명의 미국 대통령을 보좌한 바 있는 데이비드 거겐(David Gergen)은 그의 저서에서 기업경영과 국가경영의 차이에 대해 다음과 같이 분석하고 있다.[134] 그에 의하면, 최고경영자로 취임하는 것과 대통령으로 취임하는 것은 조직관리 측면에서 다른 점이 많다는 것이다. 최고경영자로 취임하면 잘 훈련되고 오랜 경력을 가진 전문가들이 있고, 효율적인 업무처리를 할 수 있는 조직이 있어 자신의 경영 목표와 방침을 효과적으로 실천에 옮길 수 있다는 것이다. 또한 기업은 업무 범위가 한정되어 있고 업무처리 방식도 관례화되어 있지만, 국가경영은 업무범위가 광범하고 해결방식도 다양하다는 것이다. 다시 말하면, 기업의 경영환경은 정치에 비해 불확실성이나 위험이 적은 편이고 업무의 연속성과 안정성도 높지만, 국가경영 환경은 불확실성과 불안정성이 높기 때문에 성공할 가능성이 높지 않다는 것이다.

이명박 대통령은 취임 초부터 경영자적 리더십을 유감없이 발휘했다. 그는 새벽 5시에 기상하여 하루 종일 열심히 뛰는 스타일이다. 그는 청와대 비서관 회의, 장관 회의, 각종 대통령자문위원회 회의 등을 통해 정

---

133) "국가는 기업이 아니다," 『조선일보』, 2008년 2월 11일.

134) David Gergen, *Eyewitness to Power: The Essence of Leadership; Nixon to Clinton*(New York: Simon & Schuster, 2000), pp.50, 109, 171, 350.

책현안을 진단하고 대책을 결정하는 등 적극적인 국정운영을 해왔다. 그는 목표에 대한 집착도 강하고 시작한 일은 적극적이며 끈질긴 노력으로 성공시키는 등, 남다른 추진력을 발휘했다. 그의 경영자적 리더십은 경제위기를 극복하면서 위력을 발휘했다. 실물경제를 꿰뚫고 있을 뿐 아니라 강력한 추진력을 가진 경영자 출신인 그가 아니었다면 불가능했을 것이 틀림없다. 그의 리더십은 현안에 대한 파악능력, 남다른 열정과 강한 추진력 등 여러 가지 면에서 장점이 많았으며 세계화 시대에 적합한 개방성과 국제감각도 가지고 있었다. 그리하여 G20 정상회의를 유치하여 성공적으로 주재함으로써 그의 경제리더십은 국내외로부터 높이 평가받게 되었다.

그가 정치나 안보 등 다른 부문에서 별로 긍정적 평가를 받지 못했던 것은 경영자적 리더십의 한계 때문이라고 본다. 무엇보다도 그는 '경제결정주의' 사고에 젖어 '경제만 잘 되면 다 잘 된다'고 생각하며, 경제 살리기에만 성공한다면 성공한 대통령이 될 수 있을 것으로 확신했던 것 같다. 그는 평소 "국가경영에서 정치논리는 필요 없다"고 하면서 "정치보다는 일을 잘해서 평가를 받겠다"는 생각을 가졌던 것으로 알려졌다. 이것은 그가 대통령직에 대한 올바른 인식을 갖지 못했다는 것을 의미한다. 효율과 결과만을 중시하면 민주정치의 기본인 절차와 설득을 등한시하게 되고 국민통합도 기대하기 어렵다. 목표달성에 집착하기 때문에 서두르게 되고 일방적으로 밀어붙이게 되며 이를 위해 비선(秘線) 조직까지 활용하려는 유혹에 빠진다.[135]

이 대통령은 경제우선적 사고로 인해 안보문제를 등한시했는지도 모른다. 천안함 사태나 연평도 피격 당시 목격했듯이 이명박 정부의 안보

---

135) 임성호, "결과지향적 국정운영, 과정중심적 정치리더십: 이명박 정부의 한계와 과제," 『임기 중반 이명박 정부의 과제와 전망』, 2010; 장달중, "CEO정치로 난국 헤쳐갈 수 있나," 『중앙일보』, 2010년 12월 23일; 김형준, "이명박 정부 2년 평가: 정치," 『월간조선』, 2010년 3월호, 64-72쪽.

위기 대응능력은 취약했다. 국정에 있어서 안보는 기본이며 한국과 같이 첨예한 남북대결을 하고 있는 나라에서는 더욱 그렇다. 이승만에서 노태우까지 역대 대통령들은 안보를 매우 중시했다. 김대중·노무현 정권하에서 안보가 경시되었기 때문에 이명박 정부에서 안보태세의 강화가 시급한 과제였지만, 이명박 정부에서 안보의 우선순위는 결코 높았다고 볼 수 없다.

그는 다른 부문에서도 국정 최고책임자로서의 인식부족을 드러냈다. 행정부 지도자 70여 명이 참석한 국정토론회에서 그는 "온통 나라 전체가 비리투성이 같다"고 했고 수사권 갈등에 대해선 "검찰과 경찰의 밥그릇 싸움이 한심하다"고 했다. '안철수 돌풍 현상'에 대해서도 그는 "올 것이 왔다"고 했다. 이러한 문제들에 대한 최종 책임은 대통령 자신에게 있으며 그것을 해결하는 데 지도력을 발휘해야 할 사람도 자신임에도 불구하고 남의 일처럼 말함으로써 국민들에게 허탈감을 안겨주었던 것이다.

둘째, 실용주의는 민주주의와 시장경제 간의 상충되는 원리 때문에 경제정책이 우왕좌왕하게 될 가능성이 크다. 이 대통령은 취임사를 통해 이념을 넘어 실용주의를 추구할 것이라고 했지만 이로 인해 그의 국정철학이나 비전이 불분명하다는 비판을 받아 왔다. 실용주의에 집착하다보면 원칙도 정책의 일관성도 등한히 할 가능성이 크다. 민주주의와 시장경제는 여러 면에서 서로 상충되는 원리에 기초하고 있다. 즉, 민주주의는 대화와 상생을 중시하지만, 시장경제는 효율과 경쟁을 중시한다. 정치적 리더십의 역할은 두 제도를 효과적으로 절충시키는 것이다. 그런데 이 대통령은 임기 초기에는 경제논리를 앞세웠고 임기 중반부터는 상생과 공정이라는 정치논리를 앞세웠다. 이처럼 비전과 원칙이 분명치 않으면 시류에 영합하여 인기 있는 일만 쫓아가기 쉽다. 이와 관련하여 친이계 인 전여옥 의원은 "외국에선 중도실용주의를 내세우는 사람을 정치인이라 여기지 않아요. 정치란 자기의 확고한 이념을 가지고 평가를 받는 겁니다. 중간에 있는 건 기회주의자고 회색주의자일 뿐이죠."라고 했다. 뼈아픈 비판이다.

셋째, 경영자적 리더십은 대통령이 직접 아이디어를 내고 집행을 주도하기 때문에 신속한 의사결정, 강력한 추진력 등 장점도 있지만, 독주할 위험이 뒤따른다. 이 대통령은 대통령선거 당시 '섬기는 리더(서번트형 리더)'가 되겠다고 했지만, 실제로는 다른 사람의 의견에 귀를 기울이지 않았고 또한 책임과 권한을 위임하려 하지 않았다. 그는 속전속결 스타일이다. 보좌관들이나 장관들이 대통령을 따라가기도 벅찼기 때문에 함부로 의견을 내기도 어려웠다고 본다. 그래서 소통의 문제가 생겼던 것이다. 이명박 정부는 국민과 소통을 잘 하지 못했을 뿐 아니라 집권세력 내부에서도 제대로 소통하지 못했다. 대통령과 장관, 장관과 청와대 참모진 간에 소통이 부족했으며, 또한 장관들은 공무원들과 제대로 소통하지 못했다.

기업경영은 이윤 극대화를 위해 무리하게 밀어 붙여도 되지만, 정치에서는 어렵더라도 합의를 이끌어내야 하고 적법한 절차를 따라야 한다. 회사는 이익창출이라는 단순한 목표를 위해 최고경영자의 지휘 아래 일사분란하게 움직인다. 그러나 국가는 규모가 방대하고 다원화된 이해관계로 얽혀 있기 때문에 국가경영은 기업경영처럼 속전속결로 이루어질 수 있는 것이 아니다.[136] 이 대통령은 경영자로서 장점이 많지만 복잡한 정부조직을 이끌어나가고 다양한 의견을 조정하고 타협시키며 정부정책에 대한 지지여론을 조성하는 등 정치적 리더십이 약하다는 평가를 받고 있다.

마지막으로, 그는 미시적 관리(micro-management)에 치우친 나머지 전략적 리더십(strategic leadership)이 취약했다. 대통령은 국가의 최고 전략가(chief strategist)여야 한다. 국가의 현실과 미래를 보다 넓게 보다

---

136) 김창균, "정치는 비즈니스가 아니다," 『조선일보』, 2007년 11월 7일; 김진국, "CEO 대통령이 빠진 함정," 『중앙일보』, 2008년 5월 30일; 윤여준, 앞에서 인용된 글.

장기적으로 조망하면서 위험을 경고해야 할 뿐 아니라 국민에게 꿈과 희망을 주는 비전을 제시해야 한다. 또한 대통령은 국정과제에 대해 선택과 집중을 하는 등 가용한 정치적 자산과 시간을 전략적으로 사용해야 한다.

이 대통령은 건설회사의 현장관리 경험으로 익숙하게 된 것인지는 모르지만 세부적인 문제에 지나치게 관심을 기울이는 경향이 있다. 그는 보좌관들에게 세부사항에 대한 새로운 아이디어를 요구하면서 그들로 하여금 안절부절못하게 했다고 한다.[137] 그는 취임 후 청와대의 좌석 배치나 해외여행까지 꼼꼼히 챙겼다고 한다. 기업을 이끌어 갈 때는 이처럼 철저하게 챙기는 것이 장점일지도 모르지만, 대통령은 그렇게 할 필요도 없고 그렇게 할 수 있는 시간적 여유도 없다. 더구나 그는 일 욕심이 많아 너무 열심히 일을 했기 때문에 여유를 가지고 국정 전반을 조망할 수 있는 시간적 심리적 여유가 없었다고 본다.

그는 스스로 "대한민국 대통령만큼 열심히 일하는 외국 정상은 없을 것"이라고 말했을 정도로 열심히 일했다. 그런데 한나라당 소속인 김문수 경기지사는 "이 대통령의 임기가 중반을 넘어섰는데도 뚜렷한 업적이 없어 걱정된다"고 했다. 대통령이 너무 많은 일을 하고 있기 때문이다. 대통령은 선장이 되어야지 선원처럼 일해서는 안 된다. 장관을 위시한 수많은 공직자들이 열심히 일하도록 분위기를 조성하는 것이 중요하다. 대통령은 국정의 큰 방향을 설정하고 자신의 관심과 노력은 주요 정책목표에 집중해야 한다.

이 대통령이 실용주의를 중시한 것은 노무현 대통령이 지나친 명분주의에 사로잡혔던 것을 고려한다면 적절한 것이었다. 그러나 그는 앞장서 서둘러 일을 처리하는 스타일로 제도화된 리더십을 발휘하지 못했다는 평가를 받고 있다. 그는 또한 세부적인 문제에 남다른 관심을 보임으로써 행정적 리더십(administrative leadership)에는 강했을지 모르지

---

137) "The Bulldozer," *The Economist*, September 25, 2008.

만 국정의 큰 방향을 설정하고 주요 국정과제에 집중하는 전략적 리더십
(strategic leadership)에 취약하다고 볼 수 있다.

요컨대 경영자의 리더십과 대통령의 리더십은 근본적으로 다르기 때
문에 성공한 경영자가 성공한 대통령이 된다는 보장이 없다. 경영자 출
신으로 최고지도자가 된 경우는 미국의 허버트 후버(Herbert Hoover) 대
통령, 이탈리아의 실비오 베를루스코니(Silvio Berlusconi) 총리, 태국의
탁신 친나왓(Thaksin Shinawatra) 총리 등이 있지만 그들의 치적은 논란
이 대상이 되고 있다. 미국 경제가 가장 성장했을 당시 경영자 출신 대통
령은 하나도 없다. 국민에게 희망찬 미래와 믿음을 제시하여 국민의 마
음을 하나로 모은 대통령하에서 경제가 활력을 띤 것이다. 박정희 대통
령은 경제를 잘 몰랐지만 바로 그러한 리더십을 발휘했던 것이다.

▌업적 및 평가

이명박은 국민에게 경제 재도약을 약속하고 대통령이 되었다. 그의 경
영자 경험과 경제우선주의 리더십은 2008년부터 본격화된 글로벌 경제
위기에서 위력을 발휘했다. 2008년 말 한국은 외신에 의해 '제2의 외환
위기설'까지 거론되었지만 그로부터 1년 후 한국은 국제사회로부터 금
융위기를 가장 빨리 그리고 가장 성공적으로 극복한 나라로 평가받게 되
었다. 2010년 한국경제는 6.2퍼센트나 성장하여 8년 만의 최고치였으며
수출도 4천700억 달러에 육박하여 세계 7대 수출국과 세계 9대 무역국으
로 발돋움했다. 무역흑자는 419억 달러에 달하여 2010년 말 현재 외환보
유액은 3천억 달러가 되었다.[138]

---

138) 2010년도 무역흑자 419억 달러는 외환위기 당시인 1998년도 432억 달러 흑자에
    이어 사상 두 번째로 큰 것이다. 이 대통령은 7% 성장을 약속했지만 3년간 평균
    성장률은 2.8%에 불과하다.

동시에 이명박 정부는 적극적인 친서민정책을 추진하여 2011년의 복지예산은 86조 원으로 복지정책을 자랑으로 내세웠던 노무현 정부 마지막 해의 복지예산 61조 원보다 40퍼센트 이상 늘어났다. 노사분규에 대한 원칙 있는 대응과 합리적인 노사관계 정착을 위해 노력한 결과 2010년도의 노사분규는 86건에 불과하여 외환위기 이후 최저를 기록했다. 이러한 성과는 이 대통령과 같은 탁월한 경제리더십을 발휘할 수 있는 지도자가 없었다면 불가능했을 것이다.[139]

물론 경제위기를 극복하는 과정에서 미흡한 분야도 없지 않았다. 정부가 재정지출을 확대하면서 국가부채는 2007년도의 300조 원 규모에서 2010년 392조 원으로 늘어났고 가계부채도 같은 기간 중 595조 원에서 923조 원으로 증가했다. 또한 청년실업자도 92만 명으로 2000년 이후 최고치에 달했다.

이 대통령은 경제외교를 비롯한 정상외교에서도 탁월한 능력을 발휘했다. 세계화 시대를 맞이하여 급변하는 국제환경 변화에 능동적으로 대응하는 것이 중요한 가운데 그는 오랜 해외 비즈니스 경험을 바탕으로 정상외교에서도 큰 성과를 거두었다. 그의 첫 번째 외교적 성과는 노무현 정부하에서 흐트러진 한미관계를 복원하고 공고히 함으로써 천안함 폭침과 연평도 사태 등 안보위기를 맞아 굳건한 동맹관계를 과시했다는 점이다. 또한 G20 정상회의를 유치하여 성공적으로 주관함으로써 한국이 세계 변방의 작은 나라에서 세계의 중심국가로 도약하는 계기가 되었다.[140] 아랍 에미리트로부터 400억 달러 규모의 원자력발전소 건설을 수주하고 원유개발 협력을 이끌어 내는 데도 결정적 역할을 했다.

대북정책에 있어서도 원칙 있고 일관성 있는 정책으로 북한이 대화를

139) "[이 대통령 취임 3년] '경제'로 내달린 3년, '정치가 남은 2년……," 『조선일보』, 2011년 2월 19일.
140) 삼성경제연구소는 G20 정상회의 개최의 경제적 효과가 25조 내지 30조 원에 이를 것으로 추산했다. 『헤럴드경제』, 2011년 2월 8일.

간청할 정도로 남북관계에서 어느 정도 주도권을 장악하게 되었다. 김대중·노무현 정부 10년간 막대한 경제지원을 하면서도 북한에 계속 끌려다녔던 것과는 대조적이다. 다만 대북정책에 유연성이 없어 남북관계를 긴장상태에 빠지게 했다는 비판을 피할 수는 없다.

이명박 정부는 또한 야심차게 4대강 정비를 추진해왔다. 이 사업에 대한 논란이 끊이지 않았지만 2011년 여름 몇십 년 만의 기록적인 폭우에도 4대강 유역의 피해가 별로 없었다는 것이 이 사업의 위력을 말해 주고 있다. 이 사업이 완성되면 홍수통제와 수질개선은 물론 유역개발을 통해 4대강과 유역이 깨끗하고 아름다운 모습으로 바뀌어 대한민국을 명실상부한 금수강산으로 다시 태어나게 함으로써 중요한 역사적 업적으로 기록될 것이 분명하다. 또한 이 대통령의 공약사항인 과학비즈니스 벨트 건설도 성공적으로 추진될 것으로 본다.

그러나 이명박 정부 3년의 국정운영에 대한 국민의 인식은 비교적 차가운 편이었다. 한국갤럽이 이 대통령 취임 3주년을 계기로 실시한 여론조사에 의하면, 응답자의 44퍼센트가 이명박 대통령이 '잘하고 있다'고 생각하고 있으며, 이 대통령이 '그동안 가장 잘한 일이 무엇인가'라는 질문에 62.4퍼센트가 '없다' 또는 '모르겠다'고 답변했다. 잘한 일에 대해 응답을 한 사람 중에는 경기회복(8.4%), 대북정책(6.3%), 4대강 사업(4.5%), 외교문제(4.1%) 순으로 나타났다.[141]

또한 같은 시기에 동아일보가 코리아리서치에 의뢰하여 실시한 여론조사에서 이 대통령이 '국정운영을 잘하고 있다'는데 대한 찬성이 47.3퍼센트로써 '잘못하고 있다'는 응답 45.4퍼센트와 비슷했다.[142] 이명박 정부가 그동안 잘 해온 분야를 묻는 질문에는 '대미외교'(28.2%), 경제성장(16.2%), 대북관계(10.2%) 순으로 나타났다. 이처럼 경제정책이 잘

---

141) 『조선일보』, 2011년 2월 24일.
142) "['이명박 정부 3년' 국정운영 평가] 일반국민 '잘함' 47% '잘못함' 45%," 『동아일보』, 2011년 2월 21일.

한 분야 2위에 올랐지만 경제정책을 '잘했다'는 응답이 49.4퍼센트로 '잘못했다'는 답변(46.4%)과 비슷했다. 높은 성장률, 수출증가 등의 성과가 있었지만 경제성장을 체감하지 못하는 계층의 불만이 만만치 않음을 나타내고 있는 것이다. '잘한다'는 응답이 가장 높은 분야는 '국제공조와 4강 외교'로 '잘하고 있다'는 응답이 64.3퍼센트로 매우 긍정적이었다. 노무현 정부 당시 약화되었던 한미공조를 회복시켜 두 나라가 대북정책에 일치된 목소리를 내고 있는 것을 평가받고 있는 것이다.

동아일보는 또한 전문가 112명을 대상으로 이명박 정부의 국정운영을 평가했다.[143] 5점 만점 기준으로 분야별로 평가한 결과 한미동맹 복원(4.3점)과 글로벌 외교 강화(3.9점)에는 긍정적 평가를 내렸으나 국가안보태세 구축(2.5점)과 안보위기 리더십(2.5점)에는 부정적인 평가를 내렸다. 경제 분야에서는 금융위기 극복(4.1점)과 글로벌 경제리더십 확장(4.4점)에 대해 긍정적이었지만 감세를 통한 투자 및 소비 활성화(3.0점)는 보통 수준이었고 공공부문 선진화(2.6점)와 일자리 창출(2.8점)은 기대에 미치지 못했다.[144] 정치 분야에서는 소통 노력(1.8점), 인재 등용(1.7점), 국민통합 노력(1.9점) 등 낙제점 수준이었다. 인재 등용에서 가장 나쁜 평가를 받았다는 것은 시사하는 바가 크다. 요컨대 그는 탁월한 경제리더십을 발휘했지만 정치리더십과 안보리더십에서는 기대 수준에 못 미쳤다고 본다. 이 같은 평가는 앞으로 이명박 정부가 남은 기간 국정을 어떻게 이끌어 가느냐에 따라 달라질 수 있다고 본다.

'경제대통령론(論)'은 선거구호로서 끝났어야 했다. 오늘날과 같은 국내외 여건에서 대통령에 의한 경제기적이란 불가능한 일이다. 이 대통령은 지나친 실적주의에 빠져 통상적인 국정관리를 소홀히 했다고 본다.

---

143) "이명박 정부 3년 평가,"『동아일보』, 2011년 2월 21일.
144) 이명박 대통령은 7개의 금융 공기업을 포함해 28개 공기업을 민영화하고 31개 공기업을 14개로 통폐합하는 '공기업 선진화 방안'을 제시한 바 있지만 이렇다 할 실적이 없다. 정갑영, "공기업 선진화는 어디로 갔나,"『동아일보』, 2011년 3월 25일.

저축은행 사태 등을 통해 나타난 각종 권력형 부조리, 그러한 문제에 대해 책임 있는 정책당국자들의 책임의식 결여, 구제역 사태와 저축은행 사태, 유례없는 정전사태 등 정책 실패, 그리고 인사실패 등은 대통령의 리더십과 직결되는 문제들이다. 그는 대통령의 역할을 잘못 인식한 것 같다. '국민의 대통령' 그리고 나라의 미래를 개척하는 지도자로서 정부가 솔선수범 하고 허리띠를 졸라매게 하면서 정치권과 국민들의 협조를 얻어내기 위해 정치력과 설득력을 발휘하는 데 더 많은 노력을 기울여야 했다고 본다.

9. 이명박 리더십의 교훈

1. 취임 초 이미지 메이킹이 중요하다.

　사람의 첫 인상이 중요하다고 하듯이 새로 취임하는 대통령도 마찬가지다. 대통령 당선자로서 그리고 취임 초기에 형성된 대통령에 대한 인상은 그의 재임 중 리더십에 지속적인 영향을 미치게 된다. 이 대통령은 그야말로 주경야독(晝耕夜讀)으로 가난을 극복하고 성공한 지도자이지만 정부 출범 초부터 '부자 정권'이라는 이미지를 심어주어 그의 국정운영에 심각한 타격이 되었다. 그의 이미지 형성 전략이 근본적으로 실패했다고 보지 않을 수 없다.

　이와 대조적으로 박정희 대통령은 어린 시절의 가난을 자신에 대한 이미지와 결부시키는 데 성공했다. 그는 자신의 저서 『국가와 혁명과 나』에서 "가난은 본인의 스승이다"라고 하면서 "본인은 서민 속에서 나고, 자라고, 일하고, 그리하여 그 서민의 인정 속에서 생이 끝나기를 염원한다."는 감동적인 표현을 한 바 있으며 이러한 메시지는 그 후 연설을 통해 계속되어 많은 사람들의 심금을 울렸던 것이다. 노무현 대통령도 자신의 가난했던 배경을 친서민적 국정철학에 연결시킴으로써 서민들로 하여금 그에게 친근감을 느끼게 하는 데 성공했다.

이 대통령은 자신에 대한 이미지 형성과 구체적인 정책을 효과적으로 연계시키지 못했다. 그는 처음부터 재산이 많은 사람들을 발탁하면서 '부자정권'으로 매도당하게 되었다. 또한 정부 출범 초부터 '비즈니스 프렌들리'를 지나치게 강조하며 청와대에 기업인들을 위한 '핫라인'을 설치하고 기업의 법인세를 내리고 종합부동산세를 폐지하는 등 부자들에게 유리한 정책을 서둘러 실시했다. 부동산 보유자들에게는 과중한 부동산세를 낮추는 것이 물론 시급한 문제였지만 당시 다수의 서민층은 부동산가격 폭등으로 불만이 많았다.

정책을 채택할 때는 언제나 그 정책으로 인해 손해를 보거나 불만을 나타낼 가능성을 염두에 두고 신중히 접근할 필요가 있다. 규제완화, 법인세 감소 등 경제활력 회복을 위한 정책이 필요하다면 국민공감대를 형성하면서 시장경제의 원리에 따라 필요한 정책을 시행하면 되는 것이지 대통령이 전면에 나서 강조할 필요가 없었다고 본다.

2. 취임준비와 허니문 기간의 효과적 관리가 중요하다.

전쟁의 천재라 불리는 나폴레옹은 '승리한 직후가 가장 위험하다'고 했다. 치열한 선거에서 승리한 집권세력은 오만해지고 새로이 장악한 권력에 도취되기 때문에 정권 출범 초기는 시행착오를 범할 위험성이 높다. 정부 출범 시 권력은 가장 강하지만 집권세력의 국가경영능력은 가장 취약한 시기이기 때문이다. 집권세력의 오만과 무지가 결합되면 정부 출범 초기에 예상치 못한 과오를 범하게 될 가능성이 높은 것이다.

이명박 대통령은 압도적인 승리로 인해 자만한 것 같다. '747 경제 공약', '한반도 대운하 건설 공약', '비핵·개방 3000 공약' 등 무리한 공약이 없지 않았다. 따라서 취임준비위원회는 선거전략 태세에서 국가경영 태세로 전환하는 준비를 철저히 했어야 했다. 이를 위해 국내외 현실을 냉철히 분석하고 공약의 실현가능성을 타진한 후 필요하다면 공약의 수정을 적극 검토하여 국민의 기대수준을 낮출 필요가 있었다고 본다.

뿐만 아니라 대통령 취임 후 몇 달 간은 시행착오가 없도록 팀워크를 다지면서 조심스럽게 국정에 임했어야 한다고 본다. 그러나 취임준비위원회는 정치인들을 많이 참여시켜 취임준비 활동이 정치화됨으로써 잡음만 일으켰다. 그리고 아마추어 보좌관들을 청와대에 포진한 가운데 이 대통령이 지나치게 서두르면서 촛불시위와 같은 사태를 초래하여 허니문 기간을 실패로 끝나게 했다.

3. 대통령은 최고 정치지도자이다.

이명박 대통령은 실용적 문제의 해결능력이나 관리능력은 역대 어떤 대통령보다 뛰어났다고 할 수 있다. 그러나 그의 업적에 비해 그의 리더십이 그만큼 평가받지 못하고 있는 것은 그가 정치지도자로서의 역할을 소홀히 했기 때문이다. 그는 대통령으로 취임하면서 이제 선거가 끝났으니 '정치'도 끝났고 그래서 본격적으로 일을 해야겠다고 생각한 것 같다. 그는 임기 내내 '일하는 정부'를 강조했다. 특히 그는 "정치보다는 일을 잘해서 평가 받겠다"는 생각을 가진 것으로 알려졌다. 그러나 대통령은 최고 정치지도자이고 대통령이 해야 하는 가장 중요한 일은 정치다. 프랭클린 루스벨트나 트루먼은 "성공한 대통령이 되려면 먼저 성공한 정치가가 되어야 한다"고 했다. 정치에 실패한 대통령은 전쟁에서 진 장군이나 장사에 실패한 상인이나 마찬가지이다.

비스마르크는 정치란 '가능성의 예술(the art of the possible)'이라 했다. 그만큼 정치란 무한한 가능성을 내포하고 있는 것이다. 미국 하버드 대학의 대통령연구 전문가 리처드 뉴스테드는 『대통령의 힘(*Presidential Power*)』이라는 책에서 대통령의 힘은 설득력에서 나온다고 했다. 그런데 이 대통령의 가장 큰 약점은 설득력 부족에 있었다고 본다. 설득력이 부족하면 이끌어가는 리더가 되지 못하고 여론이나 야당에 끌려갈 가능성이 있다. 이 대통령은 정치인들과의 소통에 실패했을 뿐 아니라 국민과의 소통에서도 실패했다고 본다. 그는 취임 후 4년 동안 중요 행사에서의 연설을 제외하고 국민의 관심을 끌만한 연설이 별로 없었고, 자유로운 질문을 할 수 있는 기자회견도 별로 없었다.[145] 노무현 대통령이 5년 내내 온갖 기회를 통해 국민을 설득하려던 것과는 너무나 대조적이다.

그런데 이 대통령은 무한한 가능성을 가진 정치력을 발휘하지 못하고 승자독식(勝者獨食)의 정치로 일관했다. 여야를 뛰어넘는 큰 정치는커녕 자신을 당선시켜준 한나라당 전체를 아우르지도 못했고 한나라당의 이상과 가치를 대변하지도 못했다. 그를 추종하는 계파를 중심으로 국정운영을 일방적으로 이끌어갔을 뿐 아니라 다른 계파를 박대하고 소외시켰다. 국회와 집권당을 거추장스러운 존재로 인식하고 측근을 내세워 통제하려 했다면 이것은 민주정치의 근본에 어긋나는 일이다. 삼권분립의 원칙을 중시하며 대통령은 국회와 정당을 중시하고 국정의 파트너로 대우했어야 마땅했다.

4. 시의적절한 결단력은 대통령의 필수적 자질이다.

대통령은 국가 주요현안에 즉각 관심을 나타내는 등 여론을 주도하고 시의적절한 대응조치를 내릴 수 있는 능력이 필수적이다. 특히 국가위기 시에는 신속한 결정을 내려야 한다. 국민은 국가위기 시 또는 주요 사태 발생 시 앞장서 문제해결을 위해 노력하고 필요시 결단을 내리는 지도자를 신뢰하고 지지하게 된다. 한국전 참전 결정으로 한국을 공산화의 위기로부터 구해내는 데 결정적 역할을 했던 트루먼은 "대통령은 끊임없

---

145) "대통령 취임 3년에 진짜 기자회견 몇 번 있었나," 『조선일보』, 2011년 1월 28일.

이 사건을 처리한다. 대통령이 결단을 내리지 못하면, 사건이 대통령을 처리하게 된다"고 했다. 다시 말하면, 대통령이 이끌어가지 못하면 사건이나 여론에 의해 대통령이 끌려 가게 된다는 것이다.

이명박 대통령은 모든 업무를 적극적이며 조직적으로 처리하는 장점이 있지만 어려운 사태에 직면하면 소극적이라는 평가를 받고 있다. 특히 그는 위기 시 정면으로 맞서는 용기와 결단력을 보여주지 못했다. 그의 영향력이 최고조에 달했던 취임 초 광우병 파동으로 수도 서울이 몇 달간 마비되는 비상사태에 직면해서도 소극적으로 대응하는 나약함을 보였다. 천안함 폭침과 연평도 피격 시에도 그의 단호한 모습을 찾아 볼수 없었다. 국가위기 시 대통령은 유약(柔弱)할 자유가 없는 자리이다. 용기와 결단력은 리더십의 필수요건이다.

이 대통령은 다른 주요 사안에 대해서도 그것을 주도하고 나아가 시의적절한 결단을 내리지 못했다. 세종시 수정안 추진도 정운찬 총리에게 맡김으로써 성사시키지도 못했을 뿐 아니라 스스로 정치적 타격만 입게 되었다. 동남권 신공항 문제나 과학비즈니스벨트 건설 문제도 조기에 매듭짓지 못하며 지역 간 과열된 유치경쟁으로 적지 않은 부작용을 초래했다. 그 외에도 그는 중요한 사태에 대해 시의적절한 반응을 보이지 않았거나 타이밍을 놓치는 경우가 종종 있었다. 2011년 초 한국사회가 구제역 위기, 물가 및 전세 대란 등 심각한 민생문제로 여론이 들끓고 있었음에도 그는 국민들의 관심사도 못되고 실현가능성도 없는 개헌을 거론했던 것은 정치적 민감성이 부족했기 때문이라고 본다.

정치는 타이밍이 중요하다. 기회를 놓치면 같은 조치라도 효력을 상실하게 된다. 지금은 미디어 시대일 뿐 아니라 인터넷과 휴대전화의 보급으로 순식간에 정보가 확산되는 시대이다. 따라서 대통령은 국내외에서 일어나는 중요한 문제에 신속하게 반응하는 등 정치적 민감성을 보여야 한다.

5. 신뢰문제를 중시해야 한다.

이명박 대통령은 최근의 어느 대통령보다도 열심히 일한 대통령이다. 그러나 상당수 국민은 그의 그 같은 열정적인 노력을 제대로 평가하지 않고 있다. 그에 대한 불신이 높기 때문이다. 특임장관실이 2011년 봄에 실시한 여론조사에 의하면, 청와대를 신뢰하고 있는 국민이 3.4퍼센트에 불과하다는 충격적인 결과가 나왔다.[146] 물론 이 대통령에 대한 지지도는 30% 대 중반임으로 그에 대한 불신은 아니지만 결국 청와대라고 하면 대통령과 참모진을 말하는 것이다. 국정사령탑이 이처럼 불신 받고 있다는 것은 심각한 일이 아닐 수 없다.

이 대통령은 대통령후보 당시 BBK문제, 도곡동 땅 문제 등으로 도덕성에 상처를 입었지만, 대통령으로 취임한 후에도 인사 실패, 집권당 공천 파동과 뒤이은 계파 갈등, 공약 번복, 정책 변경, 측근비리 등으로 신뢰가 약화되어 왔다.[147] 대통령이나 정부에 대한 신뢰부족은 안보위기와 같이 결정적으로 중요한 문제까지 불신하게 만든다. 예를 들면, 천안함 폭침에 대한 정부 발표에 대해 대략 30퍼센트 정도의 국민이 믿지 않는 것으로 나타났으며, 그 이유 중의 하나는 이명박 정부를 신뢰하지 않기 때문이라는 것이다. 상당수 국민이 이명박 정부가 천안함 폭침을 지방선거에 이용하고 있다고 인식하게 되면서 지방선거에서 한나라당이 참패하는 결과를 초래하게 되었다.[148]

이 대통령은 압도적인 지지로 당선되었고 그 결과로 야당은 지리멸렬 상태에 빠졌지만, 3년이 지난 후 한나라당이 오히려 국민들로부터 외면

---

146) "신뢰도가 땅에 떨어진 국가기관: 청와대는 3.4%…… 경찰 · 국회 2.9%,"『조선일보』, 2011년 5월 5일.

147) 배병인, "전 · 현직 대통령들의 집권 초기 국정운영에서 관찰되는 리더십 스타일,"『정치와 평론』제4집, 111-133쪽.

148) 이상신, "정부신뢰의 위기: 천안함 사건을 중심으로,"『한국정치학회보』제44집 제4호(2010), 97-117쪽.

받는 지경에 이르렀다. 이 같은 결과에 대해 이 대통령은 상당한 책임이 있다고 본다. 정치이념이나 정책의 일관성도 대통령에 대한 신뢰를 좌우하는 중요한 요인이다. 이명박 정부가 세종시 수정안을 추진할 당시 효율성을 중요한 이유로 내세웠지만 신뢰문제도 매우 중요한 가치였다는 것을 간과한 것 같다. 과도한 공약이나 성급한 공약도 문제였지만 공약을 재검토할 필요가 있다면 보다 합리적인 이유를 제시하여 정치권과 국민을 설득할 수 있어야 한다. 최고지도자인 대통령이 약속을 지키지 않는다면 사회적 신뢰는 걷잡을 수 없이 약화될지도 모른다.

물론 정치 불신의 뿌리는 깊은 것이다. 특히 민주화 이후 대통령들이 자기 정권의 정당성을 높이기 위해 과거 정부와 대통령들을 비난했으며 그것이 모든 대통령들에 대한 부정적 인식을 확산시켰다고 본다. 전직 대통령들에 대한 불신이 크면 현직 대통령도 불신할 가능성이 높다. 또한 대통령의 인사가 공(公)과 사(私)를 구분하지 못하고 특정 지역이나 출신에 편중되거나 특정 계층에 편파적인 정책을 채택하면 신뢰를 상실하게 된다. 또한 대통령이 발탁한 사람 중에 도덕적으로 문제가 있거나 지나치게 재산이 많은 사람이 많다면 이것 또한 대통령과 정부를 불신하는 원인이 된다. 대통령에 대한 신뢰가 낮으면 정치권과 정부에 대한 신뢰가 낮아지게 되고, 나아가 정부의 정책에 대한 신뢰도 낮아지게 된다.

신뢰도가 낮은 대통령은 성공한 대통령이 되기 어렵다. 대통령은 국민통합의 상징적 역할을 해야 하고 이를 위해 대통령은 국민의 신뢰와 존경의 대상이 되어야 한다. 따라서 대통령의 언행과 정책은 공정하고 신뢰할 수 있어야 한다. 특히 다수 국민에게 '우리 대통령'이라는 인식을 주어야 하고, 대통령의 정책을 지지하고 따르는 것이 이롭다는 인식을 주어야 한다.

6. 이념적 모호성으로 이념문제를 극복하지 못한다.

노무현 정부 당시 국가정통성 훼손, 국가좌표 이탈, 국정 난맥, 경제성장 동력 상실, 대외관계 혼선 등으로 국민의 분노는 극도에 달했다. 국민이 압도적인 지지로 이명박을 대통령으로 선택했던 것은 무엇보다 나라의 근본을 바로잡아 달라는 것이었다. 다시 말하면, 당시 한국의 핵심 문제는 외형적인 발전이 아니라 한국이 어디로 어떻게 가야 하느냐, 즉, 국정의 철학과 비전에 대한 것이었다. 그러나 이 같은 시대적 요구와는 달리 이명박 대통령은 취임사에서 "이념의 시대를 넘어 실용의 시대로 나가겠다"고 선언했다. 그리하여 그는 다른 일에는 지나칠 정도로 부지런했지만 나라의 정체성(正體性)을 바로 잡고 국정기조를 올바로 세우는 일은 등한히 했다. 눈에 보이는 토목공사에는 엄청난 열정을 쏟으면서도 역사공동체와 국가공동체로서의 대한민국의 기초를 튼튼히 하려는 노력은 별로 없었다.

한국의 이념문제는 정책에 대한 견해 차이가 아니라 국가의 정통성과 헌법이념에 대한 견해 차이에서 비롯된 것으로 간단히 넘길 문제가 아니다. 이 대통령은 이념문제를 좌우세력 간의 갈등으로 인식했는지 모르지만, 대통령으로서 가져야 할 이념이란 어떤 가치를 존중하며 어떤 사회와 어떤 나라를 지향하고 있는가에 대한 철학적 관점이라 할 수 있다. 보수정권인 이명박 정부에서 보수의 기본철학인 원칙과 가치에 대한 분명한 인식과 이를 구현하기 위한 노력이 크게 부족하여 대한민국이 어디로 가고 있는지 불분명했다. 노무현 대통령은 5년간 끈질기게 자신이 신봉하는 이념과 가치를 설파했지만, 이명박 대통령은 자기 나름의 이념과 가치가 없었고 이로 인해 한나라당까지 그 정체성 자체가 모호해지고 말았다.

이 대통령이 표방했던 중도실용은 그 자체가 추구해야 할 가치나 목표가 아니고 다른 목표를 구현하기 위한 수단에 불과하며 따라서 이명박 정부는 철학이나 원칙이 없다는 지적을 받기도 했다.[149] 이념이나 원칙

이 분명치 않은 가운데 실용만 강조하게 되면 정책의 우선순위와 일관성
이 모호해져서 정책방향이 수시로 바뀌게 된다. 실용이나 경제적 이익이
중시되면 더 많은 이익을 차지하려는 사회정치적 경쟁이 치열해지기 마
련이다. 또한 이념이나 원칙이 분명하지 않으면 정부는 여론에 끌려가게
되고 포퓰리즘에 빠지기 쉽다. 우드로 윌슨(Woodrow Wilson) 대통령은
"정치란 명분의 전쟁인 동시에 원칙의 경쟁"이라 했고, 벤자민 디즈레
일리(Benjamin Disraeli)는 "원칙이야말로 나의 좌우명"이라 했다는 것
을 되새길 필요가 있다.

---

149) 복거일, "이명박 정권은 패주하는 군대와 흡사," 『월간조선』, 2008년 8월호.

4부

어떤 대통령이
요구되고 있는가

1. 대통령 리더십의 이상과 현실

▌이상주의자 노무현, 실용주의자 이명박

　노무현 대통령과 이명박 대통령의 리더십에 대해 종합적으로 살펴보았다. 두 대통령 모두 어려운 가정 출신으로 자수성가했으며 주류 정치 세력과는 거리가 먼 아웃사이더였다. 노무현은 인권변호사로서 상당기간 반정부 투쟁을 해 온 반면, 이명박은 대학 시절 반정부 시위에 앞장서기도 했으나 그 후 줄곧 경영자의 길을 걸어왔다. 노무현은 한국의 현대사와 현실에 대한 부정적 인식을 바탕으로 특권과 반칙 없는 사회를 이룩하고자 했던 반면, 이명박은 여의도정치를 불신하며 경영자적 리더십을 국가경영에 적용하고자 했다. 노무현은 역사청산 등 부정적인 아젠다에 초점을 맞춘 반면, 이명박은 '747 공약', '4대강 개발' 등 긍정적 아젠다를 중시했다.

　노무현은 정치역정의 고비마다 불이익을 감수하면서도 명분과 원칙

301

을 선택함으로써 "바보 노무현"이라는 말을 듣기도 했다. 원칙을 중시하는 사람은 미련하고 무능하며 구제불능의 인간으로 취급되는 현실에서 그는 분명 비범한 인물이었다. 그러나 그의 부정적인 역사인식과 현실인식으로 인해 국민여망과는 동떨어진, 추상적인 국정목표를 내세웠고 이러한 이념에 동조하는 젊은 아마추어들로 보좌진을 삼았지만, 그처럼 거창하고 어려운 목표를 아마추어들의 열정만으로 달성할 수 없었다. 그럼에도 불구하고 그는 가진 것이 없는 사람들에게 용기와 희망을 주는 데는 어느 정도 성공했다고 본다.

대조적으로 이명박의 주된 국정목표는 경제활력 회복을 통한 선진국 건설이었으며 이것은 시대적 요청과 국민적 기대에 부응하는 것이었다. 그는 이러한 목표를 효과적으로 달성하기 위해 자신이 잘 아는 사람들 중에서 발탁하여 강력한 팀워크를 구축하여 능률적으로 국정을 이끌어 나가고자 했다. 그러나 그의 인사(人事)는 도덕성에 하자가 있거나 특정 지역이나 학교 출신을 편애한다는 비판을 받게 되면서 공정치 못한 대통령이라는 인식을 주었다. 그는 또한 경제에 지나치게 집착한 나머지 정치와 안보에 대한 관심이 부족하여 대통령의 핵심 역할이라 할 수 있는 정치리더십과 안보리더십에서 취약성을 나타냈다.

두 지도자가 각기 대통령으로 당선되었을 때 이유는 달랐지만 국민들의 기대는 매우 컸다. 불신 받고 있던 주류 정치인들과는 거리가 먼 아웃사이더(outsider)였기 때문이다. 그들이 온갖 인생역경을 이겨내고 성공했듯이 국가경영에서도 그러한 역량이 발휘되기를 기대했던 것이다. 그러나 그들은 국민들의 그 같은 기대에 부응하지 못했다. 그들은 지나친 자신감에 빠져 있었을 뿐 아니라 기존 정치인들과 관료들을 불신했기 때문에 그들의 협력을 얻어내지 못했다. 대통령의 국정운영의 성공 여부는 행정부를 효과적으로 이끌어갈 뿐 아니라 삼권분립의 원칙에 따라 국회의 협력을 어떻게 이끌어내느냐에 크게 달려 있지만, 아웃사이더인 그들은 제도적 리더십을 등한시하고 개인적 리더십으로 일관했던 것이다.

노무현은 투사형 정치인에서 책임 있는 국가경영자로 변신하지 못했고, 이명박은 경영자적 사고에 젖어 정치적 리더십을 발휘하지 못했다. 노무현은 정치세력을 포함한 기득권 세력을 공격하는 데 급급했지만, 이명박은 여의도정치를 불신하여 정치권과 거리를 두면서 한나라당까지 무력하게 만들고 말았다. 노무현은 여러 면에서 인간적인 매력을 줬지만 대통령으로서 성공을 거두지 못했고, 이명박은 열심히 일했고 성과도 있었지만 정치력 부족과 신뢰의 상실로 그의 업적은 과소평가되고 있다.

노무현은 명분과 자신의 신념만을 고집한 이상주의자였다. 그는 이상론에 빠져 현실비판에 급급했을 뿐 문제해결 능력은 부족했다. 반면 이명박은 효율과 결과만을 중시한 실용주의자였다. 노 대통령과 그의 측근들은 '이념집단'적 성격이 강했다고 한다면, 이 대통령과 그의 측근들은 '이익집단'적 성격이 강했다고 본다. 그래서 노무현 세력은 노 대통령의 사후에도 강한 결속력을 보이고 있는 반면, 이 대통령은 임기 중에도 사면초가 상태에 빠졌다는 인상을 주고 있다. 현실을 무시한 지도자는 성공할 수 없으며, 반대로 현실에만 집착한 지도자도 성공할 수 없는 것이다. 균형감각이 성공한 리더십의 필수조건이라 한다면 두 지도자 모두 균형이라는 점에서 문제가 있었다고 본다.

노무현 대통령과 이명박 대통령은 대통령의 역할에 대한 인식이 부족했다고 본다. 대통령은 단순한 행정수반이 아니라 국가원수(元首)로서 영토 보전과 헌법 수호에 책임이 있을 뿐 아니라 국가의 계속성, 즉 역사의 계승과 발전, 그리고 국민통합의 책임이 있다. 그런데 노무현은 대한민국 건국의 정통성에 대해 끈질기게 의문을 제기했을 뿐 아니라 대한민국 역사를 '정의가 패배하고 기회주의가 득세한 역사'라 폄하했다. 그의 정부하에서 역사의 계승·발전은커녕 역사는 심판의 대상이 되었다. '그놈의 헌법'이라 하며 헌법을 모독했고 임기 내내 '가진 자'와 '못 가진 자'로 나누어 못 가진 자의 편에 섬으로써 분열과 갈등을 조장했다.

국민이 압도적인 표 차로 이명박을 대통령으로 선출했던 것은 노무현의 대통령답지 못한 처신 때문이었다. 그런데 이 대통령도 역사의 계승을 위한 적극적인 노력을 하지 않았으며, 특히 국가체제 이념에 대한 논란이 심각했음에도 중도실용주의라는 애매한 노선으로 인해 이 문제를 제대로 다루지 못했고, 측근 중심의 인사로 불신을 받아 국민통합에도 성공하지 못했다고 본다.

불과 한 세대 만에 싱가포르를 일류국가로 올려놓는 데 성공한 리콴유는 '성공한 정부'의 기준으로 '실용적 정부(practical government)', '효율적 정부(effective government)', '정직한 정부(honest government)'를 제시한 바 있다. 노무현 정부는 다른 정부들에 비해 상대적으로 깨끗하고 정직한 편이었지만 실용적이지도 효율적이지도 못했다. 반면 이명박 정부는 실용은 중시했지만 정치력 부족으로 정책추진의 효율성 면에서 만족스럽지 못했고, 신뢰받지 못함으로써 정직한 정부라는 평가를 받지도 못했다. 대통령 리더십의 최종 평가는 "나라가 올바른 방향으로 가고 있느냐"에 대해 얼마나 많은 국민이 긍정하느냐에 달려 있다고 한다면 두 대통령 모두 이에 대해 다수 국민들로부터 긍정적인 평가를 받았다고 하기 어렵다.

놀라운 사실은 노무현 정부는 실패한 정부라 할 수 있지만 친노세력은 그들이 견지한 이념과 가치를 부정하지 않았고 아직도 그것을 중심으로 결속하고 있다는 것이다. 그들이 정치적으로 재기하는 데 성공한다면 그들의 정체성을 유지했기 때문일 것이다. 이와 대조적으로 이명박 정부는 그들이 신봉하는 이념과 가치, 또는 정체성이 모호했다는 것이 근본적 한계였다. 1980년대 미국의 레이건과 영국의 대처의 리더십이 높이 평가되고 있는 것은 경제를 회생시켰기 때문이 아니라 자유주의, 시장주의, 법치주의, 자율과 책임의 가치를 실천했기 때문이다. 다시 말하면, 그들은 정신적 · 제도적 인프라 구축에 성공했다는 것이다.

▮ 제2의 박정희는 없다

국민들은 민주화만 되면 저절로 모든 것이 잘될 것으로 생각했지만, 민주화투쟁의 지도자이며 기존 정치세력의 상징적 지도자였던 김영삼과 김대중 대통령은 국민의 기대에 못 미쳤다. 기존 정치질서에 대해 부정적 인식을 가졌던 노무현 대통령과 이명박 대통령 역시 큰 기대 속에 등장했지만 그들 또한 그 같은 높은 기대에 부응하지 못했다고 본다. 요컨대 한국은 만성적인 리더십 위기를 경험하고 있다 해도 과언이 아니다.

이처럼 최근 대통령들의 리더십이 계속 기대에 못 미치게 된 것은 그들이 박정희에 못지않은 업적을 이룩하려 했거나 그의 업적을 훼손하는 것을 목표로 삼았다는 데 원인이 있다고 본다. 한국 국민은 박정희를 영웅으로 생각하며 '제2의 박정희'가 나타나기를 기대해 왔으며, 이에 따라 정치지도자들은 박정희를 의식하지 않을 수 없었다.

박정희를 비판해 온 김영삼, 김대중, 노무현에게 박정희는 '극복과 경쟁의 대상'이었다. 그들은 박정희의 업적을 깎아내리고자 했을 뿐 아니라 그를 능가하는 업적을 남기려 했다. 그들은 짧은 임기와 현실적인 제약조건들을 고려하지 않고 거창한 국정목표를 설정했지만 그것을 실현하는 데 실패했다.

김영삼 대통령은 "신한국 창조"라는 구호를 내세웠고, 김대중 대통령은 "제2의 건국"을 표방했을 뿐 아니라 햇볕정책을 통해 통일 기반을 구축하고자 했다.[1] 노무현 대통령은 기득권 세력을 타파하고 수도를 옮기고 '사회혁명'을 통해 특권없는 사회를 이룩하고자 했다. 이명박 대통령의 '747 공약'과 '한반도 대운하 건설'도 제2의 '박정희 신화'를 꿈꾼 것으로 볼 수 있다. 그러나 오늘의 제약 많은 리더십 환경과 5년 단임제하에서 박정희처럼 위대한 업적을 이룩하기란 사실상 불가능하다.

---

1) 함성득, 『대통령학』(나남, 2002), 114쪽.

독일도 한국처럼 근·현대사를 통해 상당 기간 '리더십 위기'를 경험한 바 있으며, 그것은 독일인들이 '제2의 비스마르크'를 기대하는 가운데 나타난 현상이라는 것이다.[2] 비스마르크의 강력한 리더십으로 분열되고 전근대적이었던 독일이 통일되었을 뿐 아니라 강력한 현대국가로 탈바꿈하게 되었다. 그의 탁월한 리더십으로 지도자에 대한 독일인들의 기대수준을 너무 높여 놓았기 때문에 그 후의 독일 지도자들은 어느 누구도 그 같은 높은 기대에 부응할 수 없었다. 독일인들은 이 같은 만성적인 국가위기로부터 독일을 구해 낼 수 있는 '제2의 비스마르크'의 출현을 기대했고 지도자들은 그러한 기대에 부응하기 위해 무리수를 동원하기도 했지만 번번이 좌절하고 말았으며, 히틀러의 등장도 이와 무관치 않다는 것이다. 요컨대 '제2의 비스마르크'는 나타나지 못했고 심각한 부작용만 초래했다는 것이다.

한국도 지난 20년 가까이 '리더십 위기' 현상이 지속되고 있다고 볼 수 있으며, 그러한 가운데 '박정희 복고현상'이 나타나고 있는 것은 국민들이 '제2의 박정희'가 나타나기를 기대하고 있기 때문인지도 모른다. 그러나 5년 임기를 가진 대통령이 박정희 대통령에 버금가는 업적을 이룩하기란 불가능하다. 미국 정치학자 사이먼튼(Simonton)은 대통령의 위대성(greatness)을 측정하기 위해 다음과 같은 공식을 제시한 바 있다.[3]

위대성 = 1.24 + 0.17(x 재임년수) + 0.26(전쟁) − 1.17(스캔들) + 0.89(암살) + 0.82(영웅)

---

2) Richard E. Frankel, *Bismarck's Shadow*(New York: Berg, 2005). 비슷한 견해로 함성득, "노무현 대통령의 집권 전반기 리더십 평가,"『행정논총』43(2) (2005), 419-20쪽.

3) Dean K. Simonton, *Why Presidents Succeed: A Political Psychology of Leadership* (New Haven, Conn.: Yale University Press, 1987), p.201; 김충남,『성공한 대통령 실패한 대통령』(둥지, 1998), 195-196쪽. 대통령 위대성의 측정은 1.24라는 상수에 재임년수에 0.17을 곱하고, 전쟁을 겪은 경우 0.26을 더하고 암살된 경우 0.89를 더하고 영웅적인 인물인 경우 0.82를 더하며, 주요 스캔들이 일어난 경우 1.17을 빼서 합계를 한 것이다.

이 공식에 의하면, 박 대통령은 18년간 재임했기에 5년 임기를 가진 대통령들과는 비교가 안 될 정도로 위대성 점수가 높아지고, 또한 그는 암살당했기 때문에 그만큼 평가 점수가 높아진다. 물론 장기집권 했다고 위대한 업적이 보장되는 것이 아니며 박정희의 탁월한 리더십이 있었기에 가능했던 것이다.

따라서 최근 대통령들이 박정희 못지않은 업적을 이룩하려 했거나 그의 업적을 훼손하려 한 것은 근본적으로 잘못된 리더십 전략이라 본다. 오히려 시행착오만 양산하여 리더십 위기를 초래했던 것이다. 무엇보다 시대적 배경이 박정희 시대와 너무도 다르다. 박정희가 성공할 수 있었던 것은 그의 탁월한 카리스마적 리더십 덕분이기도 하지만, 근대화라는 시대적 사명에 도전할 수 있는 기회가 주어졌을 뿐 아니라 비스마르크처럼 장기집권에다 강력한 권력까지 행사할 수 있었기 때문이다. 또한 발전 초기단계에는 모든 변화가 대통령의 업적으로 인식되는 경향이 있지만, 다원화되고 성숙된 사회에서는 대통령의 역할이 줄어들었기 때문이다.

오늘의 대통령들은 민주화, 정보화, 세계화로 인해 제한된 정부의 역할 뿐만 아니라 5년이라는 짧은 임기로 인해 치적에 한계가 있을 수밖에 없다. 정치란 '기대의 관리(management of expectations)'라 할 수 있다. 기대가 너무 낮은 것도 문제지만 너무 높은 것은 더욱 큰 문제이다. 5년 단임제와 민주적 제약하에 있는 오늘의 대통령들이 박정희 대통령을 의식하여 과도한 업적을 이룩하려 하면서 국민들에게 높은 기대를 갖게 했지만 그 같은 기대에 부응하기 어려웠던 것이다.

더구나 시대적 사회적 여건을 고려하지 않은 리더십은 성공할 수 없다. 특히 시대적 배경이 유리하냐 아니냐에 따라 리더십은 결정적으로 영향을 받는다.[4] 그런데 현대사회는 '과부하(過負荷) 정부론(overloaded

---

4) Stephen Skowronek, *The Politics Presidents Make: Leadership from John Adams to George Bush*(Cambridge, MA: Belknap, 1993).

government)' 또는 '정당성의 위기론'이란 말이 상징하듯 다음과 같은 통치불능 현상이 나타나고 있다.

첫째, 대중들의 열망과 욕구가 폭발적으로 늘어나고 있다. 둘째, 정보의 홍수로 권력분산(power diffusion) 현상이 일어나면서 정치사회적 권위에 대한 존경심이 사라졌다. 셋째, 특수이익이나 특정이념을 고집하는 집단들의 범람으로 정치사회적 갈등이 빈발한다. 넷째, 국제화된 가치기준이 확산되면서 정부에 대한 요구조건도 까다로워졌다. 마지막으로, 세계화로 정부의 정책기준을 세계무역기구(WTO) 등 국제기준에 맞추게 되면서 정부의 정책선택에 한계가 커지고 있다. 이처럼 리더십에 불리한 여건이 증가하고 있지만 정부에 대한 요구는 폭증하고 있어 정치권과 정부에 대한 불신, 불만, 분노는 세계 민주국가들의 공통된 현상이다. 민주국가치고 국민의 갈채를 받는 지도자를 찾기 힘든 실정이다.[5]

요컨대 오늘날 사회경제적 변화는 급속하게 일어나고 있지만 정부는 그러한 변화에 수반된 도전과 문제들을 효과적으로 관리하고 해결할 능력이 제한되어 있다.[6] 특히 한국사회는 1997년 외환위기 이후 기존질서의 권위와 신뢰가 크게 약화되었다. 정부와 대기업의 잘못으로 대량실업, 비정규직 양산, 수많은 중소기업과 자영업의 파산, 이혼 및 자살 급증 등의 문제가 발생하게 되었다는 인식이 팽배해 있다.[7]

---

5) Joel D. Aberbach and Bert A. Rockman, "Hard Time for Presidential Leadership?" *Presidential Studies Quarterly*, Vol.29, No.4(December 1999), pp.757-777; Joseph S. Nye Jr., "Power Shifts," *Time*, May 9, 2011, p.23.

6) 이성로, "한국 정부 위기의 가능성: 과부하 정부론과 정당성의 위기론의 시각에서," 『한국행정논총』 제15권 3호(2000), 275-298쪽.

7) 정운찬 · 조흥식 편, 『외환위기 10년, 한국사회 얼마나 달라졌나』(서울대학교출판부, 2008).

▌성공 가능성이 낮은 5년 단임제 대통령

아무나 국가경영을 할 수 있는 것이 아니고 또한 그렇게 되어서도 안된다. 문제는 국민이 대통령을 선출할 때 국가경영 능력을 평가해서 뽑지 않는다는 것이다. 더구나 민주화, 정보화, 세계화가 심화되면서 기업의 경쟁력 못지않게 정부의 경쟁력도 중요해지고 있다. 민주화 이래 노태우를 포함한 4명의 대통령들은 나름대로 업적을 남겼지만 총체적인 평가는 만족스러운 것이 못 되고 있다. 모두 퇴임 1~2년을 앞두고 레임덕 현상에 빠졌고 임기 마지막 해에는 모두 집권당에서 탈당하지 않을 수 없었다. 성숙한 민주정치에서 있을 수 없는 일이 계속 일어났던 것이다.

정권은 5년으로 끝나지만 국가는 영원한 것이기 때문에 대통령은 역사의 계승자로서의 책임을 다해야 마땅하지만, 한국은 5년 주기로 있는 정권의 출범이 마치 개국(開國)하듯 한다. 정부는 출범하면서 문민정부, 국민의 정부, 참여정부, 실용정부 등 이름 짓기부터 시작했다. 국민이 선출한 정부임에도 이른바 '개국공신'이란 사람들이 등장하여 국정을 전리품처럼 마음대로 주무르려 한다. 정부와 청와대의 조직을 뜯어고치는 등 역사의 계승, 정부의 권위 보존, 정책의 연속성 같은 것이 경시되는 경향이 있다. 전임 정부의 정책을 무조건 폐기하는 등 과거는 쉽사리 부정되고 그 대신 새로운 구호와 이념을 내세우기에 바빴다. 5년마다 이같은 현상이 되풀이되면서 대한민국이 내리막길을 가는 것은 아닌가 하는 우려가 점증하고 있다.

민주화 이전의 정치위기는 '정통성 위기(legitimacy crisis)'가 주된 원인이었다면, 1997년 외환위기에서 경험했듯이 민주화 이후 정치위기의 주된 원인은 '통치력 위기(governance crisis)'에서 비롯되고 있다. 정치리더십의 핵심은 권위와 신뢰인데 이 두 가지가 모두 무너져 내리고 있는 실정이다. 이처럼 계속된 통치력의 위기로 민주정치 전반에 대한 불신이 높아지고 있다. 민주정부의 위기를 어떻게 이해해야 하며, 어떻게 극복할 수 있을 것인가? 저자는 다음 몇 가지 이유로 한국에서 대통령직의 성공 가능성이 높지 않다고 보기 때문에 앞으로 대통령과 집권세력이 될 사람들은 이에 대한 철저한 인식과 대응책이 필요하다고 본다.

첫째, 정치조직인 대통령제는 다른 어떤 조직보다 다루어야 할 업무가 복합적이지만 조직체계가 엉성하기 때문에 성공하기 어렵다는 것이다. 조직의 모델로서 군대, 기업, 그리고 대통령제 세 가지를 비교해 보면 대통령제에서 목표달성이 쉽지 않다는 것이 분명해진다. 먼저, 군대는 임무가 단순하고 임무수행을 위한 조직이 잘 구비되어 있다. 최고 사령관으로부터 말단 병사에 이르기까지 분명한 임무가 주어져 있고 임무수행을 위한 장비와 물자도 완비되어 있으며 훈련도 잘되어 있다. 다음으로, 기업은 사업영역이 한정되어 있고 사업목표를 달성하기 위한 자본, 기술, 인력 등이 잘 갖추어져 있다. 따라서 정치조직에 비해 기업은 목표달성에 성공할 가능성이 높다.

조직론의 관점에서 볼 때, 대통령제는 업무영역이 지나치게 광범위하고 그것도 여러 세력 간의 다양한 이해관계가 얽혀 있다. 다시 말하면, 조직으로서 목표가 지나치게 포괄적이며, 또한 목표 달성을 위한 수단도 다양하기 때문에 효과적인 목표달성이 어렵다. 특히 추상적인 국정목표의 경우 구호로서는 그럴듯할지 모르지만 효과적인 실천수단이 없거나 있더라도 실천과정이 매우 복잡하다. 또한 대통령이 어떤 정책을 추진하면 이로 인해 이익을 보는 측과 손해를 보는 측이 있기 때문에 정책의 성공을 판단하는 것도 간단치 않다.

둘째, 대통령과 그 보좌관들은 대부분 국가경영의 아마추어들이기 때문에 시행착오를 범할 가능성이 높다. 최근 대통령들의 보좌관들은 청와대나 중앙정부에서 근무한 적이 없는, 국정운영의 아마추어들이 대부분이었다. 더구나 대통령실은 출신 배경이 다양한 사람들로 구성되어 있고 그들의 업무도 부서별로 성격이 다르기 때문에 팀워크가 이루어지기 어렵지만, 팀워크 구축을 위한 특별한 노력도 없었다고 본다. 뿐만 아니라 인사교체도 빈번히 이루어져 안정되고 효율적인 국가경영 사령탑이 되는 데 한계가 있었다. 기업에서 이처럼 비전문가 중심, 팀워크 부재, 빈번한 인사 교체 등의 현상이 존재한다면 그 기업은 오래 지탱하지 못할 것이다.

셋째, 대통령의 리더십 환경은 장애요인도 많고 불확실성도 높은 편이다. 대내적으로 야당을 비롯한 다양한 도전세력과 경쟁세력이 존재하고 있고, 대외적으로도 외교안보적 도전과 불확실성은 물론 치열한 국제경쟁도 큰 부담이 되고 있다. 한국은 어느 나라보다 무역의존도가 높기 때문에 국제여건의 변화는 경제는 물론 국정운영 전반에 큰 영향을 끼친다. 뿐만 아니라 북한의 체제위기로 인한 불안정과 도발도 심각한 도전이 되어 왔다.

넷째, 국가경영 능력이 뛰어난 지도자가 대통령에 당선된다는 보장도 없다. 공식 선거운동 기간은 22일에 불과하여 대통령 후보들을 제대로 검증할 시간적 여유가 없다. 선거운동 기간이 짧기 때문에 선거운동은 처음부터 인신공격, 흑색선전 등 과열경쟁으로 치닫게 되면서 당면한 국가적 과제가 무엇인지, 대통령 후보들이 어떤 비전과 정책을 제시했는지, 집권하면 국정 우선순위가 무엇이 될 것인지 제대로 검증하기 어렵다.

지난 몇 차례의 대통령 선거를 되돌아보면, 대통령 후보들은 실현가능성이 희박한 포퓰리즘 공약을 포함하여 백과사전식 공약을 남발하여 후보 간 공약의 차이도 구별하기 어려웠다. 대통령 후보 간 토론은 한두 번으로 끝나고 지방순회 유세도 한 번 정도로 끝난다. 이런 상황에서 대통령으로서의 자질, 철학과 능력과 비전이 있는지 제대로 따져보기 어렵다. 자기 집안에서 가업으로 운영하는 회사나 가게를 책임질 사람을 뽑는다 하더라도 대통령 선출하듯이 그처럼 무관심하거나 무책임하지는 않을 것이다.

또한 새로운 대통령이 선출되면 패배한 세력은 깨끗이 승복하지도 않고, 국민은 그의 통치철학, 비전, 주요 국정목표는 물론 정부의 한계에 대해 제대로 이해하지 못한 가운데 대통령을 지지하지 않은 측은 대통령에 대해 무조건 불신을, 반대로 지지한 측은 막연히 잘할 것이라고 기대만 하게 된다. 더구나 단순 다수 득표를 한 후보자가 당선되기 때문에 국민 과반수의 지지를 받은 대통령이 못 되면서 내가 뽑지 않은 대통령이라는 인식이 널리 퍼져 있다. 이처럼 분위기에 휩쓸려 대통령을 선출하지만 머지않아 실망하게 되는 악순환이 되풀이되고 있다.

다섯째, 5년 단임제는 대통령 리더십에 근본적 한계가 되고 있다. 미국 대통령 평가에서 재선에 성공하지 못한 대통령은 대체로 실패한 대통령으로 간주된다. 4년간의 치적과 8년간의 치적은 뚜렷한 차이가 날 수밖에 없기 때문이다. 5년 임기는 책임 있는 국가경영을 위해 너무 짧은 기간이다. 취임 직후 1년은 팀을 짜서 국정을 파악하고 계획을 수립하여 착수하는 데 보낸다. 마지막 1년은 대통령선거 분위기에 휩싸여 순조로운 국정운영이 어렵다. 또한 임기 중간에 이루어지는 총선거, 지방선거, 각종 재·보궐선거 등으로 수시로 정책방향이 흔들리게 된다. 이 같은 제약조건하에서는 국가발전의 청사진을 제대로 펼쳐나가기가 어렵다. 또한 단임제이기 때문에 대통령선거가 끝나자마자 차기 대통령선거를 겨냥한 경쟁이 벌어지는 것도 대통령의 국정운영에 큰 부담이 되고 있다.

이 같은 5년 단임제의 문제점들을 고려할 때 4년 중임제 개헌을 심각히 고려할 필요가 있다. 급변하는 국제정세, 열악한 안보환경, 과중한 무역의존도 등을 고려할 때 정치사회적 안정이 어느 나라보다 절실하지만, 5년 단임제는 만성적인 정치 불안정뿐만 아니라 포퓰리즘 정책을 남발하는 원인이 되고 있다.[8] 또한 대통령이 단순 다수표로 당선되어 다수 국민의 지지를 받지 못함으로써 정통성이 약한 대통령이라는 문제를 극복하기 위해 대통령선거에서 1위 득표자가 과반수 득표에 실패할 경우 1위와 2위 득표자를 대상으로 결선투표제를 도입할 필요가 있다.

마지막으로, 한국사회에 보편화된 정치 불신과 사회적 갈등은 결과적으로 대통령 리더십에 어려움을 더해주고 있다. 정치 불신이 높으면 정

---

8) 김충남, 『대통령과 국가경영』, 687-691쪽 참조.

부 정책이 국민의 지지를 받기 어렵고 정책추진도 효과적으로 이루어지기 어렵다. 정치 불신이 높으면 정치가 정책대안을 둘러싼 경쟁이 아니라 이념과 도덕성 등을 둘러싼 공방이 되기 쉽다. 정치 불신이 높을수록 선동적인 정치인이 나타날 가능성이 높고 포퓰리즘 공약이 남발될 가능성이 커진다. 또한 국가공동체 의식이 희박하기 때문에 남북관계, 한미관계, 경제정책, 교육정책 등 주요 정책에 대해 진보와 보수 세력 간 입장이 팽팽히 맞서 있어 국정운영을 더욱 어렵게 하고 있다.

2. 차기 대통령, 어떤 자질이 요구되고 있는가

▌2010년대의 시대적 과제는 무엇인가

2012년 말에 선출되는 제18대 대통령의 재임기간(2013~2018)은 2010년대의 핵심적인 기간으로 국가적으로나 시대적으로 결정적으로 중요한 시기이다. 특히 다음 대통령은 국내외적인 도전을 극복하고 대한민국을 명실상부한 일류선진국으로 도약시켜야 할 뿐 아니라 언제 어떻게 닥칠지 모르는 통일을 위한 착실한 준비를 바탕으로 기회가 오면 통일과업을 이룩해야 할 중대한 사명이 주어져 있다.

리더십에 있어서 무엇보다 중요한 것은 시대상황에 대한 올바른 인식이다. 무엇보다 불투명한 것이 대외적 여건이다. 뉴욕발 금융위기로 촉발된 2008년 세계 경제위기의 여파는 아직도 계속되고 있으며, 이에 수반되어 세계질서가 재편되는 과정에 있다. 그 여파로 촉발된 중동의 민주화 시위는 에너지 가격의 폭등을 초래했을 뿐 아니라 뒤따르는 정치사회적 불안정으로 인해 에너지 가격의 장기적 전망도 불투명해지고 있다. 또한 지구 온난화에 따른 이상 기후로 식량 생산은 감소하고 있지만 수요는 급증하고 있어 식량 가격이 폭등하고 있고 이에 따라 다른 원자재 가격도 급등하고 있다.

한국이 위치한 동아시아는 세계경제에서 차지하는 비중은 물론 정치 및 군사안보 측면에서도 매우 중요한 지역으로 급부상하고 있다. 중국은 세계 제2의 경제대국이 되면서 군사력을 강화하고 있을 뿐 아니라 정치외교적 영향력을 적극적으로 확대하고 있다. 장기적 침체에 지진·해일과 원전 사고라는 치명타를 당한 일본의 단기적 전망은 불투명하지만 위기에 강한 국민성과 우수한 첨단기술을 바탕으로 재기할 것이 분명하다. 러시아도 풍부한 자원을 바탕으로 이 지역에서 영향력 확대를 꾀하고 있다.

특히 우리로 하여금 한시도 마음 놓지 못하게 하는 것은 북한이다. 북한은 2012년을 '강성대국' 원년이라고 공언하고 있어 앞으로의 행보가 우려되고 있다. 김정일의 건강, 후계체제의 불확실성, 경제적 파탄, 국제적 고립 등 체제위기의 심화로 무모한 도발을 지속할 가능성이 농후하기 때문에 런던 소재 국제전략문제연구소는 "한반도 상황은 한국전 이후 가장 위험한 상태"라고 진단하고 있다.[9] 특히 2012년 전후로 한국과 밀접한 관계가 있는 미국, 중국, 러시아에서 대통령선거 또는 권력교체가 이루어지는 안보 취약기를 틈타 북한이 모험을 할 가능성을 배재할 수 없다. 보다 심각한 문제는 머지 않은 장래에 북한정권이 붕괴될 가능성이 없지 않다는 것이다.

또한 글로벌 금융위기는 물론 환경, 테러 등 지구 저편의 갖가지 위기는 신속히 확산되어 한국에 직접적인 영향을 미친다. 더구나 국민총생산(GDP) 대비 무역 비중이 80퍼센트 정도인 한국은 중국(45%), 일본

---

9) "한반도 상황 한국전 이래 가장 위험," 『세계일보』, 2011년 3월 9일.

(22.3%), 미국(18.7%) 등 다른 나라에 비해 지나치게 높아 글로벌 위기로 인한 충격이 클 수밖에 없다. 한국이 처한 지정학적 위치와 무역의존도가 높은 경제를 고려할 때 한국이 급변하는 국제환경에 신속하고 적극적으로 대응하지 못한다면 번영은커녕 살아남기도 어려울지 모른다. 따라서 차기 대통령은 국제정세에 대한 예리한 통찰을 바탕으로 뛰어난 외교 안보 리더십과 통일에 대비한 리더십이 요구되고 있다.

대한민국이 세계 일류국가로 발돋움하기 위한 대내적 조건 또한 만만치 않다. 세계화, 정보화, 급속한 사회변화 등으로 인해 이동성, 가변성, 불확실성이 높아지고 있을 뿐 아니라 이질화와 불평등화 현상이 심화되고 있다. 이에 따라 고용 없는 성장, 치열한 경쟁에 따른 승자와 패자 간의 격차 확대, 장기 실업자와 청년실업자의 증가, 양극화의 심화 등 심각한 문제들이 해결을 기다리고 있다.

따라서 차기 대통령이 무엇보다 중시해야 할 과업은 국민통합이다. 그러나 신뢰받지 못하는 대통령은 결코 국민통합에 성공할 수 없는 것이다. 한국은 분단으로 인한 이념적 갈등을 겪고 있는 유일한 나라이다. 이를 극복하기 위해서는 정치적으로 성숙한 자유민주주의가 정착되어야 하고, 경제적으로 일류 선진국들과 당당히 경쟁할 수 있어야 하며, 사회적으로 국민통합을 바탕으로 복지사회가 이루어져야 한다. 그래야만 남북관계를 주도적으로 이끌어나갈 수 있을 것이며, 통일의 기회가 왔을 때 그것을 성공적으로 실현할 수 있을 것이다.

세계은행은 한국을 비롯하여 중국, 인도, 브라질, 러시아, 인도네시아 등 6대 신흥 경제대국이 향후 20년간 세계 경제성장을 주도할 것이라 전망했다. 이를 위해서는 정치가 달라져야 하고 국민도 달라져야 하며, 이러한 변화를 이끌어 낼 수 있는 대통령 리더십이 있어야 한다. 시간은 언제까지나 한국을 기다려주지 않는다. 다음 대통령 임기 중에 선진국 수준에 도달하지 못하면 영원히 선진국에 진입하지 못하게 될지도 모른다. 왜냐하면 2010년대 말에는 고령사회에 진입하여 잠재성장률이 2% 이하로 떨어지기 때문이다. 4만 달러 수준의 국민소득을 성취하는 고도(高度)

선진사회에 진입하기 위해서는 잠재성장률을 5% 이상으로 끌어 올리고 매년 5% 수준의 경제성장을 계속 해야 한다. 과연 그러한 목표를 달성할 가능성이 있는 지도자는 누구인가?

▎무엇이 대통령의 필수적 자질인가

시대적 국가적 상황에 대한 올바른 인식 없이 대통령이라는 막중한 책임을 성공적으로 수행하기 어렵다. 그래서 어느 때보다 비전과 역량을 갖춘 대통령이 요구되고 있는 것이다. 오랜 세월 대통령이 되겠다는 일념으로 투쟁했던 김영삼 대통령은 "나는 대통령이 되겠다는 집념이 강했기 때문에 대통령에 대해 모두 알고 있는 것으로 생각했으나 막상 대통령에 취임해보니 대통령이 어떤 자리인지 5분의 1도 몰랐다는 것을 알게 되었다. 자신이 자칫 잘못하면 나라가 망할지도 모른다는 생각이 들었다"고 실토했다. 노무현 대통령도 "개인적으로 준비되지 않은 사람이, 준비된 조직적 세력도 없이 정권을 잡았고 우리 사회가 미처 받아들일 준비가 안 된 개혁을 하려고 한 것이 무리였다"면서 "대통령이 되려고 한 것이 오류였던 것 같다"고 고백하고 있다.

1988년 이래 다섯 대통령들이 모두 낙관적인 인식을 가지고 취임했지만 모두 뜻대로 되지 않았다는 사실을 심각하게 받아 들여야 한다. 자신이 대통령이 된다면 막연히 성공할 수 있을 것이라고 낙관해서는 안 된다. 외국 지도자들의 리더십이나 외국 학자들의 아이디어로 우리 문제를 해결할 수 있을 것이라는 착각에 빠져서도 안 된다. 한국이 처한 정치적 사회문화적 풍토 속에서 전직 대통령들이 체험했던 것에서 교훈을 배워야 한다.

많은 정치인들이 대통령의 자리가 어떤 자리인지 잘 모르면서 대통령이 되려하고 있다. 비스마르크는 "공무원이 되기 위해서는 어려운 자격시험을 통과해야 한다. 그러나 정치인은 아무런 자격시험도 없이 정치인이 되고 나라를 경영하는 지도자가 된다"고 경고했다. 미국의 대통령 연구 전문가 리처드 뉴스타트(Richard Neustadt)는 "대통령직은 아마추어가 앉을 자리가 아니다"라고 했다. 또한 그 자리는 또한 참으로 위험한 자리이기도 하다. 트루먼은 대통령으로서의 경험을 다음과 같이 말했다.

> "대통령직을 맡은 지 몇 달 동안은 마치 호랑이 등에 탄 것 같아서 계속 달려가야만 했다. 그렇지 않으면 호랑이에게 잡아먹힐 것만 같았다."[10]

미국 15대 대통령 뷰캐넌의 고문이었던 에드윈 스탠튼(Edwin Stanton)은 뷰캐넌에게 다음과 같이 말했다.

> 대통령 각하! 당신은 지금 화산 위에서 잠자고 있습니다. 당신이 누워 있는 곳과 그 주변이 부글부글 끓어오르고 있어서 언제 폭발할지 모릅니다. 당신이 신속하고 단호하게 대처하지 못하면 머지않아 끝장나고 말 것입니다.[11]

그래서 존슨 대통령은 "대통령의 자리는 감옥살이보다 더 어려운 자리"라 했다. 이처럼 대통령의 자리는 위험천만하고 어려운 자리이다. 권력의 자리, 영광스러운 자리로 착각한다면 비참한 종말을 맞게 된다. 또한 대통령의 자리는 책임을 지는 자리이다. 트루먼은 "최종 책임은 여기에 머문다(The buck stops here.)"라는 경구(警句)를 집무실 책상 위에 세워 놓았다고 한다.

대통령의 국가경영 능력은 국가의 흥망성쇠를 좌우한다. 권력만 잡으

---

10) Lewis D. Eigen and Jonathan P. Siegel, *The MacMillan Dictionary of Political Quotations*(New York: MacMillan, 1993), p.564.
11) 같은 책, 563쪽.

면 되는 시대는 지나갔다. 상식을 바탕으로 국가경영을 하는 시대는 더욱 아니다. 정권을 잡는 것이 중요한 것이 아니라 나라를 올바로 이끌어 갈 수 있는 비전과 능력이 있느냐가 문제이다. 경영자는 경영의 노하우를 배울 수 있는 기회가 많지만 대통령에게는 그런 기회가 별로 없다. 더구나 현대와 같이 모든 것이 빠르게 변화하는 시대에는 국정운영을 배워가면서 할 수 있는 시간적 여유가 없다.

따라서 새로운 대통령을 비롯한 집권세력은 전직 대통령들의 경험에서 배우는 것이 필수적이다. 한국의 주어진 여건에서 과거 대통령들은 갖가지 난제와 도전에 처하여 어떻게 극복했는지 그들이 시행착오를 했다면 그 원인이 무엇이었는지 알아야 한다. 앞으로 대통령은 '준비된 대통령'이 되어야 한다. 백과사전식 공약의 나열이 아니라 대한민국의 미래를 열어 갈 비전을 바탕으로 국가경영의 청사진을 가지고 후보로 나서야 하며 그러한 목표를 달성하는 데 적합한 인재를 발탁할 구상까지 갖추고 있어야 한다.

한국정치는 분명 위기에 처해 있다. 정치에 꿈과 이상, 가치와 원칙이 실종되었다. 국가 장래와 민생에 대한 진지한 고민도 전략도 보이지 않는다. 정치가 달라져야 하며, 이를 위해 다음 대통령은 역동적인 리더십을 발휘해야 한다. 이를 위해 다음 몇 가지를 제언하고자 한다.

1. 역사의 계승자가 되어야 한다.

올바른 역사인식이야말로 대통령의 필수적 자질이다. 1970년대 영국 수상이었던 해롤드 윌슨은 "수상이 성공하는 데 있어 가장 중요한 요소는 역사의식"이라고 했다. 고졸 학력에 불과했지만 미국의 위대한 대통령 10명 중 한 명으로 꼽히는 트루먼은 "새로운 대통령이 전임 대통령들이 어떤 경험을 했는지 배우게 된다면 그의 대통령직 수행은 훨씬 쉬워질 것이다. 모든 실책의 원인은 무지에서 비롯된다. 대통령이 된 사람은 무엇보다도 미국역사에 대해 잘 알아야 한다"고 했다. 과연 우리 사회에서 대통령을 꿈꾸는 사람들은 어떤 역사의식을 가지고 있으며, 대한민국 역사에 얼마나 잘 알고 있으며, 또한 전직 대통령들의 경험에서 배우겠다는 자세가 되어 있는가?

역사의 진행에는 명암이 있기 마련이며 따라서 역사를 선악의 잣대로 파악하는 것은 커다란 오류이다. 신채호는 "역사를 비하하는 사람은 역사를 말할 자격조차 없다"고 했다. 프랑스 정치철학자 시몽 바일(Simon Weil)은 "과거를 파괴하는 것은 모든 죄악 중에서 가장 나쁜 죄악"이라 했다. 역사와 전통을 가볍게 여기는 나라는 결코 위대한 미래를 창조할 수 없다. 대통령은 역사의 계승자로서 막중한 책임이 있지만, 올바른 역사의식 없다면 그 같은 막중한 사명을 감당할 수 없을 것이다. 새로운 대통령은 전직 대통령들을 존경하고 그들의 소중한 경험과 교훈을 배우려는 겸허한 자세가 필요하며, 그리하여 국민 모두가 역사를 계승하고 발전시키는 노력에 동참하도록 이끌어야 한다.

대한민국의 정통성은 독립운동—건국—반공—6·25전쟁—산업화—민주화로 이어진 국가건설 과정을 통해 형성된 것이다. 그러나 민주투사 출신이었던 최근 대통령들은 그러한 역사적 발전과정을 부정적으로 보는 반면 그들의 정부는 3·1운동—4·19의거—5·18광주사태—6월사태의 연장선상에 있다고 보고 있다. 성공적인 국가건설 노선의 계승자가 아니라, 그것을 반대해 온 노선의 대변자로 자처해 온 것이다. 이러한 역사관은 야당 지도자나 재야(在野) 지도자일 때는 정당화되었을지 모르지만 국가를 대표하는 대통령의 역사관이 될 수 없는 것이다. 대통령이 국가건설의 도도한 흐름을 부정해온 세력만을 대변하고 그동안 국가건설에 참여했던 수많은 사람들을 배제하거나 소외시킨다면 국민통합이라는 대통령의 또 다른 책무를 저버리게 되는 것이다.

역사를 어떻게 보느냐는 그 사람의 국가관, 인간관, 이념체계와 직결된다. 더구나 대통령의 역사관이란 개인적인 문제가 아니라 국정철학과 정책에 중요한 영향을 미친다. 따라서 대통령은 본질적으로 역사의 계승자가 될 수밖에 없다.

2. 시대정신과 국민 여망을 담은 비전이 있어야 한다.

꿈이 있는 사람이 성공할 수 있듯이 비전을 가진 국가는 발전한다. 훌륭한 비전은 나라를 안정과 발전으로 인도하지만 잘못된 비전은 나라를 혼란과 파멸에 빠뜨린다. 그러나 우리는 한동안 민주개혁에 집착하면서 미래 청사진을 그리는 노력을 소홀히 했다. 대한민국은 올바른 방향으로 가고 있는가? 어떤 방향으로 어떻게 가야 하는가? 우리는 어떤 공동체를 꿈꾸고 있는가? 우리는 어떤 통일을 원하는가? 21세기 지구촌시대를 맞아 한국은 어떤 국제적 역할을 해야 하는가? 지도자는 '역사와의 대화'를 통해 역사적 요구와 시대정신을 자신의 비전에 담아내야 한다.

특히 차기 대통령 앞에는 북한의 급변사태와 통일 문제가 숙명처럼 다가오고 있다. 김정일 정권의 마지막 발악에 능동적으로 대처할 수 있어야 하며, 북한 붕괴 후의 혼란을 통일의 기회로 삼을 수 있어야 하며, 나아가 강대국들의 입김에 휘둘리지 않고 새로운 국운을 개척할 수 있는 지혜와 용기가 있어야 한다. 오바마 대통령은 '건국정신의 회복'을 거론하며 국가건설(nation building) 차원에서 비전을 제시하고 있다. 그동안 한국의 국가건설은 성공적이었지만, 국민통합과 통일 등 국가건설의 당면 과업들을 고려할 때 보다 거시적 차원의 비전이 요구되고 있는 것이다.

대통령은 거센 세계화의 파고(波高) 속에서 대한민국호(號)를 일류 선진국이라는 항구로 이끌어가야 하는 선장 역할을 해야 한다. 분명한 역사관과 국가관을 바탕으로 한국이 장차 어떤 나라가 되어야 하며 그러한 나라로 발전하는 데 필요한 목표와 전략을 제시하고 국민의 동참을 호소해야 한다.

3. 안보 리더십은 대통령의 필수적 자질이다.

한국은 분단국가로서 북한의 끊임없는 군사적 위협을 받아 왔으며, 특히 최근 북한은 선군정치 구호 아래 핵무기를 생산하고 있을 뿐 아니라 천안함 폭침, 연평도 포격 등 정면공격도 서슴지 않고 있다. 뿐만 아니라 한국은 강대국들을 이웃나라로 하고 있어 어느 나라보다 외교안보 정책이 중요한 나라이며, 그런 점에서 외교안보를 다룰 역량은 대통령의 자질에서 매우 중요한 것이다. 그럼에도 불구하고 민주화 이래 안보문제는 등한시되어 왔으며, 오히려 안보를 위해 애썼던 과거 대통령들에 대해 그들이 권위주의 통치를 정당화하는 수단으로 안보를 악용했다고 비난했을 뿐 아니라 군대를 숙정의 대상으로 삼기도 하는 등 안보를 경시하는 경향이 있었다.

대통령의 안보리더십은 100만 대군보다 더 중요하다. 4년 후이면 전시작전권이 전환되고 한미 연합사령부가 해체되는 등 60여 년 지속되어 온 한미 연합방위체제가 근본적으로 바뀐다. 뿐만 아니라 북한은 급속히 악화되고 있는 체제위기로 인해 모험적인 군사도발을 감행하고 있고, 또한 북한의 급변사태가 언제 어떻게 일어날지 예측조차 할 수 없는 상황이다. 따라서 차기 대통령은 국가안보태세의 총체적 혁신을 이끌어나가지 않으면 안 된다. 국가안보전략지침 마련, 군사력 현대화, 지휘체계 정비, 국방예산 증액, 국민 안보의식 고취 등 안보태세를 근본적으로 강화하려면 대통령의 능동적인 안보리더십이 필수적이다.

따라서 역사관, 국가관, 안보관이 분명한 지도자가 다음 대통령으로 선출되어야 한다. 나아가 대통령의 안보리더십을 효과적으로 보좌할 수 있도록 청와대에 안보수석비서관을 두어야 하며 국가안전보장회의 사무처를 부활시켜 어떤 위기에도 즉각 대응할 수 있는 '항시 위기관리 체제'를 갖추어야 한다. 나아가 미국의 국토안보부 같이 여러 부처에 분산된 안보 및 위기관리 기능을 통합·조정하는 기구의 신설도 검토할 필요가 있다.

4. 과도한 공약의 유혹에서 벗어날 수 있는 용기가 필요하다.

영국 속담에 "정치가(statesman)와 정치인(politician)의 차이는 전자는 다음 세대를 내다보지만 후자는 다음 선거를 내다본다"는 말이 있다. 우리 정치인들 중에 국가의 미래를 내다보며 다음 세대에게 훌륭한 나라를 물려주기 위해 고뇌하는 '정치가'가 얼마나 있는가. 정치지도자들에게 철학과 비전이 없으니 국가 백년대계는 없고 인기영합적인 포퓰리즘 정책만 경쟁적으로 내놓고 있다. 비전 없는 지도자는 키 없이 배를 조종하는 선장처럼 나라를 어떤 위험으로 이끌어갈지 알 수 없는 것이다.

한국은 과도한 개발공약으로 나라가 흔들리고 있다.[12] 2012년에 있을 총선거와 대통령선거를 계기로 또 얼마나 많은 공약이 쏟아질지 걱정이 앞선다. 이웃 나라 일본은 물론 그리스, 포르투갈, 스페인, 아일랜드 등 유럽 국가들이 지나친 선심성 정책으로 재정위기에 빠져 나라가 흔들리고 있다. 미국도 연방정부뿐만 아니라 많은 지방정부가 막대한 부채로 부도위기에 몰리고 있다. 그래서 미국은 물론 영국, 프랑스 등 선진국들은 국가부채를 줄이기 위해 허리띠를 졸라매고 있는데 한국만은 반대방향으로 치닫고 있다. 선진국 진입이 아니라 중진국 수렁에 빠질 가능성이 없지 않다. 이건희 삼성회장은 10년 후 삼성이 어떻게 될지 모른다고 걱정하는데, 대한민국의 10년, 20년 후를 걱정하며 대처하는 책임 있는 정치 지도자는 얼마나 있는가?

한국정치는 국가와 국민의 미래에 대한 책임의식도 없이 자신들의 생존에만 급급하고 있다. 그 결과 다음 세대를 위한 투자는 엄두도 못 내고 있을 뿐만 아니라 감당키 어려운 부채를 다음 세대와 태어나지도 않은 후손들에게 지우고 있다. 무상복지의 확대 없이 현재의 복지제도만으로

---

12) "지역 걱정은 좋지만 票퓰리즘은 자제를," 『동아일보』, 2011년 4월 11일; "지역 개발 공약 모두 합하면 147조 …… 국고 텅 빌 판," 『조선일보』, 2011년 3월 31일.

도 향후 재정적자의 문제는 심각하다. 국민연금제도는 2060년에 기금이 고갈될 전망이고, 건강보험은 2010년에 1조 3천억 원의 적자가 발생하여 정부가 지원해 주었고, 2030년에 약 50조 원의 적자가 발생할 전망이다. 더구나 심각한 저출산 고령화로 세금 낼 사람은 격감하고 복지에 손 내밀 사람은 급증하는 추세다.

언제 닥칠지 모르는 통일의 기회가 오더라도 재정적으로 감당할 능력이 없다면 어떻게 되겠는가. 독일 통일 후 통일비용이 엄청나게 소요되었고 이 비용 중 절반이 동독주민들을 위한 복지비용이었다. 현재 한국의 빈곤층 비율은 10% 정도지만 통일되었을 경우 북한의 빈곤층과 합쳐 무려 35%가 될 전망이다. 통일 후 북한주민들의 복지에 투입되어야 할 비용이 전문학적인 규모가 될 것이다. 입만 열면 통일을 부르짖는 일부 정치인들이 무책임한 복지 포퓰리즘으로 오히려 통일을 어렵게 하고 있는 것이다.

특히 우려되는 것은 포퓰리즘 공약이 정치권에서 경쟁적으로 나타나고 있다는 것이다. 2010년 지방선거에서 무상급식 공약으로 재미를 본 민주당을 비롯한 야당들은 대학 반값 등록금을 위시하여 무상급식, 무상의료, 무상보육 등 무상정책 시리즈를 공약으로 내세우고 있다. 지방선거 참패에 충격 받은 이명박 정부와 한나라당은 친서민정책을 확대하고 '우파 포퓰리즘' 정책으로 맞서고 있다. 정부는 정치권의 무상복지와 반값 등록금을 추진할 경우 적어도 연간 40조 원의 재원이 소요될 것으로 예상하고 있으며, 이것은 2012년도 예산을 10퍼센트 이상 증액시켜야 한다는 의미이다.[13] 도저히 감당할 수 없는 규모이다.

복지정책은 한번 시작하면 중단하기 어려우며 지속적으로 막대한 재정소요를 발생시킨다. 무상이란 말은 국민을 속이는 말이다. 국민이 세

---

13) 기획재정부는 무상급식은 1조 원, 무상의료는 30조 원, 무상보육은 2조 원, 반값 등록금은 7조 원 정도가 필요하다고 밝혔다("'묻지마 무상'에 재정건전 비상," 『문화일보』, 2011년 6월 17일).

금을 더 내거나 나라의 빚을 키우는 수밖에 없다. 그런데도 국민의 부담 능력을 도외시하고 막대한 예산이 소요되는 공약을 남발하는 것은 무책임할 뿐 아니라 애국심도 의심받아야 마땅하다.

지금 한국은 세계적 조류와 시대정신을 반영한 '그랜드 비전'이 요구되고 있다. 대통령후보들은 한국이 어떤 상황에 처해 있으며 어디로 어떻게 가야 할 것인가에 대한 심층적인 고뇌를 바탕으로 책임 있는 비전을 제시하고 그것을 구현할 수 있는 체계화된 정책들을 공약으로 내놓아야 한다. 5년 임기의 한계를 고려하여 우선순위를 밝히고 이에 소요되는 예산은 물론 그것을 마련하는 방안까지 밝혀야 한다.

대통령 후보들의 공약은 엄중한 검증을 받아야 한다. 언론과 시민단체는 물론이고 전문 연구기관들도 공약의 타당성, 경제성, 실현가능성 등을 꼼꼼히 따져야 한다. 국민들도 장밋빛 공약이나 현란한 말솜씨에 휩쓸리지 않는 냉철한 판단력을 발휘해야 한다. 이것은 나라의 미래를 위한 일일 뿐 아니라 자녀들의 미래를 위해서도 매우 중요한 문제이다. 포퓰리즘 경쟁으로 잘 된 나라가 없다는 것을 명심해야 한다. 영국의 정치학자 데이비드 헬드(David Held)는 "포퓰리즘의 악순환은 과잉 민주주의의 압력을 단호히 거절할 수 있는 지도자가 나타날 때까지 계속된다"고 했다. 과연 2012년에는 그러한 현명하고 용기 있는 지도자가 나타날 수 있을 것인가?

5. 제도적 리더십을 발휘하는 지도자여야 한다.

민주국가라고 하면서 '제왕적 대통령'이니 '인치(人治)'니 하는 말이 사라지지 않고 있다. 대통령이 제도적 절차를 무시하고 개인적 또는 독단적 리더십을 행사하고 있다는 의미이다. 노무현과 이명박도 '개인적 리더십' 때문에 성공한 대통령이 되지 못했다고 본다. 5년 단임 대통령이 아무리 뛰어난 능력을 가졌다 하더라도 3~4년이면 레임덕에 빠지는 현실에서 당면한 국가적 난제들을 해결하기 어렵다. 영웅이나 독불장군을 기대하기보다는 제도적 틀을 튼튼히 하는 노력이 바람직하다. 분명한 역사적·이념적 정체성에 기초한 정당만이 중장기 정책을 펴나갈 수 있는 것이다.

전쟁, 혼란기, 또는 국가발전 초기에는 카리스마적 리더십이나 개인적 리더십이 불가피했고 효과적인 경우도 있었다. 그러나 선진국에 근접한 한국에서 대통령 한 사람이 모든 것을 좌지우지한다는 것을 있을 수 없는 일이다. 선진사회란 안정되고 예측 가능해야 한다. 개혁이라는 구호 아래 뜯어고치는 것을 다반사로 삼는 폐단은 종식되어야 한다. 현대는 '영웅의 시대'가 아니고 '조직의 시대'이다. 정치와 행정이 법과 제도의 정해진 절차에 따라 이루어져야 하며, 이를 위해 제도화된 리더십이 정착되어야 한다.

프랭클린 루스벨트 대통령은 "국가의 운명은 결코 대통령 한 사람에 의해 좌우되어서는 안 된다"고 경고했다. 대통령은 개인으로서가 아니라 '조직으로서의 대통령직(presidency as an organization)'이라는 관점에서 리더십을 발휘해야 한다. 다시 말하면, 헌법과 법률에 정해진 절차를 존중해야 한다는 것이다. 한국의 경우 제도를 제대로 운용하지 않으면서 제도를 탓하고 틈만 나면 헌법이나 법률을 개정하겠다고 한다. 미국은 행정부와 의회 간에 견제와 균형이 이루어져 있어 대통령은 의회 및 정당 지도자들과 긴밀히 협의하지 않으면 안 된다. 백악관의 조직과 기능도 법으로 규정되어 있어 대통령이 마음대로 바꾸지 못하며 예산도 임의로 사용할 수 없다.[14]

민주주의의 꽃이며 대의민주주의의 중심기관인 국회가 뒷전으로 밀려나 있다. 대통령은 정치인들을 불신하며 거추장스러운 존재로 여기기 때문에 국회를 경시하게 되고 집권당을 장악하여 국회를 일방적으로 이끌어 가려 하기 때문이다. 정당이 국민 속에 뿌리내리지 않으면 정치적

---

14) 미국 의회는 확대된 대통령의 역할을 보좌할 수 있도록 1939년에 〈The Reorganization Act of 1939〉를 제정한 바 있다.

안정도 성숙한 민주정치도 기대할 수 없다. 최근의 소위 '안철수 현상'은 정당 불신을 나타내는 것이지만 정당을 배제하고 정치발전을 기대할 수는 없다. 정당이 약화되면 국정을 책임질 세력도 견제·비판할 세력도 없게 된다. 정치인들이 스스로 각성해야 하는 것은 당연하지만 국민들도 정당을 아끼고 가꾸는 노력을 아끼지 말아야 한다. 특히 대통령은 집권당은 물론 야당을 국정의 동반자로 대우함으로써 성숙한 정치문화가 정착될 수 있도록 지도력을 발휘해야 한다.

또한 대통령이 장관들과 수시로 회의를 하는 등 내각을 활성화시켜야 한다. 대통령이 장관들과 회의보다는 수석비서관회의에서 중요한 발언을 하는 경향이 있다. 장관들은 대통령을 만나기조차 어려우니 청와대 비서관들의 영향력이 커질 수밖에 없다. 대통령이 자신의 참모들과의 회의를 중시한다는 것은 잘못된 일이다. 그 결과 대통령과 장관들이 하나의 팀으로 움직이지 못하고 동떨어진 존재가 되고 있다. 대통령은 국무회의를 활용해야 한다. 외교안보, 경제, 사회 등 분야별 장관회의를 매주 지정된 요일에 정기적으로 개최하여 장관들과 국정 현안을 논의하여 결정하는 등 팀워크를 강화해야 한다. 이승만 대통령이 매주 정기적으로 국무회의를 주재하고 내외신 기자회견을 했다는 사실을 명심해야 한다.

대통령에게 권력이 집중되어 있다고 하지만 인사권을 제외하면 다른 나라 대통령들에 비해 특별히 많은 권한을 가진 것도 아니다. 문제는 대통령의 인사권 남용이다. 노태우 정부 이래 장관 평균 임기는 1년 정도에 불과할 정도로 장관이 빈번히 교체되었다. 이렇게 짧은 임기를 가진 장관이 나라의 백년대계를 위해 소신을 가지고 일 할 수 있겠는가? 개발도상국으로 인식되고 있는 중남미 국가들의 장관 평균 임기도 한국의 두 배가 넘는다. 한국에서 잘못된 인식의 하나는 인사권은 대통령의 고유권한이라는 것이다. 그래서 능력이 의심되는 '가신(家臣)'이나 '선거의 공신'들을 아무런 거리낌 없이 요직에 앉히는 것을 당연하게 여긴다. 그러나 정부는 국민의 것이지 결코 승자들의 전리품이 아니다.

제도적 리더십은 대통령의 인사 방식부터 달라져야 함을 의미한다.

청와대의 인사 선발 및 검증 시스템을 강화하여 대통령의 인사가 제도적 절차에 의해 이루어지도록 해야 한다. 대통령의 인사권 남용을 막고 정부와 정책을 안정시키기 위해 장관 등 중요 정무직의 경우 일정 기간(최소 2년)이 경과되기 전에는 교체하지 못하도록 법률로 규정할 필요가 있다. 또한 대통령이나 청와대가 권력을 독점하고 있다는 인상을 주어서는 안 된다.[15] 장관들에게 상당한 권한을 위임해주고 결과에 대해 책임을 지도록 해야 한다. 뿐만 아니라 검찰, 국정원, 국세청 등 소위 권력기관들로 하여금 조용히 소관업무를 추진하게 하여 대통령이 권력기관들을 통해 정치권이나 사회를 통제하고 있다는 인상을 주지 않도록 해야 한다.

제도적 리더십은 청와대 운영에서부터 이루어져야 한다. 유능한 참모진을 바탕으로 업무가 체계적으로 이루어지도록 해야 한다. 현대사회와 같이 이해관계가 복잡하게 얽혀 있는 시대에는 아무리 뛰어난 지도자라 하더라도 모든 국정 현안에 전문가가 될 수 없으며 다양한 문제에 관심을 가질 수 있는 시간적 여유도 없다. 미국 백악관과는 달리 청와대의 조직과 기능은 법으로 규정되어 있지 않기 때문에 대통령이 바뀔 때마다 뜯어고치고 임기 중에도 변경할 뿐 아니라 예산 사용도 대통령의 의중에 의해 좌우되고 있다. 청와대의 조직과 기능을 법으로 규정해야 할 뿐 아니라 청와대의 업무절차를 내규화하여 청와대부터 제도적 리더십이 정착되도록 해야 한다.

성공한 대통령이란 우수한 보좌관들을 바탕으로 제도적 절차에 따라 국정을 효과적으로 관리한 대통령이다. 조직관리의 귀재로 알려진 아이젠하워 대통령은 그의 회고록에서 "조직이 무능한 사람을 천재로 만들 수 없고 무엇을 해야 할지 결정하게 만들 수는 없다. 그러나 조직의 난맥상은 비능률을 초래하기 마련이고 파탄에 빠지게 할 가능성이 크다"고

---

15) Matthew J. Dickinson, "No Place for Amateurs: Some Thoughts on the Clinton Administration and the Presidential Staff," *Presidential Studies Quarterly* 28: 3(September 1998).

제도적 리더십의 중요성을 강조했다.[16] 그는 또한 참모진의 중요성을 다음과 같이 말했다. 즉, "대통령이 모든 문제를 다룰 수 있는 지혜를 가지고 있다는 것은 잠꼬대 같은 소리. 정부는 결코 한 사람 마음대로 운영되도록 설립되지 않았다. 어느 누구도 국가경영에 필요한 모든 정보를 독점하고 있지 않기 때문이다." 그는 군대식 관리시스템을 백악관에 도입했기 때문에 그의 리더십은 체계적이고 능률적이었으며, 그래서 그는 위대한 대통령의 한 사람으로 평가되고 있는 것이다.

6. 준비된 지도자여야 한다.

준비된 지도자만이 성공할 수 있다. 준비된 지도자란 국가가 당면한 문제들에 대한 올바른 인식을 바탕으로 국가경영에 대한 청사진을 가지고 있을 뿐 아니라 그것을 실천할 역량을 갖춘 지도자를 말한다. 성공한 대통령은 유능한 참모들의 보좌를 받아 국정운영에 대한 철저한 사전준비를 하여 취임 초부터 국정현안을 효과적으로 관리했다는 특징을 가지고 있다. 그러나 최근 한국 대통령들은 당선에 급급한 나머지 국정운영의 청사진과 이를 실천할 팀워크 등을 구비하지 못한 가운데 당선되는 경향이 있었다. 대통령이 되고 나서 그때부터 공부하고 준비하려고 한다면 실패할 수밖에 없다. 따라서 국가경영을 위한 준비는 공약준비 단계에서 부터 시작되어야 한다. 대통령후보는 자신이 추구하는 국정비전과 정책기조, 5년간 추진할 정책들을 마련하여 소속 정당 내에서 충분한 논의를 한 후 국민들의 선택에 임해야 한다.

'시작이 반'이라는 말이 있듯이 대통령도 시작을 잘하면 성공할 가능성이 높지만 시작이 잘못되면 실패할 가능성이 높다. 대통령의 국가경영은 당선 직후 취임준비부터 본격적으로 시작된다. 특히 당선에서 취임까

---

16) Fred I. Greenstein (ed.), *Leadership in the Modern Presidency*(Cambridge, Mass.: Harvard University Press, 1988), p.83에서 재인용.

지 두 달 간의 기간은 취임준비를 위한 매우 중요한 기간이다. 대통령의 권력은 취임한 날로부터 약화되는 특성을 가지고 있기 때문에 취임 초에 좋은 이미지를 형성하고 성과를 올리지 못하면 시간이 지날수록 어려워진다. 대통령이 처음부터 국정을 효과적으로 이끌어가지 못하면 야당이나 반대세력은 물론 여론에 끌려가게 되어 국정운영의 주도권을 상실하게 되기 때문이다.

취임준비란 승리에만 초점을 맞추었던 '선거체제'로부터 '국가경영체제'로 전환하는 과정이다. 이를 위해 국가경영에 참여할 인재들을 발탁하여 팀워크를 구축하고 선거공약을 체계적으로 재점검하여 수정해야 할 것은 수정하고, 나아가 국정의 우선순위를 설정한 후 현안 과제를 중심으로 실천계획을 마련해야 한다. 또한 국민들이 새로운 정부에 대해 지나친 기대를 하지 않도록 노력해야 할 뿐 아니라 국민의 적극적인 성원을 호소해야 한다.

대통령선거는 후보의 사조직 중심으로 이루어지는 경향이 있고, 정당은 간판만 빌려준다는 인상을 주어왔다. 그 결과로 선거 후 집권당과 청와대 간 정책협력에 불협화음이 빈번히 일어났다. 정부 정책에 대해 집권당이 앞장서 비난하는 경우도 있었다. 따라서 대통령당선자는 취임준비 과정부터 집권당과 협력을 강화해야 한다. 특히, 집권당의 정체성과 정강정책 차원에서 대통령 선거공약을 재평가하고 조정할 필요가 있다.

레이건 대통령은 취임준비활동을 성공적으로 한 것으로 평가되고 있다.[17] 그의 취임준비 활동의 특징은 첫째, 대통령을 보좌하는 국가경영의 최고사령탑을 이끌어 갈 유능한 인재를 발굴하고 그들 간의 팀워크를 다지기 위해 노력했으며, 이를 위해 레이건의 정치철학과 주요 공약사항을 토의하는 등 정권을 이끌어 갈 핵심 인사들 간의 친분을 다지는 활동을 했다. 둘째, 그들은 핵심 국정과제에 대한 실천계획을 마련하는 데 중

17) 김충남, 『성공한 대통령 실패한 대통령』(개정판) (둥지, 1998), 345-366쪽.

점을 두었으며 퇴임 정부의 정책에 대해서는 관여하지 않았다. 왜냐 하면 퇴임 정부의 정책에 대해서는 선거과정에서 충분한 토의가 있었기 때문이다.

7. 신뢰 받고 또한 신뢰를 확산시킬 수 있는 지도자여야 한다.

건강을 잃으면 모든 것을 다 잃는다고 하듯이 정치지도자가 신뢰를 잃으면 아무 것도 제대로 되지 않을 가능성이 커진다. 한국사회는 '신뢰의 위기'라 할 정도로 정부, 정당, 정치인들에 대한 불신이 높다.[18] 오늘날 '사회적 자본'이 국력의 핵심 요소로 인식되고 있으며 사회적 자본에서 가장 중요한 것은 신뢰이다. 한국은 정치사회적 신뢰라는 점에서 심각한 문제에 직면해 있지만 이것을 치유할 수 있는 손쉬운 처방은 없다. 최고 지도자인 대통령이 리더십을 발휘하여 각계각층이 함께 노력하도록 하는 수밖에 없다. 따라서 대통령은 정치와 정부의 신뢰 회복을 위해 다음과 같은 노력을 기울일 필요가 있다.

첫째, 대통령은 국민 모두의 대통령이라는 인식을 주도록 노력해야 한다. 대통령은 국민 전체의 대통령이지 특정 지지자들의 대통령이 아니다. 따라서 대통령은 특정 계층이나 집단을 편애한다는 인상을 결코 주어서는 안 된다. 대통령은 또한 공동선(共同善)만을 추구해야 하며, 조금이라도 권력의 사유의식(私有意識)에 빠져서는 안 된다. 다시 말하면, 국정을 공정하고 합리적으로 이끌어 가야 하며, 특히 인사나 정책에 있어 최대한 공정성과 객관성을 유지하도록 해야 한다. 뿐만 아니라 국가지도층의 부패와 탈법 행위는 추상같은 자세로 엄단해야 한다.

둘째, 대통령은 정치권은 물론 국민들과 소통하기 위해 끊임없이 노력해야 한다. 원활한 소통은 대통령과 정부에 대한 신뢰와 지지를 높인다.

---

18) 이상신, "정부신뢰의 위기: 천안함 사건을 중심으로,"『한국정치학회보』제44집 제4호(2010), 97-117쪽.

인터넷이나 스마트폰을 이용한 방대하고도 빠른 정보의 유통으로 이해당사자들이 정부정책에 영향을 미치려는 욕구가 매우 높아졌다. 대통령은 아무리 좋은 정책이라도 이해당사자들에 대한 설득을 통해 정책시행의 사회적 비용을 최소화해야 한다. 정책에 대한 대통령과 정책당국자의 설득노력이 없다면 반대논란 등으로 정책의 정당성이 훼손되고 정책의 효율성이 떨어지게 된다. 레이건은 존경받는 대통령 중의 한 사람으로 꼽히지만, 그의 성공비결은 지적 능력이나 문제해결 능력이 뛰어났다기보다는 일관성 있는 언행과 뛰어난 설득력 때문이다.

셋째, 대통령은 국정운영에 대한 분명한 철학과 원칙을 바탕으로 언행과 정책의 일관성을 유지하도록 노력해야 한다. 따라서 실천하기 어려운 과도한 공약은 피해야 하고 공약한 사항은 반드시 지켜야 한다. 대통령부터 약속을 어긴다면 신뢰의 위기를 초래할 우려가 있다. 또한 정책이 일관성 없이 우왕좌왕하면 정부는 신뢰받을 수 없다. 따라서 대통령은 주요 정책방향에 대해 공개적으로 자신의 입장을 표명하고 그것이 구체적 정책이나 행위로 나타나게 하여 자신의 리더십에 대한 신뢰가 쌓이도록 해야 한다.

마지막으로, 역대 대통령들에 대한 기념사업을 추진함으로써 그들에 대한 신뢰를 증진시키는 것은 물론 대통령직을 안정시켜야 한다. 그것은 국민의 올바른 역사관과 국가관 형성을 위해서도 긴요하다. 한국사회는 정치적 이념적 이유로 전직 대통령들을 비난해 왔다. 전직 대통령들이 불신의 대상이 된다면 현직 대통령이나 정부도 불신받게 된다. 또한 대통령은 국민통합의 상징이다. 전직 대통령들을 존경하고 신뢰하는 풍토를 조성함으로써 국민통합이 증진되는 것이다. 두 전직 대통령에 대한 사법처리를 잘한 것이라고 생각하는 사람들이 적지 않지만, 포드(Gerald R. Ford) 대통령의 닉슨 사면은 우리에게 귀중한 교훈을 주고 있다. 포드는 애그뉴 부통령이 사퇴한 후 닉슨에 의해 부통령으로 임명되었으나 닉슨이 워터게이트사건으로 사임한 후 대통령직을 승계했다. 이처럼 포드는 자신의 대통령직의 정당성이 취약했음에도 취임한지 30일 만에 닉슨의 모든 잘못에 대해 완전 사면한다고 전격 선언했다.

포드는 미국을 워터게이트사건의 상처에서 신속히 벗어나게 하는 것이 국가적 위신과 대통령직의 명예를 위해 긴요할 일이라 판단하고 보좌진들과 아무런 상의 없이 그 같은 결단을 내렸던 것이다. 그러나 그것은 정치적 자살행위나 다름없었다. 포드를 비난하며 그의 사임을 요구하는 여론이 빗발치는 가운데 대변인이 사퇴하는 등 백악관이 혼란에 빠졌고 그의 지지도는 71퍼센트에서 49퍼센트로 곤두박질쳤다. 그리하여 포드는 대통령 선거에서 카터에게 패배했으며 퇴임 후에도 닉슨 사면의 후유증에 시달려야 했다.

닉슨이 검찰조사를 받는 등 워터게이트사건이 법적 절차를 거치게 되었다면 미국 사회는 정치적 법적 공방으로 큰 어려움에 빠졌을 것이며 대통령직의 권위와 신뢰도 추락했을 것이다. 그래서 시간이 흐르면서 포드의 닉슨 사면은 용기 있고 옳은 결단이었다는 여론이 높아졌다. 그러한 가운데 케네디(John F. Kennedy) 대통령 기념재단은 포드의 닉슨 사면을 용기 있는 결단으로 평가하여 공화당 출신 포드 전 대통령에게 2001년도 '용기 있는 지도자상(Profile in Courage Award)'을 수여했다.[19]

대통령은 전직 대통령들을 존경하는 데 앞장서야 하고 그들로부터 교훈을 배우려는 겸허한 자세를 지녀야 한다. 세계적인 지도자로 손색이 없는 이승만 건국 대통령과 경제기적의 지도자 박정희 대통령에 대한 기념사업이 지지부진함에도 불구하고 최근 대통령들이 자신의 기념사업부터 했다는 것은 분명 잘못된 일이다. 실패한 나라 북한에는 김일성 동상이 몇 만개나 세워져 있지만, 세계적 성공사례인 한국의 공공장소에는 이승만과 박정희 대통령의 동상 하나도 없는 실정이다. 공항, 도로, 건물 등에 대통령의 이름을 붙인 것도 없다. 대통령과 정치권, 그리고 정부는 전직 대통령들의 기념사업에 대한 근본적인 인식전환이 요구되고 있다.

---

19) Adam Clymer, "Ford Wins Kennedy Award for 'Courage' of Nixon Pardon," *The New York Times*, May 22, 2001.

3. 누구를 다음 대통령으로 선출할 것인가

▌용호상박(龍虎相搏)인가 군계일학(群鷄一鶴)인가

2012년 말 대통령선거를 위한 경쟁이 서서히 달아오르고 있다. 그동안 대통령들의 연이은 시행착오를 경험한 국민들은 대통령을 잘 선출하는 것이 얼마나 중요한 가를 깨닫게 되었다. 대통령선거는 1년 후로 다가왔는데 과연 어떤 후보들이 떠오르고 있는가?

2011년 6월 초 조선일보가 실시한 대선후보 지지율 조사에 의하면, 박근혜가 42.1%로 선두를 달리고 있고, 손학규(10.2%), 유시민(6.2%), 오세훈(5.8%), 이회창(4.1%), 문재인(3.3%) 순으로 나타났다.[20] 또한 중앙일보가 2011년 3월 말 실시한 여론조사에서 한나라당 대선후보 적합도에

---

20) "[다음 대통령 누구를 생각하십니까] 박근혜 42, 손학규 10, 유시민 6% …… 문재인 3.3%로 6위,"『조선일보』, 2011년 6월 3일.

서는 박근혜가 55%로 과반을 넘었고 오세훈 12%, 김문수 10%, 정몽준 6% 순으로 나타났다. 야권 단일후보 적합도는 손학규 21%, 유시민 19%, 한 명숙 12%, 정동영 9% 순으로 나타났다.[21] 그런데 최근 '정치인 아닌 정 치인' 안철수가 부각되면서 정치판이 요동치고 있다. 사회적으로 거론 되고 있는 인물들을 포함하여 대통령 후보로 나설 가능성이 있는 정치인 들(가나다 순)을 간략히 소개하고자 한다.

김문수(金文洙, 1951년 경북 영천 출생, 군 면제)

김문수 경기지사는 운동권 경력으로 진보 또는 중도세력을 아우를 수 있으며 풍부한 정치 · 행정 경험을 가진, 한나라당 내 유력한 후보 중의 한 사람이다.

그는 굴곡 많은 인생을 살아왔다. 1970년 서울대 경영학과에 입학했 으나 학생운동으로 제적당한 후, 1994년에 재입학하여 25년 만에 졸업 했다. 그는 1970년대를 학생운동, 농민운동, 노동운동 등으로 보냈으며, 1986년 인천 5 · 3 개헌 투쟁으로 구속되어 2년 6개월간 감옥살이를 했다. 1990년 이재오와 함께 좌파정당인 민중당을 만들고 국회의원에 출마했 으나 낙선했다. 1996년 부천 소사에서 민주자유당 후보로 출마하여 국회 의원이 된 이래 3선의원을 지내면서 노동, 환경, 교통, 아동보육 등 복지 문제에 많은 관심을 기울였다.

2006년 한나라당 후보로 경기도 지사에 당선되었으며 2010년 야권 단 일후보였던 유시민의 도전을 성공적으로 물리치고 재선에 성공했다. 그 는 지사로서 동북아 경제 중심지로 발전할 가능성이 있는 경기도의 지역 적 특성을 살리고 또한 국제경쟁력을 높이기 위해 불합리한 수도권 규제 폐지, 광역교통망 구축, 외자 유치를 위한 인프라 구축, 외자 유치, 중소 기업 경쟁력 강화 등을 위해 노력해 왔다. 그는 자신의 좌파 운동권 이미

---

21) 『중앙일보』, 2011년 3월 29일.

지를 불식시키기 위해 이승만 대통령에 대한 올바른 평가를 주장하고 북한의 잘못된 노선을 비판하는 등 한나라당의 기본 가치를 지지하면서 서민적 이미지로 국민에게 다가가고자 노력하고 있다. 그의 능력에 비해 지지도가 낮은 것은 딱딱한 이미지 때문에 여성 지지도가 낮고 또한 박근혜 대세론의 그늘에 가려 있기 때문이라고 본다.

그는 서민적 이미지, 정직성, 소신과 뚝심 등의 장점을 가지고 있으며, 이권개입 같은 스캔들도 거의 없다. 그의 약점이라면 '좌파 운동권 전력'이 있는데다 이재오 의원과 가깝기 때문에 의혹의 대상이 되고 있다는 점이다. 보수적 성향의 사람들은 그를 두고 "능력은 있어 보이는데 과거 열혈 운동권이고 좌파정당까지 만들었던 그를 과연 믿을 수 있느냐"는 의문을 가지고 있다. 그는 전국적인 지명도가 낮은 편이며, 특히 같은 경북출신인 박근혜 대표를 제칠만한 대중적 인기가 없다. 또한 손학규 민주당 대표가 경기지사 출신이기 때문에 그와 대결하게 될 경우 상대적으로 장점이 많다고 하기도 어렵다. 그러나 친이계 일부에서 박근혜 대항마로 그를 적극 지지할 가능성이 없지 않다고 본다.

문재인(文在寅 1953년 경남 거제 출생, 특전사 근무)

4·27 재·보선의 결과로 친노세력의 대표 주자를 자처하던 유시민의 기세가 꺾이면서 문재인 대안론이 급부상했다. 친노(親盧) 세력은 2012년 정권 교체를 통해 '노무현의 부활'을 꾀해야 한다면서 손학규 민주당 대표와 유시민 국민참여당 대표 등 야권 대표주자들의 지지율이 모두 합쳐도 20퍼센트에도 못 미치면서 영남 출신으로서 표의 확장 가능성이 있는 문재인이 주목받게 된 것이다. 이와 관련하여 2011년 6월 중순 뉴시스와 모노리서치가 공공으로 실시한 여론조사에서 문재인에 대한 지지율은 8.5%로 3위로 껑충 뛰어오르기도 했다.[22]

---

22) 『한겨레신문』, 2011년 6월 17일.

문재인은 경희대 재학시절 반정부 시위로 구속되기도 하는 등 운동권 출신으로서 노무현과 함께 인권변호사로서 활동했다. 1980년 사법시험에 합격했으나 시위전력 때문에 판·검사 임용이 어려워 '법무법인 부산'에 합류하면서 노무현과의 인연이 시작되었다. 그는 부산 미문화원 방화사건, 동의대 방화사건 등을 변론한 부산지역의 대표적인 인권변호사 중의 한 사람이다.

　그는 노무현 정부에서 초대 민정수석으로 일했지만 건강 악화로 1년 만에 청와대를 떠났다. 그러나 노무현 대통령이 탄핵 대상이 되자 변호인단을 구성하여 방어에 나섰고, 다음 해 청와대로 돌아와 시민사회수석, 민정수석을 역임한 후 노무현 대통령의 마지막 비서실장을 지냈다. 그는 박연차 사건 당시 노 전 대통령의 변호인이 되었고 노 대통령의 서거 후 장례 업무를 주도했으며 현재는 노무현 재단 이사장을 맡고 있는 등 친노 세력의 상징적 존재이다. 그는 김대중과 노무현 정부를 거치면서 국가연합 또는 낮은 단계의 연방제를 통해 남북이 평화통일에 가까워졌다고 하는 등 햇볕정책의 계승을 통한 연방제 통일을 주장하고 있다.

　그러나 선거에 한 번도 출마한 적이 없는 그가 과연 야권을 대표하는 대통령 후보가 될 것인지에 대해서는 회의적인 시각이 우세하며, 본인 스스로도 정치에 관심이 없다고 누차 강조해 왔다. 그러나 야권 붐을 일으키기 위해 대선 주자가 많이 나와야 한다는 주장이 분분한 것을 볼 때 그가 대선 후보 경선에 뛰어들 가능성이 없지 않다고 본다. 그가 주목받게 된 것은 그가 노무현 노선을 계승하는 데 적임자라고 보기 때문이며, 기성 정치인이 아니기 때문에 막연한 기대의 대상이 되고 있는 것이다. 또한 그는 부산·경남 지역의 소외된 민심을 대변할 수 있다는 장점도 있다. 그는 사리사욕이 없어 보이는 깨끗한 이미지와 다른 운동권 출신들보다 합리적이고 점잖게 보인다는 장점이 있지만 권력의지도 없고 지도자로서의 능력도 검증된 바 없다. 뿐만 아니라 노무현의 정치실험은 분명 실패했다. 노무현 자신도 퇴임 후 이를 인정하고 자신을 따르는 사람들에게 정치 하지 말라고 했다. 그것이 친노세력에 대한 노무현의 '유언'이다. 그런데 그의 비서실장이었던 문재인이 그의 유언을 거스르면서 또 다른 정치실험에 나서게 될 것인지 주목되고 있다.

박근혜(朴槿惠, 1952년 대구 출생)

박근혜 전 한나라당 대표는 대선 예비후보 지지율에서 경쟁자들을 압도적으로 리드하고 있어 차기 대통령으로 당선될 확률이 가장 높다고 할 수 있다.

그는 1974년 서강대 전자공학과를 졸업하고 프랑스 유학을 떠났다가 어머니 육영수 여사의 사망 소식을 듣고 급거 귀국했으며 그로부터 1979년 10월까지 퍼스트레이디의 역할을 했다. 그 후 20년 가까운 세월에 걸친 시련은 그를 더욱 강인한 인물로 다시 태어나게 했다. 1998년 대구 달성 보궐선거에서 당선되어 국회의원이 되었다. 당시 IMF위기로 많은 국민들이 고통 받고 있는 가운데 '박정희 향수'가 일어나고 있었기 때문에 박근혜 의원의 등장은 크게 주목받게 되었다.

그러나 그에 대한 높은 신뢰와 지지는 부모의 후광으로 인한 것이라기보다는 그 자신이 보여준 탁월한 리더십의 결과라 할 수 있다. 2004년 노무현 대통령에 대한 탄핵 역풍과 노무현 정부에 의한 불법 대선자금 조사로 한나라당이 존폐위기에 몰렸을 때 박근혜 의원은 당 대표가 되어 한나라당을 구출한 공로가 크다. 당시 총선에서 한나라당은 50석도 획득하기 어려울 것이라는 것이 중론이었다. 한나라당이 불법 대선자금 추징금을 내기 위해 당사를 매각한 후 염창동 천막당사로 첫 출근을 했던 박 대표는 그 후 국민에게 여러 차례 사과하는 등 남다른 리더십을 발휘했다. 그 결과 한나라당은 총선에서 121석 획득이라는 기대 이상의 큰 성과를 거두면서 그의 리더십이 위력을 발휘하기 시작했다.

노무현 정권이 4대 개혁입법을 추진하자 박 대표는 국가정통성 수호를 외치며 강력히 대응함으로써 국가보안법 폐지를 저지했고 열린우리당이 단독으로 통과시켰던 사학법도 재개정하도록 했다. 그리하여 한나라당은 2006년 지방선거에서 압승을 거두었을 뿐 아니라 연이은 재·보궐선거에서 40 대 0이라는 놀라운 성과를 거두었다. 그가 선거에서 보여준 높은 대중적 인기와 군중동원력 등으로 인해 '선거의 여왕' 또는 '선거의 신(神)'이라 불리기도 했다.

박근혜는 2006년 대표직을 사임하고 대통령후보 경선에 나섰으나, 일반당원, 대의원, 국민경선단 투표에서 더 많은 표를 획득하고도 여론조사에서 밀려 이명박 후보에게 아깝게 패하고 말았다. 그럼에도 박 대표는 경선 결과에 깨끗이 승복하고 이명박 후보를 적극 지원했던 것이다. 그러나 박근혜의 시련은 거기서 끝나지 않았다. 총선에서 친박계 인사들이 대거 공천에서 탈락당하면서 시작된 친이계와의 갈등은 세종시 수정여부로 정면 대결까지 벌여야 했다. 이처럼 박 대표는 이명박 정부의 잘못된 정책에 대해 비판도 서슴지 않으면서 일부 한나라당 지지층으로부터 비난을 받기도 했다. 그러나 이명박 정부와 친이계가 주도하는 한나라당이 2010년 지방선거와 몇 차례의 재·보궐선거에서 패배하면서 박 대표의 정치적 위상은 크게 강화되었다.

2012년 대선을 앞두고 박 대표는 복지 문제와 국가균형발전에 초점을 맞추고 있다. 그는 "서구 선진국들의 전통적 복지제도가 한계에 이르렀다"고 말하고 "맞춤식 생활보장형 복지국가"를 비전으로 제시했고, 또한 "지역균형발전은 매우 소중한 가치"라고 말한 바 있다. 그의 정치노선은 보수로 인식되어 왔지만 복지와 균형발전을 강조하고 있다는 점에서 볼 때 중도에 가깝다. 그는 한나라당 정치인 중에서 김정일을 만난 유일한 사람이기 때문에 그의 대북정책이 관심의 대상이 되고 있지만, 일부에서는 김정일과 어떤 밀약이 있었던 것이 아닌가하는 의혹을 받고 있어 부담이 되고 있다.

비판세력들은 그에 대해 '독재자의 딸', '콘텐츠가 부족한 감성형지도자', 또는 '국정운영 능력이 미지수인 정치인' 등으로 폄하하고, 나아가 '폐쇄적 조직문화'와 '권위주의적 리더십'에 젖어 있다고 보고 있다. 그러나 5년간에 걸친 퍼스트레이디 역할은 무엇보다 소중한 국정경험이라 할 수 있으며, 국회의원으로서 중요 상임위원회를 섭렵하며 국정현안을 꼼꼼히 챙겨왔다는 점에서 행정경험 부족을 보완할 수 있을 것으로 본다.[23)]

또한 일부에서는 여성지도자가 안보위기에 처하게 되었을 때 과연 제대로 대처할 수 있을 것이냐는 의문을 제기하기도 한다. 그러나 안보여건이 긴박했던 1960~70년대를 박정희 대통령 옆에서 보내면서 누구보다 투철한 안보관과 국가관을 갖게 되었다고 할 수 있다. 그가 박 대통령의 서거 소식을 접하고 슬퍼하기도 전에 "휴전선은 이상 없습니까"라고 했던 사실이나 2006년 지방선거 당시 테러를 당해 입원 중일 때 방문자에게 했던 첫 마디가 "대전은요?"라고 선거상황을 문의한 것에서 보듯이 그의 위기관리 역량은 체질화되어 있다고 본다.

이처럼 박근혜는 박정희 리더십의 체험자로서 매사에 대통령처럼 고뇌하며 세심하고 신중하게 처신하는 등, 몸에 밴 카리스마와 위기관리 능력이 돋보인다. 한국사회의 남성중심 문화에서 오는 '여성은 약하다'는 뿌리 깊은 편견으로 인해 박근혜의 강인함과 저력이 과소평가되는 경향이 있다. 그러나 그는 정계에 데뷔한 지 10년 밖에 안 되지만 한국의 대표적인 정치 지도자가 될 만큼 뛰어난 정치력을 가지고 있다. 그는 "원칙을 지키는 것이 강한 것이고 상황에 편승하는 것이야 말로 약한 것이며, 이것은 남녀의 문제가 아니다"라고 말한 바 있다. 그는 옳다고 믿는 것은 어떤 난관에도 굴하지 않고 밀고 나가는 한국정치계에 드문 원칙과 소신의 지도자이다. 그는 또한 김영삼, 김대중 이후 가장 대중성이 뛰어난 정치인이다. 정치인들에 대한 신뢰도가 최하에 가까운 현실에서 박 대표만큼 신뢰받는 지도자는 없으며, 이것이 그의 최대 장점이 되고 있다.

분당 보궐선거에 나타났듯이 이명박 정부에 대한 심판론이 힘을 얻

---

23) 박 대표는 외무통일위원회, 국방위원회, 보건복지위원회, 기획재정위원회 등에 소속된 바 있다.

고 있고 한나라당에 대한 지지율도 급락하고 있다. 그러나 많은 사람들이 박근혜는 심판의 대상이 아니라 이명박 정부의 대안으로 인식하고 있기 때문에 야당의 이명박 정부 심판론은 한계가 있을 것으로 본다. 집권세력에 대한 실망은 야당에게 기회가 될지 모르지만, 야당에 대한 국민의 신뢰보다는 박 대표에 대한 신뢰가 훨씬 높다. 따라서 그가 한나라당의 대통령후보로 선출되는 것은 물론 대통령으로 당선될 확률이 높다고 본다.[24) 그가 대통령으로 당선된다면 뿌리 깊은 남성 중심의 정치문화가 근본적으로 바뀌어 정치선진화의 계기가 될지도 모른다.

손학규(孫鶴圭, 1947년 경기 시흥 출생, 병장 제대)

손학규는 학생운동가, 노동운동가, 빈민운동가, 인권운동가, 학자, 행정가, 정치인 등 다양한 경력의 소유자이다. 그는 2011년 4월 27일 보궐선거에서 한나라당의 아성으로 알려진 분당에서 한나라당 대표를 지낸 강재섭 후보를 누름으로써 박근혜에 대항할 수 있는 야권 대통령후보로 부각될 수 있었을 뿐 아니라 무기력했던 민주당에 재집권 희망의 불씨를 살려냈다는 평가를 받고 있다. 이 승리에 힘입어 그에 대한 지지도는 단번에 10%를 넘어서서 유시민을 앞서게 됨으로써 야권 단일후보 경쟁에서 유리한 고지에 서게 되었다.

손학규는 10남매의 막내로서 4살 때 아버지를 여의고 홀어머니 밑에서 어렵게 자라났지만 경기 중고교를 거쳐 서울대 정치학과에 입학했던 수재였다. 그러나 그는 고등학교 3학년 당시 한일협정에 반대하는 대학생 시위에 참가하는 등 현실 참여적이었으며, 그래서 그의 대학생활은 학생운동으로 일관했다 해도 과언이 아니다. 그는 조영래, 김근태 등과 함께 학생운동을 주도하면서 '서울대 운동권 삼총사'로 불리기도 했지

---

24) 영국의 유력 일간지 『파이낸셜 타임스(FT)』는 2011년 6월 8일 박근혜가 한국 최초의 여성 대통령으로 당선될 가능성이 크다고 보도했다.

만, 이로 인해 두 차례나 무기정학을 받았으며, 정학 기간 중 함백탄광에 가서 탄광 노동자로 일하기도 했다.

졸업 후에는 취직할 생각은 하지 않고 소설가 황석영과 함께 구로공단에 위장취업을 했다. 당시 그는 "취직을 하려고 (구로공단에) 들어간 것이 아니라 노동자들을 조직해서 이 사회를 뒤엎을까 하는 생각만 했다"고 한다. 그러한 가운데 박형규 목사가 노동운동보다 더 중요한 것이 빈민운동이라는 말에 청계천 판자촌에 살면서 빈민운동을 하다가 구속되어 1년간 감옥살이를 했다. 감옥에서 나온 후에도 계속 반정부투쟁에 앞장서 또다시 수배대상이 되자 원주의 과수원, 서울의 철공소 등에서 2년간 숨어 살기도 했다. 그런 점에서 그는 노무현 대통령을 능가하는 대표적인 운동권 출신 정치인이다.

그는 1980년 옥스퍼드 대학으로 유학을 떠나 1988년 정치학 박사가 된 후 귀국하여 1993년까지 서강대 정치학교수로 재직하면서 진보적인 소장학자로서 이름을 날렸다. 1993년 김영삼 대통령의 권유로 민주자유당 후보로 광명시 보궐선거에 출마하여 당선되면서 그의 삶은 새로운 전기를 맞게 되었다. 1996년 그는 재선의원으로 김영삼 정부의 보건사회부 장관을 지냈으며, 2002년에는 경기도지사로 당선되었다. 도지사로서 그는 LCD 클러스터 조성을 위한 100억 달러 규모의 LG Philips 파주공장 유치, 최초의 영어마을 조성 등 많은 업적을 남겼다. 그러나 그는 그가 속한 한나라당의 정책과는 달리 "남북교류협력과 평화공존은 시대적 대세"라며 김대중 · 노무현 정부의 햇볕정책을 적극 지지하고 경기도 차원에서 200억 원의 남북협력기금을 조성하고 북한을 오가며 대북 지원사업에 앞장섰고 국가보안법 폐지를 주장하는 등 열린우리당 지도자들보다 더 적극적으로 나섰던 것이다.

그는 2007년 한나라당 대통령후보 경선에 나섰지만 한나라당과는 이념적 정체성에서 거리가 멀었고 확고한 지지기반도 없었을 뿐 아니라 대중적 인지도도 낮았기 때문에 그의 지지율은 5%를 넘지 못했다. 그러한 가운데 그는 그해 3월 15년 간 온갖 특권을 누렸던 한나라당을 '유신잔

당'이라 비난하며 탈당한 후 열린우리당 후신인 대통합민주신당 대선후보 경선에 뛰어들었다. 탈당하여 독자적으로 대통령후보로 출마한 경우는 있지만 반대세력의 대선후보가 되고자 한 것은 전례 없는 정치적 변신이었다.

당시 노무현 대통령은 손학규를 향해 "선거를 앞두고 경선에서 불리하다고 탈당하는 것은 기본적으로 민주주의 원칙에 맞지 않는다"면서 "원칙을 존중할 때 비로소 민주주의 정치가 성립되는 것으로, 원칙을 파괴하고 반칙하는 사람은 진보든 보수든 관계없이 정치인 자격이 없다"고 손학규를 강도 높게 비난했다. 노 대통령은 "진보와 보수를 왔다갔다 해서 그 사람의 말을 믿을 수 없는 경우에는 이미 정체성 평가를 할 수 없다. …… 보따리장수같이 정치를 해서야 나라가 제대로 되겠느냐"며 손학규를 보따리장수에 비유했던 것이다.

이에 대해 손학규는 노무현 대통령이야말로 "제가 말하는 무능한 진보의 대표"라고 응수했다. 그는 지사 시절에도 노 대통령에 대해 "경제를 포기한 대통령(경포대)", "산 송장", "새로운 정치의 극복대상" 등으로 맹비난한 바 있다. 그러나 민주당 대표가 된 후 그는 노 대통령의 묘소를 참배하고 '노무현 정신'을 계승하겠다고 다짐한 바 있지만, 노 대통령이 평소 강조했던 '이 당 저 당 기웃거리며 보따리 장사 하지 마라. 지역을 팔지 마라. 유불리(有不利)를 따지지 마라'는 노무현 정치철학과 배치되기 때문에 친노세력의 신뢰를 받지 못하고 있다.

그는 대통합민주신당 대표로서 2008년 총선을 이끌었으나 민주당이 81석을 얻는 데 그쳤을 뿐 아니라 자신도 종로에서 낙선하면서 대표직을 사임하고 춘천으로 가서 칩거했다. 2010년 8월 춘천을 떠나며 '함께 잘사는 사회를 만들겠습니다'라는 글을 발표했는데 여기서 그는 "진보적 자유주의를 추구하는 사회는 정의로운 복지사회로서 공동체주의와 보편적 복지를 기본이념으로 한다"고 밝혔다. 2010년 10월 민주당 전당대회에서 다시 당 대표로 선출되어 재기에 성공했고 그의 지지율도 15%까지 상승했지만 두 달도 안 돼 한 자리수로 내려 앉았다. 정부와 여당에 대한 '반대를 위한 반대'만 일삼고 우왕좌왕하는 포퓰리즘 정책으로 신뢰를 받지 못했기 때문이다.

그가 이끄는 민주당은 2012년 총선과 대선을 겨냥해 국민참여당, 민주노동당, 진보신당 등 소위 '진보개혁세력'들과 연대 내지 연합을 꾀하고 있다. 이를 위해 민주당은 당 강령에서 '중도개혁' 용어를 삭제하고 '보편적 복지' 개념을 새로 넣는 등 정치노선을 진보정당에 가깝게 변화시켰다. 그러한 노력의 일환으로 그는 무상급식, 무상보육, 무상의료와 반값 등록금 등 소위 3 플러스 2분의 1의 '보편적 복지' 정책을 발표한 바 있다. 또한 그는 야권 연대를 고려하여 한-유럽연합(EU) 자유무역협정 (FTA) 비준동의안 처리에 대한 여야 합의를 뒤집었고 노무현 대통령이 주도하여 체결한 바 있는 한미 자유무역협정 비준도 반대하면서 논란의 대상이 되었다.

경기지사 재직 시 그의 정치노선은 '합리적 중도'였고, 자유무역협정에 대해서도 적극적 옹호론자였다. 그는 2006년 한 강연에서 "자유무역협정을 통한 수출활로 개척은 무역의존도가 70%를 넘는 우리로선 최선의 국가생존전략"이라 했고, 2007년 3월 청주대 특강에서는 "FTA에 찬성하지만 지금 해서는 안 된다고 하는 것은 기회주의"라고 비판한 적이 있다. 제1야당의 대표일 뿐 아니라 사실상 대선주자인 그가 자유무역협정처럼 국가의 미래를 좌우할 정책에 대해 스스로 주장했던 것을 뒤집음으로써 그의 정체성이 과연 무엇인가라는 의문이 제기되고 있다. 그는 민주당을 신뢰받는 정당으로 만드는 것보다는 대선에 대비한 야권 연대에 몰두한 나머지 일관성 없는 정책 노선을 걷고 있다는 비판을 받고 있다.[25]

대통령선거는 단순히 대통령만을 선출하는 것이 아니라 대통령과 함께 일할 국정주도 세력을 선택하는 것이다. 국정운영 실패에 책임이 컸

---

25) 김형준, "4.27 재·보선 최대의 승자 손학규 대표의 미래," 『월간 조선』, 2011년 6월호.

던 열린우리당 후신인 민주당은 그 동안 얼마나 반성하고 자체개혁을 했는가. 민주당이 누리는 인기는 민주당에 대한 신뢰 때문이 아니라 이명박 정부에 대한 거부반응으로 반사이익을 누리고 있을 뿐이다. 손학규 대표가 야권 연대를 통해 대통령에 당선된다고 하면 반미친북 노선과 재벌 해체를 주장하는 좌파정당에게 총리나 주요 장관 자리를 안배해야 할 것이다. 그런데도 국민이 안심하고 그를 지지할 것인지 의문이다.

사실 손학규는 장점이 많은 지도자이다. 정치학 박사로서의 전문지식과 정치 · 행정에 대한 풍부한 경험은 중요한 자산이며 그래서 경기지사 재직 시 전문가 집단으로부터 높은 평가를 받았다. 위장취업이나 빈민운동을 통해 집념에 찬 인물이라는 점도 평가될 수 있다. 그는 또한 '보따리장수'라는 비판을 받기도 했지만 이로 인해 보수와 진보를 아우를 수 있다는 이점도 있다. 그러나 그의 대중적 친화력 부족은 그의 두드러진 약점이 되고 있다. 그의 엘리트적 특성으로 인해 일반국민들이 그에게 친밀감을 느끼지 못한다는 것이다.[26] 뿐만 아니라 상황에 따라 정책노선과 언행을 바꾸면서 초래되는 정체성 문제는 정치지도자에게 요구되는 신뢰성에 큰 타격이 되고 있다. 그는 또한 호남을 주된 지지기반으로 하는 민주당 내에서 지지기반이 취약하기 때문에 당내 기득권 세력의 도전을 극복하고 대통령 후보가 될 수 있을 것인지, 나아가 야권의 단일 후보가 될 수 있을 것인지 불투명하다.

손학규는 민주정치의 발생지인 영국에서 정치학 박사까지 획득한 사람으로 그동안의 정치적 변신은 치명적 약점이 아닐 수 없다. 그가 한나라당에 계속 있더라면 박근혜에게 강력한 도전자가 되었을 뿐 아니라 유력한 후보가 되었을 것이 틀림없다. 그가 진정으로 세계 10위권의 한국을 이끌어 가겠다는 포부를 가졌다면 지금부터라도 야권 연대라는 선거공학에 급급하기보다는 시대정신에 부합하는 비전과 정책을 제시하고 나아가 한국정치를 한 단계 업그레이드 시키겠다는 희망을 보여주어

---

26) "손학규는 '역동성' 정동영은 '스타성'이 강점," 『경향신문』, 2007년 6월 7일.

야 할 것이다.

안철수(安哲秀, 1962년 부산 출생, 군의관(대위) 제대)

안철수는 정치 참여를 선언한 적도 없지만 어느 날 갑자기 주목받는 '정치인'이 되었다. 서울시장 후보로 거론되자마자 기존 정당의 예상 후보들을 제치고 50퍼센트 내외의 압도적인 지지율을 보였고, 그가 시장 불출마를 선언하자 대선을 겨냥하고 있다는 해석이 뒤따랐다. 그래서 어떤 대선후보 여론조사에서 그에 대한 지지도가 그동안 압도적 우세를 지켜온 박근혜 의원의 지지율과 막상막하로 나타나면서 정치판에 휘몰아친 돌풍처럼 여겨지게 되었다.

문제의 발단은 오세훈이었다. 그가 무상급식 문제에 대해 시장직까지 걸고 주민투표에 붙였으나 33.3퍼센트라는 유효투표율 미달로 사퇴하면서 서울시장 보궐선거를 실시하게 되었다. 서울시장 보궐선거는 8개월 후로 다가온 총선거와 뒤이은 대통령선거의 향방을 좌우할 중요한 선거로 인식되면서 한나라당과 민주당은 물론 재야 세력까지 필승을 다짐하면서 정치적 긴장이 높아지게 되었다. 그러한 가운데 안철수 교수가 서울시장 출마 가능성을 내비친 것이다. 그는 출마에 대한 분명한 입장을 밝히지는 않고 출마 가능성을 열어두었지만 여론조사에서 압도적인 지지율을 보였던 것이다. 그럼에도 그는 출마를 선언했던 박원순 변호사를 만나 출마를 양보하면서 '아름다운 양보'라는 평가를 받기도 했다. 그러나 안철수가 애당초 출마의사가 있었는지 조차 의문이다.

안철수의 등장은 '돌풍' 또는 놀라운 일로 받아들여졌고 이명박 대통령까지 "정치권에 올 것이 왔다"고 했다. 정치권이 불신의 대상이 되고 있기 때문이다. 그러나 이것은 결코 놀라운 일도 "올 것이 온 것"도 아니다. 바로 4개월 전 민주당의 손학규 대표가 한나라당의 아성이던 분당에서 승리했을 때도 놀라운 일로 받아들여졌지만 지금은 까마득하게 잊혀진 일처럼 되었다. 뒤를 이어 문재인이 야권 예상후보 중에서 지지율

1위를 나타내기도 하는 등 '문재인 현상'이 나타났던 것이다. 그리고 이번에는 '안철수 현상'이다. 정치권에 대한 불신이 건국 이래 가장 심각한 수준에 이른 것 같으며 그것이 이처럼 계속 돌풍현상을 나타나고 있는 것이다.

과연 사람들이 안철수가 어떤 사람인지, 특히 국가 최고지도자로서의 자질이 그에게 있는지 판단하고 여론조사에서 그를 지지하는가. 국가지도자에 걸맞은 비전이나 역량을 보여준 적이 있는가. 어떤 역사관과 국가관을 가졌으며 국정 주요 현안에 대해 자신의 견해를 밝힌 적이 있는가. 국정을 함께 이끌어 갈 믿음직한 지지세력을 가지고 있는가.

두 말할 필요도 없이 그는 주목받을 만한 성공적인 삶을 살아왔다. 그는 의사인 아버지의 직업을 따라 의사의 길을 택하여 1986년 서울대 의대를 졸업했고 2년 후에는 같은 학교에서 석사 그리고 3년 후에는 의학박사가 되었다. 박사과정에 있는 동안인 1989년 단국대 의대 전임강사로 임용됨과 동시에 의예과 과장을 맡기도 했다. 1995년 단국대 교수직을 그만두고 컴퓨터 백신 전문 회사인 안철수연구소를 설립해서 대표이사가 되었다. 의사 및 교수로서 활동한 기간은 대학원 재학을 포함하여 6~7년 정도이다. 컴퓨터 보급이 보편화되고 한국이 IT강국이 되면서 안철수연구소는 벤처기업으로 명성을 날리게 되었다. 그는 안철수연구소를 몇 년 사이에 연간 매출규모 100억의 유망한 IT기업으로 육성하여 성공한 CEO의 모델이 된 것이다.

발전을 위한 안철수의 몸부림은 여기서 그치지 않았다. 그는 2005년 안철수연구소의 대표이사직을 떠나 페실베니아대 경영대학원에 유학하여 2008년 5월 경영학석사(MBA) 학위를 받았으며, 같은 해 KAIST 경영학과 석좌교수로 임용되어 기업가 정신을 강의했다. KAIST에서 3년간 교수로 지낸 후 2011년 여름 서울대 융합과학기술대학원장으로 초빙되었으며, 그의 부인도 동시에 서울대 교수로 초빙된 것이다. 그러한 가운데 그는 '시골의사' 박경철과 함께 전국을 누비며 '청춘콘서트'를 통해 젊은이들을 만났던 것이다. 서울대로 옮긴 지 3개월, 아직 서울대 학생들에게 강의도 시작하기 전에 전국의 수많은 젊은이들을 먼저 만나고 다녔고 서울시장 출마 소동도 벌였던 것이다.

그는 끊임없이 노력하는 사람이고 모든 일에 진정성과 헌신성을 가지고 있으며 사회문제들에 대해 깊이 고민하고 있는 것으로 알려지고 있다. 그는 의사로 출발했지만 교수, IT전문가, 벤처기업가, 시민운동가 등 활동 폭이 넓다. 그만큼 유능하다는 증거이다. 이로 인해 전문성이 중시되는 현대사회에서 그의 아이덴티티가 무엇인지 불분명하다는 비판을 받고 있다. 그러한 가운데 그가 또 다시 정치인으로 변신하려 하고 있는 것이다. 그는 서울시장 출마 가능성을 언급하면서 정치적 발언을 거침없이 쏟아 냈다. 한나라당은 응징의 대상이라느니 자칫하면 70년대로 돌아갈 것 같다느니 민주당은 희망이 없다느니 했다. 팽배한 정치불신 심리에 불을 붙이는 말을 한 것이다.

민주국가인 한국에서 누구나 서울시장 또는 대통령이 될 수 있지만, 그렇다고 아무나 그 자리에서 성공할 수 있다는 것은 아니다. 그만큼 중요한 자리라면 그에 필요한 자질을 갖추어야 하고 합당한 훈련과 검증 과정을 거쳐야 한다. 국가의 문제란 환부를 수술하거나 컴퓨터 바이러스를 막는 것처럼 단순한 것이 아니다. 그가 의사로서 그리고 컴퓨터 백신 전문가로서 우수할지는 모르지만 '한국병'을 고치는 '정치적 의사'로서 자질이 있는지 검증된 바 없다. 그는 행정경험이 없다는 지적에 대해 자신의 학과장 및 경영자 경험을 거론하면서 "수영장에서 수영할 수 있으면 바다에서도 할 수 있다"고 했지만 '정치의 바다'는 그렇게 만만한 곳이 아니다. 그리고 수영을 잘 한다고 해서 축구 같은 팀플레이를 잘 할 수 있는 것은 아니다. 구멍가게를 운영하던 사람이 대규모 백화점이나 세계적인 유통회사를 운영할 수 없는 것이나 마찬가지다. 도덕적이고 뛰어난 사람이기는 하지만 현실의 정치인들에게 실망했다고 해서 아무런 정치적·행정적 경험도 없는 그에게 복마전 같은 국가경영을 맡기는 것은 너무나 위험한 일이 아니겠는가.

또한 개인적으로 우수하고 헌신적이라 하더라도 정치세력의 뒷받침

없이 대통령에 당선되기도 어렵고 당선되었다 하더라도 뜻을 펴기 어렵다. 그는 "대선을 생각해 본 적이 없다"고 말한 바 있지만 만약 그가 대선에 뛰어들게 된다면 기존정당들과 손을 잡거나 새로운 정당을 급조하는 수밖에 없다. 그렇게 해서 당선된다면 결국 제휴한 정당들의 요구를 들어줄 수밖에 없을 것이고, 그렇지 않고 독자 노선을 고집한다면 국정은 파행을 면치 못하게 될 것이다. 그는 자신의 정책노선을 "안보는 보수, 경제는 진보"라 했지만 그를 지지하는 시민단체 중에는 국가보안법 철폐, 정부의 외교안보정책 반대 등 친북반미 노선을 추구하는 단체가 적지 않기 때문에 그가 대통령이 될 경우 결코 보수적 안보정책은 불가능할 것이다. 더구나 정치인은 어떻게 정치를 하겠다는 권력의지가 중요하다. 그러나 그는 "정치는 자신의 몫이 아니고" 또한 "정치가라는 타이틀은 자신에게 맞지 않는다"고 하고 있어 최고지도자로서의 용기와 의지를 발견하기 어렵다.

익숙한 얼굴에 싫증을 느끼고 새로운 얼굴에 관심을 갖는 것은 자연스러운 현상이다. 그러나 정치에 '매직 솔루션(magic solution)'이란 없다. 참신한 인물 노무현의 등장이나 성공신화의 주인공이었던 이명박의 등장 당시 기대가 너무 컸지만 결코 기대했던 일이 일어나지 않았다. 정치는 현실이다. 최선이 아니라 차선에 만족하는 수밖에 없다. 손쉬운 해결책을 찾는 것은 오히려 현실을 더 어렵게 할 수도 있다. '급할수록 돌아가라'는 옛말이 새삼 소중해 보인다.

돌풍은 언제나 쉽게 사그라지는 성향을 가지고 있다. 그러나 대기가 불안하면 돌풍은 계속 일어나게 된다. 정치적 '대기불안'의 원인은 정치인들에게 있지만 그들을 선출한 국민들도 책임이 없지 않다. 민주정치는 정당정치고 의회정치인데 대의민주주의를 외면하고 계속 슈퍼맨을 찾는 것은 결코 바람직한 길이 아니라고 본다.

서울시장 보궐선거에서 안철수가 지원한 박원순이 당선되고 그것이 안철수의 승리로도 해석되면서 그는 잠재적 대권주자로 부각되었다. 그러나 이명박 정부에 대한 심각한 민심이반 현상을 고려할 때 안철수의 지원이 없었더라도 야권 단일후보가 승리할 가능성이 높았다. 여론조사 기관이나 언론이 안철수를 대권주자로 '격상'시켜 박근혜와 가상대결 여론조사를 연이어 했고, 나아가 서울시장 선거를 양자 간의 대선 전초 전으로 보도했기 때문에 안철수가 부각된 것이다.

이 같은 현상이 그동안 선두주자였던 박근혜에게 경각심을 준 것은 사실이다. 그러나 안철수의 부각은 손학규와 문재인에게 더 큰 타격이 되었다고 본다. 손학규는 야권통합의 주도적 역할을 통해 야권의 단일후보가 되려는 꿈을 가졌지만 서울시장만큼 중요한 선거에 후보도 내지 못했을 뿐 아니라 시민세력의 약진으로 민주당의 위상이 크게 약화되었기 때문이다. 야권의 유망한 대안으로 거론되어 온 문재인의 한계도 드러났다. 과거 노무현의 선거구였던 부산 동구청장 보궐선거에서 민주당 후보를 총력 지원했지만 실패했기 때문이다. 이곳의 승리를 발판으로 내년 총선에서 부산과 경남에서 교두보를 확보하여 야권통합의 주도권을 쥐려던 그의 구상이 빗나간 것이다.

유시민(柳時敏, 1959년 경북 경주 출생, 병장 제대)

유시민은 노무현 노선을 계승하겠다고 자처하는 진보적인 정치인이다. 그는 대구 소재 중고등학교를 거쳐 서울대 경제학과를 졸업했으며 독일 구텐베르크 대학에서 경제학 석사를 받았다. 그는 학자는 아니지만 『대한민국 개조론』 등 10여 권의 저서를 냈고 최근에는『국가란 무엇인가』를 출판하는 등 진보적 이념을 정립하고 전파하는 데 열정을 쏟아 왔다는 점에서 다른 정치인들과 구별된다.

그는 1980년 서울대 총학생회 대의원회의 의장으로 학생시위에 앞장 섰다가 5·17계엄포고령 및 집시법 위반 혐의로 구속되면서 대학에서 제적당했다. 1983년 복교가 허용되었지만 재야활동을 계속하다가 1984년에야 복학했지만 '서울대 학원프락치사건'으로 재구속되어 징역 1년을 선고받아 복역한 바 있다. 1988년 평민당 이해찬 의원의 보좌관이 되었으며, 같은 해 서울대에 복학하여 입학한지 13년 만인 1991년에 졸업하게 되었다. 그 후 출판사 근무, 한겨레신문 독일 통신원, 시사칼럼 연재 등을 통해 진보이념을 전파했으며, MBC 100분토론 진행자가 되면서 지명도가 높아졌다.

그는 2003년 고양시 덕양갑 보궐선거에 출마하여 당선되었다. 국회의원 선서 시 캐주얼 콤비에 라운드 티를 입고 등원하여 논란의 대상이 되면서 선서를 하지 못하고 다음 날 정장차림으로 선서를 하기도 했다. 2004년 총선에서 재선된 그는 "나는 한나라당 박멸의 역사적 사명을 띠고 태어났다." 17대 국회는 "폭력 국회"이며 "박근혜 국회"라고 하는 등 독설로 유명해졌다. 2006년부터 1년 정도 노무현 정부의 보건복지부 장관을 지냈으며 국민연금 개혁 논란 과정에서 장관직을 사퇴했다. 2008년 민주당을 탈당하고 대구에서 출마했으나 낙선했고, 2010년 야권 단일 후보로 경기지사 선거에도 나섰으나 패배했다. 2011년 3월 노무현 정신의 계승을 기치로 내건 국민참여당의 대표가 되었다.

그는 나름대로 미래에 대한 비전을 가지고 있고 핵심적인 정책 사안에 대해 예리한 통찰력을 가지고 있다는 평가도 있다. 그는 또한 비리 없는 깨끗한 그리고 소신이 뚜렷한 정치인이라는 인상도 주고 있다. 그는 노무현 대통령의 '정치적 경호실장'이라 불리기도 했고 국민참여당 대표 수락 연설에서 참여정부(노무현 정부)를 계승하겠다고 했지만, 노무현 측근들은 유시민은 친노 그룹에 속하지 않는다고 했다. 그는 공식 행사시 '국기에 대한 경례'가 국가주의적 이데올로기를 주입한다며 반대하고 있어 국가관이 불투명하다는 비판도 받고 있다. 그는 또한 노무현 대통령처럼 과거의 투쟁적 타성에서 벗어나지 못하고 있는 것도 큰 약점이 되고 있다. 민주당을 비난하고 탈당한 바 있기 때문에 민주당에서 '유시민만은 안 된다'는 거부반응이 높다. 그는 이슈를 제기하고 사람들의 마음을 뒤흔드는 등 정치판의 담론구도를 뒤흔들 수 있어 어디로 튈지 감이 안 잡히는 "예측 불가능한" 정치인으로 인식되고 있어 정치권에서 경계의 대상이 되고 있다.

그는 대통령 예비후보 지지율에서 항상 2위를 했지만 4·27재·보선 후 손학규에게 밀리게 되었고 최근에는 문재인에게 밀리기도 했다. 특히 그가 노무현 대통령의 고향인 김해 국회의원 보궐선거에서 국민참여당 후보를 야권 단일후보로 내세우고 한 달 이상 상주하며 지원했지만 실패하고 말았다. 그럼에도 불구하고 그는 대선 후보로 나설 것이 분명하며, 야권 단일 후보 협상에도 적극 나서는 등 그의 일거수일투족은 관심의 대상이 될 것이다.

이회창(李會昌, 1935년 황해도 출생, 군법무관 근무)

이회창 자유선진당 전 총재는 한나라당 후보로 두 번이나 대통령선거에 나섰고 2007년 대선에서도 출마한 바 있다. 분당에서 민주당 손학규 후보가 당선되는 상황을 목격하면서 "보수지만 같은 보수가 아니다"라면서 한나라당과 차별화를 시도하기도 했다. 그러나 그는 최근 급변하고 있는 정치적 기상 변화를 목격하면서 대표직을 사임한 바 있다. 한나라당의 불분명한 보수노선을 고려할 때 그가 '보수다운 보수'를 표방하고 다음 대선에 출마할 가능성을 배제할 수 없고 나아가 보수대연합을 모색할 가능성도 있다.

정동영(鄭東泳, 1953년 전북 순창 출생, 병장 제대)

정동영은 대선 패배(2007), 국회의원 선거 낙선(2008), 정치적 귀양 성격의 미국생활(2008~2009), 전주 덕진구 재선거 무소속 당선(2009), 민주당 복당 후 최고위원 피선(2010) 등, 대선 패배 후 험난한 길을 걸어왔다. 특히 수도권에서의 국회의원 낙선은 그에게 치명적인 타격이 되었다고 본다.

그는 6·25전쟁 당시 네 명의 형을 잃었고 전주고등학교 2학년 당시 아버지를 잃는 등 불운했다. 1972년 서울대 국사학과에 입학한 후 유신 반대 투쟁에 참여했으며 1973년 긴급조치 위반으로 3개월 간 구치소에 구금되기도 했다. 이듬해 민청학련 사건에 연루되어 강제 징집되어 군 복무를 했다. 1996년 정치에 입문하기 전까지 MBC방송에서 기자와 앵커를 지냈다. 열린우리당 의장, 노무현 정부의 통일원장관 등 다양한 경력을 가지고 있다.

그는 최근 '대담한 진보'를 표방하며 민주노동당이 주장하는 '부유세 공약'까지 차용하고 한·EU 자유무역협정의 비준을 반대했으며 노동조합법 개정을 위해 민주노동당과 적극 협력하고 있다. 그는 노무현 정부 당시 열린우리당 의장을 지냈고 또한 통일장관으로서 대외정책의 최고 협의기구인 국가안보회의 상임위원회 의장을 지낸 지도자로서 한미 자유무역협정을 지지했던 만큼 지금 와서 이 협정의 비준 반대에 앞장선다는 것은 자기모순이 아닐 수 없다.

정몽준(鄭夢準, 1951년 부산 출생, 중위 제대)

정몽준 전 한나라당 대표도 대권 후보 가능성을 탐색하고 있다. 그는 서울대 경제학과를 졸업했고, MIT 경영학 석사와 존스 홉킨스대 국제정치학 박사 학위를 받았으며 그 후 대한축구협회 회장 등 다양한 경력을 가지고 있다.

그는 2002년 월드컵 열기에 힘입어 대통령후보로 나섰다가 노무현 후보와의 야권 후보 단일화 과정에서 노무현에게 밀려났다. 그는 오랜 스포츠외교 경험으로 국제감각이 있지만 자기 나름의 정치적 비전이 불분명하고 나약하다는 인상을 주고 있어 최고지도자로서의 카리스마가 엿보이지 않는다는 평가를 받고 있다. 또한 현대라는 재벌가의 일원으로 재산이 많다는 것이 대중적 지지 확산에 걸림돌이 되고 있다. 그는 2009년 여름부터 한나라당 대표로 있었지만 이렇다 할 리더십을 발휘하지 못했고 지방선거 참패 후 책임지고 사퇴했다는 것도 약점이 되고 있다. 그는 또한 한나라당 내 조직기반도 미약하고 지지율도 매우 낮아서 자력으로 경쟁력 있는 후보가 되기 어렵다고 본다.

최근 자신의 싱크탱크인 '해밀을 찾는 소망' 주최로 공천제도 개혁 토론회를 여는 등 정책 아이디어 개발에 노력하는 한편 박근혜의 '신공항 재추진' 의사 표시에 대해 비판하는 등 박근혜에 대해 대립각을 세우고 나아가 당권과 대권을 분리한 당헌·당규를 개정해 대권 주자도 당권을 쥘 수 있도록 해야 한다고 주장하는 등 자신의 존재감을 높이기 위해 노력하고 있다.

정세균(鄭世均, 1950년 전북 장수 출생, 병장 제대)

정세균 민주당 최고위원은 2010년 10월 재·보궐선거 패배 후 민주당 대표를 사임했으며 최근 손학규의 부상으로 당내 입지가 불리해졌지만 반전의 기회를 노리고 있다. 그는 고려대 법학과를 졸업하고 쌍용그룹에서 20년 가까이 수출입 업무를 담당했으며 상무이사까지 지냈다. 1995년 정치에 입문한 이래 다양한 정치경력을 쌓았으며 산업자원부 장관도 지냈다.

그는 2011년 4월 자신의 싱크탱크인 '국민시대'를 출범시키는 등 대선 후보로 나설 준비를 해왔으며, 최근에는 인맥과 조직 불리기에 적극 나서고 있다. 당 대표로서 구축한 당내 기반과 호남 지역기반을 바탕으로 대통령 후보 경선에 적극 임할 것으로 본다.

한명숙(韓明淑, 1944년 평양 출생)

한명숙은 첫 여성 국무총리를 지낸 대표적인 여성 운동권 인사이다. 그는 이화여대 재학 중 남편 박성준을 만나 결혼했으나 결혼 6개월 만에 남편이 통일혁명당 사건으로 수감되자 석방될 때까지 13년간 옥바라지를 했다. 1970년경부터 반정부운동에 본격 뛰어들었으며, 1979년 체제비판적 이념서적을 학습하고 유포한 혐의로 구속되어 2년 6개월간 감옥살이를 한 후 각종 여성단체들을 중심으로 민주화투쟁에 적극 나선 바 있다.

2000년 새천년민주당 비례대표로 정계에 입문했으며, 다음 해 초대 여성부 장관이 되었다. 2003년 노무현 정부의 환경부장관이 되었고 2004년 총선에서는 일산에서 국회의원에 당선되었으며 2006년에는 최초의 여성 국무총리가 되었다. 2010년 서울시장으로 출마했으나 오세훈 후보에게 패하고 말았다. 노무현 정신을 계승하는 데 앞장서 온 그는 2012년 총선과 대선에서 어떤 형식으로든 역할을 할 것으로 예상된다.

▌성숙한 국민 없이 위대한 대통령 없다

지난날 대통령선거에서 후보자들의 자질에 대한 엄밀한 평가도 없이 이미지에 이끌리거나 바람에 휩쓸려 대통령을 선출한 경향이 없지 않았지만 그 결과는 언제나 실망으로 되돌아 왔던 것이다. 이제는 잘 따져보고 뽑아야 한다. 이것은 나라의 흥망성쇠를 가름할 중대한 일일 뿐 아니라 우리 모두와 후손들의 삶을 위해서도 매우 중요한 일이기 때문이다.

대통령제란 국가적으로 모험적인 제도라 할 수 있다. 국가경영 능력이 뛰어난 사람이 대통령으로 뽑힌다는 보장이 없기 때문이다. 국가경영 능력이 부족한 대통령이 5년마다 되풀이되어 선출된다면 나라의 장래를 우려하지 않을 수 없다. 국가경영의 성패에 대한 책임은 물론 대통령과 집권세력에게 있지만 그들을 선택한 유권자들의 책임도 크다. 대통령을 뽑는 일이야말로 민주국민이 당면하게 되는 너무도 중요하면서도 어려운 일이다. 대통령을 잘못 뽑아 놓고 실망하고 후회해도 소용없다.

한국의 선거는 정책 경쟁이 아니라 이미지 경쟁으로 전락한 지 오래다. 이미지만 좋으면 대통령으로서의 자질이나 능력은 제대로 따져보지도 않고 대통령으로 선출한다. 이러한 상황에서는 능력이 부족하고 준비도 안 된 사람이 인기전술과 바람몰이에 힘입어 당선될 가능성이 있다. 그럼에도 국민들은 대통령이 된 사람에 대해 막연히 잘 할 것으로 기대할 뿐 아니라 때로는 무엇이든 해결할 수 있는 슈퍼맨(superman)이 되기를 바라는 경향이 없지 않다. 그러나 복잡한 현대사회에서 그러한 지도자란 있을 수 없다.

15년 전 현대 미국 대통령들에 대한 전기(傳記)를 써서 퓰리처상을 받은 열 명의 작가들이 모여 한 권의 책을 썼다. 그들이 그 같은 일을 하게 된 것은 대통령후보를 검증한다면서 경제에 밝다느니, 외교에 강하다느니, 법률 지식이 풍부하다느니, 잘 생겼다느니, 말을 잘 한다느니 등, 이미지 평가 방식에 치우친 대통령 후보 검증 시스템에 중대한 구멍이 뚫려 있다고 경고하기 위한 것이다. 그들이 여러 차례 토론을 거쳐 만장일치로 채택한 제목이 〈성품보다 중요한 것은 없다(Character Above All)〉였다. 대통령 후보가 어떤 환경에서 어떻게 성장했으며 어떤 성품을 지녔는지 모른 채 위장된 이미지 홍보전략에 현혹되어 대통령을 뽑는 것은 대통령 의자에 시한폭탄을 장치해 놓은 것처럼 위험한 일이라고 했다.[27]

국민이 성숙하지 못하면 위대한 지도자가 나타나기 어렵다. 국민이 성숙하면 나쁜 지도자가 등장하기도 어렵고, 좋은 지도자는 위대한 지도자가 되게 한다. 국민이 성숙하지 못하면 나쁜 지도자가 활개 치게 되고 훌륭한 지도자는 뜻을 펴지도 못하고 사라지게 된다.

우리는 대통령을 비난하는 것을 당연시하면서 대통령을 잘못 선택했던 스스로를 반성하지 않는 경향이 있다. 그렇게 되면 다음 선거에서 비슷한 사람을 선출하게 되어 악순환이 되풀이될 뿐이다. 민주주의는 어려운 것이고 무서운 것이라는 것을 분명히 인식해야 한다. 성숙한 민주주의가 되고 선진국이 되려면 무엇보다 국민이 민주시민으로서의 무거운 책임을 느끼고 지도자를 올바로 선택하는 감식안(鑑識眼)이 있어야 한다. 정치인들에게 선거는 죽느냐 사느냐의 게임이다. 이성에 호소해도 소용

---

27) Robert A. Wilson, ed., *Character Above All: The Presidents from FDR to George Bush*(New York: Siomn & Schuster, 1995).

이 없다. 건전한 시민사회세력과 지식인, 국민이 나라를 제대로 이끌 참된 지도자를 가려내야 한다.

현명한 국민은 역사에서 교훈을 배워 나라발전에 기여하지만 어리석은 국민은 역사적 과오를 되풀이한다. 노무현 대통령과 이명박 대통령의 리더십을 평가한 것은 더 많은 사람들이 대통령의 국정운영을 이해하게 함으로써 그들의 성공과 실패에서 교훈을 얻어 다음 대통령을 잘 뽑아 나라를 안정시키고 발전시킬 수 있도록 하자는 데 목적이 있다.

| 참고문헌 |

국가안보전략연구소. 「참여정부 5년 회고와 전망」. 『정책연구』 155호(2007년 12월).

김만흠. 『민주화 이후의 한국정치와 노무현 정권』. 한울아카데미, 2006.

김세중 외. 『노무현과 포퓰리즘 시대』. 기파랑, 2010.

김택환 · 전영기. 『대한민국 국가리더십의 발견: 다음 대통령』. 금요일, 2010.

김충남. 『성공한 대통령 실패한 대통령』. 전원, 1992.

_____. 『성공한 대통령 실패한 대통령 (개정판)』. 둥지, 1998.

_____. 『대통령과 국가경영: 이승만에서 김대중까지』. 서울대출판부, 2006.

김호진. 『한국의 대통령과 리더십』. 청림출판, 2008.

남시욱. 『한국 진보세력 연구』. 청미디어, 2009.

노무현. 『노무현이 만난 링컨』. 학고재, 2001.

_____. 『노무현의 리더십 이야기: 국가경영CEO, 노무현』. 행복한 책읽기, 2002.

_____. 『노무현이 만난 링컨』. 학고재, 2001.

_____. 『성공과 좌절』. 학고재, 2009.

대통령비서실. 『노무현과 함께 만든 대한민국』. 지식공작소, 2009.

박성래. 『대한민국은 왜 대통령다운 대통령을 가질 수 없는가?』. 베가북스, 2009.

박세일 외. 『대통령의 성공조건』. 동아시아연구원, 2002.

박태견. 『참여정권, 건설족 덫에 걸리다』. 뷰스, 2005.

서병훈. 『포퓰리즘: 현대 민주주의 위기와 선택』. 책세상, 2008.

서옥식. 『고 노무현 대통령의 말 말 말』. 도리, 2010.

송호근. 『한국, 무슨 일이 이러나고 있나』. 삼성경제연구소, 2003.

연세대학교 국가관리연구원. 『노무현 정부의 국가관리 중간평가와 전망』. 2006.

유창선. 『굿바이 노풍: 노무현식 리더십과 한국 민주주의』. 아르케, 2007.

윤소영 외 편저. 『인민주의 비판』. 공감, 2005.

윤여준 외. 『문제는 리더다』. 메디치미디어, 2010.

이진곤. 『한국정치 리더십: 풍차와 기사: 노무현 리더십 리뷰』. 지식더미, 2007.

자유기업원. 『노무현정부 평가』. 자유기업원, 2007.

『제16대 대통령직인수위원회 백서』. 2003.

『제17대 대통령직인수위원회 백서』. 2008.

최 진. 『MB 리더십의 성공조건』. 법문사, 2008.

한국정치학회 · 관훈클럽 편. 『한국의 대통령 리더십과 국가발전』. 인간사랑, 2007.

함성득. 『대통령학』. 나남, 2002.

Frankel, Richard E. *Bismarck's Shadow*. New York: Berg, 2005.

Gergen, David. *Eyewitness to Power: The Essence of Leadership, Nixon to Clinton*. New York: Simon & Schuster, 2000.

Greenstein, Fred I., ed. *Leadership in the Modern Presidency*. Cambridge, MA: Harvard University Press, 1988.

_____. *The Presidential Difference: Leadership Style from FDR to Clinton*. New York: Free Press, 2000.

Kim, Choong Nam. *The Korean Presidents: Leadership for Nation Building*. Norwalk, CT: EastBridge, 2007.

Simonton, Dean K. *Why Presidents Succeed: A Political Psychology of Leadership*. New Haven, Conn.: Yale University Press, 1987.

Skowronek, Stephen. *The Politics Presidents Make: Leadership from John Adams to George Bush*. Cambridge, MA: Belknap, 1993.

Wilson, Robert A., ed. *Character Above All: The Presidents from FDR to George Bush*. New York: Simon & Schuster, 1995.

| 색 인 |

| ㄱ |

361

| 지은이 소개 |

▌김충남(金忠男)

    육군사관학교와 서울대 대학원을 졸업했으며 미국 미네소타대학교 대학원에서 정치학박사를 받았다. 육군사관학교와 외교안보연구원 교수를 지냈다. 청와대에서 사정비서관, 정무비서관, 공보비서관으로 전두환, 노태우, 김영삼 등 세 분의 대통령을 9년여에 걸쳐 보좌했다. 미국 RAND 연구소 아시아태평양 정책센터의 자문위원을 10여 년간 역임하는 등 다양한 자문경력이 있다. 하와이 동서문화센터(East-West Center)에서 10여 년간 연구위원으로 있었고 최근에는 세종연구소 객원연구위원으로 있었다.

    주요 저서로는 『성공한 대통령 실패한 대통령』(1992, 전원), 『성공한 대통령 실패한 대통령 (개정판)』(1998, 동지), 『대통령과 국가경영: 이승만에서 김대중까지』(서울대출판부, 2006), *The Korean Presidents: Leadership for Nation Building* (Norwalk, Conn.: EastBridge, 2007), 『일등국민 일류국가: 우리는 할 수 있다』(오름, 2010) 등이 있다.

대통령과 국가경영 2:
노무현과 이명박 리더십의 명암과 교훈

인 쇄 | 2011년 11월 18일
발 행 | 2011년 11월 25일

지은이 | 김충남
발행인 | 부성옥
발행처 | 도서출판 오름
등록번호 | 제2-1548호 (1993. 5. 11)

주   소 | 서울특별시 서초구 서초동 1420-6
전   화 | (02)585-9122, 9123   팩 스 | (02)584-7952
E-mail | oruem@oruem.co.kr
URL | http://www.oruem.co.kr

ISBN   978-89-7778-364-5   93340